글로벌 코리안과 시민성

Global Korean and Citizenship

박갑룡, 양명호 공저

도서출판 진영사

글로벌 코리안과 시민성

박갑룡, 양명호 공저

2023년 07월 07일 초판 인쇄
2023년 07월 10일 초판 발행

발행인: 박진영
발행처: 도서출판 진영사
인천광역시 부평구 주부토로 236 인천테크노밸리 U1 지식산업센터 B동 1507호
전화: 032)505-4207
팩스: 032)505-4206
E-mail: 0183734207@hanmail.net
신고번호: 제2007-000001호(2007.01.19.)

ISBN 978-89-6541-615-9 93300
값: 22,000원

글로벌 코리안과 시민성

박갑룡, 양명호 공저

도서출판 진영사

<들어가기>

오늘날 세계는 교통 및 정보통신의 발달로 국제이주자가 총 2억 8,100만 명으로 나타났다. 이는 전 세계 인구의 3.6%로서 30명 중 1명이 이주민인 셈이다. 코로나19로 인해 다소 주춤하는 듯 보였으나 최근 다시 급증하는 추세에 있다. 전반적으로 국제 이민자 수는 지난 50년 동안 증가하였다. 1970년 추정 수의 3배 이상 증가한 것으로 나타났다. 또한, 러·우 전쟁 등으로 인해 현재 5,500만 명 이상의 사람들이 분쟁, 폭력 및 재난으로 인해 실향민이 되었다.

대한민국의 경우 체류 외국인은 219만 명으로서 중국 84만 명(38.6%), 베트남 23만 명(23.3%), 태국 19만 명(8.7%), 미국 15만 명(7.2%), 우즈베키스탄 7만9천 명(3.6%) 순으로 나타났다. 결혼이민자와 외국인 노동자, 외국인 유학생 등이 대부분을 차지하고 있다. 재외동포는 193개국 732만 명으로서 미국 263만 명(35.9%), 중국 235만 명(32.1%), 일본 81만 명(11.0%), 유럽 67만 명(9.1%), 동남아시아 48만 명(6.5%) 순으로 나타났다.

이와 같이 우리는 국제이주 시대에 살고 있다. 더욱이 저출산·고령화로 인하여 외국인 유입 추세는 더욱 가속화될 것으로 보인다. 서로 다른 사람들이 증가할수록 분쟁과 갈등의 소지는 심화될 것으로 보인다. 따라서 국가는 시민성 담론이 점점 중요해지고 있다. 이제는 시민성의 문제가 하나의 정치공동체의 범위를 넘어서서 세계 시민성을 구성해야 하는 문제도 이슈화되고 있다.

이와 같은 문제 제기를 근거로 해서 글로벌 인재 양성을 위한 시민성과 한류에 대한 현황 및 향후 분석을 위한 핵심역량과 직접적인 연계성을 확보하기 위하여 이 교과목이 개설되었다. 한류 문화에 대한 학생들의 기초적 지식과 흥미를 글로벌 역량을 함양하기 위해 필요성이 제기되었다. 이 교과목을 통해서 학생들의 흥미와 요구에 부합할 수 있을 것이며, 학생들 간의 협업을 통해 문화 이해도를 높이는 것이 어떻게 공동체 의식과 시민성을 신장시킬 수 있는지 본 교과목에 충분히 구체화 되도록 노력하였다. 본 교재는 중첩되는 기존 교재가 존재하지 않기 때문에 출간된 것이다. 본 교재의 다양한 운영 및 교양 교과의 질을 확보하기 위하여 관련 자료를 충실히 제시하고자 노력하였다. 이 교재의 출간 목표는 글로벌 인재 양성을 위한 글로벌 핵심역량을 개발하고, 시민성을 신장시키는데 필요한 교양과 질을 확보하는데 있다. 따라서 글로벌 코리안과 시민성에 대한 이해와 학습을 위해 조금이나마 도움이 되기를 바란다.

무등산을 바라보며

2023. 1. 31.

박갑룡, 양명호 공저

목 차

제1장
서 론

1. 글로벌 코리안과 시민성 교과목 개요
2. 글로벌 코리안과 시민성 주차별 과정 소개

제1장 서론

1. 글로벌 코리안과 시민성 교과목 개요

오늘날 지구촌은 교통 및 통신의 발달로 국제이주자가 총 2억 8,100만 명(UN DESA, 2020년 기준)인 것으로 나타났다. 이는 전 세계 인구의 3.6%로서 30명 중 1명이 이주민인 셈이다. 코로나19로 인해 다소 주춤하는 듯 보였으나 최근 다시 급증하는 추세에 있다. 전반적으로 국제 이민자 수는 지난 50년 동안 증가하였다. 1970년 추정 수의 3배 이상 증가한 것으로 나타났다. 또한, 러·우 전쟁 등으로 인해 현재 5,500만 명 이상의 사람들이 분쟁, 폭력 및 재난으로 인해 실향민이 되었다.

대한민국의 경우 재외동포는 193개국 732만 명으로서 미국 263만 명(35.9%), 중국 235만 명(32.1%), 일본 81만 명(11.0%), 유럽 67만 명(9.1%), 동남아시아 48만 명(6.5%) 순으로 나타났다(외교부, 2021년 기준). 한편, 한국에 체류하고 있는 체류 외국인은 219만 명으로서 중국 84만 명(38.6%), 베트남 23만 명(23.3%), 태국 19만 명(8.7%), 미국 15만 명(7.2%), 우즈베키스탄 7만9천 명(3.6%) 순으로 나타났다(법무부 출입국 통계, 2022년 11월 기준). 결혼이민자와 외국인 노동자, 외국인 유학생 등이 대부분을 차지하고 있다.

이와 같이 우리는 국제이주 시대에 살고 있다. 더욱이 저출산·고령화로 인하여 외국인 유입 추세는 더욱 가속화될 것으로 보인다. 서로 다른 문화적, 인종적 배경을 가진 사람들(김종순, 2010: 6)이 증가할수록 분쟁과 갈등의 소지는 심화될 것으로 보인다. 따라서 국가는 사회의 위기를 극복하고 건강한 시민 사회를 만들기 위해서 시민들의 자질과 태도에 관한(김종순, 2010: 6) 시민성 담론이 점점 중요해지고 있다. 이제는 시민성의 문제가 하나의 정치공동체의 범위를 넘어서서 세계 시민성을 구성해야 하는 문제도 이슈화되고 있다. 이와 같은 정부에서는 재외동포청을 신설해서 이러한 이슈에 대처하고 있다. 문제 제기를 근거로 해서 글로벌 인재 양성을 위한 시민성과 한류에 대한 현황 및 향후 분석을 위한 핵심역량과 직접적인 연계성을 확보하기 위하여 이 교과목이 개설되었다. 한류 문화에 대한 학생들의 기초적 지식과 흥미를 글로벌 역량을 함양하기 위해 필요성이 제기되었다. 이 교과목을 통해서 학생들의 흥미와 요구에 대응할 수 있을 것이며, 학생들 간의 협업을 통해 문화 이해도를 높이는 것이 어떻게 공동체 의식과 시민성을 신장시킬 수 있는지 본 교과목에 충분히 구체화 되도록 노력하였다. 본 교과목은 중첩되는 기존 교과목이 존재하지 않기 때문에 개설된 것이다. 본 교과목의 다양한 운영 및 교양 교과의 질을 확보하기 위하여 관련 연구소 자료를 확보할 것이다. 본 교과목의 강의는 국제학 박사 출신의 전임교원이 직접 강의함으로써 전문성을 확보할 것이다.

2. 글로벌 코리안과 시민성 주차별 내용

글로벌 코리안과 시민성 교재는 총15장으로 구성되었다. 제1장에서 제8장까지는 시민성에 대한 주제를 다루었고, 제9장에서 제14장까지는 글로벌 코리안 네트워크에 대한 주제를 다루었으며 마지막 제15장은 결론으로 요약과 정책적 제언으로 마무리를 하였다. 세부적인 내용은 다음과 같다. 제1장은 서론으로서 글로벌 코리안과 시민성 교과목 개요, 주차별 과정 소개를 다루었다. 제2장은 시민성의 개념으로서 시민성의 정의와 협의적 개념의 시민성, 광의적 개념의 시민성, 시민성 개념의 변용 과정, 시민성의 쟁점, 시민성의 두 가지 모형으로 자유주의와 공동체 주의 하에서의 시민성 모형을 다루었다. 제3장 사회통합과 시민교육에서는 사회통합과 공동체 의식, 시민교육의 필요성, 시민성 교육으로서의 사회과 교육을 다루었다. 제4장 세계 시민교육에서는 세계 시민교육의 개념, 세계 시민교육의 방향 및 목표, 세계 시민교육의 내용을 다루었다. 제5장 세계 시민교육의 사례로서 영국과 독일, 캐나다의 세계 시민교육 사례를 다루었다. 제6장 세계 유산과 세계 시민성에서는 세계 유산의 개념, 세계 유산의 등재 기준, 세계 유산의 교육적 가치, 세계 유산 교육과 세계 시민성을 다루었다. 제8장 지역 시민성에서는 사회과 목표로서의 지역 시민성, 지역 정체성과 지역 시민성, 사회적 참여와 지역

시민성, 교육과정 지역화와 지역 시민성을 다루었다. 제9장 코리안 네트워크의 형성과 발전에서는 재외한인의 정의, 재외동포의 이주사 및 정착과정, 코리안 네트워크의 형성 및 발전, 코리안 네트워크의 특성, 한국의 재외동포 정책을 다루었다. 제10장 중국 조선족 네트워크의 형성과 발전에서는 중국 조선족의 정의, 중국 조선족의 이주사 및 정착 과정, 중국 조선족 네트워크의 형성 및 발전, 중국 조선족 네트워크의 특성, 중국의 중국 조선족 정책을 다루었다. 제11장 재일 코리안 네트워크의 형성과 발전에서는 재일 코리안의 정의, 재일 코리안의 이주사 및 정착 과정, 재일 코리안 네트워크의 형성과 발전, 재일 코리안 네트워크의 특성, 일본의 재일 코리안 정책을 다루었다. 제12장 재미 한인 네트워크의 형성과 발전에서는 재미 한인의 정의, 재미 한인 동포의 이주사 및 정착 과정, 재미 한인 네트워크의 형성 및 발전, 재미 한인 네트워크의 특성, 미국의 재미 한인 정책을 다루었다. 제13장 중앙아시아 고려인 네트워크의 형성과 발전에서는 고려인의 정의, 고려인의 이주사 및 정착 과정, 고려인 네트워크의 형성 및 발전, 고려인 네트워크의 특성, 중앙아시아의 고려인 정책을 다루었다. 제14장 동남아시아 한인 네트워크의 형성과 발전에서는 동남아시아 한인의 정의, 동남아시아 한인의 이주사 및 정착 과정, 동남아시아 한인 네트워크의 형성과 발전, 동남아시아 한인 네트워크의 특성, 동남아시아의 한인 정책을 다루었다. 제15장 결론으로 글로벌 코리안과 시민성 전반에 걸친 요약정리를 한후 정책적 제언을 하는 것으로 마무리 지었다.

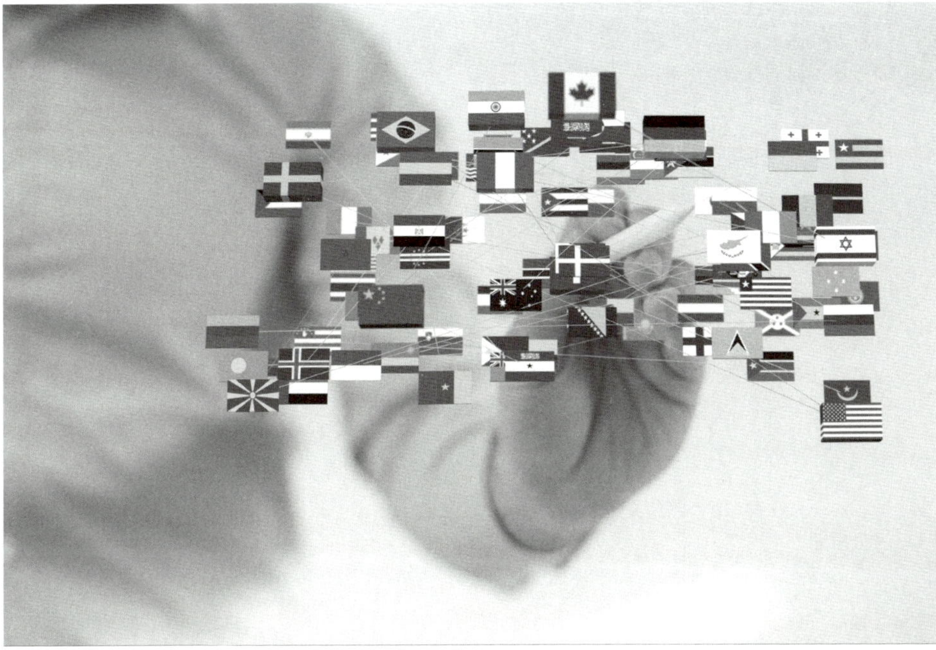

제2장
시민성의 개념

1. 시민성의 정의
2. 협의적 개념의 시민성
3. 광의적 개념의 시민성
4. 시민성 개념의 변용 과정
5. 시민성의 두 가지 모형: 자유주의와 공동체주의
6. 시민성의 쟁점

제2장 시민성의 개념

1. 시민성의 정의

시민성(Citizenship)은 특정한 공동체의 구성원으로서 시민이라는 지위에서 요구되는 자질과 역할로 정의할 수 있다. 사전적 의미로는 시민성이라는 용어 자체가 사전에는 나타나지 않았으나, 시(city)에 사는 사람으로서 시민(citizen)과 성(~ship)의 합성어로서 사람이나 사물 따위의 본성이나 본바탕이 시민에게 요구되는 용어이다(국립국어원 표준국어대사전, 2022).

2. 협의적 개념의 시민성

협의적 개념의 시민성은 학문적 분야와 학자들의 접근방법에 따라 다양한 논의를 통해 다양한 개념을 형성해 왔다. 따라서 시민성의 의미를 간단하게 하나의 의미로 정의를 내리기는 어렵다. 예를 들어 정치적 의미의 시민성은 특정 국가의 구성원으로서 법적 지위를 의미하는 '국적(nationality)'과 유사한(김종순, 2010: 6) 의미로 정의하기도 하였다. 또한, 철학적 관점에서의 시민성은 공동체 내의 구성원의 실질적인 규범적 이상을 의미하기도 한다(우맹식, 2005; 12). 흔히 시민성에 대한 법률적 해석은 한 나라 구성원의 법률적 지위를 규정하는 문제이다(김종순, 2010: 7). 즉 한 나라의 법의 규정에 의하여 국적 또는 시민권을 갖게 된다. 이러한 시민의 지위와 권리의 확대가 시민성의 확대이며 이것을 민주화의 과정으로 보기도 한다(김종순, 2010: 7). 동시에 시민성은 실질적이면서도 규범적인 바람직한 구성원을(김종순, 2010: 6) 강조하기도 한다. 그것에 따르면 시민성은 시민이 지녀야 할 자질과 관련하여 그의 가치관, 태도, 신념, 규범 등을 포괄하는 것으로(김종순, 2010: 6) 동시에 한 공동체의 개별 구성원들의 권한과 의무를 한정하는 신분과 역할로 정의할 수 있다(박재창, Seliger공편, 2007: 73 재인용). 한편, 민주시민교육 측면에서 시민성은 시민으로서 요구되는 자질, 혹은 자격이라는 의미를 가진다. 이것은 개인으로서 요구되는 자질이 아니라 특정한 공동체의 구성원, 즉 시민이라는 지위에서 요구되는 자질을 지칭하는 개념이다(김왕근, 1994: 12).

3. 광의적 개념의 시민성

광의적 개념의 시민성은 사적인 권리와 자율성 확보를 강조하는 시민성과, 공동체 에 대한 참여와 관심을 적극적으로 기울일 수 있는 시민성, 민주주의 발전과 안정을 위하여 필수 불가결한 성숙한 시민의식으로서의 시민적 의무, 덕목, 헌신을 요구하는 시민성까지(김종순, 2010: 8) 포괄하는 개념이다. 이 개념에 따르면 시민성을 현대다원주의 사회에 필요한 시민의 자질과 역할로(김종순, 2010: 8) 정의할 수 있다.

한편, 오늘날 지역공동체, 국가 공동체, 세계 공동체에 속해 있는 다중적인 존재로서의 시민들이 가지는 다양한 자격과 필요한 시민적 자질로서의 시민성에 대한 논의가 있다(김종순, 2010: 8). 즉, 세계화에 따른 '탈국가화' 경향에 힘입어 세계는 그야말로 '지구촌'이라 불릴 정도로 시공간의 거리가 가까워지면서 '세계시민(world citizen)'이라는 새로운 시민성 개념이(김종순, 2010: 8) 등장하였다. 이에 따라 시민성 간의 상충되는 측면은 없는지, 상충 시 어떤 시민성을 필요로 하는지, 공동체적 시민성과 다원주의적 시민성의 조화가 가능한지(김종순, 2010: 9) 등 문제가 지속적으로 제기되고 있다. 그 가운데 세계 시민성, 세계 시민교육이 국가 단위의 시민성과 서로 모순되고 상치되어 갈등 관계에 있을 수밖에 없을 것이라는 견해와 세계화 현상에 따라 모든 나라들의 상호의존과 협력의 필요성이 증대되고 있는 오늘날 한 지역과 나라에 소속하는 시민성에서 벗어나 세계 시민으로서의 역할을 요청받고 있다는 견해 등이 있다(김종순, 2010: 9). 따라서 시민성을 최소한 세 수준이나 차원, 즉 지역 공동체, 국가 공동체, 세계 공동체 등으로 나누어 생각할 필요성이 있다고 제한하기도 하였다(박용헌, 1996; 224).

4. 시민성 개념의 변용 과정

시민성은 공동체와의 관계에서 정의된다. 시민성은 역사적, 정치적, 사회적으로 다양하고 복합적인 맥락에서(박성인, 2020: 6) 누적되어 정의되었다. 시민성은 법적, 제도적으로 규정된 지위와 권리, 시민적 의무와 규범과 관계될 뿐만 아니라, 공동체에 대한 헌신과 애정, 정체성의 의미도 함축한다(박성인, 2020: 6). 시민적 자질, 시민적 덕성, 시민권, 시민됨, 시민다움, 시민적 정체성 등 다양한 표현으로 나타나는 시민성이라는 용어는 대체로 공동체의 구성원이자 정치적 주체로서 시민들이 공유하는 인식이나 덕성, 행동양식을 의미한다(박성인, 2020: 6). 개인과 사회의 관계를 규정하는 시민성은 서양 고대 사회에서 그 기원을 찾을 수 있다(박성인, 2020: 6). 민주주의의 원형이자 이상으로 여겨지는 고대 그리스 시대에서부터, 근대국가의 형성기를 거쳐 오늘날 글로벌 시대에 이르기까지, 새로운 사회 질서와 제도의 구성과 함께 시민성은 다양한 층위에서 많은 의미를 함축하며 변용의 과정을 겪어왔다(박성인, 2020: 6). 따라서 시민성 개념이 어떠한 의미를 갖는지를 고찰하고자 한다.

1) 정치적 차원의 시민성: 시민적 권리

정치적 권리로서 시민성에 대한 인식은 고대 그리스에서 그 기원을 찾을 수 있다(박성인, 2020: 7). 시민성에 해당하는 그리스어는 폴리테이아(politeia)이다. 이는 시민의 통일체를 의미하고 정치가 곧 시민의 생활이자 존재인 사회를 뜻한다(박성인, 2020: 7). 이상적 시민 공동체로서 정의로운 국가는 올바른 질서(eunomia)를 통해 도달할 수 있었으며, 올바른 질서는 조화로운 전체(kosmos)로서 국가를 추구하는 이념이었다(박성인, 2020: 7). 자유(eleutheria)와 평등(isotes)은 올바른 질서의 필수요소였으며, 올바른 질서는 올바른 규범(nomos)으로 대체되었다(김진경, 1991; 64). 고대 폴리스의 시민은 올바른 질서와 규범, 법 앞에서 평등한 이소노미아(isonomia)(박성인, 2020: 7)를 지향하는 존재였다. 응축된 정치공동체인 폴리스는 정치적 동물인 인간의 본성을 실현 시키는 조건이었다(박성인, 2020: 7). 폴리스의 시민은 공적인 공간에서 자유롭게 소통하고 토론할 수 있는 자였다. 그리스에서는 신분이나 소유에 상관없이 성인 남성이라면 공적인 모임에서 동료 시민들에게 자신의 의견을 발언하고 상대를 설득할 기회가 보장되었다(박성인, 2020: 7). 폴리스에 형성된 광장인 아고라(agora)는 시민 생활의 중심지이자 공적 의사소통의 공간이었으며, 대화와 토론, 설득의 능력은 이성과 언어를 가진 시민의 중요한 덕목이었다(박성인, 2020: 7). 민회에서는 다수에 따른 의결을 통해 법을 제정하였고, 시민 배심원은 재판에 참여해 사법권을 행사하였다(박성인, 2020: 7). 모든 시민들은 자유롭고 평등하게 공적인 생활에 참여할 수 있는 권리가 있었다. 고대 그리스의 시민은 폴리스의 정치에 참여하고 공공선에 기여하는 자였다(박성인, 2020: 7). 아리스토텔레스는 『정치학』의 제 3편 '시민과 정치질서에 대한 이론'의 1장에서 민주 정치 아래에서 시민의 의미에 대해 다음과 같이 밝혔다(박성인, 2020: 7). "엄밀한 의미에서 시민은 다음과 같은 기준에 의하여 정의될 수 있다. 이 기준이란 관직과 법정의 운영에 참여하는 사람이라는 것이다. 심의와 사법적인 관직에 참여할 수 있는 권리를 갖고 있는 자는 이로써 국가의 시민의 지위를 얻는다."(손명현, 2007; 334)

고대 그리스의 시민은 자유롭고 평등하며, 공적으로 정치에 참여하는 존재로서 의미가(박성인, 2020: 7) 있다. 고대 그리스에서는 정치적 존재로서 시민의 역량에 대한 신뢰가 있었다. 대화와 설득을 통한 정치 참여는 아테네 시민의 권리이자 삶의 방식이었다고 할 수 있다(박성인, 2020: 8). 그러므로 아테네에서 시민성을 공유한다는 것은 자신과 평등한 사람들 안에서 지배되지도 않고 지배하지도 않으며 자유롭게 정치에 참여할 수 있는 권리를 갖는다는 것을 의미했다(박성인, 2020: 8). 고대 그리스의 시민적 전통은 오늘까지 우리가 민주주의와 시민성을 이해하는데 기초가 되고 있다(박성인, 2020: 8). 폴리스에서 발휘되는 시민성은 자유로운 정치 참여가 그 핵심이 (박성인, 2020: 8)될 것이다. 공적 인간으로서 대화와 토론, 설득을 통해 정치공동체에 직접 참여하는(박성인, 2020: 8) 적극적 시민의 삶의 방식이다. 이러한 정치적 시민성은 마케도니아의 세력 확장과 폴리스의 쇠퇴로 인하여 현실적으로 축소될 수밖에 없었지만, 공화주의 시민성의 원형으로 평가되며 오늘날까지 큰 의미가(박성인, 2020: 8) 있다.

로마 공화국은 시민 전체에게 비르투(virtu)라는 자질을 필수적으로 요구하였다. 통치자든 시민이든 모두 개인적인 이익이나 도덕성에 대한 통상적인 고려보다는 자신들이 태어난 도시 국가의 영광과 공동선을 우선적으로 고려하는 것이 비르투의 표지이다(강정인, 2001; 225). 비르투는 공동선을 위해 사적인 이익을 제쳐두는 시민적 덕성, 공적 심성이라 할 수 있다(박성인, 2020: 8). 공적 심성을 이루는 요소는 공적인 대화와 토론, 의사결정 과정의 존중, 법의 지배 등이다(박성인, 2020: 9). 정치적 성격이 강하였던 공화정 로마의 시민성은 제정 시대에 이르러 그 범위에 있어서는 제국 전역으로 확대되었지만 모든 권력이 황제에게 집중됨으로써 시민성의 정치적 의미는 퇴색되었다(Derek Heater, 2004; 20). 하지만 공적인 존재로서 공화국의 정무에 자율적으로 참여하는 시민적 삶의 방식과 가치는 오늘날 공화주의 시민성의 전형으로 평가된다(박성인, 2020: 9). 로마 제국이 붕괴되고 중세에 이르러 정치적 의미의 시민성은 종교적 질서, 봉건적 질서에 종속되었다(박성인, 2020: 9). 하지만 시공을 초월하는 법의 기본 원리이자 일반 원칙이 되는, 국가가 침범할 수 없는 본질적인 인간의 권리를 인정하는 자연법 사상은 중세를 거쳐 근대의 천부인권 사상으로 연결된다(박성인, 2020: 9). 근대 국민국가는 특정 귀족이나 계급, 군주가 독점하던 통치권을 공적인 것으로, 공공성의 영역으로(박성인, 2020: 9) 이행하였다. 그리하여 국가를 구성하는 모든 시민은 주권자가 되며 시민들의 동의와 합의는 국가의 정당성의 토대가 되었다(박성인, 2020: 9). 계몽주의 철학자들의 사상은 이러한 사회 변혁의 바탕이 되었다. 자연권에 기초한 민주적 정치공동체를 구상한 계몽주의 사상가들은 영국과 프랑스, 미국에서 혁명을 일으키는 원동력이 될 수 있었다(박성인, 2020: 9). 근대국가 이행기에는 천부인권 사상, 주권 재민 사상, 사회계약론에 근거한 시민성 개념이 확립되었다(박성인, 2020: 9). 이성을 가지고 있는 인간은 누구나 자유롭고 평등한 권리를 하늘로부터 부여받았다는 사상은 자유주의적 시민성 이론의 기초적 토대가 되었다(박성인, 2020: 9). 로크는 『통치론』에서 인간 존재의 자유와 평등에 대해 다음과 같이 설명했다. 동일한 종류의 피조물은 차별 없이 자연의 동일한 혜택을 받고 태어나(박성인, 2020: 9) 동일 재능을 사용하기 때문에, 어떠한 복종이나 종속 없이 상호간에 평등해야 한다(박성인, 2020: 9). 또한 인간의 자연적 자유란 타인의 의지나 입법권에 구속되지 않고 오로지 자연법만을 자신의 준칙으로 삼는 것이다(박성인, 2020: 10). 개인은 생명, 자유, 재산 등의 권리를 수호하기 위해 각자가 가지는(박성인, 2020: 10) 자연을 집행하는 권리를 정치사회에 양도했을 뿐, 생명, 자유, 재산과 같은 실체적인 권리는 양도하지 않았다(박성인, 2020: 10). 정부하에서 살고 있는 인간의 자유란 일정한 법률, 곧 그 사회에서 설립된 입법권이 제정하고 사회의 모든 사람에게 적용되는 공통된 법률을 가지는 것이다(John Locke, 1975). 이러한 로크의 사상은 인간 존재의 평등성에 기반하여 공통된 법률로 구속되는 자유주의 시민성의 이론적 기초를 마련하였다(박성인, 2020: 10). 아렌트는 로크적 사회계약은 모든 구성원들 간의 동맹을 의미하는 사회(societas)를 산출한다고 설명한다(박성인, 2020: 10). 시민들 스스로가 상호적 방식으로 결속을 이룬 후 맺는 수평적 계약이자, 개별 구성원들을 결합해 동료 시민으로 만드는 계약인 것이다(박성인, 2020: 10). 역사적 기억이나 민족적 동질성을 동원하는 민족국가의 방식이 아니라, 시민들을 모두 위압해 결합하는 홉스적 리바이어던이 아니라, 상호 약속의 힘을 통해 사람들을 서로 결합하는 정부 형태이다(김선욱, 2011: 129). 공동체는 이성을 가진 자유롭고 평등한 시민들의 수평적 계약에 의해 구성된 것이며, 시민은 법에 합의하였으며 그 자신이 입법자이자 주권자라는 사회계약론적 가정과 인식은 시민성 개념의 이론적 기반이 되었다(박성인, 2020: 11). 루소는 사회계약과 공적 인격에 대해 다음과 같이 설명한다. 우리는 저마다 신체와 모든 힘을 공동의 것으로 삼아 일반의지의 최고 지도 아래 둔다(박성인, 2020: 11). 그리고 우리는 구성원 하나하나를 전체와 나누어질 수 없는 일부로서 받아들인다. 이 결합 행위는 곧바로 특정한 계약자 하나하나를 대신하여 하나의 정신적이고 집합적인 단체를 만들어 낸다. 이 단체는 집회에서의 투표자와 같은 수의 구성원으로 이루어진다(박성인, 2020: 11). 또 이 같은 행위를 통해 그 통일된 공동체의 정체성과 생명, 의지를 부여받는다. 이와 같이 모든 사람들의 결합으로 형성되는 이 공적인 인격은, 예전에는 도시국가라고 불렸으나 지금은 '공화국' 또는 '정치체'라고 불린다(박성인, 2020: 11).[1] 루소에게

1) "그 구성원에 대해서는 집합적으로 '인민'이라고 불리며, 그 하나하나에 대해서는 주권에 참여한다는 의미로 '시민', 국가의 법률에 복종한다는 의미로 '백성'이라고 불린다.". 장자크루소. "제1편 6장. 사회 계약에 관하여". 『사회계약론』. 최석기 역. (서울: 동서문화사, 2016). p.168-169.

사회계약을 맺는 주체는 시민으로, 개별 시민은 도덕적 집합체로 결합하여 주권에 참여하는 공적 인격의 구성원이며, 시민성은 공적 인격이라 할 수 있다(박성인, 2020: 11). 계몽주의 사상은 미국 시민혁명과 프랑스 시민혁명 등 민주주의 혁명에 지대한 영향을 주었다(박성인, 2020: 11). 미국의 『독립선언서(Declaration of Independence)』에서는(박성인, 2020: 11) "우리는 다음의 것을 자명한 진리라고 생각한다. 모든 사람은 평등하게 태어났으며 창조주로부터 양도할 수 없는 권리를 부여받았다. 그 권리 중에는 생명, 자유, 행복의 추구가 있다. 이 권리를 확보하기 위해 인류는 정부를 조직했으며 이 정부의 정당한 권력은 인민의 동의로부터 유래한다."라며 인간 존재의 평등성, 인간 자체의 양도할 수 없는 권리에 대해, 그리고 정부라는 체제 자체가 시민 동의를 조건으로 할 때 수립 가능한 것임을 (박성인, 2020: 11) 밝혔다. 인권과 시민권을 결합한 프랑스의 『인간과 시민의 권리선언(Déclaration des droits del'Homme et du citoyen)』(최갑수, 2001; 31)의 제 1조에서 "인간은 자유롭고 평등하게 태어나 존재할 권리를 가진다. 따라서 사회적 차별은 공공 이익을 근거로 할 때만 허용된다."라고 밝히고, 제 2조에서는 "모든 정치적 결사의 목적은 자연적이고 소멸될 수 없는 권리의 보전함에 있다. 그 권리란 자유, 재산, 안전, 그리고 압제에의 저항 등이다." 자연법사상의 영향을 받아 인간과 시민의 자유롭고 평등한 천부적 권리를 보편적 권리로서 선언했으며, 자연적 권리의 보전을 위한 정치적 권리에 대해서도 명시하고 있다. 인권의 기원이 되며 인간이 존재함으로써 따르는 권리로서 자연권은, 인간이 사회구성원이라는 데 따르는 권리로서 시민권으로 치환될 수 있었다(박흥규, 2004: 138). 프랑스 인권 선언은 선험적 인권이 단지 국가의 권리로서 법적, 제도적으로 보장되는 것으로 축소되는 측면이 있다고 평가되기도 한다(박성인, 2020: 12). 예컨대, 아렌트는 프랑스 혁명은 인권 선언을 국가 주권에 대한 요구와 결합시킴으로써, 인간의 동일한 기본권이 한편으로는 모든 인간의 양도할 수 없는 유산이자 한편으로는 특수한 민족의 유산으로 동시에 청구되었다고(박성인, 2020: 12) 설명한다(이진우, 박미애, 2006; 432). 이러한 선언들은 이후 세계 곳곳으로 확산되어 근대국가의 형성 과정에서 자유와 평등을 헌법적 이념과 가치로 규정하는데 영향을 끼쳤다. 근대국가는 시민들의 권리의 확대와 보장을 위한 핵심적 역할을 하였다(박성인, 2020: 12). 근대 국가의 시민성 제도는 민주주의 사회의 인민주권의 원칙을 담아내었다. 그리하여 시민의 자유와 평등, 정치적 권리가 국가라는 정치공동체 안에서 원칙상 만인에게 동등하게, 불편부당하게 보장될 수 있었다(박성인, 2020: 12). 이러한 변화 과정 속에 시민성 개념은 법적으로 규정된 개인의 권리라는(박성인, 2020: 12) 측면이 보다 강조되었다고 볼 수 있다. 시민의 권리와 의무를 규정하는 일련의 규칙들은 국가라는 공적인 체계를 통해 '시민권 제도'로 확립되었다(박성인, 2020: 12). 관습이 아니라 정당한 법적 절차에 의해서 국가는 시민들에게 특정한 형태의 평등한 권리를 부여하게 된 것이다(박성인, 2020: 12). 오늘날 시민성 논의에 큰 영향을 끼친 마셜은 시민성을 공동체의 완전한 구성원에게 부여하는 일종의 지위(status)라 규정한다(박성인, 2020: 13). 동등한 지위를 가진 사람들은 지위가 부여하는 권리와 의무 측면에서 평등하다. 시민의 권리와 의무를 결정하는 어떤 보편적 원칙이 존재하는 것은 아니지만, 시민성이 발전하고 있는 사회는 이상적인 시민성의 이미지를 갖고 있다고 마셜은 설명한다(Marshall & Bottomore, 1996: 18). 마셜에 의하면 시민성의 발전은 '지리적인 차원의 융합'과 '기능적 차원의 분리'라는 이중적 과정과 관련이 있다(박성인, 2020: 13). 지리적 차원의 융합은 과거 지역사회나 마을공동체, 길드의 구성원이라는 자격에서 법에 기반을 둔 국가 성원의 자격으로의 통합을 의미한다(박성인, 2020: 13). 기능적 차원의 분리는 공민적(civil) 권리, 정치적(political) 권리, 사회적(social) 권리라는 세(박성인, 2020: 13) 권리[2)]의 순차적인 발전과정으로 설명한다. 마샬은 18세기에 공민적 시민성, 19세기에 정치적 시민성, 20세

2) 마셜은 시민권의 세 부분을 공민적, 정치적, 그리고 사회적 요소로 분류한다. 첫째, 공민적 요소는 신체의 자유, 언론·사상·신앙의 자유, 재산을 소유하고 유효한 계약을 맺을 권리, 그리고 공정한 대우를 받을 권리 등 개인적 자유를 위해 필요한 권리이다. 둘째, 정치적 요소는 정치적 권위를 부여받은 기구의 구성원 또는 기구의 구성원을 선출할 수 있는 유권자로서 정치권력의 행사에 참여할 수 있는 권리로 구성된다. 셋째, 사회적 요소는 경제적 복지와 보장을 받을 수 있는 권리에서부터 사회적 유산에 대한 자신의 몫을 누릴 권리, 사회에서 일반적으로 받아들여지는 수준의 문명화된 삶을 영위할 수 있는 권리를 포함한다. 교육체계와 사회서비스 등과 연결된다.

기에 사회적 시민성이 형성되었다고 본다(박성인, 2020: 13)(Marshall & Bottomore, 1996; 8-9). 초국적 이주, 난민, 국제결혼 등 국가 간 유동성의 증가로 상이한 문화 간의 상호작용이 활발하게 일어나는 가운데 다양한 문화 집단 간의 갈등과 충돌의 가능성이 높아지고, 한 국가 내에서도 서로 다른 배경의 다양한 집단이 존재하게 되어, 상이한 배경의 집단들은 저마다 문화적 권리의 인정을 요구하게 되었다(박성인, 2020: 14). 예컨대, 다문화 시민성(multicultural citizenship)에 대한 논의 등이 등장하였다. 킴리카는 점점 더(박성인, 2020: 14) 다문화 시대로 되어 가는 현대 사회에서 모든 인간에게 부여되는 보편적 권리뿐만 아니라, 다른 한편으로 특정 집단의 차별적 권리(group-differentiated rights)나 소수자 문화에 대한 특별한 지위, 이 양자를 모두 보완하는 것이(박성인, 2020: 14) 정당하다고 보았다. 뱅크스는 다문화 시민성의 개념을 제시함으로써 이는 자신의 민족적, 문화적 공동체와 보편적 시민 문화 양쪽에 대한 시민의 권리와 요구를 인정하고 정당화하는 것이라 보았다(James A. Banks, 1996: 130). 오늘날 정치적 측면에서 우리가 이해하는 시민성은 공공의 삶에 자유롭게 참여할 지위와 권리와 같이 시민의 정치적 기능을 정의하였던 고대의 시민성 개념에서 출발한다(박성인, 2020: 14). 근대 국가의 형성과 함께 시민성 개념은 자유주의 전통에서 계약과 합의를 통해 국가로부터 보장받을 수 있게 된 최소한의 법적, 제도적 권리로서 명료화되었다(박성인, 2020: 14). 최근에는 점차 사회적, 문화적 권리의 측면까지 확대하자는 요구가 있으며, 문화적 다양성에 대한 인정과 동시에 보편적 인권에 대한 존중을 함축한다고 볼 수 있다(박성인, 2020: 14).

2) 규범적 차원의 시민성: 시민적 의무와 품성

공동체가 공유하는 규범을 이해하고 법률을 준수할 수 있는 도덕적 품성으로서 시민성에 대한 고찰은 고대 그리스부터 오늘날에 이르기까지 오래된 관심사였다(박성인, 2020: 15). 보편적으로 좋고 옳은 것이 존재한다는 인식과, 공동체 속에서 인간은 누구나 선을 실현할 수 있다는 고대 그리스의 철학은 공동체에서 도덕적 시민적 품성, 시민적 의무와 책임이 창출되는 사상적, 규범적 기반을 제공했다고 볼 수 있다(박성인, 2020: 15). 그리스 참정권이 쇠퇴하고 폴리스에서 정치권력이 배분되기 시작하면서 정치적 책임을 수행할 권력을 새롭게 부여받은 시민적 품성에 대한 질문이 제기되었다(박성인, 2020: 15). 소크라테스는 제자들과의 논박 과정을 통해 옳음과 좋음, 아름다움, 진리는 상황에 따라 다른 것이 아니라 보편적인 것이며, 인간의 훌륭함, 국가의 정의로움 자체에 대한 본질을 탐구하여 우리 삶을 비추어 보고자 하였다(박성인, 2020: 15). 소크라테스는 억울하게 죽음을 당하게 된 순간에도 질서와 제도, 법률에 대한 약속, 공표된 규칙을 지키려는 강한 의지를 나타내며 윤리적, 정치적 삶의 일관성을 보여준다(박성인, 2020: 15). 감옥에서 도망치라고 충고하는 크리톤에게 소크라테스는 아테네인의 동의 없이 도망치는 것은 옳지 않은 행동이라(박성인, 2020: 15) 설명했다. 소크라테스는 시민으로서 한 약속과 동의에 등을 돌리고 달아나는 부정의한 행동을 용납할 수 없었다(황문수, 1999: 59). 아테네의 법질서에 종속된 시민으로서 목숨이 위태해지더라도 도망가지 않겠다는 그의 태도는 사적 이익이나 조건과 관계없이 공동체 안에서 합의된 법이나 제도, 규범을 존중하고 준수하고자 하는 철학적 사유를 보여준다(박성인, 2020: 15). 플라톤의 저작에서는 훌륭한 품성을 가진 시민은, 정의로운 공동체의 정치 질서 속에서, 훌륭한 교육을 통해 가능하다 전제한다(박성인, 2020: 15). 통치자로서 분별 있는 지혜, 법률을 수호하며 소신을 버리지 않을 시민적 용기, 질서를 존중하는 절제 등의 덕목은 정의로운 정치체를 이룰 수 있다고 본 것이다(박종현, 1997: 34). 좋은 공동체는 사람들로 하여금 각자에게 주어진 기능을 수행하게 한다. 플라톤에게 자유란 자기 자신의 삶을 실현할 자유이지만 그 삶의 실현은 오로지 공동체 안에서만 이루어질 수 있으며, 권리는 사람들이 공동체 내에서 갖는 역할 및 기능과 연관되어 있는 것이다(윤형식, 2016: 119). 플라톤은 완전하고 충만한 삶을 사는 것은 오직 정치체 속으로 들어옴으로써, 한 공동체의 일원인 시민으로서 가능한 것이라 본 것이다(박성인, 2020: 16). 플라톤에게 교육의 목적은 다름 아닌 개인의 정신과 품성을 계발하는 것이며, 인간의 품성 계발은 정치공동체 안에서만 가능하다고 보았다(박성인, 2020: 16). 정치와 교육은 인간을 훌륭하게 하는 것이라는 점에서 공통된 목적을 가지고 있다고 본 것이다(박성인, 2020: 16). 플라톤은 어린 시절부터 학교에서 좋은 아레테(arete)에 대해 배우는 것, 올바른 규칙을 행사하고 완전한 시민이 되려는 강렬한 욕구를 학생에게 불러일으키는 교육을 받는 것을 참된 교육이라 보았다(Derek Heater, 2004: 12). 즉 사적 이익이나 다른 목적을 위해 지식이나 기능을 습득하기 보다는 완전한 시민, 훌륭한 인간이 되는 것 그 자체를 교육의 목적이라 본 것이다(박성인, 2020: 17). 요컨대 개인의 훌륭함은 정치에의 올바름 속에서, 훌륭한 시민교육을 통해 가능한 것이다(박성인, 2020: 17). 아리스토텔레스는 인간 행동의 목적은 선이라 했다. 개인적이건 집단적이건 궁극적인 선은 같다고 보고, 도덕적 개인과 정치적 인간을 결합하여 생각했다(박성인, 2020: 17). 『정치학』의 3편 '시민과 정치 질서에 대한 이론'에서 시민의 덕에 대해 각자가 수행하는 역할에 따라 차이가 날 수 있지만, 공통적으로 같은 목적을 가진다고 보았다(박성인, 2020: 17). 그렇기 때문에 정치질서에서 성립되는 공동체가 안전하게 운영될 수 있다고 했다. 선량한 시민으로서 우수성과 선량한 사람으로서 우수성이 모든 경우 같을 수는 없지만, 좋은 사람으로서의 선과 좋은 시민으로서의 선은 일치해야 한다고 생각했다(박성인, 2020: 17). 그리하여 사람이 선을 이룩하는 것과 똑같은 방식과 수단으로 국가를 건설해야 한다는 결론을 내린다(손명현, 2007; 378). 7편 '정치적 이상과 교육적 원리'에서는 개인의 행복과 국가의 행복을 결부시키면서 사람들의 마지막 목적은 개인적으로 행동하건 집단적으로 행동하건 간에 같다고 보았다(박성인, 2020: 17). 그래서 가장 훌륭한 사람이 추구하는 기준은 최선의 정치질서가 추구하는 기준과 같다고 설명한다(박성인, 2020: 17; 손명현, 2007; 516-517). 이러한 생각은 공적인 면에서나 사적인 면에서나 모든 행동에서 동일한 태도를 견지한 소크라테스의 견해와도 일치한다고 볼 수 있다(박성인, 2020: 17). 아리스토텔레스 역시 인간은 원칙적으로 공동체 안에서 살아야 자신들의 이성 능력을 실현할 수 있고, 공동체 안에서 가치 있는 삶을 영위할 수 있다고 보았다(박성인, 2020: 17). 로고스(logos)와 폴리스(polis)는 연관되어 있기에 인간의 이성적 본성은 사회적 공동체 안에 사는 사람들에 의해 드러난다고 보았다(윤형식, 2016, 164). 아리스토텔레스에게 폴리스는 다수의 종합이며, 교육은 다수의 종합이 공동체가 되게 하고 또 그 공동체에 통일성을 부여하는 수단이라고 보았다(박성인, 2020: 18). 국가의 결속과 안정에 기여하는 것이 시민의 책임이며, 따라서 시민은 이러한 기여하는 방법을 배워야 한다고 했다(Derek Heater, 2004: 2). 고대 그리스의 철학자들은 보편적으로 좋고 옳은 가치와 규범이 존재한다고 보았으며, 공동체 안에서 인간은 이성적 능력을 실현하고 삶을 영위할 수 있다는 신념이 있었다(박성인, 2020: 18). 이러한 인식은 공동체가 공유하는 규범 체계에 대한 존중, 공동체 속에서 제도와 법률을 준수하는 좋은 인간, 좋은 시민적 품성의 요구로 나타날 수 있었다(박성인, 2020: 18). 인간 존재의 일체성, 인간이 공통적으로 소유한 이성에 대한 이해, 공유된 질서에 대한 인식 등 보편성을 기반으로 하는 그리스 철학은 헬레니즘과 로마 시대에도 배척되지 않고 지속적으로 영향을 주었다(박성인, 2020: 18). 고대 로마의 저명한 저술가이자 정치가인 키케로는 『의무론』에서 인간 본성의 뛰어남과 공동체에 대한 시민적 의무와 책임을 연결시키며 다음과 같이 말했다(박성인, 2020: 18). "우리는 자연 상태인 인간 본성을 우리의 안내자로 삼아 따라야 하며, 공동의 이익을 위해 항상 그것을 중심 문제로 생각하고 서로간의 의무를 교환해야 하며, 때에 따라 기술, 노동, 재능을 주고받음으로써 인간 사회를 인간과 인간의 결속을 공고히 하도록 해야 한다."(허승일, 2006: 27) 키케로는 특히 공동체 의식, 즉 정의에서 생기는 의무들이 자연 상태인 인간 본성에 적합하다고 보았기 때문에 공동체와 관련되는 의무야말로 가장 중요한 의무라는 결론을 내렸다. 그는 일개인의 이익과 전 시민단의 이익은 동일하다는 생각을 모든 인간이 주된 목표로 삼아야 한다고 생각했다(박성인, 2020: 18). 전체에게 공통적인 이익이 되는 것은 반드시 자연에 부합하며, 우리 모두가 하나의 동일한 자연법에 구속되어 있다고 보았기 때문이다(박성인, 2020: 18). 인간은 자연으로부터 부여받은 이성을 소유한 존재이기에, 자기 자신의 사익보다 공동선을 생각할 수 있으며, 공동체 안에서 도덕적으로 좋은 삶을 향유할 수 있다는(박성인, 2020: 18) 신념은 고대 그리스 철학의 영향을 받은 것이라 볼 수 있다. 이성을 소유한 존재로서 도덕적 의무, 공동선을 고려하고 공동체에 헌신하려는 공적 심성은 로마 공화정에서 요구하는 시민적 덕성이었던 것이다(박성인, 2020: 18).

근대국가 이행기에 계몽주의 사상의 토대를 제공한 루소는 자연 상태와 다른 '사회상태'에서 인간은 시민이 된다고 보았다(박성인, 2020: 18). 루소에 따르면 육체적 충동, 욕망과 같은 자연 상태의 본능은 정의와 의무, 법으로 규제되어야 도덕성을 갖게 된다(박성인, 2020: 18). 사회상태에서 시민은 이전과는 다른 원리, 이성의 목소리를 따라 행동해야 한다. 사회계약으로 인간은 타고난 자유와 무제한적 권리를 잃지만, 시민으로서의 자유와 자신이 가진 모든 것에 대한 소유권을 얻는다(박성인, 2020: 18). 자연적 자유는 오직 개인의 힘만을 한계로 갖는 자유이고, 시민적 자유는 일반의지에 의해 제한되는 자유이다(최석기, 2014; 172). 루소는 사회상태에서 공동체의 보존과 전체의 행복과 관계되는 일반의지(최석기, 2014; 257)에 따름으로써 시민은 참으로 자신의 주인이 될 수 있는 정신적, 도덕적 자유를 획득할 수 있다고 보았다.

루소는 공동체의 일원인 시민으로서 덕이 있는 삶을 강조했다. 루소의 견해는 인간 본성에 내재된 언어와 이성, 도덕성과 같은 능력은 공동체 속에서 발현될 수 있다고 본 그리스 철학자들의 전통과 맥을 같이 한다(박성인, 2020: 19). 또한 이러한 사상은 규범적 차원의 시민성을 국가 공동체에만 한정시키는 것이 아니라, 모든 인간에 대한 의무, 인류애(박성인, 2020: 19), 보편의지[3]로 확장시키는 사상적 기반을 제공한다. 루소는 인간 존재의 약함에서 인간에 대한 이해와 연민, 의무와 책임을 발견했다. 인간을 사회적 존재로 만드는 것은 인간 존재의 약함이다(박성인, 2020: 19). 우리의 마음에 인간애를 느끼게 하는 것은 우리 모두가 공유하고 있는 비참함이다. 인간이 아니라면 우리는 인간애에 대한 의무를 지지 않을 것이다(박성인, 2020: 19). 모든 애정은 부족함이 있다는 증거이다(최석기, 2014; 371). 인간은 공통적으로 결핍과 고통을 가진 존재, 서로 돌봄을 필요로 하는 존재라는 루소의 인식은 동료 시민에 대한 의무와 책임뿐만 아니라, 인류 전체에 대한 의무와 책임으로 확장될 수 있다. 인류에 대한 의무와 책임은 야스퍼스의 사상에서도 발견할 수 있다. 독일인의 정치

3) 이렇게 확장된 보편성은 칸트가 말하는 보편적인 선의지와 연결된다. 칸트의 선의지는 루소의 일반의지에서 유래했으며, 일반의지가 법적 정의를 추구하는데 반하여 선의지는 윤리공화국 혹은 목적왕국의 성립을 지향한다. 김용민. "루소의 일반의지의 일반성과 보편성"; 양승태 외. 『보편주의: 새로운 세계를 위한 정치사상사적 성찰』,서울: 책세상, 2016. p.259.

적 책임 문제를 다룬『죄의 문제』라는 저작에서 그는 시민의 정치적, 집단적 책임 문제를 세계시민적 책임으로 확장시킨다(박성인, 2020: 20). 궁극적으로 인간은 하나의 공동체이며, 인간이라면 누구나 국가, 민족 등의 개별적 집단성에서 벗어나 선의지를 지닌, 본연의 인간됨이라는 공동 책임을 감당하는 존재이며, 보이지 않는 연대에 도달하기를 갈구한다고 보았다(이재승, 2014, 150). 정치적 현실을 넘어서 인간으로서 연결성을 회복할 것, 관계를 재수립할 것, 전체로서 인간에 대한 염려와 세계의 불의와 불법에 대한 공동책임을 인정하고 연대할 것을 요구하였다(박성인, 2020: 20). 오늘날 글로벌 다문화 시대의 도래와 함께 세계시민적 의무와 책임에 대한 논의가(박성인, 2020: 20) 활발해지고 있다. 모든 인간의 시민적 존엄에 대한 인식과, 인류 공동체의 구성원으로서 자각은 국가적 차원에 한정되어있던 시민적 의무와 책임을 전 인류 공동체를 대상으로(박성인, 2020: 20) 확장한 것이다. 서로 다른 문화를 이해하고 존중할 수 있는 태도 역시 새롭게 변모하는 사회에 요구되는 시민적 덕목으로 부각되고 있다(박성인, 2020: 20). 모든 시민에게 필요한 자질로서 문화적 다양성을 존중하고 상이한 문화의 사람들과 상호작용을 하는(박성인, 2020: 20) 능력과 태도가 강조되고 있다. 세계 시민성은 인간의 공통성에 대한 이해를 기반으로 모든 인간을 동등한 시민으로 존중하고 대우하는 규범적 보편성을 내재한다는 점에서 공동체 안에서 인간의 의무와 책임을 규율하는 시민성의 오랜 전통과 맥을 같이한다고 할 수 있다(박성인, 2020: 20).

3) 정서적 차원의 시민성: 시민적 감정, 시민적 정체성

우리는 앞서 정치적 의미에서 주권자적 권리로서 시민성과 공동체 안에서 바람직한 규범으로서 시민성에 대해 살펴보았다(박성인, 2020: 21). 마지막으로 시민으로서 행동양식에 영향을 미치는 정서적인 측면을 고려할 필요가 있다(박성인, 2020: 21). 정서적 측면에서 시민성은 인간 사회 집단의 구성원으로서 갖는 정체성이나 소속감, 유대감, 열정, 사랑 등을 나타낸다(박성인, 2020: 21). 이러한 정서와 감정은 일상의 삶에서 시민적 행동을 유발, 촉진하는 요소들이라 할 수 있다(박성인, 2020: 21). 실제의 삶에서는 동떨어져 있는 사람들도 같은 구성원이라는 이유로 친애의 대상으로 여겨지며, 관심과 공감을 나눌 수 있으며, 동질감과 유대감을 갖게 된다(박성인, 2020: 21). 시민적 감정은 '내 것'과 '내 것이 아닌 것'을 구분하여 생기는 사적인 감정과는 구분되는 공적 감정이라 할 수 있다(박성인, 2020: 21). 『국가』의 제5권에서 소크라테스는 공동체의 주된 목적이 최대의 선인지, 좋음과 합치되는지를 검토해가며 공통의 기반을 찾는 과정, 최선의 공동의 방식에 대해 고민한다(박성인, 2020: 21). 소크라테스는 즐거움이나 슬픔을 놓고 시민이 같이 기뻐하거나 괴로워할 때 공동체가 단결될 수 있으리라 보았다(박성인, 2020: 21). 공동체나 시민에게 같은 일이 발생했을 때 일부는 의기양양하고 일부는 슬픔에 빠질 때, 공동체를(박성인, 2020: 21) 해체할 것이라 보았다. 한 사람인 것처럼 서로 가까운 상태에 있는 공동체, 이를테면 손가락 하나 다쳤을 때, 공동 관계에 있는 몸 전체가 손가락 통증을 느끼는 것과 같은, 이러한 공동체 가장 훌륭한 정치체제인 것이다(박종현, 1997; 37). 사적인 즐거움이나 고통이 공동체를 분열시킬 수 있다면, 공통의 관심, 공적 감정의 공유는 정치체의 좋음이 된다고 생각했다(박성인, 2020: 21). 시민성의 공유는 구성원 사이의 친밀감과 유대감, 애착 등을 형성하는 토대가 된다. 아리스토텔레스의 저작에서는 시민적 감정은 시민들 간의 수평적 관계와 법과 제도 등의 공유가 전제되어야 한다는 견해를 살펴볼 수 있다(박성인, 2020: 21). 아리스토텔레스는 『니코마코스 윤리학』의 제8권에서 '친애'라는 감정에 대해 다음과 같이 설명한다(박성인, 2020: 21). 친애는 같은 종족의 구성원들 사이에서 느끼는 감정으로, 국민을 단합하게 만드는 것이다(박성인, 2020: 21). 입법자들도 정의보다 오히려 친애에 마음을 기울이며, 정의의 가장 진실한 형태는 친애의 성질을 띤 것이다(박성인, 2020: 21). 친애와 정의는 같은 대상을 가지며, 동일한 사람들 사이에서 존재하는 것이다(손명현, 2007; 181). 참주정과 같은 일탈된 국가 체제 속에서 정의가 존재할 수 없는 것처럼 친애도 존재할 수 없다(박성인, 2020: 22). 법률 제도를 같이 할 수 있는(박성인, 2020: 22) 사람들, 서로 계약을 할 수 있는 사람들 사이에서만 상대에 대한 친애도, 정의도 존재 가능하다(박성인, 2020: 22). 즉, 서로 동등한 사람들 사이에서 공통된 것이 존재할 때 친애가 가능한 것이다(박성인,

2020: 22; 손명현, 2007; 189-199). 시민적 감정은 공화국에 참여함으로써 생성된다. 조국(patrie)은 우리가 태어난 장소이기에 의미 있는 것이 아니라, 우리를 구성원으로 하고 그 법과 정치 제도가 우리를 자유와 행복을 지켜주는 자유국가, 공화국이기에 의미 있는 것이다(박성인, 2020: 22). 조국에 대한 사랑은 좋은 법, 좋은 정치와 공적 삶에 대한 참여를 통해 키워지는 감정이라는 비롤리(Maurizio Viroli, 2002: 81-82)의 설명은 타당하다. 직접 민주주의가 실현되었던 고대 세계에서는 공동체와 구성원에 대한 친애와(박성인, 2020: 22) 열정, 소속감과 정체성을 갖는 것이 자연스럽다. 폴리스는 그 규모에 있어서 협소한 도시국가였으며, 공동체 구성원들은 모두가 동등한 권리와 의무를 갖고 서로를 대면할 수 있었으며, 정치 참여는 시민들의 삶의 방식 그 자체였기 때문이다(박성인, 2020: 22). 촌락공동체에서 전환된 형태의 그리스 폴리스의 시민은 공적 공간에서 공동의 관심을 갖고 공동체에 대한 강한 애착과 유대감을 발휘할 수 있었다(박성인, 2020: 22). 시민들이 모여서 중대사를 논의하고 정치 활동에 적극 참여하는 시민의 삶은 시민적 용기와 헌신, 충성, 자발적 희생까지도 촉발할 수 있었을 것으로 보인다(박성인, 2020: 22). 그러나 헬레니즘 시기 폴리스의 공동체적 유대와 구속력이 소멸되면서 이러한 경향은 점차 약화되었다(박성인, 2020: 22). 로마 공화정의 시민들 역시 공적으로 정치에 참여하는 삶을 통해 시민적 열정을 가질 수 있었으며, 시민들의 정치적 열정, 애국심과 충성심은 국가의 독립과 안정을 유지하는데 중요한 역할을 하였다(박성인, 2020: 23). 고대 로마에서 조국을 위한 죽음은 시민으로서의 죽음이었다. 시민적 열정은 국민들 사이의 공적인 우정이며, 사적 친밀감에 비해 훨씬 강렬한 감정이라 할 수 있다(박성인, 2020: 23). 대다수의 로마 시민들의 정치 참여의 통로가 차단되면서, 시민적 열정을 상실하며 로마를 위해 누구도 나서려 하지 않게 된 것을 로마 멸망의 한 원인으로 언급하기도 한다(박성인, 2020: 23). 근대국가의 형성 과정에서 다양한 배경을 가진 사람들이 국가의 범주로 통합되면서, 상이한 종족적, 문화적, 종교적 배경을 가진 서로 동떨어진 사람들도 국가라는 확대된 정치 공동체의 일원이 되는 과정이 나타났다(박성인, 2020: 23). 국가라는 결집된 상상의 공동체를 구성하기 위해서는 법적, 제도

적으로 명료화된 시민성을 공유하는 것 이외에도, 서로 동떨어져 있는 사람들 간의 심리적 친밀감과 유대감이 필수적이었다(박성인, 2020: 23). 시민들의 동질감과 연대감을 형성하는 데 중요한 역할을 한 것은 '민족' 개념이다. 민족의식, 민족 정체성, 민족의 역사를 일깨우는 시민교육은 근대 이후 국민들의 유대감과 자부심을 형성하는데, 결집된 상상의 공동체를 구성하는 데 주요한 역할을 하였다(박성인, 2020: 24). 앤더슨은 동일한 문장을 읽는 사람들의 의식 속에 근대적 동시성과 민족적 동질감이 형성된다고 보았다(박성인, 2020: 24; Anderson. B. 2006: 1-46). 민족 개념은 문화와 교육을 통해 상상을 매개로 공동체로서 구성될 수 있었다(박성인, 2020: 24). 민족 감정은 하나의 공동체라는 강한 인식과 수평적 유대감과 동지애를 창출시켰다(박성인, 2020: 24). 공동의 조상, 역사적 경험의 공유, 신화, 기억, 상징 속에서 구체화된 문화적 친근함을 바탕으로 생성된 민족의식, 민족정체성은 국가 구성원의 강한 결속력과 친밀감의 바탕이 될 수 있었다(박성인, 2020: 24).

근대 이후 동일한 문화를 공유하는 끈끈한 동질적 집단으로서 민족이라는 관념은 지속되었다(박성인, 2020: 25). 하지만 제한된 민족 관념은 역사적·정치적 현실 속에서 구획의 논리로 악용되어 배타성이나 적대감, 우월감으로 표출되기도 하였다(박성인, 2020: 25). 민족주의의 모순과 긴장은 극단적 전체주의의 대두로 극명하게 드러났다. 독일의 나치즘과 이탈리아 파시즘 체제는 국가나 민족의 우월성을 절대시 함으로써 인간이 얼마나 잔혹해질 수 있는지 보여주었다(박성인, 2020: 25). 수많은 비극적 전쟁들은 민족의 논리 앞에 신성화 되었고 인간적 존엄은 비참히 짓밟혔다(박성인, 2020: 25). 공동체의 정체성을 규정하는 핵심 요소로서 유구한 민족의 전통, 민족의 문화, 민족의 역사, 민족의 언어, 민족의 터전을 강조함으로써 생성된 민족 감정은, 민족의 생득적 요소, 본질적 차이에 주목하여 다른 민족에 대한 배제와 차별, 지배와 폭력의 정당화로 나타났다(박성인, 2020: 25). 국가는 민족 감정을 고취함으로써 시민의 충성과 애착을 독점하고자 하였고, 민족 감정에 도취된 국민은 국가의 부정의나 폭력에 눈을 감고 침묵하였다. 시민적 감정은 민족적 감정과 구별된다(박성인, 2020: 25).

고전적인 정치 사상가들은 민족주의 감정과 공화주의적 감정, '나티오(natio)'와 '파트리아(patria)'를 구분하였다(박성인, 2020: 25). 비롤리의 설명에 따르면 모두 개인 간의 연대를 형성하지만 파트리아, 혹은 레스 푸블리카에 의한 연대는 나티오에 의한 연대보다 훨씬 강하며 고상하다(Maurizio Viroli., 2002; 86). 민족적 감정은 혈연과 영토, 언어와 문화, 역사 등 생득적 요인을 토대로 하는 애착으로, 같은 혈통, 같은 요소를(박성인, 2020: 25) 공유하지 못한 자들의 참여를 가로막기도 하고, 타자에 대한 적대나 우월감으로 나타나기도 한다. 시민적 감정은 민족적 감정과 달리 동등한 자유와 평등한 권리에 대한 인식, 좋은 법과 제도를 공유한다는 인식에 기반한 공적 감정이다(박성인, 2020: 25). 공적인 삶에 참여를 통해 형성되는 감정으로 시민 간의 정서적 유대와 시민적 열정을 야기한다(박성인, 2020: 25). 민족적 감정과 시민적 감정은 현실에서 혼재되어 하나의 애국심으로 보이는 것이 사실이지만, 정의로운 사회 질서의 구축에 보다 도움이 될 수 있는 것은 공적 감정이다(박성인, 2020: 25). 공적 감정은 시민의 삶의 영역에서 중요한 역할을 수행한다. 누스바움은 공적 상상력은 문화의 경계를 넘어서 공적 추론(public reasoning)의 소중한 형태를 제공하며, 시민성과 밀접한 공감과 연민(empathy and compassion)을 형성한다고 보았다(박성인, 2020: 25; Martha C, 1995: 10). 공적 감정은 사회 정의에 대한 강렬한 동기를 제공할 수 있다(박성인, 2020: 25). 공적 상상력의 형성은 공공의 합리적 추론의 근본 토대가 되며, 현실적 경계를 넘어서 보다 인간다우며 정의로운 주체의 정립을 가능하게 한다(박성인, 2020: 25). 다문화, 글로벌 현상의 심화와 함께 제기되는 많은 세계적 문제들에 직면하며, 인류에게는 정치적 현실의 경계를 넘어서는 시민적 감정, 이를테면 유대감과 연대감, 연결성이 요구되고 있다(박성인, 2020: 25). 롤스는『만민법』에서 만민 간의 '친근감의 강화'에 대해 다음과 같이 말했다. 친근감(affinity)의 관계는 고착된 것이 아니라 만민이 발전시켜온 협력적인 제도들 내에서 만민이 함께 일을 하게 되면서 지속적으로 장기간에 걸쳐 강화된다(박성인, 2020: 25). 만민 간의 협력이 빠르게 진전됨에 따라 이들은 상호 간에 관심을 가지게 되며 만민간의 친근감은 보다 강화될 수 있다(박성인, 2020: 25). 이렇게 되면 이들은 더 이상 단순히 자기 이익에 의해서가 아니라 삶의 방식과 문화에 대한 상호간의 관심에 의해서 행동하게 될 것이다(박성인, 2020: 25). 이러한 상호 배려는 상당한 시간 동안 이들 간의 협력적인 노력의 결실과 공통 경험의 결과이다(박성인, 2020: 25; Rawls, J. 1999; 112-113). 롤스가 전망했듯이 공동체를 결속시키는 친근감과 같은 감정은 특정 공동체에(박성인, 2020: 25) 고정된 것이 아니며 세계 전체로 확장될 수 있다. 보편적 차원에서 인간의 존엄에 대해 가치를 부여하고 상호 존중하며 인류애를 나눌 수 있다면 우리는 세계시민사회의 구성원으로서 사익이나 국익을 넘어, 정의, 평등과 같은 보편적 가치를 증진시키는 공적 시민성을 가지고 인간적 공감을 확대해나갈 수 있을 것이다(박성인, 2020: 25). 정서적 차원에서 시민성은 수평적 질서 속에서 법률과 제도를 함께하는 구성원 간에 공유하는 공적 감정이자 정체성으로서 시민들이 공적 삶에 참여함으로써 창출될 수 있다(박성인, 2020: 25). 이러한 시민성은 시민 행동의 동기가 되어 사회적 유대와 연대를 만들어내며, 시민들의 사회적 실천을 이끌어 정의로운 공동체의 구현을 가능하게 한다(박성인, 2020: 25). 공적 감정이자 시민으로서의 정체성은 민족 감정, 민족정체성과는 구별되며 국가공동체에만 국한되는 것이 아니라 세계로 확장가능하다(박성인, 2020: 25).

5. 시민성의 두 가지 모형: 자유주의와 공동체주의

1970년대 존 롤스(John Rawls)의 『정의론(A Theory of Justice)』의 출간과 더불어 시작된 '자유주의'와 '공동체주의' 논쟁은 개인과 공동체의 관계를 규정하는 방식에 따라 대립되는 정치 철학적 입장을 보여준다(박성인, 2020: 26). 자유주의적 관점이 독립된 개인의 자유를 우선시한다면 공동체주의적 관점은 공동체 속의 관계적 자아를 부각하고 공동체의 가치와 문화, 공동선을 보다 가치 있게 여기는 입장이라 할 수 있다(박성인, 2020: 26). '자유주의'와 '공동체주의'라는 이원론적 분류는 넓은 스펙트럼을 갖는 상이한 학자들의 다양한 논의를 단순화할 수밖에 없다는 한계에 직면하는 것이 사실이다(박성인, 2020: 26).[4] 그럼에도 자

4) Stephan Mulhall, Adam Swift는 자유주의와 공동체주의 논쟁의 전개 과정을 조망하며 서문에서 이러한 견해를 밝혔다. Stephan Mulhall, Adam Swift. 『자유주의와 공동체주

유주의적 관점과 그 관점을 비판하는 공동체 주의적 관점을 묶어 인간과 공동체의 관계 규정과 관련된 주된 논의를 살펴보는 것은, 시민성의 규범과 형식의 구성 과정에 유의미한 함의를 제시할 수 있을 것으로 기대된다(박성인, 2020: 26). 킴리카에 따르면 시민성 이론(, 혹은 레스 푸블리카에 의한 연대는 나티오에 의한 연대보다 훨씬 강하며 고상하다(Maurizio. 은 자유주의와 공동체주의 사이의 논쟁을 중재할 수 있는 개념을 제공한다(장동진, 2006; 33). 여기에서는 서구 정치철학 담론에 지대한 영향을 미친 자유주의와 공동체주의 간 논쟁의 내용을 간단히 살펴보고, 보편주의와(박성인, 2020: 26) 특수주의의 관점에서 인간과 공동체의 관계를 어떻게 설명하는지, 시민성 논의와 관련하여 시사하는 바는 무엇인지에 대해 검토할 것이다.

1) 자유주의 시민성

자유주의는 개인의 자유를 그 핵심 본질로 삼는다. 그리고 개인적 권리는 일반적인 가치를 위해서 희생될 수 없다는 개인적 권리의 우월성에 연결한다. 이러한 자유주의의 특징을 몇 가지의 개념으로 정리해 보았다(박성인, 2020: 26).

첫째, 사회에 우선하는 개인, 즉 개인주의적 인간관이다. 개인주의는 자발적이며 독립적인 개인을 국가나 사회 혹은 집단보다 우위에 놓고 생각한다(박성인, 2020: 26). 사회는 자율적이며 독립적인 개인들의 집합이며 이러한 개인들의 자유와 행동이 최대한 보장되어야 하는 장(場)이다(김종순, 2010: 26). 일반적으로 개인주의는 두 개의 측면으로 나누어 살펴볼 수 있다. 그 하나는 도덕적 개인주의(moral in dividualism)로서, '개인은 결코 수단이 아니라 언제나 그 자체 목적으로 대우해야 한다.'는 식의 칸트의 명제 속에 잘 나타나 있다(김종순, 2010: 26). 다른 하나는 존재론적 개인주의(ontlogical in dividualism)로서 사회를 단순히 개인의 집합으로 간주 할뿐만 아니라, 사회의 성격 또한 개인의 성격에 의해 결정된다고 믿는다(박호성, 2009: 8). 이처럼 자유주의적 개인주의는 인간사회 및 그 제도와 조직들보다 개인을 더욱 근본적이고 실질적인

의』. 김해성, 조영달 역. (서울: 한울, 2001).

존재로 여긴다. 그러므로 자유주의는 개인의 존재가 공동체보다 우선한다고 보는 것이다(김종순, 2010: 27). 사회계약론에서 전형적으로 볼 수 있듯이 인간은 '자연 상태'에서 개인으로 애초에 존재하고 이러한 개인들이 모여 공동체를 인위적으로 형성한다는 것이다(김종순, 2010: 27). 또한 각 개인은 서로 무관심하고 독립적인 존재이므로 타인과의 어떤 필연적인 관계를 맺을 필요가 없으며 공동체는 개인에 비해 부차적인 것 내지는 개인에 대립되는 것으로 파악될 수밖에 없다(김종순, 2010: 27). 이러한 공동체에 대한 개인의 우선성은 공동선에 앞서 개인의 이익을 중시하고, 개인의 권리를 최우선으로 하는 관념으로 발전하게 된다(김종순, 2010: 27).

둘째, 개인의 자유와 권리의 우선성이다. 이는 개인의 권리에 대한 불가침성을 공언하고 그 어떤 공동선보다도 개인적인 권리가 우선한다는 입장이다(김종순, 2010: 27). 이러한 기본적 권리의 불가침성은 개별 인간의 평등한 가치와 존엄성에 근거하고 있다(김종순, 2010: 27). 또한 이러한 자유의 우선성은 상이한 가치관에 대한 관용으로 연결된다. 관용은 상이한 가치관의 존중과 고유성을 인정하는 것을 의미하며, 이것은 가치 상호간의 중립성 위에 성립할 수 있다(김종순, 2010: 28). 이러한 중립성은 자유주의 사회에서 다원주의를 가능하게 한다. 이러한 점에서 자유주의는 기본적으로 반완전주의의 입장에 서게 된다(김종순, 2010: 28). 자유주의는 '최고선(highest good)'이나 '좋은 삶(good life)'에 대한 구성원들의 합의는 불가능하다고 본다(김종순, 2010: 28). 또한 공적 영역이 유의미하며 중요한 영역이라는 점을 인정하면서도 공적 영역이 최고의 선의 영역이라는 점에는 동의하지 않는다(김종순, 2010: 28). 오히려 절차적 정의, 즉 '옳음(the right)'에 대한 합의를 통해 공공악(commen bad)으로부터 사적영역을 보호하고자 한다(우맹식, 2005: 33). 자유주의 시민들은 스스로를 자신의 욕구와 이익에 의해서 행동하는 존재로 간주할 뿐만 아니라 다른 사람들도 자신의 욕구와 이익에 의해서 행동할 수 있는 권리를 갖고 있는 존재라는 점, 또한 각 개인의 권리는 다수의 보편 선을 위해 희생될 수 없다는 개인 권리의 우선성을 주장한다(김종순, 2010: 28).

셋째, 개체성, 합리성, 자율성의 강조이다. 자유주의에서 규정하는 자아는 어느 시대 어느 사회에서도 변하지 않고 존재하며, 독립적으로 사유 활동을 하는 "얽매이지 않는 자아", "자유롭고 독립적인 자아"(Sandel, 2008: 50)이다. 자아는 구체적인 사회문화적 맥락을 추월하여 사회 '밖'에 독립하여 개인들에게 보편적으로 주어져 있다는 점에서 '추상적 자아'이다(김종순, 2010: 29). 그러므로 인간이 사회문화의 핵심인 도덕의 산물이 아니라 도덕의 주체이며, 주체인 인간의 자유로운 선택이야말로 도덕에 있어서 가장 중요한 것이다(김종순, 2010: 29). 인간은 사회적 관례로부터 독립하여 개개인의 개별성과 개체성을 확보한다(전영곤, 2002; 17). 위에서 말한 추상적 자아는 각 개인의 특징이 특정한 사회적 상황이나 역사적 맥락과는 상관없이 독립적으로 미리 주어진 것으로 간주된다는 의미이다(김종순, 2010 29). 개인을 추상화하여 이해하는 까닭은, 만약 개인을 현실적 삶에 구체적으로 존재한 개념으로 이해한다면 개인은 사회적인 요구나 역할 기대 등에 의해서 사고와 행위 기준을 갖게 되고, 그만큼 개인으로서 입지가 약화 되어 자율적인 존재와는 거리가 멀게 될 것이기 때문이다(김종순, 2010: 29). 따라서 개인은 현실적인 조건에 얽매이지 않는 특성을 천부적으로 소유하고 있는 주체로 가장하는 것이 필요하게 된다(김종순, 2010: 29). 자유주의 이론에서 전제하는 인간은 합리적이며 자유로운 권리를 갖는 개별적인 인간이다(김종순, 2010 29). 자유주의에 있어서 개체성은 인간의 존재 양식의 특성을 나타낸다. 즉 인간은 사회로부터 분리되어 독립적으로 존재하며, 권리, 이해관계, 선의 개념 등을 개별적으로 소유한다(김종순, 2010: 29). 합리성은 사회에 대한 자아의 독립적 존재성에 대한 가정이 된다. 인간은 합리적이기 때문에 자신에 관해 최선의 판단을 내릴 것이므로 스스로 결정할 수 있는 사적인 부분에 대해서 간섭을 해서는 안 된다는 것이다(김종순, 2010: 29). 개인이 합리적 존재라고 할 때 그것은 개인의 이익과 권리에 결부된 것임을 말한다. 자아의 특성으로 간주되는 세 번째 특성은 자율성이다(김종순, 2010 29). 자유주의에서는 인간이 주체적으로 자신의 사고와 행동을 결정할 수 있는 것은 자율성이 있기 때문이라고 본다(김종순, 2010: 30). 자율성은 개인의 사회에 대한 우선성이라는 논리를 성립시키는데 중요한 가정이 된다(김종순, 2010: 30). 거기에는 인간을 수단이 아닌 목적으로 간주해야 한다는 인간 존엄성 주장과, 인간을 인식과 실천의 주체로 인정하는 의미가 내포되어 있다(김종순, 2010: 30). 즉 인간은 선택하거나 판단하는 대상에 선행하여 존재할 뿐 아니라, 사회와의 관계를 스스로의 자발적인 의사에 의해 형성한다는 의미에서 선택적이다(김종순, 2010: 30). 개인과 사회와의 관계는 자연적이거나 필연적으로 주어지는 것이 아닌, 필요에 의해서 선택한 인위적인 관계라고 할 수 있다(김윤하, 2000: 272).

넷째, 반완전주의적 국가의 중립성이다. 국가는 개인의 선택에 영향을 미칠 수 있는 특정 가치를 지향해서는 안 되고 가치중립적인 위치를 고수해야 한다(김종순, 2010 30). 또한 자유롭고 합리적인 개인이 각자의 이익을 추구하는 것이 곧 정의이고, 국가는 이를 철저하게 보장해야 한다고 보는 것이다. 자유주의는 역사적으로 사회적 신분과 계층에 따른 위 사회의 지배로부터 개인들을 해방시켜 그들의 이익을 자유롭게 추구할 수 있게 해주는 시민계급의 저항 이념이었다(김종순, 2010: 30). 따라서 그것은 '강제로부터의 해방'을 지향하는 자유와 직결되어 있다(박호성, 2009: 290). 자유주의는 무엇보다 국가권력이 개인의 권리를 침해하거나 혹은 공적 영역이 사적 영역을 압도하지 않을까(김종순, 2010: 31) 하는 우려에 사로잡혀 있다. 역사적으로 국가권력이나 정치권력은 권력의 남용과 오용의 가능성을 배태하고 있기 때문에, 국민통합이라는 명분하에 양심의 자유나 표현의 자유, 언론의 자유를 심각하게 제한해 왔으며, 정부의 권력남용으로부터 개인이 보호받아야 한다는 의미가 강했다(김종순, 2010: 31). 이러한 자유주의적 관점에 부합하는 국가권력과 정부의 개입은 개인의 자유와 행동을 보호하기 위해 법과 질서를 수호하는 선에서만 인정되며, 이러한 국가의 개입은 최소화 될수록 좋고 개인의 사적 영역이 극대화되면 될수록 좋은 정치가 되는 셈이다(김종순, 2010: 31). 따라서 자유주의는 국가와 사회, 혹은 공적 영역과 사적 영역을 엄격하게 나누면서 비정치적 관계를 중시한다(김종순, 2010: 31). 한편 자유주의는 공동체를 "협동적 이익의 공간으로서의 수단적 공동체"(박효종, 2003: 16)로 인식한다. 수단적 공동체(instrumental community)에서 사람들이 맺는 상호

간의 관계는 주로 공리주의적 방식이다(김종순, 2010: 31). 즉 개인 각자는 다른 사람들과 협력함으로써 비로소 구현될 수 있는 목적과 목표를 가지고 있기 때문에 공동체를 구성하고 있는 측면이 있다고 말할 수 있다(김종순, 2010: 31). 시장이나 직장 혹은 경제적 관계는 이러한 수단적 결사체의 대표적인 사례라고 할 수 있다(김종순, 2010: 31). 시장사회에서 사람들은 생산자나 소비자로 상호 관계를 맺고 있다. 또한 각종 계약관계를 통하여 상호작용을 하는 사람들도 바로 이 수단적인 결사체에 속한다고 할 수 있다(김종순, 2010: 32). 소비자와 생산자가 내적으로 같은 목적을 공유할 필요는 없다. 결국 자유주의에서 개념화하고 있는 공동체는 공동의 정서적 유대를 지닌 정체성의 공동체는 아니다(김종순, 2010: 32). 즉, 시민적 유대와 우정, 절제와 자기희생의 덕목을 중요시하는 덕목의 공동체는 결코 아니다(김종순, 2010 32). 이 공동체는 개인의 권리와 자유에 우선성을 두고 사적 영역의 침해를 최소화하면서 계약에 의해 원칙과 공정한 절차에 의해 협동적 이익의 공간으로서 좋은 질서를 가진 수단적 공동체를 형성할 수 있다고 강조한다(김종순, 2010: 32).

2) 공동체주의 시민성

아리스토텔레스는 〈정치학〉 제1권에서 폴리스(polis)를 도덕적이고 행복한 삶을 구현할 목적으로 서로 함께 결속한 시민들의 정치적 공동체로 간주했다(김종순, 2010: 32). 아리스토텔레스는 국가를 인간의 자연(본성)에서 비롯하는 인간의 자기실현을 위한 필수적인 토대라 믿었다(박호성, 2009: 62-63). 인간은 타인과 더불어 살고자 하는 본능을 지닌 정치적 동물이기 때문에 본능적으로 어울려 살기를 꿈꾸는 존재인 것이다(김종순, 2010: 32). 국가는 모든 공동체가 최후에 도달하는 목표이며, 완성된 형태의 공동체인 것이다. 그는 '국가가 지향하는 선은 정의'이며, 그것은 '전 공동체를 이롭게 하는 것'이라 말한다(김종순, 2010 32; 박호성, 2009: 68에서 재인용). 고대 정치 이론에 따르면, 정치의 목적은 시민의 덕(김종순, 2010 :32), 도덕적 탁월성을 길러 내는 것이다. 아리스토텔레스가 이해하는 덕은 정치공동체를 벗어나서는 실행될 수 없다. 완전한 삶에 있어서 덕의 계발과 강화는 폴리스(공동체) 속에서 좋은 삶을 살 고자 하는 공동의 과업에 다함께 참여하는 다른 모든 사람들과 함께 사는 삶을 요청한다(김종순, 2010: 32). 용기, 성실, 우애와 같은 덕은 어떤 공동체이든 그 자체를 유지하기 위한 기본적인 요소이며 또한 그 구성원들이 추구하는 삶의 양식의 본질적인 부분을 이룬다(김종순, 2010: 32). 이것이 바로 아리스토텔레스적 인간은 필연적으로 정치적 동물이라는 의미이다(Mulhal, 2001: 122).아리스토텔레스에게 인간은 결코 '자족적(sel-suficient)'이고 '자율적(autonomous)'인 존재는 아니었다(김종순, 2010 32). 단지 정치적 공동체, 즉 폴리스 안에서만, 폴리스를 통해서만 인간은 인간으로서의 결핍을 보완할 수 있는 존재로(김종순, 2010: 32) 인식하였다. 이처럼 아리스토텔레스는 자유주의 사상가들과는 정반대로 공동체를 개인보다 우선시했다(김종순, 2010 32). 최근의 공동체주의의 논의는 자유주의에 대한 비판과 반성으로부터 시작되었다. 공동체주의자들은 서구 사회의 '도덕적 위기'와 '공동체의 상실', 그리고 '과도한 개인주의'라는 사회적 위기의 원인이 근본적으로 자유주의의 '결함'에서 기인한다고 파악한다(김종순, 2010: 33). 즉 자유주의의 개별적이고 독립적인 인간관과 반사회적 개인주의는 자연과 사회를 개인의 자아실현과 이익 실현을 보장하기 위한 오로지 수단적인 의의만을 가지는 것으로 보기 때문에 생활 양식으로서의 도덕적이고 정치적인 공동체와 공동체 정신이 무시 또는 경시되었다는 것이다(김종순, 2010: 33). 이러한 공동체주의 이론의 일반적 특성을 정리하면 다음과 같다. 우선 공동체주의자들 특히 MacIntyre, Sandel그리고 Taylor는 자유주의적 자아관의 박약성과 방법론적 오류를 지적한다(김종순, 2010: 33). Sandel에 따르면 자아는 사회적 맥락 속에서의 인간으로서 공동체의 사회적 관계 속에서 뿌리를 내리고 있어야 함에도 자유주의 자아관이 기초로 하고 있는 추상적이고 어떤 제한도 받지 않는 '무연고적 자아'는 우리의 사회적 목적과 애착들을 자신과 완전히 격리시킴으로써 우리 자신들과 상관없는 나로서 존재하게 한다는 것이다(Sandel, 2008: 315). 따라서 공동체주의자는 추상적 자아에 대조되는 '상황적 자아(siuated self)',혹은 '공동체에 의한 구성적 존재'로서의 인간을 내세운다(김종순, 2010: 33). 공동체 속에서 사회적 상호작용에 의해 형성된 상황적 자아는 역할이 부여된 자아이며 견고한 자아이다(김종순, 2010: 33). 공동체주의에 있어서의 자아는 사회와 유리된 자아가 아니다. 공동체적 자아는 사회적, 역사적 정체성에 연루된 자아의 성격을 가진다(김종순, 2010: 33). 사회는 개인이 선택하는 선의 개념이나 목적의 내용을 제시할 뿐만 아니라 그러한 선의 개념과 목적이 곧 개인의 정체성을 결정한다(김종순, 2010 33). 따라서 공동체주의에서는 개인을 사회와 유리된 채 살아가는 독립적이고 고립적인 존재가 아니라, 다른 사람들과의 상호관계 속에서 공동체적 삶을 영위하는 존재로 파악하고 있다(김종순, 2010: 33). 즉 개인들은 타인들과의 협력 속에서 살아가며, '사회적으로 구성된 인간'으로서 자신이 속한 공동체 안에서 삶의 의미를 찾고 자신의 정체성을 발견하는 존재라는 것이다(김종순, 2010: 33).

둘째, 공동체의 공유된 '공동선의 윤리'를 강조한다. 공동체의 구성원들과 공유하게 되는 원리 또는 기준으로서의 공동선은 질서 속에서 다른 모든 이해관계를 조정하고 통제하는 원리이며 국가를 개인들의 연대적인 상호 협력 속에서 존재하는 하나의 공동체로(김종순, 2010: 33) 전환하는 역할을 담당한다. 공동선은 개인적 선의 기준이 되고, 개인적 선은 공동선을 지향한다. 이러한 공동선은 사회 자체의 목적일 뿐만 아니라 사회 자체의(김종순, 2010: 33) 선이기도 하고 개인적 인격의 목적이기도 하다. 이러한 공동선을 통하여 사회 구성원들 간에 상호협력이 증진되고 연대성이 강화된다(김종순, 2010: 33). 공동체주의는 공유된 가치가 없는 단순한 형식적 사회관계는 개인의 정체성을 보장하지 못할 뿐만 아니라 장기적으로는 민주적 사회를 재생산하지 못한다고 말한다(김종순, 2010: 33). 일정한 기간 또한, 특정한 사회에 타당성을 가지고 있는 가치가 공유될 때에만 비로소 개인들의 자율적 행위를 보장하는 민주주의가 성숙할 수 있다는 것이다. 이런 맥락에서 보면 자유주의의 딜레마는 사회의 구성원들이 이기적이고 개인주의적이라는 사실에 있는 것이 아니라 '좋은 삶'에 관한 의견의 불일치에 있는 것으로 보인다(김종순, 2010: 33). 현대인의 자아가 아무리 다양한 역할과 가치들로 구성되어 있다고 할지라도 자신의 삶을 통해 실현하고자 하는 '좋은 삶'의 목적이 없다면 그의 정체성은 결코 형성될 수 없고, 마찬가지로 공동체는 그 구성원들의 차이에도 불구하고 여전히 확인할 수 있는 공동선이 없다면 개인의 자유를 보장하는 도덕적 질서를 재생산할 수 없다(김종순, 2010: 34). 그래서 공동체주의자들은 현재의 자유주의 사회가 구성원들 사이의 공감대 형성 능력을 상실했다고 주장한다(김종순, 2010 34). 그에 따라 시민들은 정치체제와 일체감을 형성하지 못한다는 것이다. 나아가 그와 같이 국가가 치열한 집단경쟁의 장으로 변화된 상황에서 이미 공동선에 대해 말한다는 것이 불가능하게 된다고 보았다(김종순, 2010: 34). 따라서 그들은 이를 극복하기 위한 방안으로써 공동목적의 설정을 강조한다.

셋째, 공동체를 유지하고 발전시키기 위한 시민 참여와 연대를 강조한다. 공동체 구성원들 간의 연대감과 공동체 문제에의 참여의식은 공동체를 유지하고 발전하는데 없어서 안 될 중요한 요소라고 할 수 있다(김종순, 2010: 35). 공동체 구성원들 간의 상호보완과 연대감, 배려심, 협동 의식 등은 바람직한 공동체의 이상을 제시해 주는 감정적 요소이다(김종순, 2010: 35). 공동체주의적 시민성은 자기 이익 추구와 경쟁심 같이 갈등을 유발시키는 대신에, 공동체 문제에의 참여와 협동, 구성원에 대한 연대 의식을 바탕으로 공동선을 추구하는 시민으로서 자신의 정체성을 지향하고자 한다(김종순, 2010: 35). 한 사회의 구성원들이 공동체 안에서 공동체의 다른 구성원들에 대해 애착을 갖고 그들의 발전에 도움이 되도록 노력하는 그러한 상호 유대의 감정으로서의 우애(friendship)와 연대감 등을 가지고 공동체적 삶에 참여할 때 구성원들 모두의 행복이 증진될 수 있을(김종순, 2010: 35) 것이라 본다.

넷째, 공동선을 실현할 수 있는 정치 공동체로서의 완전주의적 국가관을 가진다. 자유주의자들에게 있어서 공동체는 개인의 이익 실현을 위한 도구적 협동체에 불과하다(김종순, 2010: 35). 즉 국가는 개인의 자유, 생명, 재산을 보호해주는 역할의 기재로서 혹은 시장의 자율성을 옹호하고 중립적 조정자의 역할을 하는 도구적 존재이다(김종순, 2010: 35). 그러나 공동체주의는 합의된 규칙과 절차, 공동의 신념 등은 개인의 자유 실현을 위한 합의된 약속이므로 이를 이해하고 받아들여야 함을 강조하고, 공동체로서의 국가에 의해 가치로운 삶의 방식들이 증진될 수 있다고 본다(김종순, 2010: 35). 한편, Sandel이나

MacIntyre등 공동체주의가 주목하고 있는 공동체는 '유대적인 공동체'이다(김종순, 2010: 35). 유대적인 공동체의 특징은 "정체성을 구성하는 공동체"라고 규정할 수 있는데(박효종, 2003: 14), 즉 개인은 공동체 속에서 공동체의 구성원으로서 공동체의 관습과 법, 사회적 합의에 대해 동조하고 받아들이며 자신들의 정체성을 구성하고, 구성적 공동체는 개인에게 안정된 자아감과 더불어 살아가는 삶을 제공할 수 있다는 것이다.

6. 시민성의 쟁점

시민성의 쟁점은 세 방향의 강조점에 따라 각각 다르게 나타났다. 첫째, 고대에 바탕을 둔 시민 공화주의적 시민권 개념으로서 여기에서 시민성은 의무를 강조하고 있다. 시민 공화주의는 국가에 대한 애국적 충정을 지닌 주민 집단으로서 시민을 전제한다(김종순, 2010: 36). 고대 아테네 이후부터 전통적으로 규범적 접근방법에서 주로 시도해 왔다(김종순, 2010: 36).

둘째, 근대 자유주의적 관점에서의 시민성은 권리를 강조하고 있다. 자유주의적 시민권은 정치단위로서의 국가의 구성원으로 살아가는 동등한 개인들로서 시민을 전제한다(김종순, 2010: 36). 이러한 관점에서 시민성은 시민권으로 이해할 수 있다. 근대 이후 정치학을 비롯한 사회과학적 접근방법에서 주로 시도해 왔다(김종순, 2010: 36). 근대 시민 사회의 탄생 이후 시민들은 정치에 참여할 권리뿐만 아니라 사적인 영역에서 우선적으로 헌신할 수 있는 권리 또한 보유하고 있다(김종순, 2010: 36). 권리로서의 시민성의 개념을 정리한 Marshal은 시민성의 권리를 세 가지 범주로 나누었다. 18세기 영국의 시민적 권리로서의 자유권(civil right)(김종순, 2010: 36). 19세기 정치적 권리로서의 참정권(politcal rights). 그리고 20세기 사회적 권리(social rights)가 그것이다(김종순, 2010: 36). 그에게 있어서 시민성은 이러한 자유권, 참정권, 사회권을 소유한 상태이며, 이 세 가지 권리가 법과 관습을 통해 확장되고 보장됨으로써 모든 사회 구성원은 일상적인 사회생활에 충분히 참여할 수 있다고 보았다(조주현, 2007; 10).

셋째, 공동체주의적 관점에서의 시민성은 공동체에 대한 헌신과 동일시를 강조하고 있다. 또한, 최근 자유주의와 공동체주의의 논쟁을 통하여 부각된 공동체주의의 입장과 전통적인 공화주의의 입장에서는 자유주의가 소홀히 하고 있는 특수한 공동체에 대한 헌신과 의무를 강조한다(김종순, 2010: 37). 이러한 입장에서의 시민은 공적인 일에 헌신하고 공공선에 대한 의식을 가지고 있으며 정치적 삶을 중요시한다(김종순, 2010: 37). 이러한 시민적 덕목을 강조하는 입장은 개인주의가 현대사회에서 발생하는 아노미 현상의 근본원인이라고 진단한다(김종순, 2010: 37). 따라서 시민성은 민주주의적 자기 통제를 확보하기 위한 필수적인 훈련을 통해 얻어질 수 있다고 본다(김종순, 2010: 37). 이러한 맥락에서 Kymlicka는 그동안의 시민성 연구가 법적인 지위로서의 수동적 권리 측면에 너무 치중한 면이 있다고 지적하고, 책임과 덕을 강조하는 적극적인 시민성에 초점을 맞출 것을 주장하기도 하였다(조주현, 2007; 11에서 재인용).

요약하자면 시민성의 쟁점은 자유주의적 시민성과 공동체주의적 시민성이 핵심적 논쟁이다. 이에 따라 개인적 가치와 공동체적 가치로 대조되어 나타나는 시민성의 내용 중 어떤 가치 덕목들을 교육의 내용으로 삼을 것인가가(김종순, 2010: 37) 새로운 문제로 등장하게 되었다.

한편, 자유주의와 공동체주의 논쟁은 이후 Bel, Etzioni등의 학자들에 의해 양자 사이의 조화와 균형을 추구하려는 경향으로 나타나기 시작했다(김종순, 2010: 37). 이들의 이론을 보통 "공동체주의적 자유주의(communitar in liberalism) 내지 자유주의적 공동체주의(lberalcomm unitarinism)또는 신공동체주의(new communitarinism)"(정세구외, 2002: 53)라고 일컬어진다. 신공동체주의의 대표적인 학자 중의 하나인 Etzioni는 도덕적 질서를 재건하는 측면에서 개인과 공동체의 조화, 나와 우리의 조화, 도덕 정신의 부흥을 역설한다(김종순, 2010: 38). 그에 의하면 개인과 공동체는 서로 분리되거나 대립적인 관계에 있는 것이 아니라 상호 보완적이고 상호구성적이다(김종순, 2010: 38). 개인은 완전히 자유로운 것이 아니라 사회적으로 붙박혀 있는 존재이며, 동시에 마찬가지로 공동체는 개별적 독자성을 가지고 있는 개인들로 구성된다(김종순, 2010: 38). 그리하여 개인과 공동체는 "망치와 못의 관계와 같이 서로를 필요로 하는 상호 관련되고 상호의존적인 관계에 있다"(정세구외, 2002: 54)는 것이다. 이러한 논의에서 시사하는 바는 자유주의자와 공동체주의자가 강조하는 상이한 내용들 간에 전면적인 대립이나 모순이 있을 필요는 없다는 점이다(김종순, 2010: 39). 보다 구체적으로 말해, 개인은 그 공동체와 별개로 생각될 수 없다는 공동체주의의 주장은 인간 선으로서의 개인의 자율성이 전적으로 폐기되거나 폄하되어야 한다는 의미는 아니다(김종순, 2010: 39). 그보다는 공동체주의자의 주장은 자유주의자가 인간의 자율성에 부여하는 우선성이 절대적이고 또한 그 범위가 보편적이라는 점에 의문을 제기하기 위한 것이다(김종순, 2010: 39). 그들은 그런 우선성과 범위가 수정되거나 제한되어야 한다고 지적한다(Mulhaland Swift, 2001: 217). 기본적으로 공동체는 사회적으로 상호 의존적인 일단의 사람들이 형성하고 있는 중첩적인 관계의 그물망으로 이해된다(김종순, 2010: 39). 그리고 그 공동체의 구성원들은 특정의 관습들-가치, 규범, 의미, 역사적 정체성 등을 공유, 활용함으로써 서로간의 상호 의존적 관계성을 계속 유지 강화시킨다(김종순, 2010: 39). 또한 구성원들은 자신들이 속한 공동체의 관련 토론과 의사 결정 과정에 적극적이고 능동적으로 개입하여 공동선을 창출한다(송재룡, 2001: 111). 이러한 공동체는 '공동체의 결속'의 측면과 그 공동체의 구성원인 '개인의 자율성'의 측면 모두를 균형 있게 중시하는 개념이다(김종순, 2010: 39).

제3장
사회통합과 시민교육

1. 사회통합과 공동체 의식
2. 시민교육의 필요성
3. 시민성 교육으로서의 사회과 교육

제3장 사회통합과 시민교육

1. 사회통합과 공동체 의식

2009년 프랑스 사회에서는 색다른 토론이 벌어졌다고 한다(김종순, 2010: 40). 프랑스 정부가 "프랑스인의 자부심과 프랑스의 가치를 재확인하고 국가정체성을 강화"하기 위해 시작한 '프랑스인이란 무엇인가'라는 주제의 지역별 소규모 토론회가 전국적으로 번져 간 것이 그것이다(김종순, 2010: 40). 최근 프랑스 사회는 무슬림 인구가 약 500~600만 명에 이르며 이슬람이 프랑스 제2종교로 자리 잡고 있는 상황에서 여러 가지 문화적 충돌이 빚어지면서 사회통합에 대한 고민이 높아지고 있다고 한다(김종순, 2010: 40). 한때 자유 · 평등 · 박애의 상징이었던 프랑스 사회에서 프랑스의 정체성을 들어 '로마에서는 로마법을 따르라'는 주장과 '우리의 문화를 인정하라'는 주장의 갈등의 골이 깊어지고 있다는 것이다(김종순, 2010: 40). 최근 조사에서 프랑스 국민의 54%만이 이슬람이 프랑스 사회에서 공존할 수 있다고 대답한 것으로 나타났다(김종순, 2010: 40; 한겨레신문, 2009. 12. 17일자). 한편, 한국사회의 급속한 '다인종 사회화 현상'에 대해 주목하며 〈뉴욕타임스〉가 집중 조명한 사례가 있었다(김종순, 2010: 40). 신문은 '혼혈아 베이비붐이 한국사회를 시험대에 올려놓고 있다'는 제목의 기사에서(김종순, 2010: 40), "한국이 점차 인종다양성에 개방되고 있지만, 흔히 '코시안'이란 다소 경멸적 용어로 불리는 혼혈 어린이들이 한국 사회에서 환영받지는 못하고 있다"고 지적했다(뉴욕타임스, 2009. 11. 29; 인터넷 한겨레, 2009. 11. 29에서 재인용). 수십만 명의 외국인 여성들이 특히 낙후된 농촌지역에서 모자라는 한국인 신부감을 보충하고 혼혈아동도 크게 늘면서, 단일민족 국가를 자랑스럽게 여겨왔던 한국이 이들을 부드럽게 흡수해야 하는 어려운 과제에 직면하고 있다(김종순, 2010: 40). 많은 한국인들이 다문화가정 자녀의 증가가 급속히 노령화하는 한국 사회의 평균연령을 낮춰줄 것으로 기대 하면서도 그들을 한국사회에 완전히 동화시키지 못할 경우 미국이나 유럽에서와 같이 하층계급이 양산되고 인종적 소수자들이 고립될 가능성을 두려워하고 있다(김종순, 2010: 40).

위의 사례는 프랑스나 한국 사회가 현재 사회통합과 관련하여 포용과 배제, 통합과 분열의 일정한 변화를 겪어야 할 중요한 시점임을 보여주고 있다(김종순, 2010: 40). 실제로 현재 한국 내의 다문화 가정의 53%는 최저임금 이하의 소득으로 살아가고 있고, 또 다문화 가정 자녀들의 초등학교 중퇴율이 15.4%로, 전체 평균의 22배나 되는 것으로 나타났다(김종순, 2010: 40). 이는 부적응과 따돌림, 어머니의 한국어 능력 부재가 주요 원인이라고 한다. 이러한 사례는 오늘날 한 사회의 새로운 구성원으로서 이주민, 외국인 노동자, 다문화 가정 등이 늘어가면서 기존 사회 구성원들의 통합뿐만 아니라, 새로운 구성원들의 사회문화적 적응과 사회통합이 중요한 사회문제로 부상하고 있음을 보여준다(김종순, 2010: 40). 한 사회가 유지되기 위해서는 전 사회의 통일성 혹은 유대감을 기하고 사회적 정체성(Social Identity)을 유지, 발전시켜 나가기 위한 통합 시스템과 이념체계 등이 필요할 것이다(김종순, 2010: 40). Duverger의 정의에 따라 사회통합을 정리한다면 '사회의 통일 과정으로서 사회를 성원의 질서관에 기초하는 조화된 공동체로 되게 하려고 하는 것'(이경호, 2000: 11에서 재인용)이라 할 수 있다(김종순, 2010: 40). 즉"한 사회의 이질적인 구성 부분들이 상호 작용하는 가운데 나타날 수 있는 갈등을 회피 혹은 최소화하여 조화된 공동체를 이루려는 노력을 사회통합"(이경호, 2000:12)이라 할 수 있는 것이다. 따라서 사회통합을 위해서는 사회성원들 간에 정서적 · 사회적 관계의 생성 및 유지 발전이 필요하며 이러한 관계의 발전 속에 집단들이 유사성, 동질성 및 상호의존성을 많이 지님으로써 한 사회 구성원이라는 정체성(identity)을 형성하는 것이 매우 중요함을 알 수 있다(김종순, 2010: 41). 그런데 사회통합에 있어서 그 바탕에 깔려 있는 완전한 동질성의 확보란 실현되기 어려운 과제라 할 수 있다(김종순, 2010: 41). 즉 동질적인 것으로 가정하는 혹은 그를 위해 동화의 노력이 행해지는 사회에서도 다양한 내부적 차이가 완전히 제거되기는 어렵다(김종순, 2010: 41). 따라서 그 사회의 비구성원들에 대한 차별, 불평등이 당연하게 여겨질 뿐만 아니라, 한 사회 내에서 나타나는 차이를 근거로 각종 차별대우가 행해지는 경우도 많다(김종순, 2010: 41). 즉 동질성에 대한 강조는 동질적인 존재에 대해서는 동등한 대우(김종순, 2010: 41), 동질적이지 않은 존재에 대해서는 불평등 혹은 차별적인 대우를 당연한 것으로 받아들이게 만든다(김종순, 2010: 41). 예를 들어, 외국인 노동자일 경우 이질적인 것으로 취급되는 대표적인 집단이다. 외국인 노동자 문제가 점점 심각하게 인식되고 그들이 한 사회 내에서 정착하는 경향이 심화되고 있는 오늘날 이질적인 것으로 여겨지는 집단을 그 사회의 성원으로서 전혀 인정하지 않고 배제하는 동시에 그들이 지니는 이질성을 열등성(inferiority)으로 규정하고 그를 근거로 차별대우하는 것으로 나타난다(김종순, 2010: 41). 그런데 종전의 사회통합 이념들의 특징이었던 차이를 없애고 하나의 단일한 문화 및 가치를 만들어 내고자 하는 시도에서 탈피하여, 다양성을 인정하고 관용성을 발휘하는 가운데 전체적인 국가 및 사회의 통합성을 유지하려는 시도로서 '다문화주의'라는 시도가 나타났다(김종순, 2010: 41)[5]. 즉 다문화주의는 지금까지의 일반적인 사회통합 논리들이 동질성과 단일성을 강조해 온 데 반해 다양성과 차이에 대한 인식, 존중을 바탕으로 사회적인 통합을 이루어내려는 시도이다(김종순, 2010: 42). 이러한 다문화주의란 단지 이질문화의 존재를 이해하고 인정하는데 그치지 않고, 다수집단의 성원들도 다언어 능력을 키우는 등의 노력을 통해 소수집단과 적극적인 상호작용을 하는 한편 편견, 차별 등을 적극적으로 제거함으로써 사회의 분리·분열을 방지하려는 목적을 지니고 있다(김종순, 2010: 42). 사회를 통일하고 하나의 공동체로서 정체성을 확립하기 위해서는 무엇보다도 먼저 사회를 분열시키는 대립을 배제하고 갈등을 없애는 것이 필요하다(김종순, 2010: 42). 그러나 대립과 갈등을 최소화한다고 하더라도 만약 그 구성원이 단순히 상호 병존하는 채 서로 고립되고 무관심한 군중과 같은 경우라면 이것은 참된 통합이라고(김종순, 2010: 42) 말할 수 없다. 통합은 분열과 갈등을 배제하는 측면뿐만이 아니라 단결의 발전이라는 적극적 측면을 전제로 한다(김종순, 2010: 42). 따라

5) 다문화주의는 다양한 형태로 나타나고 있다. 예를 들어 다문화주의를 그 바탕이 되는 다원주의의 성격에 따라 상징적 다원주의론, 문화다원주의론, 조합주의적 다원주의론, 지역적 다원주의론, 분리·독립형 다원주의 등으로 구분한다(初瀨龍平, 1996: 46-51 ; 이경호, 2000: 23에서 재인용). 공통적으로 하나의 통합된 사회를 상정하고 있다는 점에서 분열의 논리와는 뚜렷이 구분되는 사회통합의 논리라고 할 수 있다. 또한 기존 사회에 존재하는 단 하나의 표준에 대한 일치를 강요하고 있지 않다는 점에서 다문화주의는 포용을 목표로 하는 사회통합 전략의 유형이라 할 수 있다.

서 사회통합의 달성 및 유지를 위해서는 공동체 내에서 참여하는 사람들 사이에 일정한 정서적 혹은 인식적 관계와 함께 사회적 관계를 생성,유지하고 동질성을 확보 발전시켜 나가는 것이 필요하다(김종순, 2010: 42). 따라서 사회통합은 특정 집단이나 계층을 배제하기보다는 가능한 전체 국민을 포괄하여 이들에게 사회경제적 혜택을 제공하는 것이라고 정의할 수 있을 것이다(김종순, 2010: 42). 또한, 통합은 집단이나 지역 간의 차이에서 발생하는 갈등의 가능성을 줄이고 공동의 정체성을 제고하여 사회적 조화와 협력의 잠재력을 증대시키는 것으로 이해할 수 있다(김종순, 2010: 42). 실제로 우리나라 국민들은 사회통합을 하려면 경제 · 사회적 약자를 배려하는 게 우선돼야 한다고 생각하는 것으로 나타났다(김종순, 2010: 42). 사회통합에 가장 부정적인 영향을 미치는 사회 갈등으로는 '계층 갈등'을 꼽는 사람이 가장 많았다(김종순, 2010: 42)[6].

이러한 맥락에서 한국 사회에서 사회통합이란 다름 아닌 사회적 약자를 보듬어 안는 것이라고 할 수 있다(김종순, 2010: 42). 우리 사회에서 사회적 약자는 비정규직, 장애인, 외국인 노동자 등이 해당할 것이다. 그런데 분배의 불평등이 악화되고 빈곤이 증가하는 등 사회경제적 양극화가 극심해지면 그만큼 사회통합이 어려운 것이 된다(김종순, 2010: 42). 또한 모든 사회는 사회통합을 이루어가려는 의식적인 노력이 필수적이다. 이러한 노력들 중 무엇보다도 그 성원에 대한 교육이 중시된다(김종순, 2010: 43). 통합은 사회의 구조만이 아니라 그 성원의 심리에 의해서도 좌우된다. 교육은 여러 가지 심리적 방법으로 통합을 도울 수 있다(김종순, 2010: 43). 시민들을 분열시킬 수 있는 대립을 감소시키고 시민들을 결속하는 물적 연대 관계의 중요성을 시민에게 자각하게 하고 시민의(김종순, 2010: 43) 의식을 사회에 대한 공동체적 감정을 고양시키는 것이다. 이러한 필요에 의해 그것을 청소년에 대한 학교 교육 과정에서 가르친다. 그 사회 성원들이

---

6) 대통령 소속 사회통합위원회가 2010년 1월 전국 국민 대상 설문조사를 실시하여 발표한 '사회 통합 국민의식조사'에 의하면, 사회통합의 전제조건으로 '경제사회적 약자 배려'를 가장 많이 꼽았고, 사회통합에 가장 부정적 영향을 미치는 사회갈등 요인으로는 '계층갈등'이라는 응답이 가장 많았다. 이어 이념갈등, 노사갈등, 지역 갈등 순이었다(국민일보, 2010. 02. 23).

사회통합에 대한 하나의 상을 바람직한 것으로 공유하고 그를 성취하기 위하여 스스로 적극적으로 의식적인 노력을 할 때에만 사회통합은 공고해질 수 있는 것이다(김종순, 2010: 43). 이러한 점에서 사회통합에 있어 교육의 역할은 대단히 중요하다 할 수 있다. 한 사회의 핵심적인 이데올로기가 구성원들이 의식 속에 받아들여 당연한 것으로 여기는 것은 교육 특히 학교 제도를 통한 영향이 압도적이다(김종순, 2010: 43). 이러한 학교 교육의 사회통합 기능이 가장 뚜렷이 나타나는 것이 사회과 교육이다(김종순, 2010: 43).

1) 공동체 의식의 내용과 덕목들

Hilery는 공동체를(김종순, 2010: 43) "한 지리적 영역 내에서 하나의 혹은 그 이상의 부가적인 공유의 유대를 통해 사회적으로 상호작용하는 사람들로 이루어진 것"(정세구 외, 2002: 126에서 재인용)으로 정의하였다. 이 내용의 의미는 사회적 공동체의 개념으로 구체화하면서 지리적 영역, 사회적인 상호작용, 공동의 유대 혹은 연대 의식을 중요한 요소로 본 것이다(김종순, 2010: 43). 공동체 개념의 의미로 그는 우선, 공동체의 핵심을 상호부조로 보았으며, 이익의 공동성에 초점을 맞추고 공동선을 위한 의지로 공동체가 이루어지고 이러한 의지에 기초한 공동생활의 장으로서 공동체를 의식적 결속 아래 동고동락하는 특성을 지닌 사회로 파악하였다(김종순, 2010: 43). 또한 공동체의 질적 특성에 관해 다음과 같이 밝히고 있다. 공동체는 보통 관계망 속에서 결속되어 있는 한정된 사람들로 형성된다(김종순, 2010: 43). 그 성원은 일단의 가치관과 신념을 공유한다. 그 관계는 보통 인격적이고 직접적이며 대면적인 것이다(김종순, 2010: 43). 그 성원들을 결합시키는 것은 자기 이익보다는 우정이나 의무감이다. 성원간의 유대는 몇 가지 측면만이 아니라 각 삶의 전체에 얽혀 있다(김종순, 2010: 43). 성원들은 소속감, 즉 '우리 의식'을 느낀다. 각 성원의 이익과 정체성은 전체 이익과 정체성에 의존하고 또 이를 형성한다(김종순, 2010: 44). 그리고 성원들은 서로 결속력을 표현한다. 우리는 흔히 이러한 조건을 충족시키는 집단을 공동체라고 부른다(김종순, 2010: 44). 과거의 촌락은 그 전형이다. 그러나 과거의 촌락과 같은 공동체를 현대와 미래 사회에 기대하기는 어려울 것이다(김종순, 2010: 44). 오늘날의 공동체는 그 규모와 형태에 있어 과거에 비해 훨씬 거대해지고 다양해졌다. 오늘날 공동체가 붕괴되고 있다는 우려의 목소리가 크다. 그런데 중요한 문제는 공동체의 규모나 형태가 아니라 공동체의 질적 특성과 관련된 문제가 함의되어 있는 것이다(김종순, 2010: 44). 전통적 공동체는 높은 일치성을 요구하였다. 오늘날의 공동체는 사회구조의 특성상 다원적이며 집단의무의 구조 내에서 개인적인 자유와 책임을 강조한다(김종순, 2010: 44). 전통적 공동체는 외부에 폐쇄적이고 외부 세계와의 의사소통에 매우 소극적이었다(김종순, 2010: 44). 오늘날의 현실은 공동체들로 하여금 외부 세계와의 끊임없는 접촉을 요구하고 있으며, 배타적이기보다는 포용적이어야 한다는 것을 요구한다(김종순, 2010: 44). 기본적으로 공동체는 '나눔(share)'을 존중하는 원칙을 미덕으로 여긴다. 그리하여 공존과 공생, 그리고 구성원 상호 간의 굳은 연대를 높이 기린다(김종순, 2010: 44). 특히 오늘날 공동체 의식에서는 일체감이나 동질성을 넘어서는 '연대의식'을 강조하고 있다(김종순, 2010: 44). 즉, 건강한 공동체의식은 평등과 연대의식을 기반으로 한 것이어야 한다. 공동체 안에서의 인간적 '연대'의 중요성을 강조해온 사상은 플라톤에서 출발한다(김종순, 2010: 44). 플라톤은 인간사회에 내재하는 이기적 특화 욕구의 극복 및 공동체 전체의 절대적 단합 방안으로 모색하였던 것이 개별 구성원이 전체와 스스로를 동일시할 때 한 사회체제의 연대가 가장 효율적으로 확보될 수 있다고 믿었다(김종순, 2010: 44). 아리스토텔레스 또한 '친애(philia/friendship)'라는 개념을 통해 공동체 구성원 상호 간의 굳건한 결속을 지향하는 인간적 유대 관계의 중요성을 강조하며, 인간의 삶에서 가장 필수적인 것이 바로 연대라고 역설하였다(박호성, 2009; 71). 연대에 관한 체계적인 연구업적으로 꼽히는 〈사회분업론〉에서 Durkheim은 전통과 사회적 결속이 해체되는 상황에 주목하며 무엇보다 개인화된 인간과 사회적 연대 사이에 어떠한 연관성이 내재해 있는가를 탐색하였다(김종순, 2010: 44) 그는 사회를 합리적 타산이나 사적 이해, 또는 사회계약의 산물이 아니라 사회적 규범, 공유된 가치 및 관행 등의 소산으로 간주했다(김종순, 2010: 44). 그리하여 그는 사회 구성원들을 통합하는 규범적 매카니즘의 핵심 요소의 하나가 바로 '연대'라는 인식에 도달하게 되었다(김종순, 2010: 44; 김종엽,1998: 114; Zol, 2008: 42). Durkheim은 사회발전단계에 따라 연대를 '기계적 연대'와 '유기적 연대'두 유형으로 나누어 고찰한다(김종순, 2010: 45). 기계적 연대는 사회분화가 덜 이루어진 단순하고 동질적인 삶의 방식이 지배적인 전통사회에서 발달한 유형이다(김종순, 2010: 45). 반면에 이러한 전통사회와는 달리 직업적 · 사회적 분화가 크게 이루어져 있는 현대사회에서는 생활 조건과 문화 및 이데올로기의 심각한 차이가 지배적이다(김종순, 2010: 45). 따라서 전통과 사회규범에 의해 이루어지던 강한 연대가 해체되고 그 자리에 복잡한 노동 분화 및 전문화에 의해 조성된 '상호의존성'이 들어섰다고 본다(김종순, 2010: 45). 비록 심화된 노동 분화로 '공동체 의식'이 깨지고 '개체의식'이 전면에 등장하게 되었지만, 현대사회는 이러한 사회적 분업으로 말미암아 이질적인 생산자 사이의 다양한 상호 의존 현상이 필연적으로 나타나게 된다(김종순, 2010: 45). 즉 이 복잡한 사회구조의 유기적인 구성인자로서 상호의존적 존재로 살 아갈 수밖에 없다는 것이다(김종순, 2010: 45). Durkheim은 바로 이러한 노동 분업이 야기하는 현대인의 상호의존성을 '유기적 연대'라 규정한다(김종순, 2010: 45). 그는 노동 분화가 증대함으로써 결국 상호의존성과 협동의 필요성이 함께 증진될 것이라고 보았다(김종순, 2010: 45). 결과적으로 그는 사회적 결속이 증대됨으로써 사회발전이 촉진될 수 있고, 도덕과 법도 발전하게 된다고 생각했다(김종순, 2010: 45; 박호성, 2009: 435).

역사의 진전에 따라 연대의 개념도 많은 논의를 거치며 확장되고 심화되어 왔다. 예컨대, Reizenstin은 연대를 '동등하고 공통적인 생활 상태를 공유하는 다수의 사람들이 공동의 목표를 위해 사회적 적대자에 맞서 서로에 대해 책임지는 공동의 사회적 행위'를 의미하는 것으로 해석한다(김종순, 2010: 45; Zol, 2008: 88에서 재인용). 이처럼 좁은 의미의 연대 개념은 사회 상태의 동질성, 행위의 공통성 등 기본적으로 공동체적 소속감을 강조하는 성향을 보여준다(김종순, 2010: 45). 즉 연대는 동등한 사회적 구성원으로서 지녀야 할 자발적인 인간적 유대 의식과 도덕적 의무감을 가리킨다(김종순, 2010: 45). 수

년간 다양한 동물들과 원시인의 삶에 관한 관찰을 통해 그들 사이의 공통적인 '상호부조'와 '상호지원'이 이루어지는 모습을 발견하여 정리했던 Kropotkin은, 동물이든 인간이든 같은 종끼리 "서로를 부양하고 도와주며 보호해준다는 사실"을 강조하며, 인간이 지니는 연대성과 사회성이 자연법칙의 하나라고 말한다(김종순, 2010: 45). 그는 "인간 사회의 근간이 되는 것은 인간적 연대에 관한 의식이다"(Kropotkin, 2005: 17)라고 강조한다. 오래된 연대란 동등한 사람들 사이에서의 관계이며, 어떤 공동체에서의 '사회적 결합'이다(김종순, 2010: 45). 동일한 집단이나 공동체에 속한 누군가와 연대한다는 것은 비교적 쉬운 일이다. 그에 반해 동일한 집단이나 공동체에 속하지 않는 다른 사람, 즉 타자와의 연대는 더욱 어려운 일이다(김종순, 2010: 45). 그런데 오늘날 필요한 것은 타자와의 연대이다. 즉, 공동체 내부의 결속과 유대감을 증진하는 것과 동시에 공동체와 집단의 한계를 넘어선 연대, 인류적인 연대의식으로의 확장이 오늘날 제기되는 공동체 의식이다(김종순, 2010: 45). Wildt는 연대를 "동등하지 않음에도" 이루어지는 결합(김종순, 2010: 45), "우리 스스로가 향유하거나 가치 있는 것으로 간주하는 똑같은 기회, 권리, 목표가 실현되도록 우리와는 일치하지 않는 다른 상태를 가진 사람을 지지하는 것"이라고 말한다. 또한 Spicker의 "연대 이념의 핵심은 타자에 대한 책임을 발전시키고 그것을 수용하는 것"이라는 발언이 지향하는 것도 마찬가지 의미라고 할 수 있다(김종순, 2010: 45). Hahn은 국내의 외국인이야말로 '타자의 전형'이라며, 오늘날 연대는 타자 '사이의' 연대가 아니라 타자와 '함께하는' 연대여야 한다고 말한다(Zol, 2008: 188에서 재인용). 오늘날 사회는 점점 다원화되고 있다(김종순, 2010: 45). 사회 구성원의 사고방식과 생활 양식은 다양해지고 있으며, 사회는 하나의 구심점을 중심으로 움직이기보다는 서로 관계가 적거나 혹은 전혀 없는 무수한 집단과 조직의 활동에 의해서 유지되고 있다(김종순, 2010: 45). 그들은 거대한 사회적 분업을 통해 기능적으로 서로 연관되어 있지만, 동질적인 이해관계와 의식을 공유하고 있지는 않다(김종순, 2010: 45). 서로 이질적인 구성원이 어떻게 하나의 통합된 사회를 이룰 수 있는지, 혹은 개인과 개인을 독립적인 개체가 아니라 사회 구성원으로 만들어주는 기제는 무엇인지 등의 논의에서 연대 개념은 중요하게 다루어져야 할 내용이 되고 있다(김종순, 2010: 45). 더구나 한국과 같이 전통적인 공동체가 해체되고 기존의 사회가 급속한 개인화를 겪는 한편 개인 · 가족 · 집단과 사회를 묶어주는 새로운 형태의 연대가 형성되지 않은 채, 새롭게 등장하는 다양한 차이에 대해서는 배타적이어서 이들에 대한 타자화와 차별화로 이어지는 한국의 현실에서 연대에 대한 논의는 더 큰 의의를 지닌다(김종순, 2010: 45). 개인과 집단의 이해관계가 다양하게 표출되는 현실을 고려할 때 집단이나 사회 전체를 포괄하는 사회적 결집과 결속의 가능성은 점차 희박해진다(김종순, 2010: 45). 또한 인간을 '사회적 동물'이라 정의하면서도 사회적 안전망과 같은 연대의 틀을 부단히 강조하는 것은 우리의 희망과는 달리 인간적 · 사회적 연대가 점차 약화되어가고 있는 현실에 대한 반증일 것이다(김종순, 2010: 46). 하지만 연대와 협동은 인간 삶의 가장 본능적인 차원인 '생존'을 위한 불가피한 선택인 동시에 자기 한계의 극복을 위한 계기로서 인간 존중에 기초한 이타적 연대의 출발점이기도 하다(김종순, 2010: 46). 한편, 평등이란 가치는 '연대(soldarity)'의 하위 범주로서 연대라는 가치가 구현 표현되는 한 형태이자 연대의 활성화를 위한 조건이라 할 수 있다(김수행 · 신정완, 2002: 332).

불평등이 높은 사회에서는 사회 구성원 간에 연대감이 형성되기 어렵다. 연대적 삶에 대한 지향, 연대의 원리란 결국 개인의 운명에 대한 사회의 책임, 즉 다른 개인들의 책임의 범위와 깊이를 확장, 심화시킨다(김종순, 2010: 46). 개인의 행복과 불행은 전체 사회구조의 성격과 깊은 관련을 맺고 있다. 모든 개인은 타인과의 협력 없이는 생존할 수 없다(김종순, 2010: 46). 결국 연대라는 가치는 개인 간 경쟁보다는 개인 간 협력에 입각한 사회 질서와 친화력을 갖는다(김종순, 2010: 46). 반면, 경쟁이 증폭시키는 개인의 이기적 심성과 행태는 연대적 삶을 파괴하는 요인으로 작용하기 쉽다(김종순, 2010: 46). 따라서 오늘날 자본주의의 위기에 대한 대안의 가능성을 이러한 연대를 기반으로 하는 공동체 의식에서 찾고자 하는 것이다(김종순, 2010: 46). 공동체 교육의 필요성으로 흔히 오늘날 우리 사회의 공동체 의식이 점점 더 상실되어 가는 현상을 지적한다(김종순, 2010: 46). 즉, 현대사회의 빠른 변화와 복잡한 구조 속에서 사람들은 개인의 정체성과 주체 의식을 제대로 정립하지 못하고 있으며, 인간 사이의 상호 연대와 협력의 정신을 잃고 점점 더 원자화, 파편화되어 가고 있다는 것이다(김종순, 2010: 46). 그런데 이러한 현상이 초래된 원인이 현대 자본주의 사회에서 우리의 의식과 행동을 지배하는 자유주의(Liberalism)가 지나친 개인주의로 나타나면서 사익 추구만이 목표가 되는 사회 풍조를 만연시켰다는 것이다(김종순, 2010: 46). 그 결과 공동선과 사회적 연대보다는 자신의 이익 극대화를 위한 치열한 경쟁과 갈등이 심화되고 결국 사회 해체의 위기를 노정하고 있다는 것이다(김종순, 2010: 46). 그런데 이러한 사회적 현상에 우려를 나타내는 입장에서는 현재 우리 사회의 학교 교육의 목적을 지적하기도 한다(김종순, 2010: 46). 즉 교육의 목적이 개인의 자율성과 독립성을 확보하기 위해 또는 개인의 자아실현이 사회적 성공과 권력과 부의 향유 등 세속적 재화와 가치를 획득하는 데 필요한 개인의 성향과 재능을 기르는 데 집중함으로써, '함께 더불어 사는 삶'을 지향하는 사람을 기르기보다는 개인적인 욕망 추구를 위해 집착하는 사람을 기르는 데 공헌하게 되었다는 것이다(김종순, 2010: 46). 따라서 이러한 일련의 자유주의적 개인주의의 폐해가 심각한 상황에서 그 극복의 대안을 모색하기 위해 필요한 것이 공동체 의식의 회복이라는 것이다(김종순, 2010: 46). 공동체 의식은 더불어 살아가고자 하는 '공동체적 삶'을 지향하고자 하는 것이다. 박호성은 공동체 정신은 이른바 '사회적 거리'를 줄이는데 기여한다고 본다(박호성, 2009: 623). 예를 들어 남북한의 대립, 빈부갈등, 도농격차 등 실질적인 사회적 격차와 정서적인 거리감을 줄이는데 기여할 것이며, 사회 구성원을 통합시켜 공동체 구성원의 화해와 연대를 지속적으로 추구해 나가는 힘으로 작용할 것이라고 말한다(김종순, 2010: 47). 앞에서 살펴보았던 공동체주의자들의 주장도 개인적 이익과 권리를 우선함으로써 경쟁과 대립, 갈등과 분열로 나타나고 있는 자유주의의 폐해를 극복하기 위해서는 공동선을 먼저 생각하는 공동체적 삶의 자세를 회복해야 한다는 것으로 볼 수 있다(김종순, 2010: 47). 공동체주의적 관점에서 시민교육이 이루어져야 한다는 것은, 시민교육의 기본 방향을 올바른 공동체적 삶을 살 수 있는 인격을 육성하는 것을 그 지향점으로 삼아야 하며, 이를 위해 그에 필요한 덕을 기르는 일을 과제로 해야 할 필요가 있다는 것이다.(김종순, 2010: 47) 그렇다면 공동체적 삶을 살 수 있는 구성원을 기르기 위해 시민의 덕목으로 강조되는 공동체적 덕목들에는 어떤 것들이 있는가. 이 문제에 대해서는 공동체주의자들 사이에서도 의견이 다양하다(김종순, 2010: 47). 또한, 일반적인 덕목들 가운데 명확한 개념적 구분을 한다는 것이 쉽지 않다. 따라서 여기서는 가급적 오늘날 자유주의 사회의 문제를 극복하는 일과 관련하여 특히 중요하다고 여겨지는 공동체의식을 형성하는데 바탕이 될 수 있는 덕목들을 중심으로 정리해보고자 한다(김종순, 2010: 47). 우선, 공동선을 추구하는 덕성이 중요하게 강조되고 있다. 공동선이란 공동체의 존재 이유와 목적이 되는 것으로서 현실적으로는 한 개인이나 특정 집단보다는 전체로서 공동체 구성원 모두에게 이로움이 되는 것, 공동체 구성원들 모두를 위한 공익 등으로 표상된다. 자유주의에서는 개인선과 개인의 이익, 개인의 권리가 우선적으로 강조된다. 그런데 공동체주의적 관점에서는 개인주의가 각자의 자기 이익만을 추구하는 극단적인 이기주의로 나타나게 되면서 경쟁하고 갈등하는 가운데, 결국 공동체의 분열과 와해를 초래하게 된다고 비판한다(김종순, 2010: 47). 다음으로 많이 강조되는 덕목이 연대성이다. 연대성이란 공동체 구성원들이 상호 결합하는 것, 서로가 상호의존적으로 연결되어 있다는 인식하에 결속과 유대를 추구하는 것을 의미한다(김종순, 2010: 47). Holenbach는 이 연대성을 가리켜 '개별적 인간 또는 집단을 상호 책임의 의식적 유대로 나아가게 하는 도덕적 태도인 동시에 사회적 인식'이라고 말한다(김종순, 2010: 47; 정세구 외, 2002: 64에서 재인용). 그는 현대 자유주의가 이 연대성을 잃음으로써 사람들 사이의 관계를 단절과 분리로 만들고 고립된 개인을 양산하게 되었다고 진단하면서, 오늘날 사회의 문제를 해결함에 있어 이 연대성이야말로 핵심 덕목이 된다고 역설하고 있다(김종순, 2010: 47). 또한 연대성의 현실적 발현으로서의 타인에 대한 이해와 존중, 배려의 덕이다. 인간은 상호의존적인 생활을 할 수밖에 없고 타인과 끊임없이 교류하는 공동체적 삶을 살지 않으면 안 된다(김종순, 2010: 47). 이러한 숙명적인 존재론적 한계를 지닌 인간이 공동생활을 영위하는 방법은 경쟁을 통한 생존투쟁이거나 상호협력을 바탕으로 우정을 나누며(김종순, 2010: 47) 살아가거나 두 가지이다.물론 공동체적 삶을 살기 위해서 필요한 것은 타인에 대한 상호 이해와 존중, 배려이다(김종순, 2010: 47). 유병렬은 "타인에 대한 존중과 배려는 다른 사람을 나와 마찬가지로 인격적 가치와 권위, 그리고 합당한 권리를 가진 존재로 대우하며, 나와 타인 사이의 상호 의존적인 관계를 인식하는 바탕 위에서 타인의 필요와 행복에 책임을 느껴 그를 보살피고 돕는 태도"라고 말하면서 이러한 타인 이해와 존중, 배려의 덕은 "진정한 공동체적 삶에 있어 필수적으로 요구되는 것"이라고 강조한다(정세구 외, 2002: 67). 또한 책임의 덕을 강조한다. 책임이란 상호의존적으로 결합된 인간 공동체 내에서 공동선의 실현을 위해 각 구성원에게 부여된 역할과 의무를 충실히 이행하는 것을 말한다(김종순, 2010: 48). 어떤 공동체이든 상호의존의 공동체 속에서 그것의 안정과 질서를 도모하기 위해서는 공동체 구성원들의 책임 있는 역할 수행 없이는 불가능하다(김종순, 2010: 48). 공동체적 삶을 지향하는 중요한 덕목 중의 또 하나가 바로 협동이다. 협동은 사회의 공동선을 창출하고 증진하기 위해 구성원들이 힘과 뜻을 모아 노력하는 것으로, 이는 서로 상부상조하는 것이라고 할 수 있다(김종순, 2010: 48). 이밖에 공동체적 가치로 중시되는 덕목으로는 평등, 협력, 공존의식, 공영, 박애 등이 있다(김종순, 2010: 48). 이러한 공동체적 덕목을 강조하는 것은 오늘날 우리 사회가 이미 인간적인 삶의 터전이 되고 있지 못하다는 위기의식이기도 하다(김종순, 2010: 48). 예컨대 사회 경제적 불평등 관계를 심화시키거나 인간관계에서 이기주의, 인간의 파편화, 비인간화 현상들이 초래되면서, 인간적 유대, 타인에 대한 존중과 배려, 상호협력과 연대에 기초한 인간관계 형성이 불가능해지고 있다는 것이다(김종순, 2010: 48). 따라서 이 사회가 따뜻한 협력과 공존의 공동체가 되기 위해서는 공동체적 삶을 지향하는 시민의식이 필요하다고 보는 것이다(김종순, 2010: 48).

2) 한국 사회와 공동체 의식

한국 사회는 단일민족 공동체로서 오랫동안 공동체 의식을 강하게 유지해 왔다(김종순, 2010: 48). 한국 사회의 공동체 의식은 혈연, 언어, 지역, 생활과 문화의 공통성을 기초로 하여 자연스럽게 형성되고 발전될 수 있었던 것으로 보인다(김종순, 2010: 48). 특히 한국 사회는 혈연, 지연 그리고 학연에 따른 전통적 의미의 공동체가 사회 전반에 주는 영향력이 아직도 강하게 작용하는 사회이다(김종순, 2010: 49). 따라서 지금까지 한국 사회에는 공동체적 가치관이나 생활 양식이 많이 남아 있다고 볼 수 있다(김종순, 2010: 49). 그러나 한편으로 보면 사회구조와 가치관의 급격한 변동 과정을 거치면서 이미 전통적인 공동체나 공동체적 기반이 붕괴되면서 인간관계도 공동체적 결속이나 협력적 관계망을 상실했다고 볼 수 있다(김종순, 2010: 49). 실제로 지난 20여 년 사이 우리 사회의 경제적 생활 여건은 나아졌지만 공동체 의식 등 사회통합 의식 등은 약해졌다는 분석이 나왔다(김종순, 2010: 49)(한국사회학회와 통계개발원이 발표한 '한국의 사회동향과 삶의 질',한겨레신문, 2009. 04. 24일자). 통계청의 1990~2008년 '사회조사'통계자료를 토대로 분석한 결과, 공동체 소속감(김종순, 2010: 49), 봄에 대한 인식 등 사회적 통합지수가 악화되고 있는 것으로 나타났다(김종순, 2010: 49). 그런데 한편으로는 한국 사회의 공동체 의식에 대해 부정적인 견해가 존재한다. 한국 사회는 민주주의만큼이나 전통적으로 공동체의식을 많이 강조해 온 사회이다(김종순, 2010: 49). 한국인의 공동체 의식은 작게는 혈연과 학연, 크게는 지역 공동체와 민족공동체에 이르기까지 공동체의 규모에 따라 그 유형과 속성이 다양하다(김종순, 2010: 49). 그럼에도 불구하고 한국 사회의 공동체 의식에는 비민주적 요소를 드러내고 있는 경우 등 부정적인 경향이 지배적이라는 비판이 그것이다(김종순, 2010: 49). 전통적으로 공동체 의식의 대표적인 '우리의식'은 가족, 마을, 국가 공동체를 중시하고 그 정체성을 확고히 하는 가치로 긍정적인 측면이 존재하면서도 '우리'라는 집단의식을 지나치게(김종순, 2010: 50) 강조하다 보면, 그 집단의 결속은 강화되나 다른 공동체에는 배타적인 것이 되어 공동체 의식에 악영향을 미칠 수 있다(김종순, 2010: 50). 또한 폐쇄적이고 배타적이며 더 큰 공동체에 무관심해질 수 있다는 점, 인간관계에서 개인의 능력이나 노력보다 혈연, 지연, 학연에 의한 정서적 유대감을 지나치게 중시하는 경향과 그 결과 합리적 의사결정 과정을 간과하게 된다고 비판한다(김종순, 2010: 50). 우리 사회에서 심각한 정치적 함의를 표출하고 있는 혈연, 지연, 학연 등의 의식구조 및 생활 관행이 바로 이러한 공동체 의식과 직결되어 있는 것이다(김종순, 2010: 50). 한국인의 부정적인 공동체 의식, 집단의식은 전 근대적인 생활양식 및 의식구조를 탈피하지 못한 탓이라고 지적하기도 한다(박호성, 2009: 387). 이러한 '부정적 공동체 의식'은 몇 가지 특성을 지니고 있는데, 첫째로 사회불안과 그로 인해 언제 어떻게 파생될지 모르는 정체성 상실 공포에 대한 일종의 "자기 보호 의식의 발로"라 할 수 있다(김종순, 2010: 50). 이는 사회 전반에 만연한 이른바 불신 풍조 또는 사회적 익명화 경향에 맞서 혈연과 지리적 근접성 등의 '자연적'운명 공동성과 그에서 비롯하는 정서적 유대감이라는 일차원적 공통성의 토대 위에 자리잡고 있는 일종의 "소 집단적 이기주의의 한 표현"(박호성, 2009: 388)이라고 비판하기도 한다. 또한 그것은 타 집단을 향한 강한 불신, 경계심, 적대 의식과 자기 집단에 대해 지니는 무조건에 가까운 아량, 이해심, 무비판적 종속감, 그리고 무분별한 정실주의로 나타난다(김종순, 2010: 50). 이러한 특성을 지닌 한국인의 부정적인 공동체 의식은 그 자체가 특이한 역사적 배경 하에 생성되고 전개되어 왔다고 본다(김종순, 2010: 50). 전근대적 공동체 의식은 무엇보다도 농경사회의 집산적(集産的) 생산방식에서 비롯되었다고 볼 수 있다(김종순, 2010: 51). 자급자족적 생산구조와 동일한 생활양식, 동일한 사회 체험, 그리고 거기에서 비롯되는 운명 공동성에 대한 일상적 확인 과정을 통하여 점차 고유한 공동체적 특성을 만들어 내는 기본 토대로 작용하게 된다(김종순, 2010: 51). 또한 이민족의 침입이나 사회 모순의 심화 등 역사적 변동에 따라 공동체 의식 또한 심각한 변모를 겪게 되면서 폐쇄적이고 배타적인 자기방어적 전투성을 다져나가게 되었다고 보기도 한다(김종순, 2010: 51). 특히 식민지의 경험과 민족독립의 열망, 분단과 통일의 과제라는 역사적 체험을 겪으면서 한국적 공동체 의식의 특성이 만들어질 수밖에 없었다(김종순, 2010: 51). 예컨대 생존이 절박한 참혹한 현실에 직면하곤 하는 생존의 위기 속에서 가장 극소한 사회관계, 일차적 인간관계, 요컨대 혈연관계 등 자연적이고 운명적으로 맺어진 1차 집단적 응집력을 강화하고 의존할 수밖에 없게 만들었으며, 공동체 의식은 더욱 소 집단주의적 폐쇄성과 편협성속으로 빠져들게 되었다는 것이다(박호성, 2009: 390-402). 한편 한국사회의 공동체 의식은 민족의 이름으로 정치권력에 의해 악용되어온 역사를 갖고 있다(김종순, 2010: 51). 예컨대 권위주의적 정권들은 자신들의 폭력적 지배 질서를 정당화하는 통치전략의 일환으로써 민족주의를 국민 동원과 통합의 이데올로기로 유용하게 활용하였던 것이다(김종순, 2010: 51). 뿐만 아니라 지배집단들이 자신의 정치적 기반을 사적 파벌주의 및 연고주의에서 찾게 되면서 지역차별이나 지역감정에 의존하고 호소하는 반공동체적 정치형태가 형성되고, 공동체의 이해관계가 아니라 지배집단의 사적 이해 추구나 집단 이기주의 등 반공동체적 비윤리성을 은폐하기 위해 국민을 윤리적으로 계도하려는 수단으로 공동체 의식에 호소하였다(김종순, 2010: 51). 나아가 이런 관점의 연장선상에는 '공동체의 유익과 선', '민족애, 애국심'이라고 하는 허구적 가치를 강조하면서 실제로는 권력의 정당성 기반을 강화하고자 하는 권위주의 체제의 정치적 수사 내지는 동원기재로 전락할 위험성이 내포되어 있다(김종순, 2010: 51). 이러한 한국적 공동체 의식은 한국인의 정상적인 공동체적 유대 관계를 약화시키는 결과를 가져왔으며 오히려 '사회통합'의 저해 요인으로 기능했다(김종순, 2010: 51). 이처럼 한국 사회는 공동체 의식이 강하게 형성되고 유지될 수 있는 사회 역사적 환경을 가졌으며 아직까지도 공동체적 가치들을 중요하게 여기는 사회적 관계나 관행들이 많이 남아 있다(김종순, 2010: 51). 그러나 한편으로는 공동체 의식에 대한 거부감과 부정적 견해도 많이 나타나고 있다(김종순, 2010: 51). 부정적 견해로는 위에서 살펴본 것처럼 한국의 전통적인 공동체나 공동체 의식이 혈연, 지연 등 동질적인 집단들 간의 패쇄적이고 배타적인 연고성을 지나치게 강조하거나 공동체 내의 동등하지 못한 권위적인 위계질서의 문제, 또는 정치권력에 의한 동원과 통제의 기재가 되어 왔던 측면과 깊은 연관이 있다(김종순, 2010: 51). 그런데 한국 사회에 나타나는 또 하나의 특징은 부정적으로 작용해왔던 공동체적 의식에 대한 거부감이 '공동체 의식' 자체에 대해 전적으로 거부하는 경향으로 나타났으며, 학자들이 자유주의적 가치와 전통에 따른 제도를 옹호하고 확산시키는데 노력해 왔다는 것이다(Sandel, 2008: 330). 이렇게 볼 때 한국 사회는 상호 협력과 공존을 지향하는 공동체 의식은 사라지고, 집단 이기주의나 통치전략으로 기능하는 통합 이데올로기로서의 공동체 의식만이 유지 · 강화되고 있으며, 한편으로는 개인주의적 자유주의의 확산에 따라 나타나는 극단적인 이기주의와 경쟁의 폐해가 심각한 상태가 되었다고 볼 수 있다(김종순, 2010: 52). 따라서 현재 한국사회에 나타나는 많은 갈등과 대립을 해결하고 더불어 살아가는 사회를 만들어가기 위해서는 시민적 덕목으로서 '연대성을 기반으로 하는 공동체 의식' 필요성이 절실히 요청되고 있으며, 이는 또한 시민교육의 과제이기도 하다(김종순, 2010: 52).

2. 시민교육의 필요성

시민교육은 그 관점과 입장에 따라 다양하게 이해될 수 있다. 시민교육을 Tapper는 '정치질서 내지 정치체제의 안정을 유지하기 위해 국민의 지지를 형성하는 것'으로 이해하는가 하면, Langeveld는 '정치에 관한 연구와 정치과정의 참여에 필수적인 지식과 기술, 태도를 획득하는 것'으로 개념 정의하기도 하고(김종순, 2010: 52), Massilas은 '정치체제의 규범과 가치관을 그 사회구성원이 내면화하는 과정 혹은 정치체제의 규범과 가치관을 다음 세대로 전승해가는 과정'으로 이해하기도 한다(김종순, 2010: 52; 전득주, 1999: 45재인용). 이러한 시민교육은 각 나라의 역사나 사회문화적 요인, 정치적 상황과 추구하는 목표에 따라 다른 형태를 띠어 왔지만, 어느 곳에서나 자신의 정치체제를 정당화하고 그 구성원들을 통합시키며, 서로 연대할 수 있는 의식을 길러주기 위해 시민교육을 강조해 왔다는 점에서는 같았으며 이런 현상은 끊임없이 계속되어 왔다(김종순, 2010: 52). 이처럼 개념의 이해가 간단한 것은 아니지만 형식적인 차원에서 광의와 협의의 시민교육은 구별될 수 있다(김종순, 2010: 52). 광의의 경우 시민교육이란 상이한 집단조직, 기구, 기관과 미디어에 대한 사회 · 정치적 질서의 일부분으로서 개개 인간들에게 정치적으로 심대한 영향을 주는 모든 과정을 포함하는 총체적 개념으로 이해된다(김종순, 2010: 52). 이에 대응하여 좁은 의미에서의 시민교육은 사회 · 정치 생활에의 참여를 위해 필요한 전제조건들을 시민들이 갖출 수 있도록 의식적으로 계획되고 조직되며, 지속적이고 목표지향적인 모든 조치들을 위한 총체적 표현으로 이해된다(김종순, 2010: 52). 한마디로 광의로는 시민자질의 육성에 중점을 두고, 협의로는 정치체제의 안정을 강조하는 것이 시민교육이라고 할 수 있다(김종순, 2010: 52). 결국 시민교육이란 한 사회에서 시민이 해야 할 역할이 무엇인가를 생각하게 하는 데 긍정적인 영향력을 미치는 과정 전체를 의미한다(김종순, 2010: 53; 박재창, Seliger공편, 2007: 77). 이런 의미에서 볼 때 시민교육은 정치체제의 안정과 사회적 통합기능을 수행하며 시민의 자질을 육성하는 기능을 한다고 할 수 있다(김종순, 2010: 53). 그런데 시민교육의 의미를 '한 국가의 유지와 발전에 기여하는 구성원의 능력과 태도를 함양하는 교육 활동'이라고 할 때, 대체로 시민교육은 민주주의를 이념과 체제의 이상으로 하는 것을 전제로 한다(전득주 외, 1992: 229). 따라서 이러한 의미의 시민교육은 구성원의 민주적인 가치와 태도의 생활화를 교육의 목표로 한다고 할 수 있다(김종순, 2010: 53). 시민교육은 학교, 가정, 지역사회, 그리고 그 밖의 모든 사회화 기관을 통하여 함양된다(김종순, 2010: 53). 그러나 다른 나라의 경우도 그렇지만 한국의 시민교육에서 학교 교육, 그리고 특히 사회과목과 도덕 윤리 과목의 비중은 매우 크다(김종순, 2010: 53). 그런데 그동안의 한국의 시민교육의 특징을 간략히 살펴보면, 한국의 시민교육의 목표와 내용은 역사적으로 안정성을 유지하지 못하였던 것으로 파악된다(김종순, 2010: 53). 예를 들어, 정권의 변화에 따라 이를 정당화하는 일이 곧 시민교육의 목표와 내용이 되어 왔다는 것이다(김종순, 2010: 53). 특히 남북한 간의 이데올로기와 체제의 경쟁, 그리고 군사적 긴장을 이용한 통치 엘리트들의 잘못으로 인하여, 민주주의와 반공 및 국가 안보를 혼동하거나 민주주의를 백안시하는 교육을 하는 경우도 있었다(김종순, 2010: 54). 정권이 교체될 때마다, '새 시대'라는 구호가 교육의 장에서 언급되었으며, 교과서 내용을 변경하도록 하는 경우도 있었다(김종순, 2010: 54). 또한 실천적 행위로써의 민주적 가치와 태도보다는 추상적인 이념과 원리를 선언적으로 이해하는 것을 목표로 하는 성향을 보여 왔다(김종순, 2010: 54). 시민교육은 민주주의의 이념과 원리를 아는 것을 넘어서서 실천적 행위의 생활화를 꾀하여야 한다(김종순, 2010: 54). 그럼에도 불구하고 한국의 학교에서는 민주주의가 인간 존엄, 자유, 평등을 근본이념으로 하며, 단순히 덕목이 무엇인지, 그것이 무슨 뜻인지를 알려주거나 개념을 습득하게 하는 것만을 중시하였다(김종순, 2010: 54).

즉, 한국의 시민교육에서는 민주주의의 가치와 태도의 종류를 이해하거나 개념의 추상적인 습득에 초점이 주어져 있었다(김종순, 2010: 54). 소위 입시 위주의 암기식 교육으로 말미암아 학습한 민주적인 가치와 태도를 실천 생활로 이끌어내지 못한 것이다. 시민교육의 목표를 성취할 수 있는 가장 효과적인 방법으로 꼽는 것은 직접 경험해보고 참여하는 방법이다(김종순, 2010: 54). 그런데 시민교육은 어느 사회에서나 실시되고 있지만, 시민교육의 구체적인 내용을 무엇으로 할 것인가에 대해서는 각 시대마다 사회마다 다양하게 나타나고 있다(김종순, 2010: 55). 어떤 민주주의를 지향하는가에 따라 양성하고자 하는 시민상이 다를 것이며 그에 따라 시민교육의 내용과 방법도 달라지게 마련이다(김종순, 2010: 55). 시민교육은 그 내용이 권력적 관계를 다루는 것일 뿐만 아니라 그것 자체가 다양한 이해관계를 촉발하는 것이어서 자체 갈등을 내포하는 성질을 지녔다(김종순, 2010: 55). 그런 만큼 사회 구성원들 사이에서 시민교육의 실시에 대해 통일된 지향점이나 합의를 도출하기가 어렵다(김종순, 2010: 55). 더구나 사회 내 여러 이익들 간의 갈등은 시민교육의 목표와 내용에 대한 사회적 합의의 도출을 어렵게 만든다(김종순, 2010: 55). 특히, 이념간, 세대간, 지역간 갈등은 시민사회의 존립 기반인 개인의 사회적 책임, 공동체 의식과 같은 민주주의의 기본 가치에 대한 체계적이고 명확한 합의가 사회구성원들 간에 형성되지 못하게 하는 요인들이자 결과들이다(김종순, 2010: 55). 각국의 시민교육을 살펴보면 구체적인 내용은 서로 다르지만, 대체로 다음과 같은 내용을 강조하고 있다(전득주 외, 1992: 268-272).

첫째, 민주주의의 이념과 사상에 충실하되 각국의 전통과 시대적 상황에 적합한 시민적 행동을 목표로 내세우고 있다(김종순, 2010: 56). 미국에서는 다원성의 용인, 상대방의 자율적 선택의 존중, 참여 등이 가장 강조되고 있다(김종순, 2010: 56). 한편, 독일의 민주시민교육에서는 국가와 국민간, 국민과 국민, 사상과 사상, 집단과 집단 간의 상호 의존과 협력 관계를 유지할 것을 강조하는 동반자적 의식교육이 강조되고 있다.(김종순, 2010: 56) 한국의 경우도 민주주의 이념과 사상을 전통문화와 접맥시킨 홍익인간의 이념을 교육목표로 하였다(김종순,

2010: 56). 이밖에도 인간 존엄, 자유, 평등이라는 민주주의의 근본이념을 학습시키고자 하였으며, 이에 근거한 실천 원리로서 권리와 의무의 존중, 사회 참여와 질서 준수, 비판과 타협 등도 주요 교육 내용으로 하고 있다(김종순, 2010: 56). 그러나 이와 같은 민주적 가치와 태도는 정권이 바뀌면서 그 의미가 변질되기도 하였고 강조의 내용이 뒤바뀌기도 했다(김종순, 2010: 56). 반공과 안보, 전통문화를 더욱 강조하는가 하면, 전체성, 통일성, 국가의 질서, 의무, 상대방 인정, 자기 책임, 타협, 준법 등과 같은 비교적 소극적 측면의 민주 시민성을 더 중시하기도 했다(김종순, 2010: 56).

둘째, 민주 정치를 이루어가는 실질적인 주체로서 능동적으로 참여하는 국민의 태도를 강조하는 경향을 보이고 있다(김종순, 2010: 56).

셋째, 공동체 생활의 기본적 규범을 교육 목표로서 강조하였다. 국가가 하나의 공동체라면 공동체를 지탱시켜주고 개인과 집단 간의 관계를 엮어주는 기본적 규범이 필요하다(김종순, 2010: 56). 따라서 많은 나라들은 예를 들면 공동운명체 의식, 신의와 성실, 책임감 등과 같은 공동체의 기본 규범을 교육의(김종순, 2010: 56) 목표로써 중시하였다. 그런데 한국의 경우는 자유민주주의가 강조되면서 민주주의를 편협되게 이해하도록 하는 측면이 있어 왔다(김종순, 2010: 56). 그럼으로써 오히려 그동안 축적해온 공동체의 기본적 규범조차 버려야 하는 것으로 이해했다(김종순, 2010: 56). 20세기 말 이후 전 세계적으로 시민교육에 대한 관심이 증대되고 있으며 시민교육의 내용과 교수방식에 대한 논쟁 또한 계속되고 있다(김종순, 2010: 56). 다문화주의를 강조할 것인가 국민의 결속력을 강조할 것인가, 국민으로서의 시민인가 세계시민인가, 제도에 대해 배우는 것이 중요한가 시민으로서의 행동을 배우는 것이 중요한가, 그리고 학문 중심의 공부를 강조할 것인가 공동체에 대한 봉사를 강조할 것인가를 놓고 논쟁이 계속되고 있다(Heater, 2007: 251).

3. 시민성 교육으로서의 사회과 교육

사회과 교육은 인간의 집단적인 사회생활과 인간관계에 필요한 기초적인 지식, 기능, 태도 등을 교육 내용으로 하고 있다(이미애, 2008: 8). 이처럼 사회생활과 인간관계의 문제를 직접적으로 다룬다는 점에서 시민의 자질 향상이라는 과제와 밀접한 관계를 갖고 있다고 할 수 있다(김종순, 2010: 56). 실제로 사회과 교육은 민주시민의 자질을 육성하는 것을 목표로 설정하고 있는 교과이다(김종순, 2010: 56). 사회과 교육의 목적이 무엇인가에 대한 논의에서 사회과 교육학자마다 매우 다양한 의견들이 제시되어 왔으나, 대체로 다음과 같은 합의가 이루어진 것으로 보인다(김종순, 2010: 57). '사회과 교육은 민주 시민을 육성하는 것을 목표로 하여 사회 구성원들에게 민주 시민의 자질을 길러주면서 사회 현상을 올바로 이해하고 합리적 판단능력을 통해 그 사회에 적극적인 참여자로서의 역할을 담당할 수 있도록 교육하기 위해 필요한 것이다'라는 것이다(김종순, 2010: 57). 우리나라 교육부에서 편찬한 사회과 교육과정에서는 사회과의 성격을 다음과 같이 밝히고 있다(김종순, 2010: 57). "사회과는 사회 현상을 올바르게 인식하고, 사회 지식 습득과 사회생활에 필요한 기능을 익히며, 민주 사회 구성원에게 요청되는 가치와 태도를 지님으로써 민주 시민으로서의 자질을 육성하는 교과이다. 사회과에서 가르치고자 하는 민주시민은, 사회생활을 영위하는데 필요한 지식을 가지고 인권 존중, 관용과 타협의 정신, 사회 정의의 실현, 공동체 의식, 참여와 책임 의식 등의 민주적 가치와 태도를 함양하고, 나아가 개인적, 사회적 문제를 합리적으로 해결하는 능력을 기름으로써 개인의 발전은 물론, 국가, 사회, 인류의 발전에 기여할 수 있는 자질을 갖춘 사람이다.(교육부 ④사회, 1997: 28)"

위의 내용에 따르면, '사회과는 사회 현상에 관련된 제반 지식과 사회생활에 필요한 기능 및 민주 사회 구성원에게 요청되는 가치와 태도를 학생들에게 교육하여 민주 시민의 자질을 육성하고자 하는 교과'라고 할 수 있다(김종순, 2010: 57). 사회과에서는 이러한 시민성 교육을 위하여 사회생활에 필요한 지식, 기능 가치 태도 등을 여러 가지 자질들을 길러주어 사회에 대한 적응력을 높이고, 더 나아가 미래 사회 변화에 대비해 훌륭한 시민이 될 수 있도록 교육하고자 한다(김종순, 2010:

57). 이러한 측면에서 사회과 교육은 바로 학교에서 학생들을 상대로 실시하는 '시민교육(civice ducation)'이나 '시민성교육(citizenship education)'이라고 할 수 있다(차경수, 2004: 20). 이때 시민성이란, 사회의 구성원으로서 요구되는 시민의 자질(good citizenship)을 의미하는데 이것은 시대와 사회가 변함에 따라 함께 변화하고 발전한다(김종순, 2010: 58). 따라서 많은 사회과 교육학자들은 현대사회에서 요구되는 시민의 자질에 대하여 다양한 의견을 제시하고 있다(김종순, 2010: 58). 최병모는 '바람직한 시민이란 사회생활에 필요한 지식을 가지고 인권 존중, 관용과 타협의 정신, 사회 정의 실현, 공동체 의식, 참여와 책임 의식 등의 민주적 가치와 태도를 함양하고, 나아가 개인적, 사회적, 문제를 합리적으로 해결하는 능력을 기름으로써 개인의 발전은 물론 국가, 사회, 인류의 발전에 기여할 수 있는 자질을 갖춘 사람이다'라고 정의하고 있다(위희경, 2007: 6에서 재인용). 전숙자는 시민교육이 민주시민으로서의 기초적인 지식과 바람직하고 합리적인 가치 · 태도를 길러주며 나아가 원만한 사회생활을 하는데 필요한 기능을 함양시켜야 한다는데 기초하여, 개인의 발달과 공동체 발달을 동시에 조화롭게 강조하는 민주시민교육으로서 개인의 자유와 평등, 가치판단, 의사결정에 참여, 한국사회 고유의 정신 본질을 이해, 지식과 가치 탐구, 세계평화에 공헌, 민주적 생활 태도 실천, 사회에 대한 권리와 의무, 공익 등을 제시하고 있다(전숙자, 1990: 34-35).

한국교육개발원에서는 21세기 한국 민주 시민상을 '현명하고 책임 있는 시민'으로 규정하면서 그 자질 요소로 ① 인간의 존엄성, ② 기본질서, ③ 민주 사회에서 절차, ④ 합리적 의사결정 능력 등을 들고 있다(신광일, 2003: 20; 한국교육개발원, 1994: 169-175). 7차 사회과 교육과정에서는 민주시민으로서 요구되는 자질로 ① 정보 사회에서 정보의 수집, 처리, 활용하는 능력, ② 객관적인 정보와 가치 준거에 따른 합리적인 판단과 의사 결정 능력, ③ 지역사회와 세계에 대한 이해를 통한 개방적이고 창의적인 사고력과 자기 주도적 학습 능력, ④ 인간의 존엄성을 인식하고 인간관계를 중시하는 도덕성, ⑤ 우리의 국토와 지역, 전통문화에 대한 이해를 바탕으로 한 한국인의 문화적 정체성과 공동체에 대해 헌신하는 태도, ⑥ 전 지구적 관점에서 세계의 문제를 이해하고 해결하려는 세계시민의 자질(김종순, 2010: 59)을 제시하고 있다. 바람직한 시민의 자질은 '사회생활에 필요한 지식을 갖추고, 인권 존중, 관용과 타협의 정신, 사회 정의 실현, 공동체 의식, 참여와 책임의식 등의 민주적 가치와 태도를 함양하고, 나아가 개인적 · 사회적 문제를 합리적으로 해결하는 능력을 길러 개인의 발전은 물론 국가, 사회, 인류의 발전에 기여할 수 있는 자질'이다(김종순, 2010: 59). 그런데 이러한 민주시민의 자질로서의 시민성의 내용이 무엇이어야 하는지, 시민들의 바람직한 자질로서 어떤 가치 덕목들을 강조해야 하는지에 대한 논의는 여전히 지속적으로 이루어지고 있다(김종순, 2010: 59). 민주 시민의 자질로서 요구되는 것들이 무엇인가의 문제는 결국 사회과 교육이 무엇을 가르쳐야 하는가에 관한 문제이기도 하다(김종순, 2010: 59).

제4장
세계 시민교육

제4장 세계 시민교육

1. 세계 시민교육의 개념

유네스코를 중심으로 한 국제적 논의에서는 세계 시민교육을 "학습자들이 더 포용이고, 정의롭고, 평화로운 세상을 만드는 데 이바지할 수 있도록 필요한 지식, 기능, 가치, 태도를 길러주는 교육"으로 정의하고 있다(APCEIU, 2015; 22). 여기에서는 세계 시민교육의 개념 및 내용에 대하여 유네스코의 보고서 및 관련 연구를 중심으로 정리하고자 한다(권희연, 2017: 20). 세계 시민교육은 세계 시민성을 바탕으로 하며, 인권교육, 반 편견 교육, 지속가능 발전 교육, 국제 이해 교육, 문화간 이해 교육 등을 모두 포괄하는 상위의 개념으로 이해할 수 있다(임영희, 2017: 14).

2. 세계 시민교육의 방향 및 목표

세계 시민성의 함양을 목표로 하는 세계 시민교육은 글로벌 차원에서 제기되는 문제들에 대하여 지역적 또는 세계적으로 대응하고 해결하기 위한 적극적인 활동과 학습자들의 역량 강화를 위한 교육활동을 핵심으로 삼는다(권희연, 2017: 20). 세계 시민교육을 통해 학습자들은 더욱 정의롭고, 평화로우며, 관용적이고, 포용적이며, 안전하고, 지속가능한 세상을 만드는 데 기여하는 능력을 갖출 수 있어야 한다(한경구, 2015: 34). 유네스코 세계 시민교육의 목표는 학습에 참여하여 학습자의 역량을 끌어내고 지역과 세계에서 직면하는 행동 역할을 예측하며 세계 과제를 해결하고 궁극적인 정의, 평화, 관용, 안전, 지속가능한 세계를 위해 대책을 강구하는 것이다(양호승, 2015: 114). 또한 APCEIU 연구개발팀은 세계 시민교육이 학습자들이 인류 공동의 문제들에 대한 관심을 가지고, 지구촌 공동체에 대한 소속감을 바탕으로 한 책임 의식을 가지며, 인권, 사회 정의, 다양성 존중, 평등, 평화, 지속가능발전 등 인류 보편의 가치들을 내재화하고, 오늘날 우리가 직면하고 있는 글로벌 및 지역의 이슈들과 지구촌의 상호의존성에 대해 비판적이며, 깊이 있게 이해함으로써 인류 공동의 문제를 평화롭고 지속 가능하게 해결해 나갈 수 있는 소통, 협업, 창의 및 실천의 기술을 습득하고 역량을 키워나가는 것을 목표로 하는 교육이라고 하였다. 세계 시민교육은 다음과 같은 몇 가지 핵심적 특징을 지니고 있다.

첫째, 세계 시민교육은 학습자(아동, 청소년, 성인)를 능동적인 교육의 주체로 삼는 교육이다(권희연, 2017: 20). 학습자가 국지적 · 세계적 문제에 모두 관심을 가지고 적극적인 역할을 할 수 있도록 능력을 함양시키는 것이다(권희연, 2017: 20). 이를 통해 학습자는 공정하고 관용적이며 지속적으로 발전 가능한 세상을 만드는 데 능동적으로 기여할 수 있다(임영희, 2017: 14).

둘째, 세계 시민교육은 변화적인 교육이다. 기성세대의 가치체계와 규범을 일방적으로 학습자에게 전달하는 전통적인 경향에서 벗어나 학습자에게 자신이 보유한 권리와 의무를 깨달을 수 있는 기회를 제공함으로써 더 나은 세상, 더 나은 미래를 만들어갈 수 있도록 이끈다(임영희, 2017: 14). 학습자는 주요 담론에서 제시된 가설과 세계관, 권력관계를 비판적으로 고찰하고, 사회 · 경제 · 정치적으로 소외되어 불평등을 경험하는 개인과 집단의 삶의 질을 높이는 방안을 탐색한다(임영희, 2017: 14).

셋째, 세계 시민교육은 과정 중심적이고, 문제해결 중심적 교육이다. 단순히 학교 지식을 습득하는 교육이 아니라 학습자가 필수지식을 토대로 실생활의 문제들을 비판적으로 분석하고, 문제점을 창의적으로 해결해 나가는 과정 중심적 교육을 강조한다(임영희, 2017: 14).

넷째, 세계 시민교육은 참여 지향적이며 실천 지향적인 교육이다. '시민성에 대하여 배우는 교육'을 뛰어넘어 '시민성을 실천을 통해 배우는 교육'에 해당한다(권희연, 2017: 21).

다섯째, 세계 시민교육은 평생 교육적 접근이 요구되며, 학교의 공식적 교육과정과 잠재적 교육과정 모두를 통해 전개되어야 하는 교육이다(권희연, 2017: 21).

3. 세계 시민교육의 내용

유네스코의 보고서 및 관련 연구에서 공통적으로 강조되어온 세계 시민교육의 핵심역량은 집단 정체성에 기초한 태도를 지니고, 보편적인 핵심 가치 및 글로벌 이슈에 대해 이해하며, 비판적 · 창의적 · 혁신적 사고, 문제해결 등에 필요한 인지적 기능 및 비인지적 기능들에 대해 갖추고 이를 토대로 적극적인 행동과 실천에 참여하는 행동능력을 기르고자 하는 것이다. 유네스코가 제시한 세계 시민교육의 핵심역량은(권희연, 2017: 21) 다음과 같다.

1) 유네스코 세계 시민교육의 핵심 역량(APCEIU, 2015: 22)

- 다중적 정체성에 대한 이해와 개인의 인종 · 문화 · 종교 · 계급 등의 차이점을 초월하는 공동의 '집단 정체성'에 기초한 태도
- 보편적인 핵심 가치(평화, 인권, 다양성, 정의, 민주주의, 차별 철폐, 관용) 및 글로벌 이슈와 경향에 대한 깊은 이해
- 비판적, 창의적, 혁신적 사고, 문제해결 및 의사결정에 필요한 인지적 기능들
- 감정이입, 상이한 관점에 대한 열린 태도
- 공감 또는 갈등 해결에 기여하는 사회적 기술과 의사소통 능력 그리고 다양한 언어 · 문화 · 관점을 가진 사람들과 소통하는 능력과 같은 비인지적 기능들(Non-cognitive Skills)(권희연, 2017: 21)
- 적극적인 행동과 실천에 참여하는 행동 능력 유네스코는 교육 목표를 인지적(cognitive)영역, 사회-정서적(social emotional) 영역과 행동적(behavioral) 영역으로 제시하였다(권희연, 2017: 21). 인지적 영역은 지식 목표에 해당하고, 사회 · 정서적 그리고 행동적 영역은 가치와 태도 목표에 속한다(권희연, 2017: 21). 인지적 영역은 지역, 국가와 세계적 쟁점, 다양한 나라와 인구의 상호연계성과 상호의존에 대한 지식과 이해를, 사회 · 정서적 영역은 인권을 기반으로 해서, 공공의 선(common of humanity)에 대한 소속감, 가치와 책임

감의 공유를, 그리고 행태적 영역은 평화롭고 지속가능한 세계를 위하여 지역, 국가와 세계 차원에서 효과적이며 책임감 있는 행동이다(권희연, 2017: 21).

2) 유네스코의 세계 시민교육 교육 목표(APCEIU, 2015: 22)

- 인지적 영역
  - 학습자는 지역, 국가와 세계적 쟁점, 다양한 나라와 인구의 상호연계성과 상호의존에 대한 지식과 이해를 한다.
  - 학습자는 비판적 사고와 분석을 위한 기능을 계발한다

- 사회 · 정서적 영역
  - 학습자는 인권을 기반으로 해서, 공공의 선(common of humanity)에 대한 소속감, 가치와 책임감의 공유를 경험한다(권희연, 2017: 21).

- 행동적 영역
  - 학습자는 보다 평화롭고 지속가능한 세계를 위하여 지역, 국가와 세계 차원에서 효과적이며 책임감 있게 행동한다.
  - 학습자는 필요한 행동을 하려는 동기를 부여하고 의지를 기른다(권희연, 2017: 21).

3) 세계 시민교육의 교육방식

평생학습의 관점은 모든 형태의 세계 시민교육에서 없어서는 안 될 요소이다(권희연, 2017: 21). 세계 시민교육은 세계화, 평화, 인권, 지속가능 발전, 문화다양성, 사회정의 등 다양한 주제로 이루어지며, 세계 시민교육은 공식 · 비공식 접근, 교과 · 비교과 개입, 관습적 · 비관습적 참여 경로를 통해 다양한 방식으로 실행할 수 있다(권희연, 2017: 21). 세계 시민교육의 다양한 측면을 다루기 위해 사용하는 접근법과 교수 기법들은 그동안 많은 연구와 실천을 통해 논의되었다(권희연, 2017: 21). 하지만 그것들이 전체적으로 어떻게 서로를 보완하고, 주요 이해당사자들을 포괄하는지에 대한 명확한 이해는 결여되어 있다.

세계 시민교육에 대한 기존의 접근법과 다양한 상황에서의 실천에 대해 살펴보면 다음과 같다(권희연, 2017: 21).

4) 세계시민교육 교수 · 학습의 실제

- 서로 존중하고 포용하며 활발히 교류하는 교실과 학교 분위기를 조성한다(학급 규범에 대한 공동의 이해, 학생들의 의견, 자리 배치, 벽면이나 시각적 공간 활용, 글로벌 시민의식 형상 등).
- 학습목표에 맞는, 학습자 중심적이고 문화 감응적이며 독립적이면서도 서로 영향을 미치는 교수 · 학습 접근법을 사용한다(독립적이면서 협동적인 학습 구조, 깊이 있는 대화, 미디어 이해력 등).
- 실질적인 수행 과제를 포함시킨다(아동의 권리에 관한 전시물 고안, 평화 만들기 프로그램 개발, 세계적 문제를 다루는 학생신문 제작 등).
- 학생들이 세계 속 자신에 대한 '큰 그림'을 지역 상황과 연결시켜 이해하도록 돕는 세계 지향의 학습 자원을 활용한다(다양한 자료와 미디어, 상대적이고 다양한 관점 등).
- 학습 목표에 맞는 평가 전략과 학습을 돕기 위한 다양한 지도법을 활용한다(성찰과 자기평가, 또래 피드백, 교사 평가, 신문 · 잡지, 이용가능한 자원의 명세서 등).
- 학생들이 교실과 학교, 지역 공동체에서 세계에 이르는 다양한 상황에서 학습할 수 있는 기회를 제공한다(공동체 참여, 국제교류, 가상사회 등).
- 롤 모델로서 교사의 역할을 중요시한다(최신 동향 파악, 공동체 참여, 환경 및 평등 규범 실천 등).

또한 유네스코는 세계 시민교육을 실현하기 위한 다양한 접근방법을 제시한다. 교과과정을 통한 접근, 정보통신 기술의 활용, 스포츠나 예술에 기초한 접근법, 공동체에 기초한 접근법, 교사 훈련, 청소년 주도의 창의적 활동 등 다양한 방법을 세계 시민교육에 활용하는 것을 제시한다(권희연, 2017: 21).

〈표4-1〉 유네스코의 세계 시민교육 활용 방안(예시)

구 분	예 시
교육과정	도덕 · 사회 등 관련 교과목의 교과과정, 융합교육과정 등에 반영
정보통신기술활용	ICT기술 활용, 타국가 학생과 연결하여 타문화 및 글로벌 현안 이해
예술 · 체육과 연계	스포츠를 통한 타인 존중 · 공동체의식 · 공정성 학습, 예술을 통한 교류
교사 역량 강화	교사 연수, 국제교사교류를 통한 국제이해교육 · 다문화교육
청소년 활동	청소년 주도의 지역사회기반 및 국제 단위의 활동

* 출처: 유네스코(2014), 글로벌 시민교육 - 21세기 새로운 인재 기르기, 연구자가 재구성

〈표4-2〉 유네스코의 세계 시민교육에 관한 전반

학습 영역	인지적 영역	사회 · 정서적 영역	행동적 영역
학습 성과	· 학습자는 지역 · 국가 · 세계의 이슈 및 다양한 국가와 사람들의 상호 연계성과 상호의존성에 대한 지식을 습득하고 이해한다. · 학습자들은 비판적 사고력과 분석력을 발달시킨다.	· 학습자는 인권에 기반을 둔 가치와 책임을 공유하며 보편적 인류라는 소속감을 경험한다. · 학습자는 차이와 다양성에 대한 존중 및 공감, 연대의 태도를 익힌다.	· 학습자는 더 평화롭고 지속가능한 세상을 위해 지역 · 국가 · 세계차원에서 효과적이고 책임감 있게 행동한다. · 학습자는 필요한 행동을 실천하기 위한 동기와 의지를 기른다.
학습자 특성	지식정보와 비판적 문해력을 갖춘 학습자 · 지역 · 국가 · 세계 차원의 이슈와 거버넌스 체계 및 구조를 인지한다. · 세계적 이슈와 지역적 이슈가 상호의존적으로 연결돼 있음을 이해한다. · 비판적 탐구와 분석에 필요한 능력을 개발한다.	풍부한 사회적 관계 속에서 다양성을 존중하는 학습자 · 여러 정체성과 인간 관계, 소속감을 기르고 유지한다. · 인권에 기반을 둔 가치와 책임을 타인과 공유한다. · 차이와 다양성을 받아들이고 존중하는 태도를 함양한다.	윤리적 책임감을 갖고 참여하는 학습자 · 바람직한 기능, 가치, 신념, 태도를 실천 한다. · 평화롭고 지속가능한 세상을 만들어야 한다는 책임감을 개인 및 사회 차원에서 보여준다. · 공동선을 위해 노력하고자 하는 동기와 의지를 기른다.

학습 영역	인지적 영역	사회 · 정서적 영역	행동적 영역
학습 주제	1. 지역 · 국가 · 세계의 체계와 구조 2. 지역 · 국가 · 세계 차원에서 공동체 간의 상호 작용과 연계에 영향을 미치는 이슈 3. 암묵적 가정과 권력	4. 다양한 차원의 정체성 5. 사람들이 속한 다양한 공동체와 공동체 간의 상호연계 방식 6. 차이와 다양성의 존중	7. 개인적 · 집단적으로 취할 수 있는 실천 8. 윤리적으로 책임감 있는 행동 9. 참여하고 실천하기

* 출처: APCEIU(2015), 유네스코가 권장하는 세계 시민교육 교수학습 길라잡이

* 출처: 유네스코(2014), 글로벌 시민교육 - 21세기 새로운 인재 기르기, 연구자가 재구성

세계 시민교육의 방향, 목표, 역량, 구성요소 등을 토대로 유네스코는 세계 시민교육에 관한 전체적인 구조를 학습 영역, 학습 성과, 학습자 특성, 학습 주제와 학습 목표를 중심으로 나타낸다(권희연, 2017: 21). 세계 시민교육의 주요 체계의 수직적인 구조를 제시해 주고, 각 단계에 해당하는 내용은 수평적으로 각 세 개씩의 하위요소로 구분된다(권희연, 2017: 21). 학습 영역은 인지적 영역, 사회 · 정서적 영역, 행동적 영역으로 구성되며, 주요 학습 성과는 학습 영역에 따라 두 가지씩 제시하고 있다. 주요 학습자 특성은 지식정보와 비판적 문해력을 갖춘 학습자, 풍부한 사회적 관계 속에서 다양성을 존중하는 학습자, 윤리적 책임감을 갖고 참여하는 학습자로 구분한 후, 이에 해당하는 하위요소를(권희연, 2017: 21) 세 가지씩 제시한다. 학습 주제는 각 주요 학습자 특성에 맞추어 9가지를 제시하고 있으며, 세계 시민교육을 구성하는 요소들은 수직 · 수평적으로 상호 연계되어(권희연, 2017: 21) 있다.

제5장
세계 시민교육의 사례

1. 영국 세계 시민교육 사례
2. 독일 세계 시민교육 사례
3. 캐나다 세계 시민교육 사례
4. 미국 세계 시민교육 사례
5. 프랑스 세계 시민교육 사례
6. 한국 세계 시민교육 사례

제5장 세계 시민교육의 사례

1. 영국 세계 시민교육 사례

세계 시민교육의 내용이 시민교육 교과 및 타 교과목의 연계 내용으로 광범위하게 다루어지고 있으며, 시민학(Citizenship studies)과 관련된 국가시험들이나 교육 기준청(OFSTED, Office for Standards in Education)의 학교 감사 항목에도 세계 시민교육에 대한 내용이 포함되어 평가되고 있다(권희연, 2017: 22). 국가교육 과정에서 의무적으로 학습 내용을 규정하는 것이 아닌 자체 학교교육 과정을 개발할 수 있는 자율권과 재량권을 부여하고 있으므로 세계 시민교육을 각 교과에서 다루는 방법에 대한 학교 및 교사들의 결정 및 역량이 중요하다권희연, 2017: 22).

1) 학교 내 세계 시민교육 현황

잉글랜드에서는 2014년부터 개정된 초·중등 국가교육 과정이 적용되고 있다(권희연, 2017: 22). 2014년 이전의 잉글랜드 국가교육 과정을 살펴보면 시민교육 과목이 Key Stage 1(초등학교 1-2학년)과 2(초등학교 3-6학년)에서는 의무 교과가 아니었고, Key Stage 3(중등학교 7-9학년)과 4(중등학교 10-11학년)에서는 의무 교과로 교수 되었다(권희연, 2017: 22). 해당 교과뿐만 아니라 모든 과목에서 주요 개념들을 국제적 맥락 안에서 다루도록 장려하였으며, 영국과 세계의 상호연관성, 국제적 현안들 및 비교문화적인(cross-cultural) 의사소통 방법을 학습함으로써 국제사회의 일원으로서 책임을 다하고 국제사회의 발전에 기여하는 역할을 하도록 하였다(권희연, 2017: 22). 이를 위해 세계시민권, 분쟁 해결, 다양성, 인권, 상호의존, 사회 정의, 지속가능한 개발, 가치와 인식을 학교에서 국제적 영역에 관한 교육을 할 때 고려해야 할 8가지 핵심 개념으로 제시하였다(권희연, 2017: 22). 시민 교과뿐만 아니라 다양한 교과들에서 국제적 요소들을 다루도록 하였으며, 특히 지리, 역사 및 예술 관련 교과들에서 이에 대한 명시적인 학습을 하도록 장려 되었다 권희연, 2017: 22). 다음은 개정된 잉글랜드 국가교육과정 중 시민교육 교과의 학습 과정(Programme of Study)에 명시된 교육단계별 학습내용 중에서 세계시민교육과 관련된 내용들이며, '해당 교과 외 교육 현황'에는 개정 국가교육과정 이전에 활용하였던 '학교 교육과정의 국제적 영역 개발(Developing the global dimension in the school curriculum)'에 제시된 내용들을 참조한 것이다 권희연, 2017: 22).

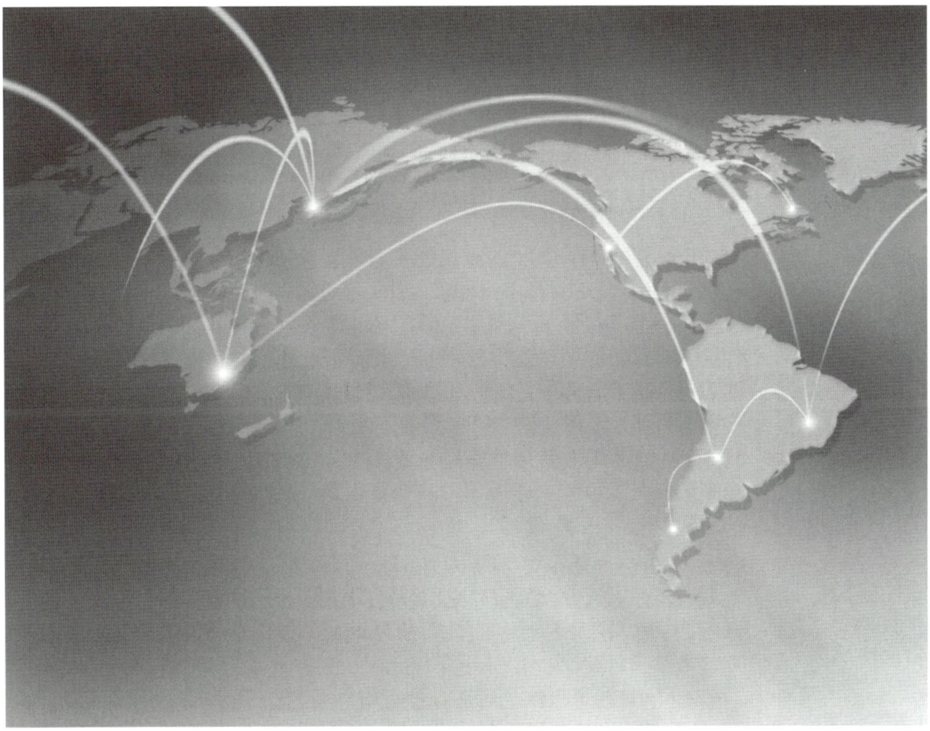

〈표5-1〉 영국 시민교육 교과 학습 과정의 교육단계별 학습 내용

교육단계	Key Stage 1 (초등학교 1-2학년)
교육목적	개인적 경험과 개인적 · 사회적 · 감정적 발달을 위한 초년기의 학습 목표들을 확장시키면서, 성장하는 개인, 소속된 사회의 일원으로서의 자신에 대해 학습
교과 내 교육 현황	'지식, 기술 및 이해(Knowledge, skills and understanding)' 범주 안에 포함된 5번째 항목인 '기회의 폭'에서 학교, 지역, 국가, 유럽, 구영연방 및 국제적 관심사 등에 대한 토론에 참여하는 기회를 통한 지식, 기술 및 이해 학습의 필요성 제시
해당 교과 외 교육 현황	타 교과 전반에 걸쳐 다른 문화와 전통, 지역과 환경에 대한 내용을 적용하고 소개하여 교과내용의 다양성과 타문화에 대한 이해를 도모. 예) 체육 교과: 다양한 문화의 간단한 게임, 춤을 통해 타인과의 협동을 배우고 다양한 문화 속의 게임, 스포츠 및 춤의 역할을 인식하도록 함
교육단계	Key Stage 2 (초등학교 3-6학년)
교육목적	- 개인적 경험과 사고를 통해 성장하고 변화하는 개인, 소속된 사회의 일원으로서의 자신에 대해 학습 - 세계 속 사회집단들의 상호의존성에 대해 학습 - 사회적 정의와 도덕적 책임감을 발전시키며, 스스로의 선택과 행동이 지역, 국가 또는 국제적 문제와 정치 · 사회적 기관들에 영향을 미칠 수 있다는 것에 대한 이해
교과 내 교육 현황	'지식, 기술 및 이해' 범주 안에 포함된 항목들 중에서 교육 - 2번째 항목 '시민으로서 적극적인 역할을 준비하기'에서 타인의 경험을 이해하는 상상을 통해 정신적, 도덕적, 사회적, 문화적 화두에 대한 고찰의 필요성 제시 - 4번째 항목 '좋은 관계를 발전시키고 상호 간의 차이점을 존중하기'에서 상호 간의 차이점과 유사점이 문화적 · 민족적 · 인종적 · 종교적 다양성, 성별 및 장애를 포함한 여러 요소에 기인한다는 것에 대한 학습의 필요성 제시 - 5번째 항목 '기회의 폭'에서 도움이 필요한 사람들을 위한 단체에 참여해 보거나 이메일 또는 우편을 통해 타국의 아이들과 의사소통해보는 활동과 놀이를 통해 관계를 발전시키도록 제시
해당 교과 외 교육 현황	- 타 교과 전반에 걸쳐 전 세계 사람들과 지역에 대한 내용을 적용하여 교과내용의 다양성과 세계 속에 존재하는 유사점과 차이점을 학습 - 타 문화 및 지역과 관련된 현상의 변화과정 및 발전과정을 이해 예) 현대외국어(Modern Foreign Languages) 교과 영어 이외의 언어를 배우기 시작하면서 다른 언어에 대한 문화적 특징을 이해하고 다수의 영어 단어들이 외국어에 뿌리를 두고 있음을 교육하고, 이를 통해 언어들의 상호영향이나 공통점을 인식하고 세계적 다양성을 인식하며, 비영어권 화자들에 대한 긍정적인 태도 형성에 기여

교육단계	Key Stage 3 (중등학교 7-9학년)
교육목적	- 학습자가 민주주의, 정부 그리고 시민의 권리와 책임에 대한 이해를 발전시키도록 교수 - 학습자는 근거를 연구하고 의구심을 갖으며, 관점에 대해 논쟁 · 평가 · 논리적 주장을 제시하고, 정보를 통한 행동을 취하는 데 필요한 기술들을 발전시키는 과정 속에 자신의 지식과 이해를 사용 · 적용
교과 내 교육 현황	영국의 정치체계, 민주주의, 입법절차와 개인이 소속된 사회의 증진을 위한 시민활동 등과 관련된 내용을 교수
해당 교과 외 교육 현황	국제사회의 현안들을 배우고 세계 속 시민으로서의 역할을 이해하고 발전시키며, 자신들이 취하는 행동이 다음 세대를 위해 얼마나 중요한지 인식하고 차별과 불합리성에 이의를 제기 예) 수학 교과 수학을 기술분야에 적용하여 널리 사용하는 방법을 학습하면서 수학을 전 세계의 사람들과 소통하는 언어로서 이해하고, 수학적 기술을 국제적 부채나 공정무역 등의 국제 현안들과 관련된 통계자료를 분석하는 데 적용해 봄
교육단계	Key Stage 4 (중등학교 10-11학년)
교육목적	- Key stage 3의 학습과정을 기반으로 학습자가 민주주의, 정부, 그리고 시민의 권리와 책임에 대한 이해를 심화시키도록 교수 - 학습자는 일련의 연구전략을 사용하고, 증거를 가늠하며, 설득력 있는 주장을 펼치면서 결론을 입증하기 위한 기술 발전 도모
교과 내 교육 현황	- 영국 내외의 다양한 선거체계를 학습하고, 지역적 · 국가적 · 국제적 결정에 영향을 행사하기 위하여 시민으로서 민주적 선거과정에서 취할 수 있는 행동들에 대한 학습 - 영국 이외의 다른 정부 체계와 형태에 대한 학습 - 지역적 · 지방적 · 국제적 통치방식과 영국과 유럽, 구영연방, 국제연합(UN) 및 더 넓은 세계와의 관계에 대한 학습 - 인권과 국제법에 대한 학습
해당 교과 외 교육 현황	국제사회의 현안들을 배우고 세계 속 시민으로서의 역할을 이해하고 발전시키며, 자신들이 취하는 행동이 다음 세대를 위해 얼마나 중요한지 인식하고 차별과 불합리성에 이의 제기 예) 역사 교과 - 다른 사회와 문화의 역사적 사건들의 연관성을 이해함으로써 세계적 빈곤, 갈등 및 이민 등의 원인을 고찰. - 교역, 노예제도, 제국주의, 식민지제도, 구영연방 등에 대한 학습을 통해 국제적 시각을 키우고 다양한 시각에서 사건을 평가하는 능력을 기름

* 출처: 교육정책네트워크 정보센터(2015), http://edpolicy.kedi.re.kr/; 권희연, 2017: 22 재인용

2) 학교 외 세계 시민교육 현황

세계 시민교육과 관련된 학교교육 과정 개발 및 학습 내용에 적용할 수 있는 내용들을 제공하는 단체들이 있다(권희연, 2017: 23). 시민교육 연합(Association for Citizenship Teaching, ACT)은 시민교육 과목 전반에 대한 자료를 교사들에게 제공하고 있으며, 국제개발부의 국제 학습(Global Learning) 홈페이지에서는 교육과정 개발에 필요한 안내서 및 자료를 공유하고 사례연구 결과를 제공하고 있다(권희연, 2017: 23). 또한, 영국문화원은 Schools Online 웹페이지에 교실 연계(Connecting Classrooms)와 관련된 다양한 사례연구 및 타 학교 우수사례와 학습자료 등을 공유하여 학교들이 적용할 수 있도록 돕고 있다(권희연, 2017: 23). 뿐만 아니라 영국 국제구호단체인 옥스팜(Oxfam)에서도 세계시민(Global Citizenship)교육을 위한 안내서를 제공하여 관련 내용을 개발하고 적용하는 교사들을 지원하고 있다(권희연, 2017: 23).

2. 독일 세계 시민교육 사례

독일의 경우 세계 시민성 함양과 관련하여 다양한 프로그램을 실시하고 있으나 세계 시민 교육이라는 명칭으로써의 교육 계획은 아직 확립되지 않았다(권희연, 2017: 23). 독일에서 세계의 평화, 인권존중, 지속가능한 개발에 필요한 세계시민의 양성을 도모하는 교육으로 실시하고 있는 세계학습(Globale Lernen)이 유네스코에 따른 세계시민교육과 원칙적으로 동일하다고 여기므로, 세계학습과 관련하여 독일의 세계시민교육 현황은 다음과 같다(권희연, 2017: 23).

1) 학교 내 세계 시민교육 현황

학교에서의 세계학습(Globale Lernen) 실행을 위해 독일의 주 정부 교육문화장관협의체 (Kultusminister Konferenz, KMK, 이하 주 교육부 장관회)에서는 지난 2007년 세계발전을 위한 학습 분야의 프레임 워크를 발표하고 2014년 이를 재정립하여 발표하였다(권희연, 2017: 23). 여기에서는 세계학습을 위한 개념적 기초, 세계학습과 관련된 학교 교육 여건 및 교육학적, 교수법적 과제, 세계학습 관련 수업과 교육과정을 위한 주제와 이를 통해 함양해야 할 능력, 과목, 또는 교육 분야에 따라 연관된 세계학습 실행 방안 등을 제시하고 있다(권희연, 2017: 23). 주 교육부장관회에서 제시한 세계학습을 위한 프레임워크에 따르면 세계학습은 세계화 추세에 따라 미래 사회발전에 책임감을 가지고 적극적으로 참여하며, 이에 적합한 시민의식을 가진 사회구성원을 양성하는 것을 목표로 한다, 이를 위해 지속 가능한 개발에 대해 학습하며, 전환적 지식전환 역량을 강화하고 다양성에 올바로 대처할 수 있도록 한다(권희연, 2017: 23). 이는 경제 생산성, 민주주의적 역량, 사회 통합, 평등과 인권에 관한 교육도 포함한다. 세계시민교육과 관련된 특정 교과는 운영하지 않고 있지만, 주 교육부장관회에서 학교급과 학교형태에 따라 모든 교과가 이를 반영하여 운영하도록 방향을 설정하고 각 과목에 따라 적용할 수 있는 상세한 지침을 제공하고 있으며, 이를 토대로 학교는 각 교과와 세계시민성 함양을 위한 세계학습과의 접목점을 찾아 교과 과정에 반영하고 있다(권희연, 2017: 23). 주 교육부장관회에서 제시한 세계학습을 위한 프레임 워크에 따르면 초등학교에서 세계학습과 관련하여 교육하는 학습 주제는 첫째, 자기 삶의 공간에서의 사회, 문화, 자연적 다양성, 둘째, 다른 국가와 사회에서의 사회, 문화, 자연적 다양성, 셋째, 자기 삶의 공간과 사회의 글로벌 네트워킹의 3가지로 분류할 수 있으며, 이를 구체적으로 학습하는 내용은 다음과 같다(권희연, 2017: 23).

(1) 독일 주 교육부장관회 초등학교에서의 세계학습 교육내용

- 소수자와의 연대를 특별히 고려한 우리 사회에서의 공동생활
  - 이주 배경이 있거나 장애가 있는 아동과 가족을 포함한 모든 아동과 가족의 공동생활(권희연, 2017: 23)
  - 놀이 갈등 상황, 경쟁상황, 남녀의 성별 관계, 다양한 언어, 종교, 노래, 춤, 음식과 관련된 다양한 문화

- 다른 나라에서 생활
  · 지구와 세계지도
  · 다른 나라 가족에 대해 알아보기(권희연, 2017: 23)
  · 다른 나라 아동의 놀이, 학습, 주거, 축제에 대해 알아보기
  · 다른 나라 사람들의 노동과 삶에 대해 탐색해보기
  · 다양한 삶의 방식을 알아보고 존중하기
  · 시골과 도시의 생활(권희연, 2017: 23)
  · 세계의 부와 빈곤

- 여기, 그리고 다른 곳 네트워킹 - 미래를 위한 공동의 책임
(우리와 세계인과 관련된 삶과 환경문제에 대한 글로벌 네트워킹)
  · 기후 변화의 원인과 결과 대처 방법(권희연, 2017: 23)
  · 에너지 생산의 다른 방법
  · 전 세계에서 언제든지 구할 수 있는 제품
  · 생물의 종, 숲, 자연의 파괴와 보호
  · 삶의 원천인 물
  · 인간과 아동의 권리

* 출처: 교육정책네트워크 정보센터(2015), http://edpolicy.kedi.re.kr/

2) 학교 외 세계 시민교육 현황

교과 학습 외에도 세계학습과 관련된 다방면의 프로젝트, 이니셔티브, 다양한 방안들이 운영되고 있어 매우 다양한 재단, 협회, 지역사회 유관기관들이 프로젝트를 위해 협력하고 있으며 다양한 주체들의 협력을 토대로 학교 교과에 세계시민성 교육의 실제 적용과 프로젝트 운영을 돕는 여러 포털사이트도 운영되고 있다(권희연, 2017: 24). 교과 학습 외의 세계학습과 관련하여 세계시민성 강화를 위해 주에 따라 실시되고 있는 관련 프로그램으로는 베를린주, 브란덴부르크주, 함부르크의 '공정한 학교(Faire Schule)' 모델, 바덴-뷰르템베르크주의 '학교 프로필로의 글로벌 학습(Globales Lernen im Schulprofil)' 프로젝트, 노르트라인-베스트팔렌주의 '글로벌 학습을 위한 오스트베스트팔렌 지

역 모델 학교' 함부르크주의 기후학교(Klimaschulen), 헤센주의 '아동의 권리 학교(Kinderrechte-Schulen)'와 슬레스빅-홀슈타인주의 '미래의 학교(Zukunftsschulen)' 등이 있다(권희연, 2017: 24).

3. 캐나다 세계시민교육 사례

캐나다의 세계 시민교육은 1990년대 초반부터 주목받기 시작하면서 캐나다 연방정부 기관인 캐나다 국제 개발 기구(Canadian International Development Agency, 이하 'CIDA')에서는 세계 시민교육을 담당하는 국제 교육 센터(Global Education Centers)를 캐나다 전역에 설립하여 교사들의 세계 시민성에 대한 이해를 높이고, 교사들이 직접 세계 시민성 수업을 구성할 수 있도록 지원해왔다(권희연, 2017: 25). 그러나 1990년대 중 후반 캐나다의 긴축재정(fiscal conservatism)의 영향과 주 정부 교육부가 읽기, 쓰기와 수학 분야의 학력 신장을 강조하면서 세계 시민교육에 대한 관심은 상대적으로 줄어들었고, 더불어 정부 차원의 지원 역시 감소하였다(권희연, 2017: 25). NGO의 지원으로 유지되어 오던 세계 시민교육은 2000년대 들어 그 중요성이 부각 되어 다시 주목받기 시작하였다(권희연, 2017: 25). 그 결과 CIDA를 통한 연방정부의 재정적 지원이 크게 늘어났으며, 각 주 정부 교육부에서도 세계 시민교육을 교육 과정의 일부로 포함시키고 있는 추세이다(권희연, 2017: 25). 예를 들어 온타리오주의 새롭게 개정된 교육과정은 '시민(Civics)'과목을 10학년 필수과목으로 지정하였다(권희연, 2017: 25). 본 과목은 주 혹은 국가의 시민을 넘어서 세계 시민으로서의 책무성을 기르는 것을 목표로 하고 있다(권희연, 2017: 25). 각 주 교육부에서는 학생들이 빠르게 변화하며 세계화된 시대에 잘 적응하며 살아갈 수 있도록 세계 시민교육을 더욱 강조하고 있다(권희연, 2017: 25)

1) 학교 내 세계 시민교육 현황

캐나다의 학교 내에서 이루어지는 세계 시민교육의 목적은 현대사회에서 세계 시민으로서 성공적으로 살아가기 위해 필요한 지식, 기술, 가치, 태도 등을 교육하는 것이다(권희연, 2017: 25). 그러나 세계 시민교육을 위한 지침서들은 교육기관, NGO, 국제기구 등 제공하는 주체에 따라서 조금씩 다른 특성들을 강조하는데 그중에서 Oxfam(2008)의 '학교 세계 시민교육 지침서'의 세계 시민교육을 통해 교육해야 할 세부 요소에 따라 교육한다(권희연, 2017: 25). 교과 내에서 세계 시민교육 수업 시 토론, 역할극, 우선순위 매기기, 현지 조사 등의 다양한 교수 방법과 학습 방법들을 활용할 수 있다(권희연, 2017: 25). 세계 시민교육 관련 NGO 중 하나인 The Global Hive에서 제공하는 "학교 내 세계 시민교육 지침서"에 따르면 해당 분야의 학습을 위해 탐구기반 학습 방식을 권장하고 있다(권희연, 2017: 25). 이 방식은 각 학생들이 스스로가 전문가가 되어 자신이 대답하고자 하는 질문과 그에 대한 답을 스스로 구하는 방법으로 진행한다(권희연, 2017: 25). 교사는 학생들이 스스로 답을 구할 수 있도록 최소한의 정보와 도구를 제공하며, 학습 장소를 교실로 제한하지 않고 다양한 장소를 활용하도록 권장한다(권희연, 2017: 25). 본 지침서에서 제공하는 각 교육과정 내 세계 시민교육의 활용 예시는 다음과 같다(권희연, 2017: 25).

〈표5-2〉 The Global Hive의 교육과정 내 세계 시민교육 활용(예시)

교과목	교육과정 내 활용(예시)
영어	다양한 언어 연습 - 읽기, 쓰기, 말하기, 미디어 리터러시 연구
사회	인간관계, 인간과 지구의 관계 탐구
과학	환경 문제와 지속가능성: 가치들(종교, 정치, 경제 등)간의 갈등 연구
건강	글로벌 건강 문제, 이민, 식량 문제
경영/경제	세계화, 무역, 국제 금융 네트워크 연구
수학	변수(예: x. y, z)를 실제 세상의 변수로 대체하기: 수학을 통한 사회 정의 배우기
체육	외부 활동 후 환경에 감사하기

* 출처: 교육정책네트워크 정보센터(2015), http://edpolicy.kedi.re.kr, 권희연, 2017: 26재인용.

2) 학교 외 세계 시민교육 현황

수업 시간을 통해 세계 시민교육을 받는 것 이외에도 경험적 학습을 통해서 효과적인 세계 시민교육이 이루어질 수 있다. 많은 교육가들은 유관 기관과의 파트너십 혹은 프로젝트를 통한 경험 학습이 교실 내에서 이루어지는 학습에 비해 훨씬 실용적이고, 실제적임을 강조하고 있으며, 이에 따라 교사와 학생들이 국가 혹은 민간 기관을 선택하여 다양한 프로젝트를 직접 제안하거나 기존의 프로젝트에 다양한 방식으로 참여하고, 지역 NGO 혹은 국제기구와 함께 이슈가 되고 있는 현안에 대해서 계획을 수립하고 실천해 보는 활동 등을 통해 실제로 중 · 고등학생들과 관련 기관 간 다양한 형태의 파트너십과 협동 프로젝트들이 이루어지고 있다(권희연, 2017: 26).

4. 미국 세계 시민교육 사례

미국은 '시민의식'의 중요성을 일찌감치 터득하고 10년 전부터 '시민'과목을 교과 과정에 편입시키고, 수준 높은 교육 자료를 현장에 공급하기 위해 여러 시민교육 기관에 대한 재정적 후원을 아끼지 않고 있다(양설, 2008: 65). 왜 이렇게 안간힘을 쓰는 것일까? 그것은 바로 올바른 시민을 길러내는 것이야말로 엄청난 사회적 비용을 줄이는 지름길이라는 인식 때문일 것이다. (남대문 방화 사건을 보라.) 이제 학생들에게 시민의식을 함양시켜 실천하는 시민으로 길러내는 것은, 미국뿐 아니라 지구촌의 안녕을 위해 각국 정부가 지향해야 할 가장 중요한 교육 지침으로 떠오르고 있다(양설, 2008: 65). 미국에는 초 · 중 · 고등학생을 위한 시민교육 프로그램을 활발히 제작하고 있는'시민교육센터(Center for Civic Education)'라는 곳이 있다(양설, 2008: 65). 주요 국가기관에 버금가는 이 센터는 미국 시민교육의 나침반 역할을 하며, 미국 시민 과목의'표준(National Standards)'을 정했다(양설, 2008: 65). 시민교육의 최대 수출국이 되기를 원하는 미국의 세계 시민교육 프로그램에는 세밀하게 고안된 시스템이 거대한 바위처럼 버티고 있으며, 우리가 배워야 할 점은 바로 이런 체계화된 시민교육의 틀이라 생각한다(양설, 2008: 65).

1) 학교 내 세계 시민교육 현황

피스 퍼스트(Peace First)는 미국의 비정부기구로, 청년 봉사자들이 아동들과 함께 공동체 프로젝트를 설계하고 실행하기 위해 자발적으로 참여하는 프로그램을 운영하고 있다(양설, 2008: 65). 이 프로그램은 아이들의 창의적 사고와 문제해결능력이 타고난 것이라는 생각을 기반으로, 자기인식, 공감능력, 포용력, 인간관계의 사회적, 정서적 기술을 발달시키는 데 중점을 두고 있으며, 지방 정부와 콜롬비아 비정부기구 간의 파트너십을 통해 콜롬비아 지역에서도 실행되고 있다(양설, 2008: 65). 피스 퍼스트는 학교에서도 활용할 수 있는 교육과정을 개발해왔는데, 이 교육과정은 체험활동과 협동게임을 통해 우정, 공정성, 협력, 갈등 해결, 실천의 결과와 같은 주제를 다룬다(양설, 2008: 65). 예를 들어, 1학년은 자신의 감정을 타인과 소통하는 방법을 배우고, 3학년은 의사소통과 협동심에 대한 인식과 기능을 함양하고, 4학년은 용기 있게 실천하고 자신의 입장을 세우는 방법을 배우며, 5학년은 갈등을 점차 줄이고 해소하는 방법을 배우게 된다(양설, 2008: 65).

미국에는 초 · 중 · 고등학생을 위한 시민교육 프로그램을 활발히 제작하고 있는 '시민교육센터(Center for Civic Education)'라는 곳이 있다(양설, 2008: 66). 주요 국가기관에 버금가는 이 센터는 미국 시민교육의 나침반 역할을 하며, 미국 시민 과목의'표준(National Standards)'을 정했다(양설, 2008: 66). 미국의 시민교육이 어떤 형식을 띠고 있는지를 소개하기 위해 여기서는 이 기관에서 만든 〈민주주의의 기초(The Foundation of Democracy)〉라는 교재의 구성과 내용을 간략히 요약해 보고자 한다(양설, 2008: 66).
〈민주주의의 기초 - 사생활 보호(Privacy)〉 중학교 과정에 등장하는 예제이다(양설, 2008: 66).

1. 알렉스는 여자친구와의 통화 내용을 동생이 듣는 것을 원치 않았기 때문에 그의 방에 들어가서 전화를 했다
2. 카를로스는 대통령 선거에서 공화당 후보를 지지하고 있었지만, 회사에서는

그와 같은 이야기를 하지 않았다. 회사 사장님이 민주당 후보를 지지하고 있었기 때문이다.

무엇이 옳고 그른가를 따지기 위해서가 아니라, 생활 속에서 침해받기 쉬운'사생활 보호'라는 주제에 대해 스스로 생각을 정리해 보도록 하기 위한 예제들이다. 학생들은 이런 주제를 어떤 제한도 없이 자유롭게 이야기할 수 있고, 또한 다른 사람의 여러 견해를 들어보는 과정을 통해 생각을 보다 발전시킬 수 있다. 관념적이고 추상적인 윤리 교육, 더욱이 암기 과목의 점수를 올리기 위한 교육이 아니라, 시민으로서의 권리와 의무를 학습하고 그것을 일상생활 속에서 훈련하는 교육이야말로 경쟁력 있는 개인을 양성하는 길이 아니겠는가. 가치는 충돌하되 정해진 답은 없다. 다음 예제는 사생활 보호권이 상대적인 개념이라는 것과 최우선으로 고려해야 할 권리가 아닐 수도 있음을 보여주는 것들이다(양설, 2008: 66).

1. 중세 유럽 사람들은 길가의 아무 곳에서나 배변을 했고 사람들은 그에 대해 아무런 관심도 갖지 않았다.
2. 랜디는 친구들에게 숨기고 싶은 것이 없어 모든 것을 터놓고 말한다. 그러나 새런은 누구에게도 말하고 싶지 않은 비밀 몇 가지를 혼자 간직하고 있다.
3. 이슬람 국가의 여자들은 사생활 보호를 위해 얼굴을 가린다.
4. 비밀로 하기로 한 친구와의 약속을 지켜야 할지, 재판정에서 증언을 하여 정의로운 판결을 도와야 할지 갈등이 된다.

사생활 보호는 가장 우선시 되어야 하는 가치인가? 혹은 상황에 따라 다른 가치가 더 중요할 수도 있는가? 〈민주주의의 기초〉에서는 이처럼 다양한 가치를 제시하여 고민하게 한다. 어떤 결론을 내릴 것인가는 전적으로 개인의 몫으로 남겨놓는다(양설, 2008: 66). 선택에 대 한 책임을 질 수 있다면 어떠한 선택이든 가능하다는 것이 이 교재의 기본적인 전제이기 때문이다. 논리적인 사고력을 길러준다(양설, 2008: 66).

이 교재의 가장 큰 특징은 학생들이 스스로 문제를 해결할 수 있도록 안내하는 분석표를 제시한다는 점이다(양설, 2008: 66). '지적인 도구(intellectual tool)'라 명명된 이 표는 문제 해결의 순서와 단계별로 반드시 고려해야 하는 것들이 질문의 형태로 적혀 있고, 학생들은 그에 대한 자신의 생각을 작성하게끔 되어 있다(양설, 2008: 67).

'정의(Justice)'의 문제를 다룰 때'위반이나 침해를 일으킨 사람에 관한 분석'을 어떻게 하는지 다음 예를 보라(양설, 2008: 67).

(1) 그 사람의 정신상태는 어떠했는가?
   a. 의도를 품고 행동하였는가?
   b. 결과를 생각하지 않고 무모하게 행동하였는가?
   c. 부주의하게 행동하였는가?
   d. 예상되는 결과에 대한 지식을 갖고 있었는가?
   e. 통제력이나 판단력이 있었는가?
   f. 그렇게 행동할 의무나 책임이 있었는가?
   g. 다른 중요한 가치 또는 자신의 이익을 위해 그런 행동을 하였는가?

(2) 판결을 위해 그 사람의 과거 행동 중에서 반드시 알아야 할 필요가 있는 것은 무엇인가?

(3) 공정한 판결을 위해 그 사람의 특징 중에서 알아야 할 필요가 있는 것은 무엇인가?

(4) 위반이나 침해를 일으킨 후에 그 사람은 어떤 감정을 표현했는가?

(5) 위반이나 침해를 일으켰을 때 그 사람의 역할은 무엇이었는가?

위에서 제시한 예처럼 학생들은 이 교재를 통해 보다 작은 범주에서부터 차근차근 사고력을 키워나갈 수 있다. 때문에 감정에 치우치지 않고 이성적이고 논리적으로 문제를 다뤄볼 수 있는 기회를 갖게 되는 것이다. 토론을 통해 사고력을 증대하고, 역할극을 통해 절차적 민주주의를 체득한다(양설, 2008: 68).

〈민주주의의 기초 - 정의(Justice)〉에서 '분배적 정의' 부분 중 "여러분은 음악 프로그램에 참가하는 학생을 어떻게 선출하나요?"라는 단원이 있다(양설, 2008: 68). 이 부분에서 학생들은 교육부가 음악 프로그램과 관련된 지원금을 주었다고 가정하고 그 프로그램에 어떤 아이들을 참여시켜야 하는가에 관한 학교 청문회 역할극을 벌이도록 되어 있다(양설, 2008: 68).

학급 학생들은 ① 학교 교장선생님과 참모진 ② 교육의 형평성을 원하는 학생 학부모 모임 ③ 최상의 음악을 원하는 사람들의 모임 ④ 학교의회 등의 구성원으로 나뉘어 각자의 입장을 대변하는 토론을 준비하고 수행하고 의사결정을 내린다(양설, 2008: 68). 이 과정을 통해 학생들은 소통의 기술을 배우고, 사회성을 익히며, 민주적이고 합리적인 절차를 체득하게 된다(양설, 2008: 68). 단원의 마무리에 해당하는'적용학습'단계에서는 그 문제와 관련된 일에 종사하는 사람들을 교실에 초대하여 인터뷰를 하거나 이야기를 나눌 수 있도록 한다(양설, 2008: 68). 변호사나 판사와 같은 전문직 종사자들뿐 아니라 지역 도서관 사서, 학생 대표, 교직원 등도 초청 대상에 포함된다(양설, 2008: 68).

이처럼 미국의 교실은 방해받지 않고 공부할 수 있는 곳이어야 한다는 이유로 바깥과 단절되고 고립된 공간이 아니라, 지역사회와 소통하는 공간으로 다양한 연령, 직업, 종교, 인종의 사람들과 경험을 공유하는 장이 되어 있는 것이다(양설, 2008: 68).

2) 21세기 시민의식을 위한 모델

시민의식의 본질을 변화시키고 팽창시키고 있는 경향들은 참여할 준비가 되어 있는 시민들을 위한 중요한 도전들과 무궁무진한 기회 모두를 보여준다. 우리는 21세기 시민의식 준비가 분명히 구분되는 세 가지 측면과 세 가지 연구를 토대로 한 실습을 포함한다고 믿는다(김영수, 2015; 68-85).

첫째, 시민역량(Civic Literacy)은 정부에 대한 지식과 시민으로서의 역할을 포함한다. 또한, 시민참여에 대한 동기, 기질, 그리고 기술을 포함한다(김영수, 2015; 68-85).

. 정부의 협의과정과 시민윤리 쟁점들의 지역적, 국제적인 함축성에 대한 이해
. 지역, 주, 국가 수준에서 시민의 권리와 의무를 이행하는 방법에 대해 알기
. 충분한 정보를 갖고 있기
. 시민사회에 효율적으로 참여하기

둘째, 국제시민의식(Global Citizenship)은 다양한 사회에 기여하고 중요한 국제적 쟁점들을 이해하는데 요구되는 국제적 역량을 포함한다(김영수, 2015; 68-85).

. 다른 나라들과 문화를 이해하기
. 영어 이외에 언어에 대한 능력
. 다양한 집단과 환경에서 상호 협동하기 위한 의사소통, 협동, 사회, 교차문화(cross-cultural)에 관한 능력
. 역사, 지질학, 정치학, 경제학 그리고 과학과 같은 과목에 대한 학문적 지식
. 환경역량, 재정, 경제, 사업, 기업가적 역량 보건역량과 같은 간학문적 (interdisciplinary) 지식
. 세계에 대해 연구하고 관점들을 인식하고, 생각에 대해 소통하고 창의적인 행동을 취하고, 학문적이고 간학문적인 전문성을 사용하는 능력(Mansilla & Jackson, 2011: 23).

5. 프랑스 세계 시민교육 사례

1) 프랑스 세계 시민교육의 특징

프랑스 학생들은 평등, 정의, 인권, 시민권, 사회적 통합과 연대 등에 관한 중요한 가치를 초등학교 때부터 현실적인 사례를 통해 체계적으로 배우고 있다(이인선, 2008: 73-75). 보통 실업으로 인한 문제, 노동자들의 시위와 파업, 실업자 운동, 노조 중심의 사회운동 등에 관한 사진자료나 신문기사 등이 시민교육 시간에 학습 자료로 활용된다(이인선, 2008: 73-75). '학교 교육은 보편적인 지식과 가치를 가르치는 것'이라는 한국식 교육과는 상당히 다른 대목이 아닐 수 없다(이인선, 2008: 73-75). 실천이 무엇보다 중요한 영역에서 보편적인 개념만을 가르쳐서는 교육이 제 효과를 발휘하기가 어렵다(이인선, 2008: 73-75). 때문에 프랑스에서는 일상생활과 밀접히 관련된 학습 자료를 활용함으로써 학생들이 현실 문제에 관심을 갖도록 유도하고, 성인이 된 후 학교에서 배운 지식을 활용하여 자신의 권리를 행사할 수 있도록 하는 실질적인 교육을 시키고 있다(이인선, 2008: 73-75).

2) 프랑스 세계 시민교육의 등장과 배경

프랑스에서는 1960년대부터 시민교육을 체계화하려는 노력이 시작되었다(이인선, 2008: 73-75). 당시 프랑스는 아프리카를 비롯한 식민지들의 해방과 경제발전으로 인한 소비사회의 도래, 국내 정치 역학의 변화 등 많은 변화를 겪고 있었기 때문에, 시대정신을 반영한 경제 민주화, 사회 민주화 같은 새로운 개념이 교과내용에 포함되어야 할 필요성이 있었다(이인선, 2008: 73-75). 그렇다고 60년대에 시민교육과목이 독립된 교과로 있었던 것은 아니었다(이인선, 2008: 73-75). 역사. 지리 교사가 수업 시간 중에 시민교육 단원을 가르치는 형태를 띠고 있었을 뿐이다(이인선, 2008: 73-75).

70년대는 사실상 시민교육이 학교에서 사라진 시기였다(이인선, 2008: 73-75). 진보적 지식인층은 시민교육을 국가 이데올로기 교육으로 의심했고, 교육당국은 교사들이 시민교육을 내세워 학생들에게 급진적인 정치교육을 시킬까 두려워했다(이인선, 2008: 73-75). 따라서 70년대 시민교육은 이전의 능동적, 참여적 민주시민 교육에서 벗어나 개인주의, 공리주의에 입각한 합리적 소비자교육으로 전환되었다(이인선, 2008: 73-75). 80년대에 이르러 정치권은 물론 언론계에서 시민교육의 부활을 요구하는 목소리가 높아졌다. 마침내 1985년 11월 시민교육의 부활이 선언되면서 시민교육은 중학교 필수과목 (주1시간)으로 다시 지정되었다(이인선, 2008: 73-75). 일각에선 시민교육을 문제 학생의 선도나 학내폭력의 예방 도구로 전락시킬 우려가 있다고 염려하기도 했지만, 십여 년에 걸친 공청회를 통해 지금과 같은 토론 중심의 수업 과정을 갖추게 되었다(이인선, 2008: 73-75). 1998년, 시민교육은 고등학교 교육과정에 포함됨으로써 마침내 중등교육 전 과정에 자리를 잡았다(이인선, 2008: 73-75).

다음은 프랑스 시민교육 교과서의 내용을 요약해 본 것이다(이인선, 2008: 73-75) 굳이 설명을 하기보다 단순한 차례 정리만으로도 시사하는 바가 클 것이라 생각하며, 우리나라에도 시민교육이 하루 빨리 정착되기를 간절히 바란다(이인선, 2008: 73-75).

3) 프랑스 세계 시민교육 교과서 4, 5학년 과정

1. 우리는 자유가 필요하다. (종교의 자유)
2. 우리는 정의가 필요하다. (세계의 가난)
3. 우리는 진실이 필요하다. (이념의 강요)
4. 우리는 일이 필요하다. (어린이 강제 노동)
5. 우리는 토론이 필요하다. (TV 토론의 예)
6. 우리는 함께 일하는 것이 필요하다. (한 팀으로 일하기)
7. 우리는 건강한 삶이 필요하다. (예방의 중요성)
8. 우리는 깨끗한 환경이 필요하다. (공해 문제의 심각성)
9. 우리에겐 선택의 자유가 있는가? (일상생활에서의 시민의 권리)
10. 국회의원은 어떻게 선출되는가?
11. 언론의 자유란 무엇인가?
12. 정의란 무엇인가?

13. 교육을 받을 권리란 무엇인가?

14. 안전하게 보호받을 권리란 무엇인가?

15. 왜 각 나라는 서로 도와야 하는가?

6. 한국 세계 시민교육 사례

세계 시민교육은 세계화에 따른 한국 사회의 변화에 대응하기 위하여 세계시민성의 개념과 교육의 방향을 모색하는 개념과 이론을 논의하기 시작하면서부터 시작되었다(박순용 외, 2015: 5). 2000년대 들어 학교교육과정 내에서 세계시민교육을 적용하기 위한 연구가 활발하게 진행되었다. 세계 시민교육을 실시해야 한다는 당위론적 차원에서 나타나는 자연스런 현상이라 하겠다(박순용 외, 2015: 5). 2010년 이후에는 민주시민교육과 국제이해교육, 다문화교육 등 유사 이슈로 확대되었다. 이에 따라서 교육과정도 다양화되었고 확장되었다. 세계 시민교육 프로그램에 있어서 유아교육, 초등교육, 중등교육, 고등교육, 평생교육 등 여러 분야에서 활발하게 진행되었다(박순용 외, 2015: 5).

세계 시민교육의 글로벌 의제화에 적극적으로 활동해 온 한국은 국내외 세계 시민교육 증진을 위해 적극적으로 참여하고 있다(박순용 외, 2015: 5). 그 근거로서 한국은 1990년대 후반부터 이미 '세계화 교육'을 천명하였다. 2000년대 들어서는 '다문화교육'을 추진하였다. 앞에서 언급한 바와 같이 세계 시민교육의 확장과 다양성이 반영된 것이라 할 수 있다(박순용 외, 2015: 5). 따라서 오늘날 우리가 자주 사용하는 용어인 '글로벌 인재', '글로벌 교육'이라는 용어가 교육의 장에서 빈번하게 나타나고 있다(박순용 외, 2015: 5). 그럼에도 불구하고 이제는 교육현장에서 익숙한 담론들이 실제 어떤 교육을 지향해 왔는지 살펴봐야 할 시점에 이르렀다. 또한 지향하고자 하는 교육 목표가 구호에 그치지 않고 실행되어 왔는지도 살펴보아야 한다(박순용 외, 2015: 5). 다음 세대가 능동적인 지구촌 구성원으로 성장할 수 있도록 우리의 교육이 이들에게 적절한 자양분을 제공하고 있는지도 살펴보아야 한다(박순용 외, 2015: 5).

21세기 글로벌 인재는 세계 시민으로서의 의식과 소양, 의지와 행동 역량을 갖추고 있어야 한다. 이에 따라 교육목표도 학습자 모두에게 21세기 인재가 되도록 기회와 기반을 제공해야 한다(박순용 외, 2015: 5). 글로벌 인재가 따로 있는 것이 아니라, 이미 지구촌 시대를 살아가는 모든 학습자들에게 자신과 사회의 긍정적인 미래를 위해 능동적인 삶을 영위하도록 가르치는 것이 국제사회가 달성하고자 하는 목표인 '교육2030', '지속가능발전목표 2030'이자 우리 교육의 비전이어야 한다(박순용 외, 2015: 5).

한국의 교육과정은 '홍익인간' 정신에 기초하여 "문화적 소양과 다원적 가치에 대한 이해를 바탕으로 하는 공동체 의식을 가지고 세계와 소통하는 민주 시민으로서 배려와 나눔을 실천하는 더불어 사는 사람"을 궁극적으로 '추구하는 인간상(2015교육과정 총론)'으로 상정하고 있다(박순용 외, 2015: 6). 이미 한국 교육과정 총론은 세계 시민교육적 철학과 비전을 반영하고 있는 것이다. 그런데 이러한 교육철학과 비전이 세부 교육과정과 교과서 등에 진정으로 반영되어 있는가? 교육현장에서 얼마나 의미 있는 학습으로 구현되고 있는가? 이러한 질문에 적절한 답을 제시하지 못한다면 올바른 세계 시민교육이 이루어지고 있지 않다는 것이다(박순용 외, 2015: 6).

유네스코에서는 이러한 요구에 부응하여 2015년 전 세계 범용 세계 시민교육 교수. 학습 지침서(Global Citizenship Education: Topics and Learning Objectives)를 펴냈다. 이 지침서를 통해 전 세계가 공유하는 개념과 접근 속에서 회원국들이 각자의 교육제도와 교육과정에 부합하는 세계 시민교육 정책과 실천을 펼치도록 장려하였다(박순용 외, 2015: 6).

한국은 유네스코 아태교육원을 통해 이 지침서의 초안 개발과 현장 테스트에 참여하였다. 이 과정에서 한국의 세계 시민교육 및 교육과정 전문가와 교사들은 유네스코 지침서의 유용성을 높게 평가하면서도 지침서의 내용을 한국 독자들에게 좀 더 가독성 있게 전달해 주는 한국판 해제본을 개발하였다(박순용 외, 2015: 6).

유네스코 지침서의 가장 큰 특징은 학습자의 '인지', '사회, 정서', '행동'이라는 세 가지 영역을 통해 학습의 핵심 구성요소를 파악하고, 이 세 영역을 바탕으로 "지식정보와 비판적 문해력을 갖추고, 풍부한 사회적 관계 속에서 다양성을 존중하며, 윤리적 책임감을 갖고 참여하는 사람"이라는 세계 시민교육이 추구하는 인간상을 명시적으로 개념화 하였다(박순용 외, 2015: 6). 이를 통해 학습 주제와 연령별 학습목표를 도출하고 제시하였다. 또한 이는 많은 학습 주제가 교과통합의 성격을 띠는 만큼, '핵심역량'을 중심으로 교육과정을 구성하고 다양한 분야의 융합을 추구하고자 하는 2015 개정교육과정의 전체적 방향성을 일치시켰다(박순용 외, 2015: 6).

세계 시민교육은 교육현장에서 정형화된 방식으로 가르치는 과목이 아니다. 이미 축적된 지식을 효과적으로 나누어 주는 교수방법을 지칭하는 것은 더더욱 아니다. 따라서 기존의 다른 교과목과 비교해 학습자와 학습환경에 맞게 교육과정을 창의적으로 재구성하는 교사의 역할과 역량이 더욱 요구되는 분야이기도 하다(박순용 외, 2015: 7). 다행히 한국의 7차 교육과정부터 성공과 실패를 거듭하며 발전해 온 '국제이해교육', '지속발전가능교육', '민주시민교육', '평화교육', '인권교육' 등 여러 연관 교육분야가 있고, 그 속에서 함께 성장한 교사들의 역량과 네트워크가 존재한다. 또한 최근에는 행복, 인성, 창의, 융합, 다양성, 민주주의, 체험학습, 자유학기제 등 화두를 바탕으로 더 나은 교육경험을 제공하려는 긍정적인 신호도 있다(박순용 외, 2015: 7). 이러한 가능성은 지구촌 공동의 목표로 제시된 세계 시민교육을 실천하는 데 필요한 기반이 무엇이어야 하는지를 생각하게 하며, 새로운 교육 담론과 더불어 세계 시민교육이 연관 교육분야와 시너지 효과를 내며 더욱 의미 있게 활성화될 수 있을 것이다(박순용 외, 2015: 7).

1) 학교 내 세계 시민교육 현황

한국의 교육현장에서 세계 시민교육이 실행된 맥락은 크게 세 가지 축으로 구분할 수 있다. 첫째, 한국의 교육과정은 2009 개정교육과정에 이어 2015 개정교육과정까지 국가교육과정 총론에서 제시한 '추구하는 인간상'을 비롯하여 도덕, 사회 등 관련 교과 내용에서 이미 학습자들을 세계시민으로 길러내고자 하는 비전과 내용을 상당 부분 담아내고 있다(박순용 외, 2015: 7). 둘째, 국제사회의 공여국으로서 그 역할을 점점 확대하고 있는 한국은 post-215 교육 및 개발 목표를 달성하기 위하여 관련 활동에 매우 적극적으로 참여하고 있으며, 그 중 국제 이해교육이라는 교육 분야를 통하여 지난 10여 년간 국내외에서 초석을 다져온 세계 시민교육을 발전시키기 위한 집중적인 노력과 기여 의지를 천명하고 있다(박순용 외, 2015: 7). 셋째, 세계는 시민사회와 민간 부문, 공공영역이 다양한 층위와 방식으로 긴밀하게 연계되어 활발한 협업 체계를 이루고 있는 만큼 교육 역시 사회를 구성하는 다양한 분야와 주체들과의 협력 관계를 바탕으로 한 실행이 증가하고 있다(박순용 외, 2015: 7). 특히 세계 시민교육에 대한 시민사회의 관심은 괄목할 만하다. 이러한 세 축으로 대면되는 국내적 맥락에서 많은 교사가 다양한 방식으로 세계 시민교육을 실행하고 있으며, 이는 한국의 교사 개개인과 교육공동체의 역량이 증대되고 있음을 방증하는 것이기도 하다. 학교교육 · 교사교육 · 평생교육 등을 포함한 모든 교육 관련 활동에서 세계시민교육은 세계시민성에 근거한 보편적 가치를 고양하는 방향으로 나아가야 한다. 이러한 맥락에서, 국제사회의 교육 및 개발 목표를 이끌어가기 위해 적극적으로 노력하는 우리나라도 이제는 세계시민교육을 이해하는 폭넓은 관점과 실천방식을 새롭게 구상해야 한다(박순용 외, 2015: 7).

(1) 세계 시민교육의 학습 영역

* **인지적 영역:** 세계와 복잡성, 세계의 상호연계성 및 상호의존성을 이해하는 데 필요한 지식과 사고 기능을 의미한다. 지식은 주로 아는 것과 관련된 기초적인 지적 과정이자 모든 지적 능력의 토대를 이룬다. 사고기능은 과제를 효과적으로 성취하기 위하여 정보나 자료를

조직하고 이용하는 정신적 능력이다. 그래서 사고 기능에서는 정보의 분류, 해석, 분석, 요약, 종합과 평가 능력이 요구된다. 특히 사고 기능은 분석적, 비판적, 통합적 사고가 핵심을 이루고 있다(박순용 외, 2015: 8).

* **정서적 영역:** 가치와 태도, 사회적 기능을 의미한다. 이 중 가치와 태도는 정서적 영역에 해당한다. 가치는 사람의 전반적인 신념체계에 핵심적으로 자리잡고 있는 믿음이다. 이런 가치는 행동과 행위의 기준이 된다. 반면 태도는 어떤 방식으로 반응을 할 정신적 준비 상태를 말한다(박순용 외, 2015: 8). 그래서 가치는 곧 태도로 나타난다. 사회적 기능은 사회적 영역에 해당한다. 사회적 기능은 더불어 사는 사회에서 타인의 감정과 권리를 존중하고 민주시민으로서 요구되는 기능이다. 이를 위해서는 배려, 존중, 연대 등이 필요하다(박순용 외, 2015: 8).

* **행동적 영역:** 행위, 수행, 실천 및 참여, 즉 실천적 행위를 강조하는 영역이다. 이것은 사람이 자신의 가치, 지식과 의사결정을 행동으로 전환하는 능력을 의미한다(박순용 외, 2015: 8). 여기서는 시민행동, 사회참여, 민주시민행동 등을 강조하며, 행동을 하기 위해서는 동기부여를 필요로 한다. 사회, 정서적 영역은 주로 동기를 강조하고, 행동적 영역은 주로 행위를 강조한다. 예를 들어 공감은 동기에 해당하고, 이를 바탕으로 한 나눔은 행동에 해당한다(박순용 외, 2015: 8).

(2) 21세기 교육의 4가지 근간

* **알기 위한 학습:** 충분하고 광범위한 일반 지식을 소수의 주제까지 깊이 있게 적용할 수 있도록 조합하는 데 쓰인다. 이는 또한 학습하기 위한 학습이라 할 수 있으며 전 생애에 걸쳐 교육의 혜택을 받을 수 있게 한다(박순용 외, 2015: 8).

* **행동하기 위한 학습:** 직업기술을 습득할 뿐 아니라, 보다 넓게는 여러 상황에 대처하고 팀을 이루어 일할 수 있는 능력을 얻는데 쓰인다. 이는 또한 젊은이들이 겪는 다양한 사회경험과 직무경험을 통해 획득된다((박순용 외, 2015: 9).

* **더불어 살아가기 위한 학습:** 타인을 이해하고 상호의존성을 인정하면서 이루어진다. 이는 다원주의, 상호이해, 평화의 가치를 존중하는 정신으로 타인과 함께 공동과업을 수행하고 갈등을 관리하는 법을 배우면서 얻어진다(박순용 외, 2015: 9).

* **존재하기 위한 학습:** 개인의 인성을 보다 잘 성장시키고, 보다 큰 자율성, 판단력, 책임감을 가지고 행동을 할 수 있게 해준다. 따라서 교육은 인간의 어떤 잠재력도 소홀히 해서는 안 된다. 여기에는 기억력, 추리력, 미적 감각, 체력, 의사소통기술이 포함된다(박순용 외, 2015: 9).

(3) 학습자의 특성

* **지식정보와 비판적 문해력을 갖춘 학습자:** 세계시민교육을 위한 인지적 영역으로, 세계적 차원의 거버넌스 체계, 구조 및 이슈에 대한 지식을 갖추어야 한다. 또한 글로벌 이슈와 지역적 이슈가 상호의존적으로 연계되어 있음을 이해해야 하고, 세계 시민성에서 요구되는 비판적 탐구와 분석 능력을 갖추어야 한다(박순용 외, 2015: 9). 이는 우리나라 교육과정이 추구하는 인간상인 '기초 능력의 바탕 위에 새로운 발상과 도전으로 창의성을 발휘하는 사람'과 맥을 같이 한다고 볼 수 있다(박순용 외, 2015: 9).

* **풍부한 사회적 관계 속에서 다양성을 존중하는 학습자:** 세계 시민교육을 위한 사회. 정서적 영역으로 자아정체성, 상호관계성과 소속감의 이해, 공유 가치와 보편적 가치에 대한 이해, 차이와 다양성에 대

한 인식과 존중, 다양성과 보편성 간의 복잡한 관계에 대한 이해 능력을 갖추는 것을 포함한다(박순용 외, 2015: 9). 우리나라 교육과정이 추구하는 인간상인 '문화적 소양과 다원적 가치에 대한 이해를 바탕으로 품격있는 삶을 영위하는 사람'과 관련이 깊은 학습자 특성이다(박순용 외, 2015: 9).

* **윤리적 책임감을 갖고 참여하는 학습자:** 세계 시민교육을 위한 행동적 영역으로, 인권보호, 타인과 환경을 돌보려는 가치와 태도, 개인적, 사회적 책무성을 갖추어야 한다. 또한, 지역사회에 참여하고 윤리적이고 평화적인 행동을 통해 더 좋은 세계를 만드는데 기여하는 기능을 계발해야 한다. 우리나라 교육과정에서 추구하는 인간상인 '세계와 소통하는 시민으로서 배려와 나눔의 정신으로 공동체 발전에 참여하는 사람'과 관련이 깊다(박순용 외, 2015: 10).

(4) 학습주제

* 지식정보와 비판적 문해력을 갖춘 학습자
  - 지역. 국가, 세계의 체계와 구조
  - 지역, 국가, 세계 차원에서 공동체 간의 상호작용과 연계에 영향을 미치는 이슈
  - 암묵적 가정과 권력의 역학관계
* 풍부한 사회적 관계 속에서 다양성을 존중하는 학습자
  - 다양한 차원의 정체성
  - 사람들이 속한 다양한 공동체와 공동체 간의 상호연계방식
  - 차이와 다양성의 존중
* 윤리적 책임감을 갖고 참여하는 학습자
  - 개인적, 집단적으로 취할 수 있는 실천
  - 윤리적으로 책임감 있는 행동
  - 참여하고 실천하기

(5) 학습목표

유아 및 초등학교 저학년(5~9세), 초등학교 고학년(9~12세), 중학교(12~15세), 고등학교(15~18세)로 구분하여 제시하고자 한다. 여기서 학습목표는 기본적으로 내용의 심화수준에 따라 나선형 교육과정의 원리를 적용한 것이다. 또한, 세계 시민교육과 관련된 핵심 주제를 학교급별로 소개하고, 학습자의 발달 정도에 따라 그 내용을 심화하여 제시하고 있다. 교사들은 주어진 상황과 학생들의 준비도에 따라서 적절한 방식으로 학습 목표를 선택, 변용하여 제시할 수 있다(박순용 외, 2015: 11).

〈표5-3〉 학습주제별 학습목표

학습주제	학습 목표			
	유아 및 초등저학년(5-9세)	초등고학년(9-12세)	중학교(12-15세)	고등학교(15-18세 이상)
지역, 국가, 세계의 체계와 구조	지역 환경이 어떻게 조직되어 더 넓은 세상과 어떠한 관계를 맺고 있는지 설명, 시민성 개념소개	거버넌스의 구조와 의사결정과정, 시민성의 여러 측면 살펴봄	글로벌 거버넌스의 구조가 어떻게 국가 및 지역 차원의 구조와 상호 작용하는지 논의, 세계시민성 개념탐구	글로벌 거버넌스 체계와 구조, 과정을 비판적으로 분석, 세계시민성과 관련 어떤 의미를 지니는지 고찰
지역, 국가 세계 차원에서 공동체간 상화작용, 연계 이슈	지역, 국가 세계 차원의 주요이슈를 열거하고 어떻게 상화 연결 될 수 있을지 살펴봄	주요 글로벌 이슈가 왜 발생하며 국가와 지역 차원에 어떤 영향을 미치는지 조사	지역, 국가, 세계에서 발생하는 주요 이슈 근본 원인 파악, 지역적 요인과 세계적 요인이 상호 연결되어 있음을 고찰	지역, 국가, 세계의 이슈, 의사결정의 결과 및 그에 대한 책임을 비판적으로 살펴보고, 적절한 대응책 제안
암묵저 가정과 권력의 역학관계	정보를 구하는 여러 경로를 확인하고, 탐구에 필요한 기초능력 갖춤	사실과 의견, 현실과 허구를 구분하고 서로 다른 시각과 관점을 구별	암묵적 가능을 조사하고 불평등과 권력의 역학관계 설명	권력의 역학관계가 사람들의 발언권, 영향력, 자원 적근성, 의사결절 및 거버넌스에 어떤 영향을 미치는지 비판적으로 평가

학습주제	학습 목표			
다양한 차원의 정체성	우리가 우리를 둘러싼 세계와 어떻게 어울리고 상호작용하는지 알아보고, 개인의 성찰능력과 대인관계 기술개발	정체성의 다양한 층위를 알아보고, 타인과의 관계 형성에서 정체성은 어떤 의미가 있는지 살펴봄	개인의 정체성과 집단적 정체성, 다양한 사회집단을 구분하고, 보편적 인류라는 소속감을 함양	여러 층위의 정체성이 상호작용하며 다양한 사회집단과 평화롭게 공존하는 모습을 비판적으로 살펴봄
사람들이 속한 다양한 공동체와 공동체간의 상호연계방식	다양한 사회집단의 차이점과 연결관계 설명	사회적, 문화적, 법적으로 공유된 다양한 규범을 비교대조함	차이와 다양성을 인정하고 존중하며 나와 다른 개인과 사회집단에 대한 공감과 연대의식을 기름	서로 다른 집단, 공동체 국가 간의 연결관계를 비판적으로 파악

학습주제	학습 목표			
	유아 및 초등저학년(5-9세)	초등고학년(9-12세)	중학교(12-15세)	고등학교(15-18세 이상)
차이와 다양성의 존중	같음과 다름을 구분하고, 모든 사람은 권리와 책임이 있음을 인식	다양한 개인 및 집단과 좋은 관계를 발전	차이와 다양성의 가치가 지닌 장점과 해결과제에 대해 토론	다양한 집단 및 관점에 대응하여 관계를 맺는데 필요한 가치와 태도, 기능을 계발 적용
개인적, 집단적으로 취할 수 있는 실천	우리가 사는 세상이 더 나아지려면 어떤 행동이 필요한지 살펴봄	개인행동과 집단행동의 중요성을 논의하고 공동체 활동에 참여	개인과 단체가 지역, 국가, 세계 차원에서 중요한 이슈에 대해 어떤 행동을 취했는지 찾아보고, 이슈해결 행동참여	효과적인 시민참여를 위해 필요한 역량을 계발 적용
윤리적으로 책임감 있는 행동	우리의 선택과 행동이 어떻게 다른 사람들과 지구에 영향을 끼치는지 논의하고 책임감 있는 행동	사회적의와 윤리적 책임의 개념을 이해, 일상생활에 적용법 배움	사회정의 및 윤리적 책임과 관련된 해결과제와 딜레마를 분석, 개인과 집단행동에 주는 시사점 생각	사회적의와 윤리적 책임에 관한 이슈를 비판적으로 파악, 차별과 불평등에 맞서기 위한 행동
참여하고 실천하기	시민참여의 중요성과 장점을 인식	참여하는 방법을 알고 행동을 시작	적극적인 참여를 위해 필요한 역량을 계발, 공동선의 증진을 위한 행동	긍정적 변화를 위한 행동을 제안하고 실천

* 출처: 박순용 외, 2015: 12.

국가교육과정에서 관용, 공감능력, 문화소양처럼 관련 역량을 갖춘 세계시민이 되는 것의 중요성을 강조한다(박순용 외, 2015: 11). 더불어 세계시민교육은 중앙정부(교육부), 지방정부(시 · 도 교육청), 학교 간의 3자 협력을 통해 이루어지고 있으며, 2016년부터 자유 학기제가 전면 도입되면서 더욱 확대될 전망이다(박순용 외, 2015: 11), 정규 교육에서 세계시민교육을 실행하는 보편적인 방식은 학교 전반 교육과정에 편성, 범교과 주제로 제시, 기존 교과에 통합, 독립 교과로 운영하는 방법이 있다(박순용 외, 2015: 11). 이러한 방식은 상호보완적이며 함께 적용되었을 때 최대의 효과를 낼 수 있다. 정책입안자 및 교육 기획자들은 각 상황에 맞는 가장 적합한 접근방식을 결정해야 하는데, 이러한 결정은 교육정책 및 제도, 교육과정 내의 우선사항, 이용 가능한 자원 등 여러 요인의 영향을 받게 된다(박순용 외, 2015: 11).

한국에서는 범교과 학습, 지역과 함께하는 현장학습, 교육과정 재구성을 통한 주제통합 학습, 계기학습, 동아리 활동을 통하여 세계시민교육을 적용하고 있다(박순용 외, 2015: 12). 특히 2009 개정교육과정에서 학습자의 협동, 창의성 및 인성 형성을 강화할 목적으로 편성된 '창의적 체험활동'은 세계시민교육 실행의 좋은 방법으로 꼽힌다. 이와 같이 세계시민교육이 효과적으로 실행되기 위해서는 정규 교육과정의 일부로 편성되는 것이 바람직하다(박순용 외, 2015: 12).

학교 전반 교육과정에 편성: 유네스코 지침서에서는 '전 학교적 접근(whole school approach)' 또는 학교전반에 걸친 적용 및 활동들을 논하고 있는데, 학교 전반에 걸친 접근으로는 관련 기존 교과의 모든 학교 급별 수준에 세계시민교육을 반영하도록 학교교육과정을 짜는 방법, 참여 학습을 범교과적으로 적용하는 방법, 국제기념일과 관련된 학교 차원 활동, 학교 차원에서의 인식 제고 캠페인, 실천과 활동 중심의 동아리 운영, 지역공동체-학교 연계 활동, 학교 간 교류활동 등을 들고 있다(박순용 외, 2015: 12). 이러한 학교 전반에 걸친 반영을 국가정책 차원에서 추진한 사례로는 잉글랜드의 "학교교육과정에 글로벌 차원 담아내기"가 있다(박순용 외, 2015: 12). 한국의 경우에는 교육부나 시도교육청 차원에서 시범학교, 연구학교, 거점학교, 혁신학교, 특별지원학교 등의 체계적인 정책적, 재정적 지원을 통하여 학교교육과정에 세계시민교육을 보다 집중적이고 효과적으로 담아낼 수 있다(박순용 외, 2015: 12). 세계시민교육을 위한 별도의 중앙 · 지방 정부 차원의 정책이 없다 하더라도 세계시민교육을 학교 전반 교육과정에 편성하기 위한 정책 및 교육과정상 근거는 이미 충분하다(박순용 외, 2015: 12). 학교에서는 국가 수준의 교육과정 기준과 지역 수준의 교육과정 편성 · 운영 지침을 근거로 지역 · 학교 · 학생의 실정에 알맞게 '학교교육과정'을 다양하게 편성 · 운영할 수 있게 되는 등 2009 개정교육과정 이후 학교의 자율성이 크게 확대되었다(박순용 외, 2015: 12). 이는 국가로부터 일방적으로 주어지는 교육과정에서 학교가 주체가 되어 다양하게 '만들어 가는 교육과정'으로 교육과정 체제가 변화되었음을 의미한다. 그러므로 교육과정에서 제시하는 학교 급별 교육과정 편성과 운영에 대한 지침11을 최소의 기준으로 삼아 학교는 교육과정 편성 · 운영의 재량권을 바탕으로 학교교육과정을 재구성할 수 있다(박순용 외, 2015: 12).

국가교육과정은 학교장의 교육적 판단과 신념, 그리고 전 교직원의 공동 사고와 참여 속에 창의성을 발휘해 특색 있게 학교교육과정을 편성하도록 하고 있다(박순용 외, 2015: 13). 그러므로 학교교육과정의 편성과 운영 과정은 모든 교원이 참여하고 학교구성원의 의견을 반영하는 민주적 절차를 따르는 것이 중요하다(박순용 외, 2015: 13). 학습 내용은 물론이고 학습의 방법 역시 세계시민성을 키우는 방식으로 조직되어야 함을 의미한다(박순용 외, 2015: 13). 심신 장애 학생에 대한 교육과정의 조정(비차별), 다문화 학생에 대한 한국어 교육과정 운영(문화다양성), 성 구분 및 학력과 직업에 대한 편견을 갖지 않기, 범교과 학습 주제를 다룰 때, 창의적 체험활동 등 교육활동에 걸쳐 통합적으로 다루기, 지역사회와의 연계 등의 학교교육과정의 운영을 세계시민교육과 연계할 수 있다(박순용 외, 2015: 13). 유네스코가 권장하는 전학교적 접근(Whole School Approach)인 셈인데, 이는 세계시민교육이 교육현장에 안착하고 지속성을 갖기 위해 필수적인 기반이라 할 수 있다(박순용 외, 2015: 13).

범교과 주제로 제시: 한국 교육의 맥락에서 '범교과 주제'라는 측면은 교육과정에 명시된 "범교과 학습 주제"로 접근할 수도 있고, 최근 확대되고 있는 "주제중심 통합학습"으로 접근할 수도 있다(박순용 외, 2015: 13). 범교과 학습 주제의 경우, 2009 개정교육과정이 제시하고 있는 39개의 범교과 학습 주제 중에서는 국제이해교육이 세계시민교육을 가장 통합적이고 총체적으로 다룰 수 있는 주제영역이며, 그 외 지속가능발전교육, 민주시민교육, 다문화교육, 인권교육도 직접적으로 세계시민교육을 다룰 수 있는 주제영역이지만, 기타 인성교육, 양성평등교육, 경제교육, 환경 교육, 의사소통·토론중심교육, 정보화 및 정보 윤리 교육, 물 보호 교육, 청렴·반부패 교육 등에도 세계 시민교육적 요소들을 녹여낼 수는 있다(박순용 외, 2015: 13). 한편, 2015 개정교육과정은 기존 39개 범교과학습 주제를 10개 범주12로 통합·조정하였다. 이로써 교육 내용 및 접근에 있어 세계시민교육과 가장 근접한 국제이해교육이 누락되었다(박순용 외, 2015: 13).

아쉽기도 하지만, 여전히 민주시민교육, 다문화교육, 인성교육, 환경지속가능교육과 연계할 수는 있다(박순용 외, 2015: 14). 그러나 유념해야 할 점은 세계시민교육은 민주시민교육이나 다문화교육의 일부가 아니라는 것이다. 민주주의 및 문화다양성은 세계시민교육이 추구하는 여러 영역 중 하나이기 때문이다(박순용 외, 2015: 14). 또한, 범교과 학습 주제에 포함 유무를 떠나서 무엇보다 세계시민교육의 핵심이 교육과정에서 제시하는 추구하는 인간상과 교육목표에 담겨 있으므로, 이미 세계시민교육의 범교과적 중요성은 교육과정 내에 담보된 것이라고 할 수 있다(박순용 외, 2015: 14).

한편, 최근에는 교육과정을 재구성하여 주제중심 통합학습을 하는 추세가 증가하고 있어 담임 교사가 여러 과목을 가르치는 초등학교에서 활성화되고 있을 뿐 아니라, 중학교에서도 자유학기제 등을 활용하여 여러 교과 교사들 간의 협업을 통해 주제중심으로 교과융합 교육과정을 구성하여 실시하기도 한다(박순용 외, 2015: 14). 이때 "주제"는 범교과 학습 주제에서 말하는 주제영역보다 더 구체적인 하위 학습주제나 소재에 가까운데, 유네스코 지침서가 제시하는 세계시민교육

학습 주제나 핵심 주제 또는 학습 요소를 중심으로 주제중심 통합학습을 구성하는 것도 간학문(inter-disciplinary)을 지향하는 세계시민교육의 바람직한 실행 방법 중 하나라고 하겠다(박순용 외, 2015: 14).

기존 교과에 통합: 세계시민교육의 주제들은 사회, 환경, 지리, 역사, 도덕, 과학, 국어, 음악, 미술 등 다양한 교과에 구체적인 학습요소로 반영되거나, 기존 과목의 학습요소와 연계한 수업을 통해 세계시민교육이 지향하는 주요한 지식, 가치, 태도, 기능의 함양이 촉진될 수 있다(박순용 외, 2015: 15). 특히 한국의 경우, 도덕과 및 사회과 교육과정에 '지구 공동체', '지구촌의 평화와 발전', '세계시민윤리', '세계시민주의', '세계시민이 가져야 할 태도', '세계시민으로서의 자질', '세계시민적 관점/지구촌적 시각', '세계 평화의 실현을 위한 지구적 차원의 가치규범과 시민윤리에 기초한 범세계적 노력', '전 지구적 문제', '세계시민으로서 지속가능한 사회를 위해 노력하는 태도' 등이 이미 주제, 학습요소, 성취기준 등에 빈번하게 등장한다(박순용 외, 2015: 15). 또한, 과학에도 '지속가능한 발전'과의 연계가 목표 및 내용 요소에 강조되어 있다. 한편, 기존 교과에의 통합을 세계시민교육이 배양하고자 하는 가치, 태도, 기능의 측면에서 접근할 수도 있다(박순용 외, 2015: 15). 예컨대, 시각 예술과 음악, 문학을 포함하는 예술 과목을 통해 학습자들은 자기표현에 필요한 능력을 기르고 소속감을 발달시키며, 다른 문화적 배경을 가진 사람들과의 소통 및 이해가 쉬워질 수 있다. 또한, 예술 과목은 사회적 쟁점 등에 대한 비판적 탐구 및 분석에도 활용될 수 있고, 체육 과목은 학습자가 팀워크, 다양성, 사회적 결속, 공정성과 같은 주제에 대한 이해를 도모할 수 있는 기회를 제공한다(박순용 외, 2015: 16).

특히 국어, 문학, 언어는 세계시민교육의 주요 학습자 특성인 비판적 문해력을 길러주는 데 더없이 중요한 과목이고 다양한 관점과 문화도 소개할 수 있는 과목이므로 이러한 과목들을 위한 세계시민교육 수업설계나 학습 자료들의 개발도 중요한 과제라 하겠다(박순용 외, 2015: 16). 독립 교과로 운영: 일부 국가에서는 세계시민교육을 별도의 교과로 다루기도 하지만, 하나의 독립된 교과로 존재하는 경우는 흔치 않다(박순용 외, 2015: 16). 다만 한국은 범교과 학습 주제의 하나인 국제이해교육을 한 학기나 한 해 동안 창의적 체험활동 시간에 실시하는 경우도 있는데, 이런 방식의 실행을 통해 세계시민교육을 독립 교과처럼 운영할 수도 있다(박순용 외, 2015: 16). 그러나 세계시민교육을 완전히 독립된 교과로 운영하는 것은 이미 포화상태인 교육과정에 부담스럽고 비현실적인 접근이며 세계시민교육의 학습 주제나 요소를 기존 교과에서 상당 부분 다루고 있으므로, 학습의 일관성을 위해서도 세계시민교육의 학습내용이 기존 교과에 녹아드는 것이 더 바람직하다고 하겠다(박순용 외, 2015: 16). 다만, 기존 교과에서 깊이 이해하거나 논의하기 어렵거나 세계시민교육이 지향하는 체험, 활동, 프로젝트형 학습이 어려울 경우, 창의적 체험활동이나 자유학기제에 세계시민교육을 독립 교과처럼 편성하여 심화과정이나 체험, 동아리 활동 등을 제공할 수 있다(박순용 외, 2015: 16). 이 경우에도 기존 교과와의 연계는 고려될 필요가 있다(박순용 외, 2015: 16).

세계시민교육을 학교교육과정으로 편성하든, 범교과 주제로 다루든, 기존교과에 통합하든, 또는 창의적 체험활동이나 자유학기제를 이용하여 기존 교과와의 연계 속에서 하나의 독립교과처럼 설계 · 실행하든 간에, 이 모든 접근에 공통적으로 필요한 것이 교육과정 재구성이다. 교육과정 재구성은 해당 교과 학습에 대한 이해, 세계시민교육 핵심영역에 대한 이해를 전제로 한다. 교사가 단독으로 재구성에 대한 설계를 할 수도 있으나 교사들 간의 협력 활동을 통해 교과 간 연계 수업을 할 수도 있으며 협력학습이나 프로젝트 학습 등 학습자가 배움의 주체가 되는 방식을 도입한다. 아울러 세계시민교육의 속성에 맞게 국가 간 협력 프로젝트 학습도 권장된다(박순용 외, 2015: 17).

한편 최근 증가하는 학교밖 청소년과 관련, 이들이 글로벌 이슈와 세계시민성을 익히고 적극적으로 실천하고 참여하도록 독려하기 위하여 유튜브(Youtube) 등 개방적 플랫폼에 세계시민교육 채널을 구축하여 무형식 교육을 실행할 수 있다(박순용 외, 2015: 17). 한국의 경우 입시위주 교육에 따른 사교육의 팽창, 과잉된 교육열, 암기 및 주입식 교육 등은 여전히 학습자간 협력과 공존을 가로막는 장애요소로 작용하고 있다. 교사들은 행정업무의 과다와 엄격한 교과 구획으로 교사 간 협업에 어려움을 겪고 있다(박순용 외, 2015: 17). 세계 시민교육을 활성화하기 위해서는 다양한 방식의 교육과정 재구성과 평가 방식의 혁신, 민주적 학교 문화의 구축, 질문이 있는 교실을 위한 다양한 지원 등으로 교사들이 수업에 전념할 수 있는 풍토를 조성해야 한다(박순용 외, 2015: 17). 국가나 지역적 차원의 제도 개선이나 재정 지원이 선행되지 않은 현 상황에서도 학교나 교실 단위에서 여전히 세계시민교육을 실행할 수 있는 수 있는 길은 열려 있다(박순용 외, 2015: 17). 한국의 경우는 앞서 논의했던 국가교육과정이 관련 과목의 경우 교과 수업에서도 녹여낼 수 있는 기반을 제공한다(박순용 외, 2015: 17). 이때 관건은 교사의 의지, 교과수업에 대한 풍부한 경험과 능숙도, 교사가 세계시민교육의 핵심을 얼마나 잘 알고 있는가 하는 점이다(박순용 외, 2015: 17). 또한 최근에는 학교장의 강한 비전과 의지로 시작되어 세계시민교육이 전 학교적으로 성공적으로 실행되는 사례도 증가하고 있다(박순용 외, 2015: 17). 중요한 사실은 성공 사례의 경우 반드시 교사나 학생들의 자발적이고 민주적인 의견 수렴과 참여의 과정이 담보되어 있었다는 점이다. 아울러 유네스코 협동학교(UNESCO ASPnet)와의 협력, 협동학교 간의 협력도 환경적 제약들을 극복하는 데 유용하다(박순용 외, 2015: 17).

한편, 최근 출산율 저하로 인한 학령기 아동의 감소로 도시에서는 학교 공동화 현상에 따른 정책 실행, 농산어촌에서는 작은 학교 통폐합 등의 정책을 실행하고 있다(박순용 외, 2015: 17). 학령기 아동의 감소는 학교 단위 유휴교실의 증가로 이어지기 때문에 이러한 여유 교실을 활용한 세계시민교육 체험관 등의 체험학습 공간을 설계할 수 있다(박순용 외, 2015: 17).

이 경우 이 공간의 환경구성, 여기서 이루어질 다양한 세계시민교육 콘텐츠와 활용 방안이 보급돼야 한다(박순용 외, 2015: 18). 학습수행 방법 역시 세계시민성의 방향을 담고 있어야 한다. 단일 국가 안에서 이뤄지는 학습을 확장하여 세계 여러 나라 교실이 온라인으로 연결되는 플랫폼(부록 참조)을 활용하여 글로벌 차원에서 교사와 학습자를 연결할 수 있다(박순용 외, 2015: 18), 세계시민교육은 인지적 영역 및 사회·정서적 영역, 행동적 영역의 내용과 방법을 총체적으로 교실과 학교 차원에서 실천해야 한다(박순용 외, 2015: 18). 글로벌 이슈에 대한 이해와 비판적 사고, 차이와 다양성을 존중하고 공감하기, 더 평화롭고 지속가능한 세상을 위해 책임감 있게 행동하는 과정에서 세계시민으로서 자질을 키우고 전인적 성장을 추구한다(박순용 외, 2015: 18). 따라서 세계시민교육의 과정에서 변화를 추구하는 역동적 교수·학습에 대한 이해가 뛰어난 숙련된 교육자를 필요로 한다(박순용 외, 2015: 18). 세계시민교육에 대한 교육자들의 소양을 기르기 위해서는 다양한 직무연수와 학습공동체를 운영할 수 있도록 제도적 지원이 필요하다. 세계시민교육은 교과와 교실을 넘어 학교와 지역이 관심을 가지고 지원할 때 더욱 활성화된다(박순용 외, 2015: 18).

2015 세계교육포럼 개최 및 일련의 글로벌 교육 의제 논의에 적극적인 역할을 해 온 교육부는 세계시민교육을 활성화시키기 위한 다각적 노력의 하나로 시도교육청 및 유네스코 아시아태평양 국제이해교육원과 함께 세계시민교육 선도교사(중앙 및 시도)를 선발, 역량강화 연수 등 지원체계를 수립하였다(박순용 외, 2015: 19). 향후 교사들 스스로에 의한 주도적이고 지속성 있는 역량강화와 수업 준비를 지원하기 위해서는 심화연수와 함께, 교사 연구회의 활성화가 가능하도록 제도적, 정책적, 재정적 뒷받침이 필요하다(박순용 외, 2015: 19). 시도교육청의 경우에도 전담 부서를 두고 유네스코 국제이해교육원과 협력하여 프로그램 및 교재 개발, 교사연수 등을 진행하고 있는 서울시교육청을 비롯하여, 경기, 강원, 전남, 전북, 광주, 세종교육청 등에서도 기존의 인성교육에 더하여 민주시민교육과 세계시민교육에 대한 비중을 높여가고 있다(박순용 외, 2015: 19). 시도교육청 차원에서는 인정도서 개발이 가능하다. 이 경우 창의적 체험활동 등에서 독립교과로서 기능하거나 다양한 교과와 통합하여 보조교재로 사용할 수 있다(박순용 외, 2015: 19).

세계시민교육은 교육과정 속에 녹아들어 각 교과에서 다양한 주제로 학습하는 것이 가장 효과적이다(박순용 외, 2015: 20). 교과 간의 분절화와 높은 벽은 이것의 장애가 되고 있다. 따라서 이것을 극복하기 위한 주제통합학습이 활성화되는 것이 세계시민교육의 확산에 도움이 된다(박순용 외, 2015: 20). 이를 위해 세계시민교육의 방향 및 사례, 방법을 전파할 전문가 및 현장교사들로 구성된 촉진자(facilitator)를 양성해야 한다. 안전하고 포용적이며 참여지향적인 학습 환경은 세계시민교육의 실행과정에서 매우 중요한 요소이다(박순용 외, 2015: 20). 학교는 학습자가 건전한 상호작용과 차이에 대한 존중, 문화감수성과 관용의 정신을 기를 수 있는 공간과 분위기를 마련하는 것이 중요하다. 학습자가 소속감을 느끼고, 자신의 지식과 경험을 가치 있게 여기며, 질문하고 의견을 표현하는 데에 두려움을 느끼지 않을 수 있도록 상호신뢰와 존중이 기저에 있는 학습 환경을 조성하는 것은 다양한 배경을 가진 학습자들의 적극적 참여를 가능하게 할 뿐 아니라, 교수·학습의 경험과 상호작용을 향상시키고 교사들의 지속적인 열의와 동기부여도 이끌어내게 된다(박순용 외, 2015: 20).

교사와 학습자는 인지, 사회·정서, 행동 영역의 내용과 방식이 동시에 학습과정에서 구현될 수 있도록 규칙과 합의를 통해 교실의 환경을 마련해야 한다(박순용 외, 2015: 20). 이러한 과정 자체가 시민성을 배워나가는 과정이며 학습의 일부이기 때문이다. 게시물의 활용, 자리의 배치, 역할 부여 등에서 세계시민교육의 핵심 영역이 통합적으로 발휘될 수 있도록 고려하며 학습자의 책임 있는 참여와 표현을 존중하는 환경을 지속적으로 만들어간다(박순용 외, 2015: 20).

한국에서는 창의적 체험활동이나 프로젝트 학습, 자유학기제의 여러 활동을 통해 학습자의 경험을 더욱 풍부하게 만들고 세계시민교육의 핵심영역과 연결지으면서 지식을 연속적으로 재구성해 나갈 수 있다(박순용 외, 2015: 20). 세계시민은 자유의지와 비판적 사고를 기반으로 타인의 상황을 공감하며, 현실의 여러 문제에 책임감 있게 참여하는 인간상을 목표로 한다(박순용 외, 2015: 20). 이는 학습방법이나 시스템, 자원의 지원에서도 학습자의 자유의지와 책임 있는 행동을 염두에 둘 것을 요구한다(박순용 외, 2015: 20). 특히 정보통신기술의 활용이 일상화된 한국 상황에서는 다양한 단말기와 시스템을 활용한 사진, 영상, 텍스트의 제작 및 SNS의 교육적 활용17을 결합하여 학습자 친화적 콘텐츠의 생산을 확대해 나가야 한다(박순용 외, 2015: 20).

아울러, 2009 개정교육과정에서는 '1교과 다 교과서 체제'를 지향하고, 정보화 시대에 대비한 멀티미디어 학습자료 개발 등을 표방하고 있다(박순용 외, 2015: 20). 따라서 각 교과의 교수·학습 자료가 '서책'에 머무르지 않고, 멀티미디어를 활용한 다양한 자료의 형식으로 활용할 수 있게 될 것이다(박순용 외, 2015: 20). 교과교육을 위한 자료로서 교과서만이 아니라, 워크북, 워크 시트 등의 자료가 다양하게 개발, 보급될 것이므로 '교과서 중심'의 교육에서 탈피하여 교육 정보망, 멀티미디어 등 컴퓨터를 활용한 교육이 활성화되도록 해야 한다(박순용 외, 2015: 20).

세계시민교육의 학습성과 평가는 사실에 대한 지식뿐만 아니라 기술, 가치, 태도를 포함해야 한다. 이를 위해서 교육과정과 수업, 평가가 분리되지 않고 잘 연계되도록 해야 하며 학습결과에 치중하기보다 학습자의 수행, 상황에 따른 문제해결력과 활동 및 표현 등을 종합하여 평가하는 과정중심평가 방안이 바람직하다. 세계시민교육의 평가를 통해 우리는 다음과 같은 다양한 목적을 수행할 수 있다(박순용 외, 2015: 20).

- 정보를 수집하고 교육과정에서의 기대 목표치 대비 학습자의 향상 여부와 성취도를 기록한다.
- 학습자에게 학습 향상도에 대해 알려주고, 학습자들의 강점과 향상이 필요한 영역을 파악할 수 있으며, 이러한 정보를 통해 학습목표를 세운다.
- 성적을 매기는 데 지침을 주며, 학습자의 학업 및 직업에 관한 진로 지도를 돕는다.

- 수업의 계획 · 실행 · 개선에 도움이 되도록 수업 프로그램과 교수 과정의 성공 여부에 대한 피드백을 제공한다. 또한, 세계 시민교육에서의 평가를 계획할 때, 다음과 같은 질문사항을 고려해야 한다.
- 종합적인 평가를 기획할 때 다루어야 하는 핵심적인 학습 영역에는 어떤 것이 있을까?
- 학습자에게 성공적인 학습이 일어났다는 것을 어떻게 알 수 있을까? 어떤 지표를 사용할 수 있을까?
- 학습자의 이해도와 기능이 향상되었다는 것은 어떤 증거를 토대로 파악할 수 있을까?
- 학습의 증거를 모으기 위해 가장 유용하게 사용할 수 있는 평가 방법은 무엇일까?

세계 시민교육의 속성상 학습자의 단기적 변화를 계량화하여 평가하기는 매우 힘들다(박순용 외, 2015: 21). 또한 학습성과는 장기간에 걸쳐 서서히 삶 속에 발현될 것이라는 믿음을 전제해야 한다. 그러나 프로그램 자체에 대한 평가와 모니터링은 교수자 및 학습자의 반응이나 만족도, 핵심영역과의 연계 정도 등을 살피는 것이 가능하기 때문에, 정확한 평가 및 모니터링 로드맵을 통해 점검해야 한다(박순용 외, 2015: 21).

한편, 국제교육성취도평가학회(IEA)에서 운영하는 국제 시민교육 연구(ICCS, International Civic and Citizenship Education Study)에서는 시민윤리 및 시민의식과 관련된 학습자의 성향과 태도를 평가하고 있다(박순용 외, 2015: 21). 호주와 인도네시아 세계시민교육 프로그램에 대한 평가 결과에 따르면 장기간 이 프로그램에 참여한 참가자는 상당한 학습 성과를 보였고 급격히 변화된 세계에서 그들의 역할을 이해한 것으로 나타나 참조할 만하다(박순용 외, 2015: 21).

제6장
세계 유산과 세계 시민성

1. 세계 유산의 개념
2. 세계 유산의 등재 기준
3. 세계 유산의 교육적 가치
4. 세계 유산 교육과 세계 시민성

제6장 세계 유산과 세계 시민성

1. 세계 유산의 개념

세계 유산이란 전 세계적으로 탁월한 보편적 가치를 가진 부동산의 문화재 및 자연지역을 말한다. 두 번의 세계대전을 겪으면서 많은 문화재들이 소실되거나 파괴되었다. 또한 도시화와 산업화, 환경오염과 자연재해 등으로 역사적, 문화적으로 가치 있는 문화재들이 훼손되었다. 이러한 상황에서 1959년 이집트 정부는 아스완댐을 건설을 추진하였다. 이때 댐을 건설하면 고대 이집트 문명의 보물 중의 하나인 아부심벨 신전들이 수몰될 수밖에 없는 상황이었다. 이에 전 세계의 사람들은 아부심벨 신전을 보호하고자 캠페인 활동을 전개하였고 그 결과 아부심벨 신전은 안전한 곳으로 옮겨지게 되었다. 아부심벨 신전을 보호한 캠페인의 성공은 또 다른 국제적 유산 보호 캠페인으로 이어지게 되었다. 그리고 1972년에 유네스코는 인류 보편적 가치를 지닌 자연유산 및 문화유산들을 발굴 및 보호, 보존하고자 세계 문화 및 자연 유산 보호 협약(Convention concerning the Protection of the World Cultural and Natural Heritage; 약칭 '세계유산협약')을 채택하였다(김현욱 외, 2014). 이후 유네스코는 회원국들로 이루어진 세계유산위원회를 구성하였다. 세계유산위원회는 수년에 걸쳐 세계유산협약의 이행을 위한 운영지침을 마련했고, 그 지침은 세계유산목록에 포함시킬 유산을 지정하는 방법과 기준을 설명하고 있다(유네스코한국위원회, 2007). 유네스코는 세계 유산 협약과 운영지침에서 세계유산을 보호하는 것이 전 세계적으로 가장 중요한 일 중에 하나라고 말하고 있다[7].

7) 세계유산협약(국문) 전문에는 "문화재 및 자연재에 관한 현행 국제협약, 권고 및 결의가 이러한 진기하고 대체할 수 없는 재산을, 그것이 어느 인민에 속하는지를 막론하고, 보호하는 것이 세계의 모든 인민을 위하여 중요하다는 점을 명백히 하고 있음을 고려하고,"라고 표현하고 있으며, 세계유산협약 운영지침(영문) 49항에서는 "As such, the permanent protection of this heritage is of the highest importance to the international community as a whole."이라고 표현하고 있다.

〈표6-1〉 세계 유산 선정 기준

항목	세계유산 선정 기준
i	사람의 창조적 천재성이 만들어낸 걸작을 대표해야 한다.
ii	오랜 시간 동안 또는 세계의 어떤 문화지역 안에서 일어난 건축, 기술, 기념비적 예술, 도시계획 또는 조경설계와 발전에 인간적 가치의 중요한 교류를 보여 주어야 한다.
iii	문화적 전통, 또는 살아 있거나 소멸된 문명에 관하여 독보적이거나 적어도 특출한 증거가 되어야 한다.
iv	인류 역사의 중요한 단계(들)를 잘 보여 주는 건조물의 유형, 건축적 또는 기술적 총체, 또는 경관의 탁월한 사례이어야 한다.
v	문화(복수의 문화) 또는 특히 돌이킬 수 없는 변화의 충격을 받아 취약하게 되었을 때의 환경과 사람의 상호작용을 대표하는 전통적인 사람 정주지, 토지의 이용 또는 해양의 이용의 탁월한 사례이어야 한다.
vi	탁월한 보편적 중요성을 보유한 사건 또는 살아있는 전통, 사상, 신념, 예술적 · 문학적 작품과 직접 또는 가시적으로 연계되어야 한다.
vii	최상의 자연 현상이나 뛰어난 자연미와 미학적 중요성을 지닌 지역을 포함해야 한다.
viii	생명의 기록, 지형의 발달에 있어서 중요한 지질학적 진행 과정, 또는 지형학이나 자연지리학적 측면의 중요 특징을 포함하여 지구 역사상의 주요 단계를 입증하는 대표적 사례이어야 한다.
ix	육상, 담수, 해안 및 해양 생태계와 동식물 군집의 진화 및 발전에 있어 생태학적 생물학적 주요 진행 과정을 입증하는 대표적 사례이어야 한다.
x	과학이나 보전 관점에서 볼 때 보편적 가치가 탁월하지만 현재 위협받고 있는 종을 포함한 생물학적 다양성의 현장보전을 위해 가장 중요하고 의미가 큰 자연 서식지를 포괄해야 한다.

* 출처: 유네스코 한국위원회, 2007, p.61, 김다희, 2019:22재인용.

유네스코 세계 유산으로 등재되기 위해서는 탁월한 보편적 가치를 인정받아야 한다. 유네스코가 선정한 10가지 기준 중 하나 이상 충족시킬 경우, 세계유산위원회는 해당 유산에 탁월한 보편적 가치가 있는 것으로 간주한다(유네스코한국위원회, 2007, p. 61). 탁월한 보편적 가치를 도출 · 부여하고 나면 그 가치의 진정성(authenicity)과 완전성(integrity)을 입증하도록 하는 평가항목이 있다. 이는 도출 · 부여한 유산의 가치가 진실인지, 그리고 온전한 형태로, 빠지는 부분 없이 남아있는지를 입증하는 항목이다(조효상, 2013: 2). 진정성은 세계 유산에 등재된 유산이 그 가치를 온전히 담아내고 있는지를 평가하는 것이다. 이때 유산이 원형을 그대로 보존하고 있는지는 중요하지 않다. 오히려 유산이 세계 유산으로 등재된 이유

(탁월한 보편적 가치를 가지고 있다는 것)를 신뢰성 있게 전달할 수 있는지가 중요하게 여겨진다. 따라서 진정성을 판단할 수 있는 신뢰성 있는 문서나 정보원이 중요하다. 예를 들어 우리나라의 수원 화성은 전통적인 성곽 축적 기법을 전승하면서도 기존의 우리나라의 성곽과는 구별되는 새로운 양식의 성곽이다. 18세기 조선사회의 상업적인 변영과 기술 발달을 보여주면서 그 당시의 동서양 과학 기술의 교류를 보여주는 중요한 증거라는 가치를 가지고 있다. 수원화성은 한국전쟁 때 무너지거나 파손된 부분이 있었지만 『화성성역의궤』를 바탕으로 엄격한 고증에 따라 복원하여 진정성을 인정받았다. 완전성은 한 유산의 가치를 표현하는 속성들이 유산안에 모두 다 포함되어 있는지를 평가하는 기준이 된다. 즉 유산의 구성이 완전한지 구성요소가 제대로 보존되었는지를 보는 것이다(조효상, 2013: 7).

2. 세계 유산의 등재 기준

유네스코 세계 유산은 문화유산, 자연유산, 복합유산으로 구분된다. 문화유산은 〈표-6-1〉의 (ⅰ)~(ⅵ)의 항목 중에서 하나 이상의 가치를 가진 기념물, 건축물, 유적지이다.

〈표6-2〉 세계 문화유산 정의

구 분	내 용
기념물	건축물, 기념적 의의를 갖는 있는 조각 및 회화, 고고학적 성격을 띠고 있는 유물 및 구조물, 금석문, 혈거 유적지 및 혼합유적지 중 역사, 예술 및 학문적으로 현저한 세계적 가치를 갖는 있는 유산
건조물군	독립된 또는 연속된 구조물들, 그의 건축성, 균질성 또는 풍경 안의 위치로부터 역사상, 미술상 현저한 보편적 가치를 갖고 있는 유산
유적지	인공의 소산 또는 인공과 자연의 결합의 소산 및 고고학적 유적을 포함한 구역에서 역사상, 관상상, 민족학상 또는 인류학상 현저한 보편적 가치를 갖고 있는 유산

* 출처: 세계 유산 협약(국문) 제1조; 강권오, 2015:8재인용.

세계 문화유산으로 등재되기 위해서는 국제 기념물 유적협의회 (ICOMOS: International Concil On Monuments and Sites)의 심사 및 평가를 받아야 한다. ICOMOS의 전문가들은 후보지를 방문하여 유산의 보호 및 관리 상태를 확인한 후 평가서를 제출한다. 그 후 세계유산위원회 의장단 7명이 신청서와 ICOMOS의 평가내용을 검토한 뒤 세계유산위원회에 권고안을 제출하면 21개국의 대표로 이루어진 세계유산위원회에서 등재, 보류 또는 기각 여부를 최종결정한다. 유네스코 세계 유산 목록에 등재된 1092점 중 845점이 문화유산으로 등재(2019년 5월 기준)되어 있다. 그중 대한민국의 세계 문화유산은 12점[8]이다. 자연유산은 첫째, 무기적 또는 생물학적 생성물들로부터 이룩된 자연의 기념물로서 관상상 또는 과학상 현저한 보편적 가치를 갖는 것 둘째, 지질학적 및 지문학적 생성물과 이와 함께 위협에 처해 있는 동물 및 생물의 종의 생식지 및 자생지로서 특히 특정 구역에서 과학상, 보존상 나아가서 자연의 미관상 현저한 보편적 가치를 갖는 것 셋째, 과학, 보존, 자연미의 시각에서 볼 때 뛰어난 보편적 가치를 주는 정확히 드러난 자연지역이나 자연유적지를(강권오, 2015:8) 말한다(유네스코. 1972). 〈표 6-1〉의 (ⅶ)~(ⅹ)의 항목 중에서 하나 이상의 가치를 가진 자연지역은 세계자연유산으로 등재된다. 자연 유산도 국제자연보호연맹(IUCN, International Union for Conservation of Nature)의 심사와 평가를 받아 세계자연유산으로 등재될 수 있으며 209점의 세계자연유산(2019년 5월 기준) 중 대한민국의 제주 화산섬과 용암동굴은 2007년에 등재되었다. 유네스코 세계 유산에 38점이 등재되어 있는(2019년 5월 기준) 복합 유산은 문화유산과 자연 유산의 가치를 모두 가지고 있는 유산을 뜻한다. 페루에 있는 마추픽추 역사 보호 지구가 대표적인 세계 복합 유산이다. 안데스 산맥의 동쪽 경사면에 있는 이곳의 자연환경은 다양한 동식물이 서식하고 있는 아마존강 상류의 분지를 에워싸고 있다. 또한 천연 재료를 이용하여 주변 환경과 완벽하게 어울리도록 창조된 이 유산의 석조 건축물은 세계에서 가장 뛰어난 건축 사례 중 하나이다.9) 마추픽추 역사 보호지구는 뛰어난 자연미를 가지고 있으면서도 탁월한 건축학적, 고고학적 가치를 가지고 있는 복합유산이다. 〈표 6-1〉에 제시된 세계 유산의 선정 기준은 불변한 것이 아니라 시대와 상황에 맞게 수정되어왔다. 그리고 새롭게 분류된 문화 경로, 역사 도시, 문화 경관 등도 세계 유산의 문화유산으로 포함되게 되었다.

---

8) 석굴암·불국사, 해인사 장경판전, 종묘(1995), 창덕궁, 수원화성(1997), 고창·화순·강화 고인돌 유적, 경주 역사 유적지구(2000), 조선왕릉(2009), 한국의 역사마을: 하회와 양동(2010), 남한산성(2014), 백제역사유적지구(2015), 산사, 한국의 산지승원(2018)

유네스코(2017)에 의하면, 유산이란 우리가 선조로부터 물려받아 오늘날 그 속에 살고 있으며, 앞으로 우리 후손들에게 물려주어야 할 자산이다(이효정, 2017: 8). 예를 들어, 호주의 산호초와 이집트의 피라미드까지 모두 인류의 유산이다. '세계유산' 이라는 개념이 나타난 것은 이 유산들이 모든 인류에게 속하는 보편적 가치를 지니고 있기 때문이다(이효정, 2017: 8). 이러한 인류 보편적 가치를 지닌 자연유산 및 문화유산들을 발굴 및 보호, 보존하고자 1972년 유네스코는 세계 문화 및 자연유산 보호 협약(Convention concerning the Protection of the World Cultural and Natural Heritage; 약칭 세계유산협약)을 채택하였다(이하 약칭으로 표기)(이효정, 2017: 8). 이 세계 유산협약에 의거하여 유네스코는 세계유산을 다음과 같이 정의한다(이효정, 2017: 8).

유네스코(1972)는 '세계 유산이란 세계유산협약이 규정한 탁월한 보편적 가치(OUV: Outstanding Universal Value)[9]를 지닌 유산으로서 그 특성에 따라 자연 유산, 문화유산, 복합유산으로 분류한다.'고 정의하였다(이효정, 2017: 8). 세계 유산은 전 세계인이 공동으로 지켜나가야 할 유산이며, 과거에서 현재와 미래로 이어지는 지속가능성의 성격을 지닌다. 따라서 유네스코에서는 세계유산의 목록을 만들어 보존에 노력하고 있다(이효정, 2017: 8). 세계 유산은 그 특성에 따라 자연유산, 문화유산, 복합유산으로 분류하는데, 세계 유산의 종류에 대한 자세한 내용은(이효정, 2017: 8) 〈표6-3〉과 같다.

9) 탁월한 보편적 가치(OUV: Outstanding Universal Value): UNESCO World Heritage Centre(2016: 11)에 의하면, 탁월한 보편적 가치란 국경을 초월할 만큼 특출하고 모든 인류의 현재와 미래 세대에 공통적으로 중요한 문화적 및/또는 자연적 의의를 의미한다. (Outstanding Universal Value means cultural and/or natural significance which is so exceptional as to transcend national boundaries and to be of common importance for present and future generations of all humanity.)

〈표6-3〉 세계 유산의 종류

종 류	내 용
문화유산 (cultural heritage)	기념물(monuments): 건축물, 기념적 의의를 갖는 있는 조각 및 회화, 고고학적 성격을 띠고 있는 유물 및 구조물, 금석문, 혈거 유적지 및 혼합유적지 중 역사, 예술 및 학문적으로 현저한 세계적 가치를 갖는 있는 유산
	건조물군(groups of buildings): 독립된 또는 연속된 구조물들, 그의 건축성, 균질성 또는 풍경 안의 위치로부터 역사상, 미술상 현저한 보편적 가치를 갖고 있는 유산
	유적지(sites): 인공의 소산 또는 인공과 자연의 결합의 소산 및 고고학적 유적을 포함한 구역에서 역사상, 관상상, 민족학상 또는 인류학상 현저한 보편적 가치를 갖고 있는 유산
자연유산 (natural heritage)	무기적 또는 생물학적 생성물들로부터 이룩된 자연의 기념물로서 관상 상 또는 과학상 현저한 보편적 가치를 갖는 것
	지질학적 및 지문학적 생성물과 이와 함께 위협에 처해 있는 동물 및 생물의 종의 생식지 및 자생지로서 특히 특정 구역에서 과학상, 보존상 나아가서 자연 의 미관상 현저한 보편적 가치를 갖는 것
	과학, 보존, 자연미의 시각에서 볼 때 뛰어난 보편적 가치를 주는 정확히 드러난 자연지역이나 자연유적지
복합유산 (mixed heritage)	문화유산과 자연유산의 특징을 동시에 충족하는 유산

* 출처: 유네스코, 1972; 이효정, 2017: 8재인용.

유네스코(2017)에 의하면 세계유산협약 가입국은 192개국이다. 세계유산은 전 세계 165개국에 분포되어 있으며, 총 1,052점 가운데 문화유산이 814점, 자연유산 203점, 복합유산이 35점이다(이효정, 2017: 8). 한편 위험에 처한 세계유산목록에는 총 55점이 등재 입국은 192개국이다. 세계 유산은 전 세계 165개국에 분포되어 있으며, 총 1,052점 가운데 문화유산이 814점, 자연유산203점, 복합유산이 35점이다(이효정, 2017: 8). 한편 위험에 처한 세계유산목록에는 총 55점이 등재되어 있다(2016년 8월 기준). 대한민국의 세계유산은 해인사 장경판전(1995년), 종묘(1995년), 석굴암 · 불국사(1995년), 창덕궁(1997년), 수원화성(1997년), 고창 · 화순 · 강화 고인돌 유적(2000년), 경주역사유적지구(2000년), 제주화산섬과 용암동굴(2007년), 조선왕릉(2009년), 한국의 역사마을: 하회마을과 양동(2010년), 남한산성(2014년), 백제역사유적지구(2015년)로 총 12점이 있으며(이효정, 2017: 9), 그 내용은 〈표6-4〉와 같다.

〈표6-4〉 유네스코에 등재된 한국의 세계유산

세계유산이름	등재연도	종류
해인사 장경판전	1995	문화유산
종묘	1995	문화유산
석굴암과 불국사	1995	문화유산
창덕궁	1997	문화유산
화성	1997	문화유산
경주 역사 지구	2000	문화유산
고창, 화순, 강화의 고인돌 유적	2000	문화유산
제주 화산섬과 용암 동굴	2007	자연유산
조선 왕릉	2009	문화유산
한국의 역사마을: 하회와 양동	2010	문화유산
남한산성	2014	문화유산
백제역사유적지구	2015	문화유산

* 출처: 유네스코, 1972; 이효정, 2017: 8재인용

그러나 대한민국에서는 일반적으로 '세계 유산' 하면 우리나라의 '창덕궁' 등 주로 '세계 문화유산'을 떠올리는 경우가 많다(이효정, 2017: 9). 그리고 세계 유산에 대한 개념을 명확하게 알지 못하여 문화재와 세계 유산을 혼동하고 있는 경우도 있다(이효정, 2017: 9). 예를 들어, '해인사 팔만대장경판'을 세계 유산으로 알고 있는 경우가 많지만, 사실 그것을 보관하기 위해 지어진 건물인 '해인사 장경판전'이 세계 유산이다(이효정, 2017: 9). 장혜정(2001), 문경호(2009), 강나현(2009)의 선행연구에서도 보았듯이, 사회과 교육과정과 연계에 있어 세계 유산을 문화유산에 한정되어 접근하는 경우가 많았다. 세계의 보편적 가치를 담고 있는 세계 유산의 넓은 의미를 다루지 못하고 있는 것이다(이효정, 2017: 9). 따라서 세계 유산에 대한 인식을 확대하고, 세계 유산에 담긴 '탁월한 보편적 가치'를 활용하여 글로벌 시민성을 함양하는 교육에 대한 연구가 필요하다(이효정, 2017: 9).

3. 세계 유산의 교육적 가치

앞서 논의한 바와 같이 '탁월한 보편적 가치'를 지닌 세계 유산은 교육적으로 유용한 소재라 할 수 있다(이효정, 2017: 10). 세계 유산을 통해 탁월성과 보편성을 추구하면서 역사, 문화, 인권, 평화, 환경 등 다양한 주제를 포함할 수 있기 때문이다(이효정, 2017: 10). 이와 같은 세계 유산의 교육적 가치에 관한 연구를 살펴보면 다음과 같다. 허권(2017)은 유네스코 정기총회에서 채택된 유산 관련 협약과 권고안 등에 나타난 세계 유산의 가치에 대해 다음과 같이 서술하고 있다(이효정, 2017: 10). 첫째, 유산은 문화 및 종 다양성 보호와 증진에 직결되는 중요 요소로, 이는 각국의 역사적, 학술적, 예술적, 경관적 가치 등 해당 민족의 정체성 및 상징성을 대변한다(이효정, 2017: 10). 둘째, 문화유산은 창조의 원동력이다. 셋째, 인류의 유산은 지속가능한 발전의 토대이다(이효정, 2017: 10). 넷째, 인류의 유산은 평화와 문명 간 대화의 촉매제이다. 즉, 유네스코가 제정한 그동안의 각종 국제규약의 내용을 정리한다면 세계 유산은 '탁월한 보편적 가치'를 지닌 유산으로 문화 정체성의 고양, 문화 및 종 다양성의 보호, 창조성의 근원, 지속가능한 발전의 토대, 평화와 문명 간 이해증진 등의 대표적인 상징 가치를 지닌다고 볼 수 있다(이효정, 2017: 11). 장혜정(2012)은 세계문화유산의 교육적 의의를 다음과 같이 서술하고 있다. 첫째, 세계유산은 지역 · 국가 · 세계 내용과 과거 · 현재 · 미래 내용의 균형을 통해 시공간 인식의 폭을 넓혀 줄 수 있다(이효정, 2017: 11). 둘째, 세계 유산에 관한 교육내용은 문화다양성, 문화 간 상호작용, 문화상대주의, 전통문화의 보전과 재발견 등 문화 간 이해를 촉진시킬 수 있다(이효정, 2017: 11). 셋째, 세계유산에 관한 교육내용은 통합 사회과의 가능성을 제공할 수 있다. 넷째, 세계유산에 관한 교육내용은 인간과 자연, 자신과 타인의 상호관련성과 상호의존성의 이해를 도울 수 있다(이효정, 2017: 11). 다섯째, 세계유산에 관한 교육내용은 학생의 생활과 밀접하고, 흥미를 불러일으켜 세계시민 형성에 도움이 될 수 있다(장혜정, 2012: 27-29).

김현욱 · 김정민(2014)은 세계 유산이 자국의 이해는 물론, 세계의 문화와 자연, 각종 유산의 보편성이나 특수성, 보존과 개발 등의 문제를 학습하기에 매우 유용한 이점을 가지고 있다고 본다(이효정, 2017: 12). 더불어 세계 유산을 선정하고 보존하는 이유와 목적, 선정 기준, 위기유산 등을 통한 사례학습은 인류의 재산인 세계 유산에 대해 이해를 깊게 함은 물론, 세계평화와 인권, 환경문제, 국가 및 지역 분쟁 등을 심층적으로 학습 할 수 있게 한다고 보고 있다(이효정, 2017: 12). 세계 유산은 탁월한 보편적 가치(OUV: Outstanding Universal Value)[10]를 가진 유산으로 전 세계 사람들이 보호 · 보존할 가치가 있는 유산이다(김현욱 · 김정민, 2014: 354). 1972년 세계유산협약이 발효된 후 많은 문화재 및 자연지역이 세계 유산으로 등재되었다. '유산'은 후대에게 물려준다는 것이다. 즉 우리는 전 세계에 있는 세계 유산을 보호 · 보존하여 후대에게 물려주어야 할 세계시민으로서 의무를 가지고 있다. 세계 유산을 보호 · 보존한다는 것은 단순한 의무 부여가 아니라 세계화의 부작용으로 일원화 되거나 사라져가는 문화의 다양성을 지키고 무분별한 개발과 환경오염에 의한 자연지역의 쇠퇴를 막을 수 있는 명분이다. 세계 유산은 전 인류적으로 보편적인 가치를 가지고 있으면서 각 사회 문화의 고유한 가치 또한 내포하고 있다. 즉 다른 문화의 정체성, 독창성, 교류, 혁신, 창조성 등을 파악하기에 적합한 소재이다. 세계 유산의 가치와 보호 · 보존의 필요성에 대해 배우고 위험에 처한 세계유산[11]이 가지고 있는 문제들을 비판적으로 사고하며, 이러한 문제를 해결하기 위해 필요한 지식, 기능, 가치 등을 학습할 수 있다. 세계 유산의 교육적 가치를 살펴보면 다음과 같다.

첫째, 세계 유산은 그 자체로 학습의 흥미를 높일 수 있는 소재다. 세계의 유명한 문화재와 아름다운 자연지역은 학생들의 호기심을 자극한다. 특히 세계 유산은 역사, 문화, 생활방식, 종교 등 다양한 콘텐츠를 가지고 있다. 따라서 다양한 교과에서 교육적 소재로 활용될 수 있다. 문화유산을 역사 수업의 소재로 활용하거나

10) 국경을 초월할 정도로 특출나고 현재와 미래의 전 세대에 걸쳐 공통적으로 중요성을 가지는 문화적, 자연적 가치(유네스코한국위원회, 2007 p.14)

11) 자연재해나 전쟁, 혹은 관리 소홀로 인해 훼손되거나 파괴되어 위험에 처한 세계유산으로 현재 54점(2019년 5월 기준)이 목록에 등재되어 있다.

(이예선, 2009; 이주연, 2009; 김정수, 2009; 김종민, 2009; 나윤주, 2013), 자연유산을 통해 여러 가지 지형의 특징을 살펴보는 지리 수업은(위서연, 2015; 23) 세계유산을 교과 교육의 소재로 활용한 것이다.

둘째, 평화, 인권, 환경 보호등 가치 교육의 매개로 세계 유산을 활용할 수 있다. 많은 세계 유산들이 평화와 인권이라는 기본적 가치를 반영하며 종종 국제적인 협력이 그런 유산들의 보존에 이바지해왔다(유네스코 한국위원회, 2007: 14). 한국전쟁 중 폭격을 당해 파괴된 수원화성을 통해 평화교육을 할 수 있으며. 세계자연유산 보호를 위한 지속가능발전 교육 및 환경교육을 할 수 있다. 지속가능한 발전 관점에서 문화유산을 보호하기 위한 환경교육, 자연유산을 보존하기 위한 생물다양성 교육 등 가치 교육의 매개로 활용할 수 있다.

셋째, 세계 유산협약을 살펴보는 수업을 통해 국제 이해 교육을 할 수 있다. 허권(2012)은 세계 유산을 통해 역사와 문화의 이해뿐만 아니라 인권, 평화, 과학기술, 환경, 예술 등 다양한 주제를 탐색할 수 있다고 하면서 세계 유산의 국제 이해 교육으로서의 가치를 재조명하였다. 세계유산목록을 살펴보면 아프리카 대륙에 등재된 문화유산의 수가 유럽의 한 국가인 이탈리아의 문화유산 수와 비슷하다. 이는 등록 기준이 다소 서구 문화의 맥락에 맞춰진 까닭[12)]이다. 나중에 등록 기준이 수정되어 있다. 서구의 선진 국가를 중심으로 선정된 유산의 가치 기준을 새롭게 인식하고 지역적 차이 등을 통해 세계 유산에 대한 올바른 이해는 물론 국제적 관계와 특색 등도 아울러 교육할 수 있을 것이다(김현욱, 김정민, 2014, p.358에서 재인용).

12) 특히 진위를 묻는 진정성의 기준은 건축 당시의 재질인지 여부를 엄격히 판정한다. 이는 유럽의 '돌문화'에 유리하고, 지속적인 보수가 필요한 아시아의 '나무 문화'나 아프리카의 '흙문화'에는 불리한 경향이 있다. 이에 1994년에 개최된 전문가 회의에서 재질이 바뀌어도 그것을 처리하는 기술이나 디자인이 같은 형태로 보수된 것이면 진정성을 갖는 것으로 결정하였다. 이후부터 아시아와 아프리카의 문화유산이 증가하여 문화다양성이 확대되었다. (田渕五十生, 2011; 김현욱, 김정민. 2014, p. 358에서 재인용)

넷째, 세계 유산을 둘러싼 국제적인 갈등 양상[13]을 살펴보면 환경오염이나 기후 변화 등에만 한정되어있는 글로벌 이슈에서 벗어나 풍부하게 글로벌 사회 참여와 관련된 주제를 다룰 수 있다. 예를 들면 2017년 7월 유네스코는 요르단강 서안 헤브론 구 시가지를 세계문화유산으로 등재하였다. 이곳은 유대교, 기독교, 이슬람교의 성지이며 팔레스타인과 이스라엘이 첨예하게 대립하는 지역 중 한 곳이다. 공동으로 관리하고 있는 헤브론 구시가지가 팔레스타인의 세계 유산으로 등재되자 이스라엘은 강한 불만을 표출하였다. 이스라엘과 아랍국가 간의 갈등은 크게 번졌다. 급기야 이스라엘의 우방국인 미국은 2017년 10월에 유네스코가 반(反)이스라엘 성향을 보인다며 유네스코 탈퇴를 선언하였고 이스라엘 정부도 즉각 유네스코 탈퇴를 선언했다. 이러한 갈등 양상을 소개하고 해결방안을 토론해 보는 수업을 구상할 수 있다.

다섯째, 세계 유산은 직접 가서 보고 느낄 수 있는 체험학습의 장이다. 우리나라에는 12곳의 세계문화유산과 1곳의 세계자연유산이 유네스코 세계 유산 목록에 등재되어 있다. 학생들은 현장 체험학습, 수학여행을 통해 직접 우리나라의 세계 유산을 접할 수 있다. 수원화성을 방문하여 화성 건축 기술의 우수성과 정조의 군주로서의 위상을 학습하거나(최재혁, 2009), 종묘, 조선왕릉 창덕궁 등의 세계 유산에서 과학, 역사 수업(김진경, 2014; 박혜숙, 2014; 한상미 외, 2013; 지연정 외, 2015; 김미경, 2016)을 할 수 있다.

여섯째, 우리나라의 역사와 문화를 배우는 매개로 적합하다. 신효경(2014)은 "세계 문화유산을 중심으로 하는 문화교육은 그 나라의 이념과 정신, 전통에 바탕을 둔 교육이므로 문화적 차이에서 오는 오해와 갈등을 극복하는 데에 밑거름이 된다."며 여성 결혼 이민자들을 대상으로 한 한국문화 교육을 연구하였다. 같은 맥락에서 김태령(2015)은 한국의 유네스코 유산을 활용하여 재외동포 자녀를

13) 2008년 캄보디아가 태국과의 국경분쟁 지역에 있는 프레아 비헤아르 사원을 세계 유산으로 추진하자 영토분쟁이 일어났고 이는 무력 분쟁으로 이어졌다. 2015년 일본의 메이지 산업혁명 유산: 철강, 조선 및 탄광이 세계 유산으로 등재될 때 하시마섬(일명 군함도)에서 조선인을 강제 징용한 역사를 두고 한일 간의 의견이 대립되었다.

대상으로 한 한국문화 교육 방안을 연구하였다. 김종명(2007)은 우리나라의 세계 유산에 대한 영어 현장 교육 연구를 실시하였다. 한국학을 영어로 공부하고자 하는 학생들을 대상으로 현장 체험중심의 영어교육 프로그램을 제안하였다.

4. 세계 유산 교육과 세계 시민성

유네스코한국위원회(2007)에서는 세계 유산교육의 교사용 지침서 『청소년과 함께하는 세계 유산』(이하 지침서)을 발간하였다(이효정, 2017: 13). 세계유산교육의 기준이 되는 이 지침서를 통하여 세계유산교육의 목적을 알아보고, 그 내용을 구체적으로 살펴보며 글로벌 시민성과의 연관성을 탐색하고자 한다(이효정, 2017: 13). 세계 유산은 탁월한 보편적 가치를 가진 문화유산과 자연유산 및 복합유산을 의미한다(이효정, 2017: 13). 즉, 세계 유산은 다른 것과 구분되는 탁월성과 현재와 미래의 전 인류에 유의미한 보편성의 가치를 지닌다(이효정, 2017: 13). 이와 같은 특징을 가진 세계 유산은 다양한 주제를 포함하는 글로벌 시민성을 함양하는 효과적인 학습 소재가 될 수 있다(이효정, 2017: 13).

1) 세계 유산 교육의 목적

세계유산교육 지침서 『청소년과 함께하는 세계 유산』은 유네스코가 1998년 영문판으로 제작하였고(UNESCO, 1998), 유네스코한국위원회와 문화재청이 공동으로 한국어로 번역하여 출판하였다(유네스코한국위원회, 2007). 이 지침서는 유네스코 세계 유산 청소년 교육사업 '청소년과 함께하는 세계 유산'의 일환이다. 이 사업은 학생들이 다음과 같은 능력을 배양하는 것을 목적으로 한다(이효정, 2017: 14).

- 세계 유산 목록에 등재된 탁월한 보편적 가치를 가진 문화유산과 자연유산에 대해 학습할 수 있다(이효정, 2017: 14).
- 1972년 유네스코 세계 유산 협약에 의해 보호받고 있는 유산 보존에 보탬이 될 새로운 기술을 습득할 수 있다(이효정, 2017: 14).
- 현세대와 다음 세대를 위해 우리의 지역 및 국가 유산과 세계 유산을 보호하는 과업에 대한 새로운 태도와 평생토록 지속될 사명감을 함양할 수 있다(이

효정, 2017: 14).

- 국제적 협력을 통해 세계의 문화적, 자연적 다양성을 수호하는 역할을 수행할 수 있다(유네스코한국위원회, 2007).

〈표6-5〉『청소년과 함께하는 세계 유산의 내용 구성과 관련 글로벌 시민성

단 원	내 용	관련 글로벌 시민성 주제
Ⅰ. 세계 유산에 대한 교육적 접근법	1. 통합적 교육 접근법 2. 현장 탐방 및 박물관 견학 3. 역할놀이 4. 전 세계적 네트워크와 인터넷	상호의존
Ⅱ. 세계유산협약	1. 우리유산에 대한 인식 2. 세계유산 구하기 3. 유네스코 세계유산협약 4. 세계유산 보존 과정 5. 세계유산 선정 기준 6. 세계유산위원회와 유네스코 세계유산센터 7. 세계유산현장의 보존 상태 모니터링	상호의존, 다양성
Ⅲ. 세계 유산과 정체성	1. 세계유산: 정체성을 위한 기초 2. 세계유산과 정체성 3. 정체성을 표현하는 독특한 건축 양식 4. 정체성과 원주민	다양성
Ⅳ. 세계 유산과 관광	1. 관광: 전 세계적 현상이자 거대한 사업 2. 세계유산과 관광 그리고 생태적으로 지속가능한 개발 3. 세계유산 방문 활성화 4. 가상 관광과 세계유산 5. 세계유산현장에서의 관광 관리	상호의존, 환경
Ⅴ. 세계 유산과 환경	1. 청소년과 세계유산 보존 2. 국제 환경 보전 3. 세계유산보전을 통한 생물다양성 보전 4. 생태적, 문화적으로 지속가능한 개발 5. 지구의 미래	환경
Ⅵ. 세계 유산과 평화의 문화	1. 세계유산과 평화의 문화 2. 평화를 상징하는 유산들 3. 전쟁으로부터의 세계유산 보호 4. 세계유산과 인권	평화

* 출처: UNESCO, 1998; 이효정, 2017: 14.

이를 통해 지침서에서는 세계 유산에 대한 지식, 기능, 태도 함양을 목적으로 하고 있으며, 그 내용은 인류애, 상호의존, 다양성, 환경, 지속가능발전 등의 주제를 포함하고 있음을 알 수 있다(이효정, 2017: 15). 이는 본 연구에서 설정한 글로벌 시민성의 네 가지 주제(상호의존, 다양성, 환경, 평화)와 지식, 기능, 태도 영역과 와 연관이 있다(이효정, 2017: 15).

2) 세계 유산 교육의 내용

지침서는 〈표6-5〉와 같은 내용으로 구성되어 있는데, 그 내용은 글로벌 시민성과 밀접한 연관을 지닌다(이효정, 2017: 15). 따라서 본 연구에서 설정한 글로벌 시민성 주제인 상호의존, 다양성, 환경, 평화의 관점에서 지침서의 내용을 살펴보고자 한다(이효정, 2017: 15). 이 내용을 바탕으로 지침서의 구체적인 내용을 글로벌 시민성과 관련하여 살펴보면 다음과 같다(이효정, 2017: 15).

Ⅰ장 '세계 유산에 대한 교육적 접근법'에서는 세계 유산에 대한 교육적 접근법을 제시하고 있다(이효정, 2017: 15). 토론, 조사, 실습, 사진 자료를 통한 시청각 교육, 세계 유산 현장 탐방 등 다양한 학생활동을 권장한다(이효정, 2017: 15). 현장 탐방과 박물관 견학에 대해서는 준비, 사전 작업, 현장 탐방, 후속 작업 등 절차에 따라 알맞은 활동을 제시하고 있다(이효정, 2017: 15). 특히 박물관 전시품 기록 학생활동지는 관찰 항목(물리적 특징, 구조, 기능, 디자인, 가치)에 따라 다양한 질문에 답하고 기록하도록 구체적이고 체계적으로 제시되어 있다(이효정, 2017: 15). 이러한 통합적이고 실제적인 교육 방법은 학생들로 하여금 글로벌 시민성 중 '상호의존'에 대한 인식을 확대하며, 의사소통 능력을 신장시킬 수 있다(이효정, 2017: 15).

Ⅱ장 '세계유산협약'에서는 세계 유산 협약에 대한 기본적인 지식을 다루고 있다. 무엇인지, 세계 유산이 무엇인지 그 의미를 탐색하고, 세계유산협약이 등장하게 된 배경을 알아본다(이효정, 2017: 16). 세계 유산협약의 구체적인 내용을 알아보고, 그 속에 담긴 글로벌 시민의 정신을 찾아낸다. 세계 유산 보존 과정과 세계

유산 선정 기준, 세계유산위원회와 보존상태 모니터링 등 세계 유산에 관한 전문 지식을 청소년의 수준에 맞게 제시하고 있다(이효정, 2017: 16). 다양한 세계 유산을 살펴보며 글로벌 시민성 중 문화적 '다양성'에 대해 인식하고, 협약을 통해 나라 간 서로 영향을 주고받는다는 '상호의존'에 대해 알 수 있으며, 여러 글을 읽고 토론하며 고등사고력을 함양할 수 있다(이효정, 2017: 16).

Ⅲ장 '세계 유산과 정체성'에서는 정체성을 표현하고 인식하는 매개체로서 세계 유산의 역할에 대해 다루고 있다(이효정, 2017: 16). 정체성을 표현하는 독특한 건축 양식, 유서 깊은 지역의 미래가 달린 결정, 세계 유산 현장에서의 원주민의 삶 등을 통해 세계 유산에 담긴 그 지역 사람들의 정체성을 알아본다(이효정, 2017: 16). 다양한 양식의 건물을 살펴보며 문화적 '다양성'을 구체적으로 체험 할 수 있으며, 원주민의 입장을 살펴보며 자신의 편견을 확인하고, 인권에 대한 인식을 확장할 수 있다. 그리고 토론 및 자료 탐색으로 의사결정능력을 신장할 수 있다(이효정, 2017: 16).

Ⅳ장 '세계 유산과 관광'에서는 관광장소로서의 세계 유산을 알아본다. 관광이 세계 유산에 미치는 이점과 잠재적 위협, 새로운 유형의 관광의 필요성, 지속가능한 관람제도, 관광시설평가, 관광 관리 등 관광객, 관리자, 원주민 등 다양한 입장에서 세계 유산을 바라보고 그 내용을 다룬다(이효정, 2017: 17). 다양한 입장에서 현상을 바라보며 세계가 '상호의존' 한다는 것을 알 수 있으며, 특히 '환경' 문제에 있어서는 전 세계의 협동이 필요함을 알 수 있다(이효정, 2017: 17). 더불어 관광의 문제해결을 통하여 문제해결력, 협동성 등을 기를 수 있다(이효정, 2017: 17).

Ⅴ장 '세계 유산과 환경'에서는 세계 유산보전을 통한 생물다양성 보전에 대해 다룬다(이효정, 2017: 17). 생물다양성 보전의 관점에서 세계 유산 특히 자연유산 보전의 필요성과 구체적인 방법을 제시한다(이효정, 2017: 17). 지속가능한 개발의 방법을 알아보고 이를 실천하도록 하고 있다. 이 장은 글로벌 시민

성 중 ‘환경’과 직접적인 관련이 있다(이효정, 2017: 17). 세계 유산 현장에서의 다양한 환경문제의 해결 방법을 모색하며, 이에 대한 실천 의지와 태도를 함양할 수 있다(이효정, 2017: 17).

Ⅵ장 ‘세계 유산과 평화의 문화’에서는 평화와 인권의 의미를 담고 있는 세계 유산을 다룬다(이효정, 2017: 17). 평화를 상징하는 유산들, 전쟁으로 훼손되는 세계 유산의 보호 등을 다룬다. 이 장에서 제시되는 세계 유산 중 과거 노예 무역의 중심지였던 고레섬(Island of Gorée)이나 아우슈비츠 비르케나우 강제 수용소 등은 세계평화와 인권의 메시지를 전달하고 있다.(이효정, 2017: 17) 여러 자료를 통하여 세계 유산 현장에서 있었던 인류의 아픔을 간접적으로 체험하고, 세계평화에 대한 의지를 다질 수 있다(이효정, 2017: 17). 이처럼 지침서에서는 세계유산교육의 접근법을 먼저 제시하고 세계유산협약에 대한 기본 정보를 익힌 뒤 정체성, 관광, 환경, 평화의 관점에서 세계 유산을 서술하고 있다(이효정, 2017: 17). 이와 같은 내용 구성은 상호의존, 문화의 다양성, 환경 문제의 해결, 평화와 인권의 지향을 나타낸다(이효정, 2017: 17). 즉, 세계유산교육은 본 연구에서 설정한 글로벌 시민성의 주제인 ‘상호의존’, ‘다양성’, ‘환경’, ‘평화’의 내용을 포함하고 있다(이효정, 2017: 17).

제7장
한류와 세계 시민성

1. 한류의 개념
2. 한류 종류와 분야
3. 한류의 역사
4. 세계 시민성의 개념
5. 한류와 세계 시민성 관계

제7장 한류와 세계 시민성

1. 한류의 개념

한류(韓流, Korean Wave)는 합성 신조어로서, 대한민국을 의미하는 '한(韓)'자에 그 특성이나 독특한 경향을 뜻하는 접미사 '~류(流)'를(Choi, Hyun-Cheol, 2021: 14) 합성한 용어이다. 이러한 '~류(流)'라는 표현은 '~식', '~스타일', '~파' 등의 뜻으로 일본에서(Choi, Hyun-Cheol, 2021: 14) 주로 사용되어온 일본식 용어다. 일본에서는 일본문화의 해외에서의 유행을 '일류(日流, 니치류)'라 칭했고, 최근 일본에서 유행하고 있는 대만 TV드라마와 특정 스타의 인기를 '대류(台流, 다이류)'라 부르다가, 중국의 영화, 방송, 관광 등의 인기를 총칭하여 '화류(華流)' 라고 부르고 있다. 이렇듯 한류라는 용어는 일본에서 사용되는 '~류'의 일환으로 1999년 한국 문화부에서 한국 대중음악을 홍보하기 위해 배포한 음반〈韓流-Song from Korea〉에서 공식적으로 사용되었다(장규수, 2011; 166).

당시에는 한류라는 단어 그 자체로만은 사용되지 않았지만, 대만에서는 '하일한류(夏日韓流, 여름에 부는 한국 바람)', 중국에서는 '일진한류(一陣韓流, 한바탕의 한류)'와 같은 표현이 가끔 사용되었다. 이 단어들의 유래는 한류가 차가운 해류를 뜻하는 '한류(寒流 한류)'와 발음이 비슷하다는 것과 관련되었다(김병욱, 2004; 4).

한류의 영어식 표기는 'Korean Wave' 또는 'Korean Fever' 그리고 'Hanliu' 또는 'Hallyu'이다. 한국에서는 한류월드 영어 표기에 'Hallyu'라고 쓰고, 중국과 일본에서는 'Hanliu'로 사용하고 있다. 한류는 초기에 중국에서 '한풍(韓風)'이란 용어로 사용되기도 했는데, 차가운 바람이란 뜻의 '한풍(寒風)'과 발음이 비슷하여 한국문화에 빠진 중국 내 젊은이들의 갑작스런 팬덤(fandom, 특정한 인물이나 분야를 열성적으로 좋아하는 사람들 또는 문화현상)을 경계하는 뜻도 포함되어 있었다. 중국의 언론에서 한류라는 표현을 사용하기 시작한 배경에는 한국 대중문화와 스타에 빠져있는 젊은이들을 경계하는 뜻으로 비슷한 발음의 '한류(寒流)'와 겸해서 사용되기도 한 것이다. 이러한 중국인들의 이중적 용어의 사용은 과거에 일본 문화와 제품이 유행할 때 '합일(哈日)'이라는 표현, 즉 '일사병에 걸리다'라는 뜻의 표현을 사용했던 것과 비슷한 현상이다. 합일(哈日)은 만어(满語) 즉, 대만 지역에서 사용되는 용어로 '태양 아래에 오래 있어서 쓰러진다'는 뜻이나, 합일족(哈日族, 일본문화를 좋아하는 무리), 합한족(哈韓族, 한국 문화를 좋아하는 무리)라는 의미로 사용되었다.

이를 요약하여 정의하면 한류라는 개념은 한국식 특성과 한국 스타일의 독특한 경향이 대한민국 이외의 나라에서 유행하는 현상을 의미한다.

2. 한류 종류 및 분야

(재)한국문화사업교류재단에서는 2014년 한류백서에서 한류(韓流)에 해당하는 대표적인 종류 및 분야를 음악(한국가요, K-pop), 방송(K-드라마, 한국TV), 영화(한국영화), 음식(한식, K-food), 광고(IT, 한국산 스마트폰, 자동차, 광고), 출판(한국어출판), 게임(한국게임), 관광(한국관광), 패션(한복), 기타(대한민국 애니메이션, 코리아 웹툰) 등 10개 분야로 분류하였다. 여기에서는 이와 같은 한류 분류 기준을 적용하여 살펴보기로 하겠다.

〈표7-1〉 한류 종류 및 분야

분야	한류 종류	비고
음악	K-pop, 한국가요	
방송	K-드라마, 한국TV	
음식	한식	
영화	한국영화	
광고	IT, 한국산 스마트폰, 자동차, 광고	IT기술+광고, '경제한류'라고도 함
출판	한국어출판	한국어 추가
게임	한국게임	
관광	한국관광	
패션	한복	한복 추가
기타	대한민국 애니메이션, 코리아웹툰	

* 출처: 한국문화산업교류재단(2015), "2014 한류백서," http://www.mcst.go.kr/web/s_data/research/researchView.jsp?pSeq= 1584 (검색일: 2023.01.25.)에서 연구자가 재편집함.

3. 한류의 역사

한류의 역사는 연구자마다 다르게 구분하고 있다. 고정민(2009)의 경우 한류1기, 한류2기, 한류3기로, 김상훈(2011)의 경우 한류1.0, 한류2.0으로 분류하였다. 그러나 이들 분류는 시기와 지역별 명확한 근거가 없다는 지적이다. 한편, 문화체육관광부에서는 한류1.0, 한류2.0, 한류3.0 등 3기로 구분하였는데, 시기와 지역별 구분이 더 명확하다는 점에서 가장 타당한 구분이라 본다. 이 연구에서는 이 분류에 따라 한류의 역사를 다음과 같이 구분하고자 한다.

<표7-2> 한류의 역사 구분

구분	고정민(2009)			김상훈(2011)		문화부(2013)		
	한류1기	한류2기	한류3기	한류1.0	한류2.0	한류1.0	한류2.0	한류3.0
시기	1997~ 2000년 대 초	2000년대 초~ 2000년대 중반	2000년대 중반 이후	1995~ 2005년	2006~ 현재	1997~ 2000년대 중반	2000년대 중반~ 2010년대 초반	2010년대 초반 이후
지역	중국, 대만, 베트남	중국, 일본, 대만, 동남아	중국, 일본, 대만, 동남아, 중앙 아시아, 아프리카, 미국	중국, 대만, 일본 등 아시아 중심	아시아 전역, 북미, 유럽 등	아시아	아시아, 유럽일부, 아프리카, 중동, 중남미, 미국일부	전 세계
분야	드라마, 음악	드라마, 음악, 영화, 게임	드라마,음악,영화,만화,게임,캐릭터,한식,한글	드라마, 영화 등 영상콘텐츠 위주	,K-pop, 아이돌, 위주	드라마, 영화, 가요	대중문화 일부, 문화예술	전통문화, 문화예술, 대중문화
사례	사랑이 뭐래, HOT	겨울연가: 대장금	아이돌 가수	사랑이 뭐길래, 겨울연가, 대장금, HOT, 보아 등	소녀시대, 카라, 샤이니, 2PM, 빅뱅	드라마 (소수 마니아)	K-pop (10-20대)	K-Culture (세계시민)

* 출처: 고정민(2009, 30; 김상훈(2011, 3); 문화체육관광부(2013, 25)에서 연구자가 재정리함

1) 한류1.0 시기(1997~2000년대 중반)

이 시기는 1997년에서 2000년대 중반까지의 시기를 말하며, 한류가 대중문화 발전의 모습으로 한국을 벗어나 아시아에 확산되었던 시기이다. 중국을 중심으로 한국 대중문화의 진출시점을 볼 때, 한국 TV드라마의 인기가 시작되면서 한국 대중음악의 인기로 확산되었다는 것을 알 수 있다. 1992년 한·중 수교 후 1993년 TV드라마 <질투>가 처음으로 수출되었고, 1997년부터 <사랑이 뭐길래> 등이 인기를 얻으며 1998년 클론, H.O.T 등의 음반이 발매되기 시작했다. 이러한 한류 현상을 주도하고 있는 핵심 요소는 단연 연예 매니지먼트 산업이다. TV드라마와 대중음악 등의 유행은 한류스타를 탄생시켰고, 한국 연예 매니지먼트 산업의 급속한 성장을 초래했다.

2) 한류2.0 시기(2000년대 중반~2010년대 초반)

이 시기는 2000년대 중반에서 2010년대 초반까지의 시기를 말하며, 아시아, 유럽 일부, 아프리카, 중동, 중남미, 미국일부(Choi, Hyun-Cheol, 2021: 15) 지역으로 전파된 시기이다. 2000년에 접어들자 대중문화가 발전하면서 대한민국 시장만으로는 대중문화 산업을 감당할 수 없게 되었고, 이에 기업들은 대한민국에서 벗어나 더 넓은 시장으로의 진출을 모색하기 시작했다(장규수, 2013: 2). 그리고 얼마 안 있어 2000년 2월에 대한민국의 댄스 그룹 H.O.T.가 베이징에서 공연을 하면서 본격적인 중국에서의 한류를 일으켰다(곽대중, 2012: 7). 이후 2003년 베이비복스의 곡인 〈I'm Still Loving You〉는 발매 후 중국에서 차트 1위, 대만에서 4위, 홍콩에서 2위, 태국에서 1위를 기록하며 성공을 거두었다. 2005년 베이징에서 열린 정지훈의 공연 "Rainy day-Beijing"은 관객 4만 명을 동원하며 큰 성공을 이루었다(김은하, 2015: 9). 한편, 2001년 보아가 일본에서 출시한 정규 음반 《Listen to My Heart》는 대한민국 노래 최초로 오리콘 앨범차트 1위에 오르는 성과를 내었다(황혜진, 2015: 11).

2000년 방영된 드라마 《가을동화》는 여러 나라에서 관심을 모았다. 드라마 촬영지를 보기 위해 외국에서 찾아오는 관광객들도 생겨났다. 아시아에서 일본 콘텐츠가 선풍적인 인기를 끌었으나 상대적으로 저렴하지만 새로운 한국의 콘텐츠가 홍콩과 대만 그리고 중국의 관심을 끌었고, 이후 일본, 베트남, 필리핀 등 아시아 전체로 한류가 퍼질 수 있었다. 또한 아시아 전반에 걸친 반일감정이 한몫했다는 점도 간과할 수 없다.

3) 한류3.0 시기(2010년대 초반 이후~현재)

이 시기는 2010년대 초반 이후부터 현재까지의 시기를 말하며, 한류가 세계화 글로벌화 현상에 편승하여 전 세계에 확산된 시기이다. 전 세계적으로 전통문화, 문화예술, 대중문화에 걸쳐 세계시민이 K-Culture를 좋아하게 된 시기를 말한다. 최근 한류 특성 중 한류 3.0을 이야기하면서 가장 놀라운 사건은 단연 2012년 하반기 싸이의 《강남스타일》 열풍이다. 《강남스타일》에 열광하는 데는 인종도 국적의 차이도 없다. 뮤직비디오 조회 17억 4천여 만건(2013년 7월 기준), 빌보드 싱글차트 7주 연속 2위를 차지했다. 그리고 2012년 9월에는 기네스북 세계레코드 측에서 뮤직비디오 유튜브 역사상 최대 '좋아요'를 기록했다고 밝혔다. 이처럼 한류 3.0에서 주목할 만한 특성은 한류콘텐츠(드라마, K팝 등)가 퍼져나가는 유통채널이 온라인에 있다는 점이다. 2012년 9월 방한한 에릭 슈밋 구글 회장은 "K팝 열풍은 인터넷의 발달이 기초가 됐다"며 "유튜브가 없었다면 싸이가 지금처럼 세계인들에게 사랑받기 어려웠을 것"이라고 평가했다. 특히, 최근에는 BTS 등 많은 아이돌들이 세계 음악시장을 석권하고 있다. 2011년 콘텐츠산업 수출액 규모는 약 41.6억 달러로 신 한류의 영향으로 전년대비 29% 큰 폭으로 성장하였다. 특히 음악 분야는 149.8% 성장했다. 한류의 경제적 파급효과는 2010년 4조 9,824억 원으로 전년 대비 26%나 증가하였다. 특히 K-POP이 이러한 성장에 동력을 제공했는데, 한류로 인해 관광객도 증가하면서 2011년 방한 관광객이 역대 최다를 기록했다(한국문화산업교류재단, 2017). 2020년대 들어 방탄소년단, 블랙핑크, 트와이스 같은 유명 K-POP그룹들이 한류의 열기에 다시 불을 지폈다. 특히 방탄소년단은 빌보드 차트 1위를 한 세계적인 아티스트로 자리매김하였다. 영화부문도 큰 족적을 남겼다. 봉준호 감독의 영화 〈기생충〉이 칸 황금종려상 수상에 아카데미상에서 작품상 포함 4관왕을 달성하였다. 특히 오징어 게임은 넷플릭스가 정식 서비스 중인 모든 국가에서 1위를 차지하였으며 단 17일 만에 1억 1천만 가구가 시청하며 넷플릭스 최다 시청 기록을 갈아치웠다. 이와 같은 추세는 향후 갈수록 확대 될 것이 예상된다. 한류 분야 중 가장 대중적인 부분을 조사한 결과 한식(42.7%), 패션과 뷰티(39.8%), K-POP(39.8%), 애니메이션(33.0%) 순이었다. 이외에도 화장품, 음식(K-food), 관광, 무술, 산업, 영화, 도서 등 다양한 분야에서도 두각을 나타내며 한류의 지도를 넓혀가고 있다.

4. 세계 시민성의 개념

근대 이후 시민성을 규정해온 국가의 경계를 초월하여 지구적 차원에서 공동체의 구성원으로서 누리는 권리와 의무, 가치와 규범, 정체성을 세계 시민성이라 볼 수 있을 것이다(박성인, 2016: 23). 시공간에 대한 패러다임이 변화하고, 전통적 질서의 해체를 겪으며 우리는 새로운 정체성을 구성하는 문제에 직면하게 되었다(박성인, 2016: 23). 근대 국민국가에서 정체성을 구성하던 종족적, 인종적, 문화적 요소들이 이완 또는 해체되고, 보편적 인간성이 공통의 가치가 되고, 정의의 원칙이 널리 통용되는 세계를 살아가는 시민으로서 정체성이 무엇보다 중요해진 것이다(박성인, 2016: 23). 히터에 의하면 국가는 인간이 형성하는 수많은 사회적, 도덕적, 정치적 공동체 중 하나에 불과하다(박성인, 2016: 23). 시민은 국가의 하위에도 있고 상위에도 있는 집단이다. 그래서 시민성은 하나의 고정된 개념이 아니라 다층적인 개념이다(박성인, 2016: 23). 기존의 국가-시민 모델은 다양한 도전을 받고 있다. 아래로부터의 도전은 국가 내부의 소수집단에게서 제기된다(박성인, 2016: 23). 소수집단은 자신들의 정체성을 인정받기 위해 투쟁한다. 국가-시민 모델의 위로부터의 도전은 시민의 지위를 부여하는 초국가 기구에 의해 도전을 받는다(박성인, 2016: 23). 따라서 국법의 의무를 초월하는 도덕 규준에 의거하거나, 전 세계적 법적, 정치적 기구가(박성인, 2016: 23) 요청된다(Derek Heater. 2004: 194).

세계 시민성이 재조명되는 중요한 배경은 글로벌화라는 사회문화적 조건일 것이다(박성인, 2016: 24). 국가 간의 장벽이 높았던 과거와는 달리, 이질적인 사회가 전 세계적으로 상호작용하며 서로 밀접한 관계를 갖게 되는 연속적 과정을 겪으며, 공유된 사회적 공간으로서 글로벌이라는 거대한 사회를 단일한 범주의 상호작용 체계, 실체를 가진 하나의 공동체로서(박성인, 2016: 24) 인식하게 되었다. 전 세계적 교통 및 통신 체제의 발달로 글로벌 사회를 살아가는 시민들은 모든 영역에서 긴밀히 상호 소통하며, 삶의 많은 영역을 공유할 수 있게 되었다(박성인, 2016: 24). 그렇다면 사회문화적 변화와 함께 요청되는 '세계 시민성'의 구체적인 내용을 정치적 차원, 규범적 차원, 그리고 정서적 차원으로 구분하여 살펴보도록 하자(박성인, 2016: 24).

1) 정치적 차원의 세계 시민성

글로벌화로 인해 정치공동체의 형태 역시 변화되고 있다. 기후 변화, 핵확산, 테러, 전염병, 무역 전쟁 등 글로벌 이슈는 개별 국가 시스템에 의해 효과적으로 다뤄질 수 없다(박성인, 2016: 24). 국가 간의 무정부상태를 극복하고 초국가적 차원에서 국가의 규정 준수를 보장할 수 있는 글로벌 메커니즘을 요구하게 되었으며, 실제로 정부와 함께 정부간기구(IGO), 비정부기구(NGO), 국제비정부기구(INGO) 등이 글로벌 사회의 새로운 정치 행위자로서 지위를 확보하게 되었다(박성인, 2016: 25). 이러한 배경에서 기존의 국가별 민주주의 체제를 보완할 새로운 제도를 모색하며, 세계시민 민주주의(cosmopolitan democracy)의 논의가 전개되고 있다(박성인, 2016: 25). 헬드(David Held)는 세계시민적 기반에 기초한 민주적 자치의 구축, '세계시민 민주주의'에 주목하며 국가적, 지역적, 전지구적 네트워크에 걸쳐 민주주의를 심화하고 확대할 것을(박성인, 2016: 25) 주장한다.

헬드에 따르면 지난 수십 년 동안 다자주의의 성장과 국제법의 발전은 세계시민 민주주의의 기반을 창출하였으며 이는 세계시민 민주주의 원칙과 제도의 근거를(박성인, 2016: 25) 공고화할 기초가 된다고 보았다. 그는 지역적, 전 지구적 차원의 의사결정에 시민이 참여하고 숙의할 수 있는 광범위한 통로를 만드는 것이 무엇보다 중요하다고 보았다(박성인, 2016: 25). 민주주의가 제한된 영토 내에서뿐만 아니라 광범위한 국제 공동체 내에서 가능하려면 민주적 제도와 기구의 틀을 확정하려는 노력으로 연결되어야 한다고 설명한다(박성인, 2016: 25; David Held. 1996: 568).

아치부기(Daniele Archibugi) 역시 국경을 초월한 제도적 채널을 구축하여 지방, 국가, 지역, 세계 수준에서 민주적 규범과 가치가 확산되고 민주적 통치가 이루어져야 한다고 주장한다(박성인, 2016: 26). 그에 따르면 세계시민 민주주의는 강제력 사용의 통제, 인권과 자결권의 존중과 같은 중요한 목표를 오직 민주주의의 발전과 확장을 통해서 획득할 수 있다는 가정에 기반한다(박성인,

2016: 26). 세계시민 민주주의는 연방주의 전통이 그렇듯 세계 정부를(박성인, 2016: 26) 만들기 위해 현존 국가들이 해체되어야 함을 주장하지 않는다. 민주주의의 세계적 확장은 국가 차원의 모델을 재현하는 것이 아닌 새로운 형태의 조직과 국제 수준의 권력 기능의 개정을 포함한다(박성인, 2016: 26). 기존 국제기구의 강화와 개혁, 새로운 국제기구의 창설을 통해 민주주의가 세계정치 영역으로 확장될 수 있다고 설명한다(박성인, 2016: 26). 세계시민 민주주의가 기존의 제도와 다른 것은 개인의 목소리가 세계적 문제에 직접 반영될 수 있도록 하는 제도를 창안하려는 시도라는 점이다(박성인, 2016: 26). 그는 세계시민 민주주의는 국가, 국가 간, 세계의 세 가지 상호 연결된 수준에서 실현되어야 한다고 보았다(Daniele Archibugi, 2000: 144). 세계시민 민주주의가 실천되기 위해서는 개별 주체들의 지방, 국가, 지역, 세계적 차원으로 시민성의(박성인, 2016: 26) 역동적 연결과 확장이 필요하다.

한편 두터운 세계 시민주의를 주창한 앤드루 돕슨(Andrew Dobson)은 우리가 만난 적이 없고 만날 가능성이 없는 사람들에 대한 우리의 관심의 기초는 무엇인지를 질문하며, 정의를 수행하기 위한 정치적 의무에서 답을 찾고자 하였다(박성인, 2016: 26). 정치적 의무의 원천은 초국가적 피해에 대한 공모, 또는 인과적 책임을 인정하는 것에서 출발한다(박성인, 2016: 26). 공감, 동정, 선의 보다 정의의 의무를 유발하는 원인과 결과의 사슬에 기초하여 세계시민의 유대가 형성된다고 보았다(박성인, 2016: 27). 도덕적 의무에 근거한 행동은 쉽게 철회되어 불평등한 권력 관계를 재생산하고 취약성을 증가시키지만, 정의는 정치적이고 더욱 공정하며, 평등한 관계를 유발한다고 보았다(Dobson, A. 2006: 165). 두터운 세계 시민성을 공유한 시민 주체들은 초연결사회의 상호 의존성과 불평등한 권력관계를 충분히 고려하고, 세계화의 비대칭적 과정과 불균등성에 대해 정치적으로 문제제기 할 수 있을 것이다(박성인, 2016: 27).

울리히 벡(Ulrich Beck) 역시 오늘날 예측 불가능하고 통제 불가능한 생태학적 위기 상황에 주목하여 경계와 대립을 넘어 지구적 위협에 대응할 수 있는 책임 있는 초국가적 시민 주체의 필요성을 제기한다. 세계를 하나의 지구 공동체로 보는 방법론적 세계 시민주의(methodological cosmopolitanism)는 시민의 책임 문화가 나올 수 있는 도덕적, 정치적 공간을 열어준다고 설명한다(홍찬숙, 2011: 144). 지구적 위기를 해결할 수 있는 정치적 주체들의 보다 광범위한 시민적 행동을 요구하는 것이다(박성인, 2016: 27). 실제로 민주적 공적 영역은 국가적인 수준에서 세계적인 수준으로 확장되고 있으며 글로벌 거버넌스의 형태를 촉진시키고 있다(박성인, 2016: 27; Manuel Castells. 208: 78). 인권, 평화, 환경 등 세계 문제에 관심을 가지는 초국가적 시민사회의 연대는 글로벌 거버넌스의 한 축을 담당하게 되었다(박성인, 2016: 27). 세계 시민사회는 그 숫자와 규모, 활동의 범위에 있어서 눈부신 성장을 보여주고 있다(박성인, 2016: 27). 국경을 초월한 공적 영역의 정치적 주체로서 세계시민은 서로 연대하고 소통하며 세계적 문제 해결을 위해 공적 영향력을 발휘하고 있다(박성인, 2016: 27). 글로벌 거버넌스 위원회(Commission on Global Governance)의 보고서에서는 세계 시민사회의 출현은 시민들이 서로 연대감을 강화하면서 삶의 통제 능력과 사회 참여 의지가 크게 증가함을(박성인, 2016: 27) 반영한다고 설명한다. 정치적 차원에서 세계 시민성 논의는 지구적 차원의 문제를 해결할 수 없는 국가체제의 한계를 보완할 세계적 정치체제의 구상에서 출발한다(박성인, 2016: 27). 이미 칸트는 수세기 전에 약육강식의 국가체제를 자율적으로 속박할 보편적 법치의 세계 시민적 정체를 모색한 바 있다. 최근 재조명되는 정치적 차원의 세계 시민성 논의는 세계 시민 민주주의와 세계 시민사회의 등장과 함께 나타나고 있다. 세계 기구의 민주화, 민주적 공적 영역의 확대의 요구와 함께 세계 시민성을 공유한 초국가적 시민들의 민주적 정치(박성인, 2016: 27) 참여(James Tully. 2014: 3)의 중요성이 강조되고 있다. 요컨대 정치적 차원에서 세계 시민성이란 초국가적 정치 공간에서 문제해결을 위해 공적으로 사유하고 연대할 수 있는 정치적 주체들에게 요구되는 가치와 규범(박성인, 2016: 27), 행동양식이라 할 수 있다. 세계적 문제해결을 위해 폭력이나 권위, 불필요한 강요나 민족국가의 이익에 의지하지 않고, 확장된 공적 영역에서 동료 시민과 협력하고 연대할 수 있는 보편적 시민성이라 할 수 있다(박성인, 2016: 27).

2) 규범적 차원의 세계 시민성

규범적 차원의 세계 시민성은 인간 존재의 동질성과 공통성에 근거한 인간에 대한(박성인, 2016: 28) 도덕적 의무를 의미한다고 볼 수 있다. 칸트는 보편적 이성을 가진 인간은, 이성의 공적 사용을 통해 내면의 주관성이 세계의 보편성을 획득할 수 있다고 보았다(박성인, 2016: 28). 보편적 이성을 가진 개인이 자신을 세계시민으로 위치시킴으로써, 개인이 자율적으로 획득한 도덕이 세계의 보편성을 통해 검증받을 수 있다. 칸트적 의미에서 인간의 도덕성은 인간이 세계시민적 공동체를 전제할 때 완성될 수 있으며, 인간의 공통성에 근거한 세계에 대한 보편적 의무가 도출될 수 있다(박성인, 2016: 28).

세계 시민 공동체는 가장 근원적인 도덕과 사회적인 의무의 원천이 된다고 할 수(박성인, 2016: 28) 있다. 모든 인간이 이성을 부여받았다는 전제 아래 세계 시민들에 대한 적대 없는 관용, 세계시민에 대한 이상을 유지하는 것이 가능하다(박성인, 2016: 28). 위계의 구분 없이, 세계 모든 사람들이 공통의 도덕 목적을 공유하고 있다고 전제할 수 있다(박성인, 2016: 28). 지역공동체와 세계 시민 공동체 모두 이성과 도덕의 완성을 위해 중요한 역할을 한다(박성인, 2016: 28). 세계시민 공동체가 유지되기 위해 반드시 지역공동체의 소속감과 정체성이라는 근원이 필요하다. 칸트는 원초적 계약을 통한 국가의 성립 자체를 도덕적 인격체의 성립이라 보았다. 도덕의 완성의 장인 국가 성립이라는 원초적 계약과 국가들의 세계평화를 향한 발전은 칸트 도덕률이 제시하는 실천적 결과물이라 할 수 있다(장동진 외, 2003: 195).

최근 다문화 사회의 도래와 함께 이질적인 문화들이 서로 조우하며, 세계 시민성에 대한 논의는 고전적 세계시민주의가 갖는 인간과 사회의 공통성에 근거한 보편주의적 의무와 함께, 문화적 차원의 다원성에 대한 배려와 존중, 관용을 결합하려는 경향이 있다(박성인, 2016: 29). 애피아(K. A. Appiah)는 세계 시민주의의 요소를 보편적 관심과 함께 '정당한 차이에 대한 존중'이라 보았다(박성인, 2016: 29). 그는 타인에 대한 의무, 혈족의 유대나 형식적 시민적 유대조차 넘어서는 확장된 의무가 있음과 동시에 서로 다른 사람들의 생각, 느낌, 행동 방식을 통해 배울 수 있는 문화적 차이에 대한 존중을 강조한다(실천철학연구회, 2008: 22). 특수성에 대한 존중과 보편성에 기반한 의무를 세계 시민성의 두 가지 축으로 본 것이다(박성인, 2016: 29). 마사 누스바움(Martha Nussbaum)은 인류공동체의 일원으로서 인류 공동의 문제해결에 대한 보편적 의무와 동시에 특수성에서 대한 존중을 강조한다(박성인, 2016: 29). 그는 우리는 모든 인간에 공통적 특성에 내포된 정의와 선을 지향하고 인류 공동체의 모든 구성원의 가치를 동등하게 존중해야 하며, 우리의 도덕적 의무의 원천은 국가에 앞서(박성인, 2016: 29) 인류공동체라고 설명한다. 동시에 시민적 권리의 제도적 보장을 통해 다원성과 특수성을 존중하고자 하는 적극적인 태도를 보인다(박성인, 2016: 29). 그는 공통성에서 구체성과 마주칠 수 있듯이(박성인, 2016: 29) 구체성에서 공통성을 만날 수 있다고 보았다(Martha C. 1966: 134).

자유주의적 관점에서 정의의 원칙을 제시하는 롤스 역시, 최근의 저작에서 보편주의적 전통뿐만 아니라 다원주의와 특수주의적 입장을 존중하는 것으로 볼 수 있다(박성인, 2016: 29). 그는 『만민법』에서 정의의 원칙을 만민의 사회(Society of Peoples)로 확장하여, 만민이 정의로운 세상에서 평화롭게 함께 살 수 있을지(박성인, 2016: 29) 논의한다. 롤스는 합당한 다원주의의 현실(the fact of reasonable pluralism)[14] '만민 간의 다양성'을 그 조건으로 보았다. 또 정의는 자연의 법칙(actual laws of nature)에 의존해야 하며, 동시에 입헌적 및 시민법을 가능한 정의로운 민주사회에서 받아들여질 수 있는 것으로 간주되어야 한다는 정의관을 표명하며 보편주의적 입장을 견지한다(장동진 역, 2009; 199).

14) 합당한 다원주의란 사회를 유지하는 최소한의 공유점을 만들어야 함을 인정하는 다원주의다. 롤즈는 합당한 다원주의와 합당하지 않은 다원주의를 구분한다. 장동진 외. "칸트와 롤즈의 세계 시민주의". 『정치사상연구』 제9집, (한국정치사상학회, 2003) p. 210.

이러한 입장은 배타적 보편주의와는 구별된다. 보편과 특수, 중심과 주변, 문명과 미개를 양분하는 서구중심적 오만한 제국적 보편주의가 아니라 다원성에 대한 감수성과 관용을 갖춘 보편주의이기 때문이다(박성인, 2016: 30). 이러한 관점에서 우리는 세계시민으로서 자신의 관점과 문화를 개별적이고 상대적인 것, 특수한 것으로 인식하고 서로 다른 문화에 대해 인정하고 존중하며 대화할 수 있다(박성인, 2016: 30). 세계 시민성은 인간의 공통성을 기반으로 서로 다른 관점을 존중하고 대화할 수 있는 태도, 관계 맺음의 방식 그 자체에 주목한다고 할 수 있다(박성인, 2016: 30). 요컨대 규범적 차원의 세계 시민성은 인종, 민족, 국가를 초월한 동질적인 인간에 대한 의무, 다원성과 특수성을 존중하며 관용하는 품성, 그리고 최소한의 공유점인 인간적 권리를 존중하며 평화롭게 공존할 수 있는 태도 등을 포괄하는 것이라 볼 수 있다(박성인, 2016: 30).

3) 정서적 차원의 세계 시민성

규범적 차원에서 세계 시민성이 인간에 대한 최소한의 도덕적 의무와 다원성에 대한 존중 등의 태도를 의미한다면, 정서적 차원에서 세계 시민성은 인간이 어떠한 특수한 집단이나 정치공동체를 초월하여 큰 인류공동체에 속해 있다는 소속감과 정체성, 보다 적극적으로 인류에 대한 헌신과 사랑, 관여와 참여를 의미한다고 할 수(박성인, 2016: 31) 있다. 실제의 삶에서는 동떨어진 사람들도 같은 공동체의 구성원이라는 이유로 친애의 대상이 되며 관심과 공감을 나눌 수 있으며 동질감과 유대감을 갖게 될 수 있다(박성인, 2016: 31). 인종과 민족, 영토와 국가, 정치와 문화 등 어떠한 현실적 요소를 초월하는 기독교 사상은 세계 시민주의에 가장 결정적인 영향을 끼쳤다고 할 수 있다(박성인, 2016: 31). 아픈 자, 작은 자, 고통 받는 자, 소외된 자에 대한 돌봄과 사랑은 세계 시민성의 출발이라 할 수 있다(박명림, 2018: 22). 예수는 강도를 만난 이웃을 불쌍히 여겨 상처를 감싸주고 돌보아주고 자비를 베풀라 가르친다(박성인, 2016: 31). 내 이웃의 고난과 고통을 공감하고 내 이웃에 대한 돌봄과 사랑을 실천할 것을 요구한다. 기독교 사상에서 다름과 차이는 차별의 원인이 아니라 환대의 이유가 된다. 다름과 차이는 제거의 대상이 아니라 환대의 대상이 된다

(박성인, 2016: 31). 정서적 차원의 세계시민성의 핵심이 되는 타자에 대한 공감과 돌봄, 배려와 존중은 동양 사상의 전통 속에서도 발견할 수 있다(박성인, 2016: 31). 대표적으로 유교적 사유에서 인간에게는 네 가지 기본적인 감정, 측은지심, 수오지심, 시비지심, 사양지심의 사단(四端)이 있다(박성인, 2016: 31). 유교에서 타자와 관계 맺는 가장 핵심적인 감정과 태도는 '충서(忠恕)'인데, 여기서 충은 진심과 정성을 다해 타자를 대하는 진정성과 성실성을 의미하고, 서는 남을 자기처럼 대하는 것, 나에게 하듯 남에게도 하는 것을 의미한다(김왕배, 2019: 494). 유교적 측은지심에서 자신과 동일한 인격체로서 타자에 대한 공감과 돌봄이, 충서의 태도에서 타자를 마주함에 있어서 진정한 존중과 배려, 온전함이 나타난다(박성인, 2016: 31).

정서적 차원에서 세계 시민성은 인류공동체 구성원으로서 소속감과 정체성, 결속과 화합, 약자에 대한 사랑과 돌봄, 공감과 연민, 관심과 참여 등을 포괄하며 우리의 행동양식에 큰 영향을 미칠 수 있다(박성인, 2016: 32). 세계 시민성의 공유는 다름과 차이를 초월하여 인간들 사이의 친밀감과 유대감, 애착과 헌신을 형성하는 토대가 될 수 있다.

지금까지 정치적 차원, 규범적 차원, 정서적 차원에서 세계 시민성의 내용을 살펴보았다(박성인, 2016: 32). 최근 세계 시민성 논의는 세계화의 진전과 함께 초국가적 위기에 대응하기 위해, 유동적이고 혼종적인 다문화 사회의 평화적 공존을 위해, 세계적 차원의 정의와 평화를 구현하기 위한 구상으로서 재출현하게 되었다(박성인, 2016: 32). 그 철학적 배경에는 모든 인간에게 내재된 존엄성과 보편적 권리와 의무를 존중하고, 인류공동체의 평화로운 공존을 추구하며, 보편적 정의와 평화의 원칙이 실천되는 세계적 질서에 대한 신념이(박성인, 2016: 32) 전제된다고 할 수 있다.

5. 한류와 세계 시민성 관계

세계 한류학회 오인규 사무총장은 한류 관계와 세계 시민성 관계를 다음과 같이 주장하였다.

첫째, 그는 한류에 있어 재외한인은 의미에 대해서 "SM 엔터테인먼트의 이수만 회장도 미국 영주권을 가지고 있는 것으로 안다. 그리고 김영민 대표도 일본(4살 때 일본으로 이주)에서 오래 살았다. 재외동포 사회를 겪어봤기 때문에 한류에 있어 재외 한인들의 존재의 의미를 잘 알고 있으리라고 생각한다. 미국이나 캐나다는 몰라도 남미에서는 한인들이 한류를 주류사회에 소개하는데 큰 힘을 발휘했다. 한류가 오래 유지되고 현지 사회에 지속적으로 관심을 갖게 하는데 있어 현지 한인들의 노력도 필요하고 상생할 수 있는 길이라고 본다."라고 말하였다.

둘째, 재외 한인사회가 한류를 통해 어떤 기회를 만들 수 있을지에 대해서 "한때 태권도가 한국의 대표적인 무술로 해외로 진출했었다. 그런데 세월이 흐르면서 태권도는 세계화가 됐지만 한국의 무술이라는 이미지는 희석됐다. 한류가 일어나면서 이제 다시 태권도가 한국의 무술이라는 인식이 다시 살아났다. 이처럼 세계화된 태권도를 한국화를 시키고 동시에 한국의 다양한 문화를 세계화하는 기회로 삼아야 한다. 경제적 부분에서 그냥 한류 연예인 사진이나 음악을 틀어 놓는 일차적인 방법은 더 이상 아니라고 본다. 어떻게 활용하는지에 대한 여러 사례가 있다. 프랑스에서 한국으로 연간 방문한 관광객이 년 3천 명 정도였다. 그런데 최근에는 월 3천 명 정도가 오는 것으로 안다. K-Pop을 사랑하는 팬클럽을 위한 다양한 관광 상품을 개발했기 때문이다. 또 프랑스 패션 업계에서도 한류 브랜드를 빌려 달라고 제안이 온 적이 있다. 패션 디자인은 프랑스가 맡고 한류 브랜드로 판매를 한다는 계획이다. 일본 브랜드인 유니클로가 중국 내 반일 감정 때문에 판매가 좋지 않았다. 그런데 한류 스타를 모델로 쓰고 나서 대박이 났다. 해외 한인들도 한류 이미지를 활용하는 방법으로 현지 기업들과 제휴나 합작을 한다면 성공할 수 있는 기회를 만들 수 있으리라 본다."라고 주장하였다.15)

15) 중앙일보, http://joinsmediacanada.com/joins/xe/korean/223112(2016. 4. 7.일

또한, KBS사회교육방송이 재외동포를 대상으로 설문 조사한 결과, 한류를 보급하는데 친한파인 재외동포를 활용할 필요가 있다는 설문조사 결과가 나왔다. KBS사회교육방송은 “중국에 한류를 보급하는데 우리 동포들이 많이 거주하는 동북 3성 지역을 적극 활용할 필요성이 제기됐다”고 설명하는 한편 “러시아 사할린 동포들의 설문조사 결과 한류가 본격적으로 전해지지 않은 곳이지만 러시아에서는 동포 위문공연을 했던 가수들이 상위에 올라 한류를 보급하는데 꾸준한 관심과 적극적 마케팅이 필요하다”고 덧붙였다.

또한, 북한 이탈주민을 통한 설문조사 결과 응답자의 37.3%가 이미 북한에 있을 때부터 한국의 대중문화를 접했다고 응답했으며 한국 대중문화 덕분에 96.9%가 한국에 대한 긍정적 생각을 갖게 됐다고 답했다. 이밖에 한류의 영향으로 동북아 의식주 전반에 ‘한국 따라하기’ 붐이 일고 있으며 옌볜에서는 주방을 한국식으로 바꾸는가 하면 사할린에서는 한인 3,4세들이 한국어를 가르치는 학교로 대거 진학하는 현상이 일어났다고 KBS사회교육방송은 밝혔다. 한편 가장 좋아하는 한국 노래로 중국 베이징의 현지인은 ‘I Belive’(영화 ‘엽기적인 그녀’ O.S.T)를, 옌볜의 동포들은 ‘사랑했나봐’(윤도현)를 꼽았다. 또 사할린 동포들은 ‘어머니’(김국환), 북한 이탈주민은 ‘사랑의 미로’(최진희), 일본 오사카의 현지인은 ‘그래도 사랑이다’(신승훈, 드라마 ‘이 죽일 놈의 사랑’ O.S.T)를 가장 좋아하는 노래라고 답했다.[16]

자)(검색일: 2023.1.19.)

16) 뉴질랜드 교민신문(뉴질랜드 선데이타임즈), http://www.sundaytimes.co.nz/news/articleView.html?idxno=2249(검색일: 2023.1.19.)

제8장 지역 시민성

제8장 지역 시민성

1. 사회과 목표로서의 지역 시민성

지금까지 사회과 교육의 목표는 시민성 함양에 있으며, 이때 시민성이란 시민의 자질이고, 우리는 민주 국가에 살고 있으므로 결국 사회과 교육의 목표는 민주시민에게 요구되는 자질을 함양하는 것이라고 논의되어 왔다(송현정, 2003: 46). 또한, 사회과의 본질과 성격에 대해서는 다양한 견해가 있지만, 궁극적인 목표가 민주사회가 요구하는 바람직한 시민적 자질을 육성하려는데 있다는 것에 대해서는 일반적인 합의가 이루어져 있었다(이남섭, 2008: 17). 이처럼 지금까지 사회과 교육의 목표가 시민성 함양에 있다는 점에는 합의가 있어 오긴 했지만, 사회과의 목표에 대한 정의는 그에 대한 연구를 한 학자들만큼이나 다양하다(이남섭, 2008: 17). 그중에서 Barr, Barth, Shermis(1977)에 의해서 사회과 목표를 크게 세 가지 전통으로 분류할 수 있었고, 그것은 시민성 전달, 사회과학, 그리고 반성적 사고라는 세 가지 관점이 있다(이남섭, 2008: 17). 세 관점이 사회과의 목표에 대해서 서로 다르게 정의하고 있지만, 중심적 목표는 시민성 함양이라고 하면서, 사회과를 시민성 교육을 목적으로 한 인간관계에 관련된 경험과 지식의 통합이라고 정의하였다(이남섭, 2008: 17).

이와 관련하여 미국 사회과 교육협회인 NCSS에서도 오랫동안 민주 시민의 자질 육성이 사회과 목표라고 주장해 왔다(이남섭, 2008: 17). NCSS는 사회과 교육과정 표준안(1994)에서(이남섭, 2008: 17) "사회과는 시민적 자질을 향상시키기 위하여 사회과학과 인문과학을 통합시킨 교과이다"라고 정의를 내렸다. 또한 제7차 사회과 교육과정에서는 "사회과는 사회 현상을 올바르게 인식하고, 사회 지식 습득과 사회생활에 필요한 기능을 익히며, 민주사회 구성원에게 요청되는 가치와 태도를 지님으로써 민주 시민으로서의 자질을 육성하는 교과이다."라고 규정하고 있다(교육부, 1998: 28).

시민으로서의 책임과 권리 의식, 합리적 사고, 사회 참여 능력을 바탕으로 한 정보의 수집·처리·표현·활용 기능과 자기 주도적 학습 능력, 비판적 사고 능력, 창의적 사고 능력, 합리적 의사 결정 능력"이 새로운 시민적 자질로서 강조되고 있다(이남섭, 2008: 18). 이러한 다양한 능력들은 사회과 교육의 목표로서의 시민성 함양을 위해서 필수적으로 요구되는 능력들이라고 할 수 있다(이남섭, 2008: 18). 이러한 능력들이 다양한 교수-학습 방법으로서 학습하고 습득하면서 민주 시민으로서의 자질을 갖추게 될 것이다(이남섭, 2008: 18). 그러나 그동안 우리의 사회과 교육은 목표의 3가지 측면 즉, 지식, 기능, 태도와 가치에서 사회과학의 제 지식을 효과적으로 전달하는 지식 위주의 사회과 모습을 크게 벗어나지 못하였다(이남섭, 2008: 18). 이에 따라 지식과 행동, 지식과 문제해결이 별개로 존재하여 민주 시민성의 함양을 궁극적인 목표로 삼는 사회과 교육에 대한 회의와 비판이 꾸준히 제기되어 왔다(이진석, 1999: 18). 이러한 비판에서 사회과 교육의 중요한 목표로서 기능 목표가 지식 목표 못지않게 강조되고 있다(이남섭, 2008: 18). 사회과에서 가르쳐야 하는 기능 목표는 학생들이 사회 인식을 위해 필요로 하는 제 기능을 익히기 위한 것으로, 지식정보를 파악하는 방법을 익히는 지적 기능과, 사회생활에서 타인과 접촉하면서 가져야 할 사회적 행위방법을 익히는 사회적 기능으로 나누어 볼 수 있다(이남섭, 2008: 18). 먼저, 지적 기능은 정보의 수집 처리 능력, 발견 및 탐구 능력, 사고력 등을 기르려는 기능이며, 사회적 기능은 의사소통, 상호 협동, 사회 참여에 대한 능력을 기르려는 기능이다(이남섭, 2008: 18). 이는 제7차 사회과 교육과정의 중학교 교육과정 해설서에 영역별 목표에서도 기술되어 있다(교육부, 1999: 255-256).

'사회 현상과 문제를 파악'함에 있어 현상과 문제란 역사, 지리, 제 사회 과학과 관련되는 문제들이며, 어느 지식 영역의 학습에서든 '지식과 정보를 획득, 조직, 활용하는 능력'이 필요하다(이남섭, 2008: 19). 따라서 사회과에서 '탐구 능력', '의사결정능력', '사회 참여 능력'들도 모든 지식 영역의 학습과정에서 지식의 이해와 함께 추구되는 것이며, 그렇게 될 때 비로소 '사회생활에서 나타나는 여러 문제를 합리적으로 해결'할 수 있는 능력과 의사 결정 능력이 길러진다는 점을 강조하고 있다(이남섭, 2008: 19). 관련하여 울에버와 스콧(Woolever & Scott, 1988), 엥글과 오초아(Engle & Ochos, 1988) 등이 중시하는 사회과의 기능 분류나, 미국의 전국 사회과 교육협의회(NCSS, 1994)와 메세추세츠 사회과 교육과정(Massachusetts Board of Education, 1996)의 스트랜드 등에서도 사회 참여를 중요한 기능으로 들고 있다(이진석, 2000: 282).

또한 시민의 참여의지와 능력의 배양을 위한 조치로는 시민교육이 필수적이다. 시민교육은 민주시민을 육성하기 위한 교육적 노력이라 할 때, 민주시민은 참여의지와 능력을 그 핵심적 속성으로 포함하고 있으므로 양자 간의 관계는 필연적이다(이남섭, 2008: 19). Poster와 Kruger(1990: 5)는 "시민성을 공허한 지식과는 무관하다 또는 조직이나 지도자의 자리를 차지하는 것과도 무관하다. 그것은 단지 참여와 관련 있을 뿐이다."라고 함으로써 참여와 시민교육의 관계를 단적으로 확인하고 있다(이남섭, 2008: 19). 요컨대, 민주시민성의 핵심이 참여에 있고, 시민교육이 시민성의 고양을 목표로 한 교육활동이라 할 때, 시민교육은 바로 참여를 위한 교육이라 할 것이다(이승종, 2001: 295).

학생들은 사회 참여 기능을 익힘으로써 의사 결정자로서 권리와 의무를 인식하고 민주적 절차를 배우게 하여 자기 통제와 공동체 의식을 함양하며, 현실과 이상 사이의 갭을 메우는 과정에서 자신의 역할을 이해하고 실천하게 된다(이남섭, 2008: 19; 이진석, 2000: 282 재인용). 그리고 사회과 교육과정이 학생들로 하여금 능동적이고 참여하는 시민이 되도록 해야 한다는 것을 전제로 하며, 또 '현명하고 참여하는 시민'을 육성하는 것을 사회과 목표로 삼고 있다(Fullinwider, 1991: 11; 이진석, 2000: 282 재인용)는 점에서 사회 참여 기능의 학습 문제가 관심을 끌고 있는 것이다(이남섭, 2008: 19). 또한, 다중적 지위를 지닌 시민으로서 세계 시민 교육의 가능성을 탐색하고 있는 Heater(1992: 337-338)는 시민성 함양을 위한 학습 요소 범주를 지식, 가치, 기능으로 구분하여(이남섭, 2008: 19) 다음과 같이 제시한다.

1) 시민성 함양을 위한 학습 요소

■ 지식(시민으로서 알아야 할 지식)

- **사실:** 국가와 시민의 역할에 관한 역사적 맥락/ 상이한 공간 차원에서 나타나는 주요 문제와 쟁점/ 정체성, 애국, 자유, 권리, 의무, 정의, 사회적 정의, 대의제 등과 관련된 헌법적 사실(이남섭, 2008: 20)
- **이해:** 위의 사실과 관련해서 자신이 개인적으로 특정한 법률이나 쟁점에 의해 어떤 영향을 받을 것인지, 자신이 처해 있는 지역은 국가 또는 지구적 맥락에서 어떤 위치에 있는지 등에 대한 이해(이남섭, 2008: 20)
- **개인적 역할:** 위와 관련해서 개인적으로 요구되는 역할

■ 가치(시민으로서 지녀야 할 가치)

- **자기 이해:** 자신의 편견을 인식하고, 합리적이고 유연한 사고의 추구
- **타인 고려:** 자기 이해의 거울상으로서의 타인에 대한 관용 및 이를 위한 다양한 관점에서의 조망 추구(이남섭, 2008: 20)
- **가치 존중:** 증거의 신뢰 자유, 정의, 공정, 이타심 등에의 헌신, 자유와 권리의 상승적인 순환 관계의 중시

■ 기능(시민으로서 지녀야 할 기능)

- **판단:** 자료 수집, 조직, 분석, 평가, 비판적 사고, 감정 이입(이남섭, 2008: 20)
- **의사소통:** 토의, 토론 기능
- **행동:** 참여, 로비, 청원

그리고, 미국사회과교육학회(NCSS)가 사회과의 주된 목표로서 전통적 3분법(지식, 기능, 가치)외에 참여를 별도로 강조하는 것은 참여를 통해서 사회과의 목표가 달성될 수 있다고 보는 것이다(이남섭, 2008: 21). 이에 대해 미국사회과교육학회(NCSS)는 시민성의 요소로서 『① 공동체의 사건과 업무에 능동적으로 참

여하기, ② 나 자신과 이웃, 공동체에 관하여 걱정하기, ③ 개인적 재능과 기능을 공유함으로써 공동체에 기여하기, ④ 자발적인 행동, ⑤ 문제에 관하여 스스로 교육하고 토론에 참여하기, ⑥ 투표하기, ⑦ 봉사와 기부를 통해 다른 사람을 도와주기』를 들고 있다(이남섭, 2008: 21). 결국 민주시민성 교육에서 참여를 주장하는 것은 참여 자체로서의 의미보다 참여를 통한 협동력 내지 공동체에의 기여 능력(태도)을 함양하기 위한 것이며, 이러한 협동력에 도달하기 위한 외현적 행동이 바로 참여라고 할 수 있을 것이다(추정훈, 2000: 379). 이와 같이 사회과 목표에서 궁극적으로 추구하는 민주 시민의 자질, 즉 시민성을 함양하기 위한 여러 가지 필수 능력 중에서 사회적 참여 능력은 사회과에서 주요 관심사이자 강조 대상인 문제해결능력과 의사결정능력 만큼이나 중요성과 그 필요성이 있음을 사회과 교육의 여러 분야에서 발견할 수 있다(이남섭, 2008: 21). 이러한 사회적 참여는 지역 시민성에서 주로 강조하는 지역 정체성과 함께 주요 구성요소로서, 지역 시민성 함양을 위한 중요한 학습 요소의 기능을 할 수 있다(이남섭, 2008: 21).

2. 지역 정체성과 지역 시민성

1) 지역 정체성의 개념

정체성(identity)은 개인이 참여하는 집단 내지 공동체에 소속되어 그 공동체의 일원임을 자각하고 그 구성원으로서 책임, 의무, 권한 등의 역할을 원만히 수행하는 데 필수적으로 요구되는 특성이라 할 수 있다(박용헌, 1996: 230). 정체성은 가정, 직장, 학교, 고향, 지역 사회, 국가 등 개인이 소속된 공동체와의 관계 속에서 형성되고 발달해 가는 것이다(이남섭, 2008: 22). 이러한 정체성은 개인의 자아관 확립을 위해서, 그리고 공동체의 일원으로서의 시민성 확립을 위한 기초가 된다(설규주, 2000: 33). 정체성은 원래 심리학의 '자아이론(self theory)'에서 등장한 것으로 한 개체 또는 사회적 집단의 타자와의 구별되는 특성을 의미한다(이남섭, 2008: 22). 1950년대에 '자아정체성'이란 개념을 처음으로 제시한 미국의 정신분석학자 에릭슨(E.H Erikson)도 개념상의 함축성으로 인해 명확하게 조작적 정의를 내리기는 어렵다는 점을 인정하면서, 정체성을 개인 정체성(individual identity)과 집단정체성(collective identity)으로 구분하고 있다(이남섭, 2008: 22). 개인 정체성은 한 개인이 타인과는 다른 독립된 고유한 존재로서 갖게 되는 정체의식을 의미하는 반면에, 집단정체성은 개인이 속한 집단에 자신을 일치시키는 것으로서 민족적 정체성이 그 대표적인 보기라 할 수 있다(이남섭, 2008: 22). 즉 개체로 보았을 때는 다른 것과 구별되는 특성인 '개별성'의 의미(identity of)를 지니고, 하나의 집단으로 보았을 때는 그 구성원들 간에 공유되는 특성인 '동질성'의 의미(identity with)를 지니므로 양면적인 성격의 개념이라고 할 수 있다(이남섭, 2008: 22; 김한배, 1994: 28-29). 그리고 사회학적 측면에서 보면, 정체성은 '내가 누구이며, 나는 무엇을 해야 하고, 어떻게 해야 하는지'에 대한 판단의 집합이다(이남섭, 2008: 22; 심재호, 2000: 14 재인용). 그것은 나를 둘러싼 사회적 관계 속에서 나의 지위와 그 지위에 결부된 역할에 관한 일련의 정의들로 구성된다(이남섭, 2008: 22). 그러므로 정체성을 갖는다는 것은 바로 이러한 일련의 정의를 자신의 것으로 인정하고 동일시하는 것을 의미한다(이진경, 1997: 14). 또한 지리학의 환경 또는 경관의 측면에서 정체성의 개념은 근래 환경심리학과 인간주의 지리학에서 인간과 환경사이의 체험적, 상호 반영적 측면을 중시하는 '장소' 개념과 함께 등장하여 주목받기 시작하였으며, 이 정체성은 '장소성', '이미지', '상징성', '장소감' 등의 개념들과 긴밀한 관계를 가지면서 인간과 환경의 인지적, 체험적 차원을 총체적으로 규명하는데 사용되는 개념이다(이남섭, 2008: 22; 김한배, 1994: 29; 임화자,2005: 14 재인용).

이러한 정체성이 어떻게 형성될 수 있는가는 세상에 막 태어난 어린아이가 처음부터 특정 정체성을 유전적으로 타고나는 것은 아니다(이남섭, 2008: 22). 그 어린아이는 사회 속에서 성장하여 발달의 경로를 구축해 나간다(남호엽, 2001: 39). 그러므로 정체성은 관계적이며 또한 역사적인 개념으로서 다양한 사회적 관계의 틀 속에서 만들어진다(이남섭, 2008: 22). 즉 사회적 상호 작용 속에서 지역이나 국가, 집단과 장소, 장소와 다른 장소 간의 상호관계의 정도가 증가함에 따라 정체성을 형성하게 되는 것이다(심재호, 2000: 14-15). 이에 따라 지역 정체성(regional identity)은 사회적 상호작용을 통해, 타지역이 가지지 못한 지역의 자랑스러운 역사와 전통을 중요한 부분으로 간주하며(심승희, 1995: 4), 지역민들로 하여금 지역이란 범주 내로 일정하게 지향성을 갖고 행위하도록 하고(조명래, 1996: 91-108), 어떤 지역의 다른 지역과 차별화되는 그 지역의 자기다움으로 지역의 역사, 문화, 산업, 자연 자원, 인적 자원, 경관 등으로 형성되며 지역이미지를 형성하는데 중요한 변수가 된다(김주원, 2003: 50). 또한 지역 정체성은 타지역과의 대비 · 경쟁을 통하여 지역의 내에서 구성원 간에 응집되는 독특한 집단적 정체성을 통하여, 지역의 주민들로 하여금 '소속감', '동질성', '통일성' 그리고 '정체성'을 갖게 하고, 생활 속에서 하나 됨을 체험할 수 있는 그 지역만의 '고유성'과 '상징성'을 소유하도록 한다(심재호, 2000: 15). 이상의 개념과 의미를 종합해 볼 때, 지역 정체성은 '한 지역의 구성원(주민)으로서 소속감과 동질성을 가지고 살아가는 가운데 하나 됨의 체험을 통하여 습득된 타지역과 구별되는 그 지역만의 고유성과 상징성이라고 정의해 볼 수 있겠다(이남섭, 2008: 23).

2) 지역 정체성과 교육 및 구성요소

지역 정체성이 특정 지역에 거주하면서 지역 주민들과의 사회적 상호관계, 그리고 그 지역만의 고유하고 상징적인 지리적 환경, 문화적 상징, 역사적 경험 등을 체험하고 공유함에 의해서 형성된다고 할 때, 지역 정체성 형성의 과정에 교육이 지대한 영향을 미칠 수 있음을 알 수 있다(이남섭, 2008: 23). 즉, 교육을 통해서 정체성의 드러냄과 정체성의 구성을 촉진하게 하고, 교육이 실행됨으로서 학습자에게 지역사회의 구성원으로서 특정 정체성을 가지도록 할 수 있다(이남섭, 2008: 23). 지역의 모든 요소들이 지역 정체성 형성에 영향을 미친다고 할 수 있다. 즉, 지역의 모든 상징 요소가 지역 정체성의 구성인자로서 작용할 수 있다(이남섭, 2008: 23). 지역 정체성은 지역의 상징이 함축하고 있는 의미를 통해서 획득된다고 할 수 있게 된다. 그러므로 지역의 상징요소를 추출하는 것은 매우 중요하다. 상징에 대한 정의가 다양하듯이 상징분류에 대한 견해도 다양하다(이남섭, 2008: 23). 상징의 형성 주체에 따라 자연적 상징과 인위적 상징, 존재 양식에 따라 자연적 상징, 제도적 상징, 개인적 상징 등으로 다양하게 분류하고 있다(황홍섭, 1997: 231). 이와 같은 상징의 분류를 바탕으로 지역의 상징 요소, 즉 지역 정체성의 구성 요소에 대한 여러 학자들의 견해를 살펴보고, 이를 바탕으로 지역의 상징요소 즉, 지역 정체성의 구성요소를 역사적 요소인 시간성, 자연환경 및 지리적 요소인 공간성, 사회적 요소인 사회성으로 크게 범주화하고, 하위의 세부 내용들을 정리할 수 있다(이남섭, 2008: 23). 역사적 요소인 시간성과 자연, 지리적 요소인 공간성은 대체로 사실적인 현상과 지식에 그 주요 근간을 두고 있다(이남섭, 2008: 23). 이런 사실적 현상과 지식을 기초로 하고, 그것들은 사회적 요소로서 사회성을 구현하기 위한 토대로서(이남섭, 2008: 23) 중요한 기제가 될 것이다.

3) 지역 정체성의 구성요소

김한배(1994)의 연구에서는 ① 자연경관 요소: 산, 강, 바다 등, ② 역사경관 요소: 궁성, 사찰 등, ③ 활동적 경관 요소

류연수(1997)의 연구에서는 ① 자연환경: 위치, 기후, 지형, 면적 등, ② 사회환경: 인구, 취락구조, 행정구역, 재정, 산업 등, ③ 인문환경: 교통, 통신, 보건환경, 문화유산 등

김용만(1996)의 연구에서는 ① 지역의 자연, 인구, 취락, ② 지역 주민의 생활: 생계 활동, ③ 주민의 생활: 생활환경, 정치, 사회생활 중심

김주원(2003)의 연구에서는 ① 역사정체성: 역사적 사실 · 인물 · 유물 · 유적 등(이남섭, 2008: 23), ② 경관

정체성: 미관, 자연경관, 도심경관, 건축물 등, ③ 문화정체성: 문학, 예술, 음식, 민속, 축제, 복장 등, ④ 산업정체성: 관광, 수공업, 농산물 등

사회적 요소로서 사회성은 대체로 추상적인 형태로 시민 사회를 구성할 수 있고, 그것들은 지역의 정치, 경제, 사회문화 등의 사회제도를 그 대표적인 예로 제

시할 수 있다(이남섭, 2008: 24). 주로 역사적인 시간성과 환경, 지리적인 공간성에 대한 학습은 일반적으로 행해지고 있는 내용의 지역화 방법을 통한 지역학습의 형태로서 지역 명소, 유물, 유적 등의 문화재와 타지역과 비교될 수 있는 독특하고 고유한 의미를 지닌 환경, 지리적 장소 등을 체험 · 경험하고 방문을 통해서 학습의 효과를 거둘 수 있다고 생각한다(이남섭, 2008: 24). 또한, 이는 실제로 교육 과정 상에서 지역화 단원이 명시된 초등학교에서 주로 활용하고 있는 지역학습의 방법으로, 이를 통한 지역화 학습이 충분히 이루어지고 있다고 생각한다(이남섭, 2008: 24). 통합적인 관점에서는 지역 정체성의 세 가지 요소를 균형적으로 함양시키며 교육해야 한다고 제시하지만, 여기서는 지역 정체성의 구성요소 중 주로 사회적 요소로서 사회성 함양을 위한 방향에 주안점을 두고자 한다(이남섭, 2008: 24).

3. 사회적 참여와 지역 시민성

참여라는 말은 지난 수세기동안 정치사회학자들의 주요한 논제가 되어 왔다(이남섭, 2008: 25). 옥스퍼드 사전에 의하면, 참여란 '다른 사람과 함께 어떤 일이나 활동의 일부분을(이남섭, 2008: 25) 떠미는 것'이라 한다. 일반적인 의미에서 참여는 사람들이 무엇인가를 하면서 다른 사람과 행동을 공유하는 것이며, 다른 사람과 함께 행동을 수행하는 것을 말한다(이남섭, 2008: 25). 여기서 나아가 사회참여란 공적인 문제를 해결하기 위하여 자발적으로 다른 구성원들의 복지를 고려하면서 다른 사람들과 함께 공적인 의사결정과정이나 수행과정에 영향력을 행사하는 것을 의미한다(이남섭, 2008: 25; 이해주, 2000: 212 재인용). 오늘날 일반적으로 이해되고 있는 참여는 법으로 규정되어 있는 참정권 이상의 것을 가리킨다(이남섭, 2008: 25). 선거와 투표를 비롯하여 정당 활동에의 참여, 의사결정과정에의 참여, 여론 형성에의 참여, 사회운동에의 참여 등 다양한 형태의 참여를 가리키고 있다(박용헌, 1996: 155). 과거에는 사회참여를 주로 정치적 성향이 강한 정치 참여라는 의미에서 사용하였으나 최근에는 환경문제, 여성문제, 인권문제 등 여러 가지 사회문제나 생활양식, 가치의 문제에로까지 참여의 범위가 확대되고 있다(이남섭, 2008: 26). 그 이유는 사회적 삶의 정치적 영역과 비정치적 영역이 융합되고, '사적인' 도덕적, 경제적 관심과 행위양식이 '정치적'인 것을 구분해 주던 경계선이 점차 모호해지기 때문이다(Offe, 1985: 155). 그리하여 사회 참여는 공적 영역뿐만 아니라 공적이지도 사적이지도 않은 비제도적 정치유형의 이슈에 대한 참여 모두를 의미하게 되었다(이남섭, 2008: 26).

또한 김원태(2001)는 일반적인 의미에서의 참여는 다른 사람과 함께 어떤 일이나 활동의 일부분을 맡거나 일에 영향을 행사하는 행동을 말한다(이남섭, 2008: 26). 사회 참여는 일반적 의미의 참여보다는 좀 더 포괄적인 개념으로서 행위의 목적이 사회적 의미를 지니고 있고, 행위자의 신념과 실천을 중시하며, 정치 참여라는 개념보다 더 넓은 개념이라고 할 수 있다(김원태, 2001: 59). 이와 같이 참여는 정치 참여와 사회 참여로 구분하여 그 의미와 개념을 파악할 수 있을 것이다(이남섭, 2008: 26). 우선 정치 참여의 개념에 대해서 학자에 따라 상당한 차이를 보이고 있지만 대체로 최광의, 광의 그리고 협의의 정의로서 다음과 같이 정리하고 있다(추정훈, 2000: 373-374).

최광의의 정의는 정치 참여를 정부와 정치에 영향을 미치거나 지지하려는 사적인 시민의 행동(Milbraith & Goel, 1977: 9)을 말한다.

광의의 정의는 합법적이든 비합법적이든 공공정책의 선택과 공공정책의 집행 또는 정치 지도자의 선택에 영향을 미치고자 하는 어떤 자발적 행동(Weiner, 1971) 또는 어떤 사회의 성원이 규칙의 선택과 공공정책의 형성에 직·간접적으로 참여하는 자발적 행동(McClosky, 1968: 15)이라고 한다.

협의의 정의로서 정치 참여는 시민이 정부 관리를 선출하거나 그들의 행위에 영향을 미치기 위하여 다소간 직접적으로 의도된 개인으로서의 시민의 합법적 행동(Verba & Nie, 1972: 11)이라고 할 수 있다.

위의 정의들을 분석하면 첫째, 공통적으로 정책의 형성이나 지도자 선택에 있어서 영향을 미치고자 함을 목적으로 한다는 것이다(이남섭, 2008: 26). 따라서 노동쟁의 등은 제외된다. 둘째, 행동으로 표현되어야 한다는 것이다. 그러므로 정부에 대한 단순한 감정이나 태도를 갖는다고 할지라도 행동으로 표현되지 않는다면 정치 참여라 볼 수 없을 것이다(이남섭, 2008: 26). 셋째, 일반 시민의 행위라는 것이다. 직업정치인이나 관리의 일상적인 행위는 여기서 제외된다. 넷째, '선택'행위라는 것이다(이남섭, 2008: 26).

이상의 정의를 분석 종합해볼 때, 정치 참여는 정치 지도자 선택이나 정부의 정책 결정 형성에 영향을 미치기 위해 취하는 자발적 행동이라고 정의할 수 있다(추정훈, 2000: 374). 이러한 정치 참여와 관련하여 다른 정치사회의 전개 측면도 마찬가지이지만 특히 민주화, 지방화 추세는 시민의 참여의식을 요구한다(이남섭, 2008: 26). 민주화는 사회의 주인으로서의 시민의 적극성을 전제로 하는 것이며, 지방 자치 역시 주민의 참여를 전제로 한 것이며 주민참여 없는 지방의 발전은 불가능하기 때문이다(이승종, 1997: 38). 결국 정치 참여는 지방화 및 지방 자치와 실질 민주주의 정착에 직결되는 문제라고 생각할 수 있을 것이다(이남섭, 2008: 26).

다음으로, 사회 참여에 대해서 이해주(2000)는 현대 사회에서의 사회 참여를 정치적인 문제에 대한 참여뿐만 아니라 다양한 사회문제에 대해 시민들이 적극적으로 관심을 갖고 개인적으로 또는 집단적으로 연대하여 자발적으로 필요한 자원을 투여하고, 공감을 확산하고, 압력을 행사하는 등의 영향력을 발휘하여 주민 스스로 문제를 해결하는 것을 말한다고 정의하였다(이남섭, 2008: 26).

한편, 최현섭(1999)은 사회 참여란, 깨어있는 시민이 자신과 공동체의 질적인 발전을 목표로, 의제 설정과 담론 생산 등 사회적 의사결정의 초기 단계에서부터 모든 일의 추진과정과 결과, 평가에 이르기까지 전 사회과정에 대하여 지속적으로 관심을 가지고, 개인적으로 또는 집단적으로 연대하여 자발적으로 필요한 자원을 투여하고 공감을 확산하고 압력을 행사하는 등의 다양한 영향력을 발휘하는 것을 의미한다고 하면서 '깨어있는 시민'을 강조하였다(이남섭, 2008: 26). 여기서 깨어있는 시민이란 모든 문제를 총체적인 시각에서 인식하고 비판적으로 분석하며, 확고한 주관과 개혁의지를 갖고 문제를 지성적으로 해결할 수 있는 사람을 의미한다(이남섭, 2008: 26). 그러므로 진정한 사회 참여란 깨어있는 시민들이 모든 사회문제를 인식하고 이를 해결하기 위해 일상생활에서 시민으로서의 의무를 실천하는 것이라 하겠다(이남섭, 2008: 26). 따라서 '사회적 참여'란 "사회구성원이 개인적으로 또는 다른 사람과 함께, 공동체에 관련되는 의사결정과정을 비롯한 모든 사회과정에 지속적으로 관심을 가지고 적극 참여하면서 구체적인 영향력을 발휘하여, 공동체의 발전을 추구하는 사회적 행위"라고 개념 규정하고자 한다. 결국 이러한 사회 참여는 사회구성원들이 사회적으로 성장하는 과정에서 후천적으로 습득함으로써 일상적인 생활에 반영되어 나타나는 시민성이기 때문에, 그것을 어떻게 훈련시킬 것이냐에 따라 사회과에서 목표로 추구하는 시민적 자질 함양과 더불어 사는 공동체적 시민사회가 확립될 수도 있고, 그렇지 않을 수도 있을 것이다(이남섭, 2008: 26).

4. 교육과정 지역화와 지역 시민성

앞 절에서 논의한 정체성과 참여는 하나로 맞물려 있는 개념이다(이남섭, 2008: 27). 공동의 참여란, 단지 해당 공동체 내의 문제를 해결하기 위한 제도만으로 가능한 것이 아니라 구성원들 사이에 '공유'하는 가치와 그들이 소속된 공동체에 대한 '소속감'이 있을 때 진정으로 가능하다(이남섭, 2008: 26). 또한 해당 공동체 내에서 자신의 진정한 정체성을 발견해야만 자발적인 참여가 자연스럽게 나올 수 있다(설규주, 2000: 33-34). 그리고 참여는 지역사회와 밀접한 관련이 있다. 참여는 사람들의 일상생활 터전이 되는 곳에서 가장 잘 일어난다(이남섭, 2008: 26). 특수한 지역적 차원의 시민성이 중요한 이유는 실제적 생활의 터전에 구현되지 못하는 민주적 시민자질은 아무런 의미가 없기 때문이다(이남섭, 2008: 26; 설규주, 2000: 33재인용). 지역 사회는 모든 시민의 지근거리에 있는 삶의 장으로서 다양한 구성원간의 직접적인 교호가 가능할 뿐만 아니라, 이해관계의 직접적인 관련성에 기초하여 참여의 유인도 크므로 실천적 시민교육의 장으로서 중요하다(이남섭, 2008: 26). 이와 같이 시민교육의 장으로서의 지역사회의 중요성은 일찍이 J.S.Mill

이 강조한 이래 많은 논자들에 의하여 지지되고 있는 바, 예컨대, Arendt(1963)는 지역사회가 시민에게 상호접촉을 통하여 집단적 담론 및 의사결정의 체험을 할 수 있는 기회를 부여하는 효과적인 공공학습의 영역이며, 각 시민이 정치공동체 안에서의 생활에 관한 이슈들을 민주적으로 공동 해결하는 대표적인 "공공영역"이라고 강조한 바 있다(이남섭, 2008: 27). 뿐만 아니라 지역 사회는 중앙단위에서 공식적 참여의 기회가 적은 소외계층이 보다 효과적으로 참여할 수 있기 때문에 사회정의의 실현의 장으로서도 중시되어야 한다(이남섭, 2008: 27). 요컨대, 참여는 참여를 통하여 가장 잘 배울 수 있다고 할 때, 지역사회는 그러한 참여를 실천할 수 있는 장일 뿐만 아니라 참여 유발이 용이한 장이기 때문에 참여를 위한 유용한 시민교육의 장이 되는 것이다(이승종, 2001: 300-301).

위와 같이 지역사회는 시민성 함양을 위한 시민교육의 토대가 되기 때문에, 지역 사회에 대한 학습이 중요한 것이다(이남섭, 2008: 27). 결국, 이러한 중요성을 지닌 지역 사회에 대한 학습을 위해서는 교육과정 지역화의 방법을 활용하는 것이 필요하다(이남섭, 2008: 27). 교육과정 지역화를 활용한 지역화 학습을 통해서는 지역 공동체에 대한 사실 지식과 소속감, 애향심을 고취시킬 수 있어 학습의 결과로 지역 정체성이 함양될 수 있으며, 동시에 지역사회는 참여를 실천할 수 있는 장, 참여 유발이 용이한 장이기 때문에 참여를 위한 유용한 시민교육의 장으로서의 기능을 수행하게 된다(이남섭, 2008: 27). 교육과정 지역화를 활용한 지역학습은 지역 정체성 함양과 사회 참여 기능을 동시에 기를 수 있게 되고, 이 두 가지 요소들이 합쳐져서 지역 시민성 함양이라는 궁극적인 목표로 귀결될 수 있는 것이다(이남섭, 2008: 27). 그리고, 본 연구에서는 이렇게 기본적으로 논의되어진 사회과 목표로서의 시민성과 지역 정체성 및 참여의 의미와 요소들을 종합적으로 고려하여 지역 시민성의 개념과 의미를 이해할 수 있다. 설규주(2000)의 연구에서는 지역 시민성을 '자신이 속한 특수한 공동체의 유지와 발전을 위하여 적극적으로 참여하고, 헌신하는 자질을 가리킨다.'고 말하고 있으며, 이승종(1997)의 연구에서는 주민성(지역 시민성)에 대해서 '자신이 속한 지방의 주민으로서의 시민성이라고, 그리고 지방발전에 기여할 수 있는 시민의식'이라고 주민성(지역 시민성)을 규정하고 있다(이남섭, 2008: 27). 결국, 지역 시민성의 개념을 살펴보면, 지역 시민성은 일반적인 시민성과 비교할 때, 궁극적으로 추구하는 목표 차원에서는 거의 동일하다고 이해할 수 있다(이남섭, 2008: 28). 다만, 목표 달성을 위한 방법적 차원으로 학습자의 인식 수준을 고려하여 그 수준을 학습자의 주변인 지역 사회의 소재를 활용하면서, 시민성이 추구하는 궁극적인 목표에 좀 더 쉽게 접근하고자 하는 것이라고 이해할 수 있다(이남섭, 2008: 28). 또, 지역 시민성은 학생들이 시민성을 쉽게 익히고 함양하기 위해서 그 수준을 학습자 인식 수준을 고려하여 지역사회 수준으로 스케일을 줄여 놓은 것이라고 파악할 수 있고, 그것을 지역 시민성이라고 명명할 수가 있을 것이다(이남섭, 2008: 28). 그러므로, 지역 시민성은 '지역 수준의 스케일에서 함양할 수 있는 시민성'이라는 의미를 지니며, 좀 더 구체적으로 표현하면 '지역 공동체의 유지와 발전을 위해서 지역사회와 지역 문제 해결 과정에 적극적이고 능동적으로 참여하여 지역 발전에 기여할 수 있는 시민성'이라고 할 수 있을 것이다(이남섭, 2008: 28). 그리고, 지역 시민성에서 주요 강조 요소로서 지역 정체성(지식, 가치 · 태도)과 능동적 사회 참여(시민으로서의 행동)를 규정하고자 한다(이남섭, 2008: 28). 단, 시민성 함양을 위해 참여를 강조하기에 앞서 사회과 교육에서 제시된 다양한 능력들이 선행되어야 할 것이다(이남섭, 2008: 28). 문제해결 능력과 의사결정능력 등을 통한 올바른 문제 해결이나 합리적 의사 결정의 과정이 없는 단순하고 기계적인 맹목적 참여가 이루어지면 그것은 무의미한 참여가 될 것이 자명하기 때문이다(이남섭, 2008: 28). 이에 대해서, 본 연구에서 적극적이고 능동적인 성격을 지닌 사회적 참여는 선행 능력인 의사결정능력이나 문제해결능력 등이 이미 수반된 개념이라고 전제해야 할 것이다(이남섭, 2008: 28). 민주 시민의 자질로서 의사결정능력이나 문제해결능력의 중요성은 인정하지만, 본 연구의 주안점이 지역 정체성과 참여 능력을 강조하는 지역 시민성 함양에 있기 때문에 이러한 전제가 필수적으로 요청된다(이남섭, 2008: 29). 국내 교육현장에서 세계 시민교육이 실행된 맥락은 크게 세 가지 축에서 살펴볼 수 있다(권희연, 2007: 12). 첫째, 한국의 교육과정은 2007, 2009 개정교육과정에 이어 2015 개정교육과정까지 국가교육과정 총론에서 제시한 '추구하는 인간상'을 비롯하여 도덕, 사회 등 관련 교과 내용에서 학습자들을 세계시민으로 길러내고자 하는 비전과 내용을 상당부분 담아내고 있다(권희연, 2007: 12). 둘째, 국제사회의 공여국으로서 그 역할을 확대하고자 한국은 post-2015 교육 및 개발 목표를 달성하기 위하여 관련 활동에 적극적으로 참여하고 있으며, 그중 국제 이해교육이라는 교육 분야를 통하여 지난 10여년 간 국내외에서 초석을 다져온 세계시민교육을 발전시키기 위해 집중적인 노력을 기울이고 있다(권희연, 2007: 12). 셋째, 세계는 시민사회와 민간부문, 공공영역이 다양한 층위와 방법으로 긴밀하게(권희연, 2007: 12) 연계되었다.

1) 학교 교육에서의 세계 시민교육

1995년 김영삼 정부의 '5 · 31 교육개혁'에서는 세계화 시대의 교육이라는 이념과 방향 아래 개방화, 국제화 시대의 교육개혁과 인재 양성의 새로운 틀을 제시한 바 있다(권희연, 2007: 13). 이러한 흐름을 이어 2007년 개정된 교육과정의 연장선상에서 2009년에 개정된 교육과정에서도 세계시민교육의 윤곽이 강조되고 있는 것을 알 수 있다(권희연, 2007: 13). 2009년 교육과정이 추구하는 인간상은 '세계와 소통하는 시민으로서 배려와 나눔의 정신으로 공동체 발전에 참여하는 사람'으로 정의되어 있다(권희연, 2007: 13).

(1) 2015 개정 교육과정의 핵심역량

2015년 개정 교육과정의 핵심역량은 다음과 같다.

① **자기관리 역량:** 자아정체성과 자신감을 가지고 자신의 삶과 진로에 필요한 기초 능력과 자질을 갖추어 자기주도적으로 살아갈 수 있는 능력

② **지식정보처리 역량:** 문제를 합리적으로 해결하기 위하여 다양한 영역의 지식과 정보를 처리하고 활용할 수 있는 능력(권희연, 2007: 13)

④ **창의적 사고 역량:** 폭넓은 기초 지식을 바탕으로 다양한 전문 분야의 지식, 기술, 경험을 융합적으로 활용하여 새로운 것을 창출하는 능력

⑤ **심미적 감성 역량:** 인간에 대한 공감적 이해와 문화적 감수성을 바탕으로 삶의 의미와 가치를 발견하고 향유할 수 있는 능력(권희연, 2007: 13)

⑥ **의사소통 역량:** 다양한 상황에서 자신의 생각과 감정을 효과적으로 표현하고 다른 사람의 의견을 경청하며 존중하는 능력

⑦ **공동체 역량:** 지역 · 국가 · 세계 공동체의 구성원에게 요구되는 가치와 태도를 가지고 공동체 발전에 적극적으로 참여하는 능력

그러나 이처럼 중앙 부처와 지역교육청에서 세계 시민교육의 중요성이 강조되는 것과 달리, 학교 현장에서의 교육적 실천은 산발적으로 이루어지고 있고 그만큼 편차도 큰 것이 사실이다(김진희, 임미은, 2014: 22).

2) 교육부의 세계 시민교육

2016년 교육부는 업무계획 발표에서 2015년 5월 한국에서 개최된 UNESCO 세계교육포럼(World Education Forum 2015)을 계기로 한국발 국제 의제로 부상한 것을 (권희연, 2007: 13)중심으로 교육 공동체를 구축하고 이를 토대로 한국교육이 세계를 선도하겠다고 발표하였다. 세계시민교육을 국내외로 확산하기 위한 노력을 지속하기로 하였다. 우선, 학교급별 세계시민교육모델을 정립하고(모델안은 〈표6-1〉과 같은 내용으로 구성됨), 2015 개정교육과정에 기반한 세계시민교육 교수학습 지침서 발간 및 교육 자료 개발 지원, 교원연수, 한 · 일 · 중 대학생 세계시민교육 워크숍 개최, 유네스코 세계시민교육 포털 사이트 구축 등 국내외 세계시민교육 추진 기관과 전 세계 5개 권역별 중점 협력기관을(권희연, 2007: 14) 선정하였다.

〈표8-1〉 학교급별 세계시민 교육과정 모델안 (예시)

(목표) 세계 시민으로서 소속감을 갖고, 서로 다름을 존중하며 글로벌 현안 해결에 기여			
초등 저학년	초등 고학년	중학생	고등학교 이상
(방법) 체험활동 활용, 다양한 수업(교과)에 걸쳐 통합 실행	(방법) 도덕사회 교과 및 창의 체험활동 시간 활용	(방법) 자유학기제 프로그램(8주) 활용	(방법) 계기교육 (고교) 교양교육(대학/성인) 워크숍, 포럼 등
(예시) 세계시민 여권 만들기, 이웃에게 편지 쓰기	(예시) 도덕시간 역할놀이, 토론, 자료탐구	(예시) 모의 유네스코 총회	(예시) 대학생 토론, 워크숍, 강좌이수 등

* 출처; 교육부(2016), 2016년 교육부 업무계획, 권희연, 2007: 14.

이와 같이 교육부에서는 세계 시민교육과 관련하여 다양한 지원을 하고 있으며, 2016년 교육부의 업무계획과 예산안을 토대로 교육부가 세계 시민교육 관련 분야에서 진행하는 지원사업에 대하여 사업 내용과 필요성, 운영 방향과 추진체계 및 절차를 통해 자세히 알아보고자 한다(권희연, 2007: 15). 2016년 교육부의 주요 사업 중 세계시민교육 관련 분야에 지원한 사업은 크게 세 가지로 볼 수 있다(권희연, 2007: 15). 글로벌 교육 교류사업의 UNESCO 교육협력지원, 아태 국제이해교육원 지원과 글로벌 교육지원사업의 세계 시민교육(GCED) 역량 강화 지원이다(권희연, 2007: 15).

(1) 글로벌 교육 교류사업 - UNESCO 교육협력 지원

글로벌 교육 교류사업은 UNESCO, OECD, APEC, ASEM 등 국제기구와의 교육협력 활성화를 통한 국제 사회의 안목 배양 및 한국교육의 국제적 위상을 제고하는 것이 사업의 내용이며, 글로벌 교육 교류사업의 UNESCO 교육 협력지원은 지속가능발전 교육(ESD) 진흥의 일환으로 유네스코 키즈 프로그램을 지원하며, 유네스코 학교 네트워크 운영 및 유네스코 차세대 글로벌 인재 양성을 위한 프로그램인 유네스코 글로벌 창의 인성 교실, 유네스코 글로벌 리더십 캠프, 찾아가는 유네스코학교 등을 지원한다(권희연, 2007: 15).

① 필요성

UNESCO 교육협력사업은 '유엔 지속가능발전 교육 10년(DESD)의 후속조치로 추진하는 ESD 국제실천프로그램(Global Action Program)에 기여하고, 국내 유네스코 학교 네트워크 확대를 통해 평화와 지속가능발전을 위한 세계 시민교육 확산에 기여하기 위해 지원한다(권희연, 2007: 15).

② 사업 운영 방향

유네스코 외교무대에서 한국의 영향력을 제고하고, 국제사회 이슈에 관한 국내 전문가 발굴 및 활동 공간 확대와 한국의 국제사회 참여 및 성과들을 국내 각계와 공유하고자 한다(권희연, 2007: 15). 또한 유네스코를 통해 남북 및 동북아 교육·과학·문화 분야의 교류와 협력 활동을 적극 개발하고 추진함으로써 한반도와 동아시아 지역 평화에 기여하고, 나아가 국민들의 유네스코 활동에 대한 관심과 참여를 유도하고자 한다. 청소년들을 학교 안팎의 프로그램을 통하여 유네스코의 평화 이념과 세계 시민성을 갖춘 글로벌 인재로 양성하고자 하며, 세계교육포럼 결과에 따른 세계시민교육을 확산하기 위한 다양한 프로그램 운영하고자 하며, 유네스코 협회, 관련 기관·단체·네트워크의 활동 역량을 강화하기 위해 지원하며, 관련사업 이관을 통해 유네스코 활동의 전국적 확산을 도모한다(권희연, 2007: 15).

③ 사업추진체계

유네스코 한국위원회를 지원하는 사업은 다음과 같은 구조를 지니고 있다. 교육부가 유네스코 본부와 협조체제를 갖추고, 교육부의 기획·관리·평가 하에 교육부가 유네스코 한국위원회에 사업 시행 및 지침을 통보하면, 유네스코 한국위원회는 사업을 수행하고, 그 결과를 보고한다(권희연, 2007: 15).

(2) 글로벌 교육교류사업 - 아태국제이해교육원 지원사업

아태국제이해교육원 지원사업은 아태국제이해교육원의 아태지역 교원 연수 및 연수자료 개발, 국제 이해교육 연구 및 정책 개발, 글로벌 시민교육 확산사업과 교육과정 및 정책 개발, 교원 및 지자체 글로벌 시민교육 연수, 글로벌 시민교육 UN · UNESCO 포럼, 고등교육기관에서의 글로벌 시민교육 강좌 및 국제 네트워크 운영, 글로벌 시민교육 청소년 레일 프로그램, 국제 이해교육 자료 개발, 국제 이해교육 자료 관리 및 정보화 사업 등을 지원한다(권희연, 2007: 16).

① 필요성

Post-2015 교육 목표인 세계 시민교육 분야에서의 한국의 주도권 확보 및 가시성을 확대하고, 아태국제이해교육원을 세계 시민교육 허브 기관으로 육성하여 국내외 파트너십을 구축하고 콘텐츠 개발 · 보급 및 인력 양성을 지원하는 방안을 추진한다(권희연, 2007: 16). 이러한 지원을 통해 국제기구 유치국으로서의 선도적 역할을 수행하고, 국가 브랜드 이미지를 제고하고자 한다(권희연, 2007: 16).

② 사업 운영 방향

전 세계적으로 유일한 국제 이해 교육 전담기구이자, 국제 공식 무대에서 유네스코 카테고리 2기관의 롤모델로 평가받고 있는 아태국제이해교육원 지원을 통하여 한국의 국제적 위상 제고와 교육분야의 선도적 역할 수행에 주력하고자 한다. 또한 글로벌 시민교육의 세계적 선도기관인 아태국제이해교육원의 전문성을 활용한 글로벌시민교육 확산사업의 효과적 수행 및 전 세계인들의 글로벌 시민의식 함양에 기여하고자 한다(권희연, 2007: 16).

③ 사업추진체계

유네스코 아시아 · 태평양 국제이해교육원(이하 아태교육원, APCEIU)은 아시아 · 태평양 지역 유네스코 회원국 및 준회원국과 함께 국제 이해교육을 증진하고 발전시키기 위해 대한민국 정부와 유네스코 간 협정으로 2000년에 설립된 유네스코 산하 국제기구이다(권희연, 2007: 16). 아태국제이해교육원을 지원하는 사업은 교육부의 기획 · 관리 · 평가 하에 아태국제이해교육원에 사업 시행 및 지침을 통보하면 아태국제이해교육원은 사업을 수행하고, 그 결과를 보고한다(권희연, 2007: 16). 유네스코 본부 및 지역사무소, 유네스코 국가위원회, 아태지역 국가 교육부, 지역 기구(ASEAN, SEAMEO 등)은 교육부와 분야별 교육 협력사업을 진행하고, 아태국제이해교육원과는 협조체제를 지닌다(권희연, 2007: 17). 이러한 추진체계 하에서 아태국제이해교육원은 국제이해 교육 교원연수 및 정책을 개발하고, 이를 토대로 아시아 · 태평양 해당 국가 및 국내의 교사, 학생, 일반인을 대상으로 수행한다(권희연, 2007: 17).

(3) 글로벌 교육지원 - 세계 시민교육 역량강화 지원

글로벌 교육지원사업의 세계 시민교육 역량강화 지원 사업은 세계 시민교육 교육과정 개발을 지원하고, 교사교육가 기본연수 및 심화 연수와 청년 리더십 워크숍을 진행함으로써 세계 시민교육 전문가 양성과정을 운영한다(권희연, 2007: 17). 또한 세계 시민교육 클리어링하우스(GCED Clearing house) 구축 및 운영과 세계 시민교육 원격교육 프로그램을 개발 및 운영하는 ICT를 활용한 세계시민교육 확산을 지원하고자 한다(권희연, 2007: 17). 나아가 권역별로 세계 시민교육 정책포럼을 개최하고자 하며, 세계 시민교육 관련 연구소, 교육원, 대학, 시민사회 등으로 네트워크를 구축하고 모범 활동기관을 지원하고자 한다(권희연, 2007: 17).

① 지원 필요성

우리나라 국제 개발 협력 기본방향은 개도국의 자립 성장 기반 조성을 위한 역량 강화에 최우선 가치를 부여함에 따라 교육이 핵심 지원 분야로 대두되었다(권희연, 2007: 17). 급증하는 개도국 교육 원조 수요에 부응하고 원조효과성 제고를 위해서는 거대 자금을 투입하고 있는 타 공여국과는 차별적인 원조모델 개발과 대학, 기업, 민간 NGO의 전문성을(권희연, 2007: 17) 활용한 총체적인 지원방안 마련이 필요하다. 또한 ODA 수원국에서 공여국을 성장한 한국의 효과적인 교육 발전 노하우에 대한 개도국의 교육 개발 협력 요청이 증가하나, 이에 부응하는 다양한 사업추진이 미흡하다(권희연, 2007: 17). 따라서 교원, 교수·학습 프로그램 등 양질의 인프라를 적극 활용하여 교육분야 ODA 패키지 지원을 강화할 필요가 있다(권희연, 2007: 17). 또한 한국의 전폭적인 지지로 2015 세계교육포럼의 〈인천선언문〉에 양질의 교육을 위한 '세계시민교육'이 새로운 교육비전으로 포함됨에 따라 평화롭고 지속가능한 사회발전을 위한 세계시민교육을 지원함으로써 국가 이미지를 제고하고 한국 교육모델의 세계적 브랜드화를 추진한다(권희연, 2007: 18). 또한 더불어 살아가는 지혜를 갖춘 '세계시민'은 21세기의 새로운 인재상으로 이를 양성하기 위해 교육과정개발 및 교육관계자들의 역량을 강화해야 한다(권희연, 2007: 18).

② 사업 운영 방향

교육 패러다임 전환의 핵심인 세계 시민교육 분야의 역량 강화를 주도하고, 국제사회의 요구에 부응하여 개발도상국 교육 관계자 및 청년 리더들의 역량 강화 및 새로운 교육 ODA 모델을 발굴하고자 하며, 세계 시민교육을 매개로 한 개도국, 선진국 및 국제기구의 효과적 파트너십 구축 및 이행을 통해 새로운 국제 교육 ODA 모델을 발굴하고자 한다(권희연, 2007: 18). 또한 사업시행기관인 유네스코 아태국제이해교육원이 추진 중인 유관 사업27)과의 연계 강화로 시너지 효과를 증대하고자 한다. 즉, 글로벌 교육지원사업은 Post-2015 교육목표 달성 시기인 2030년까지 개발도상국의 세계시민교육 역량 강화 및 성숙한 한국형 교육ODA 모델 구축을 통해 전 세계 세계시민교육(Global Citizenship Education, GCED) 확산과 Post-2015 교육목표 달성에 기여하고자 한다(권희연, 2007: 18).

③ 사업추진절차

교육부의 세계 시민교육 역량강화를 지원하기 위해 한국과 국제기구의 접점 역할을 하는 세계시민교육 글로벌허브로서 유네스코 아태교육원(APCEIU)이 사업을 전담하고, 다층적 파트너십을 구축하여 수행한다. 교육 과정 개발 전문기관인 유네스코 국제교육국(IBE)과 중점적 파트너십 구축하여 사업을 수행하며, 기타 국제기구 및 전문기관, 대상국가 관련기관 등과 파트너십을 구축한다(권희연, 2007: 18). 이 사업은 매 3년 단계별 후속사업 및 확산사업을 통해 사업의 효과성을 증대하고자 한다. 이 사업의 추진절차는(권희연, 2007: 19) 다음과 같다.

〈표8-2〉 세계시민교육 역량강화 지원 사업추진절차

구분	내용
교육과정개발지원	- 교육과정 개발 현지 수행체계 구축 및 핵심인력 역량 강화 - 교육과정 · 교재 개발 및 보급 지원 - 보급 · 정착화 · 모니터링 · 후속조치 및 차년도 사업 기초 작업
교사교육가 연수	- 연수모듈 개발 - 기본 · 심화과정 연수 실시 - 성과분석 추진
청년리더십 연수	- 청년리더 역량강화 워크숍 실시 - 청년리더 세계대회 실시(매3년)
ICT 활용 세계시민교육 확산	- 매 3년 단위로 중점국가 현황 조사 및 활용도 모니터링 실시, 차기 단계 사업계획에 반영
포럼 및 네트워크 구축	- 연례 개최시 세계교육포럼 현황 조사 협의 포함(1차년도) - 성과 검토 및 중장기 발전전략 수립(3차년도) - 세계교육포럼 모범활동 기관은 합동 포럼 개최(3차년도)

* 출처: 교육부(2015), 2016년도 예산안 주요 사업비 설명자료; 권희연, 2007: 19.

제9장
코리안 네트워크의 형성과 발전

1. 재외한인의 정의
2. 재외동포의 이주사 및 정착 과정
3. 코리안 네트워크의 형성 및 발전
4. 코리안 네트워크의 특성
5. 한국의 재외동포 정책

제9장 코리안 네트워크의 형성과 발전

1. 재외한인의 정의

코리안 네트워크도 '코리안'이라는 개념으로 포괄할 수 있는 재외한인의 범주를 어디까지로 볼 것인지에 대해 우선 논의할 필요가 있다(이혜원, 2003: 18). 현재 한국은 재외동포를 '재외국민'과 '외국국적동포'로 구분하고 있다. 재외동포의 개념은 국적을 불문하고 외국에 거주하는 한민족을 통칭하는 것으로 '재외국민'이란 '대한민국의 국민으로서 외국의 영주권을 취득한 자 또는 영주할 목적으로 이국에 거주하는 자' (해외이주자로서 영주권을 취득하지 않은 자 포함)를 의미하고, '외국국적동포'란 '대한민국(이혜원, 2003: 18) 국적을 보유하였던 자 또는 그 직계비속으로서 외국국적을 취득한 자 중 대통령령이 정하는 자'를 말한다. 1997년 3월 재외동포재단법에 의거하여 외국거주 한민족을 통칭하는 민족적 개념으로서 '재외동포'라는 용어를 공식적으로 사용하고, 이들 중 법적 보호 대상이 되는 대한민국 국적자에 대해서는 재외국민으로 호칭하는 것으로 개념을 정리하고 있다(이혜원, 2003: 18).20) 따라서 여기에서도 코리안을 재외동포와 동일한 개념으로 정의하도록 하겠다.

2. 재외동포의 이주사 및 정착 과정

근 · 현대라는 역사적 공간에서 한반도는 19세기 중반 이후부터 러시아, 중국, 일본 등 주변 강대국들 간 잦은 대립과 전쟁의 소용돌이 속에 놓여 있었다. 따라서 우리의 의지와는 무관하게 다수의 디아스포라들이 생겨났다. 재외한인의 이주 과정은 크게 네 시기로 구분할 수 있다(윤인진, 2004; 8).

첫째 시기는 1860년대부터 1910년까지 농부들과 노동자들이 중국의 만주 지역, 러시아의 연해주, 하와이 등지로 빈곤, 기아, 지배층의 억압을 피해서 이주한 시기이다. 이 시기 이주는 생계 이민, 농업이민의 특징을 갖는다.

둘째 시기는 1910년부터 1945년까지 토지와 다른 생산수단을 빼앗긴 농부와 노동자들이 일본에 전시 노동력 부족을 채우기 위해서 이주한 시기이다. 이 시기는 정치적 난민, 운동가들이 일본으로부터의 독립운동을 위해서 중국, 러시아, 미국으로 간 시기이기도 하다. 이 시기의 이주는 망명 이민, 강제이민의 특징을 갖는다.

셋째 시기는 1945년 해방 이후 1962년까지 한국정부가 이민 정책을 수립한 시기이다. 이 시기에는 학생. 전쟁고아, 혼혈아, 미군과 결혼한 여성 등이 유학, 입양, 가족 상봉 등의 목적으로 미국에 갔다. 이 시기의 이주는 특수이민의 성격을 띠고 있다.

넷째 시기는 한국 이민의 성격이 크게 변화한 시기이다. 1962년 해외이주법 제정 이후부터 현재까지이다. 이 시기는 한국 경제발전의 출발 시점이자 도약기로 정부의 인구조절 정책 일환으로 이민을 장려함에 따라 경제적 기회를 찾아 선진국, 특히 미국으로 이주했다(최인범, 2003; 28). 1966년부터 1977년까지는 한국과 서독 정부가 특별고용계약을 맺은 관계로 광부와 간호사들이 서독으로 파견되어 정착하기에 이르렀다. 최근에는 사업, 자녀교육, 거주 등의 목적으로 오스트레일리아를 비롯하여 아프리카, 중동, 동남아시아 등 전 세계 국가로 이주하고 있다. 한편, 1990년대 초 사회주의 국가와의 국교 수립이 이루어지면서 중국, 러시아 및 CIS지역, 사할린 등지에서 고국으로 되돌아온 귀환이주가 이루어지고 있다.

전 세계에 거주하고 있는 재외한인의 규모는 매년 증가하고 있는 추세이다. 특히 1991년은 코리안 디아스포라사에서 매우 특별한 의미를 갖고 있다. 그동안 대한민국은 중국 및 구소련 등과 국교를 맺지 않은 상태였기 때문에 이들 지역에 거주하고 있는 한인들의 현황을 집계할 수 없었다. 중국에 거주하고 있는 190만 명과 독립국가연합(CIS)에 거주하고 있는 약 50만 명의 한인들이 공식적으로 집계되면서 급격히 증가하였다. 구체적으로 재외한인의 확산 현황을 보면 다음과 같다.

재외동포는 193개국 732만 명으로서 미국 263만 명(35.9%), 중국 235만 명(32.1%), 일본 81만 명(11.0%), 유럽 67만 명(9.1%), 동남아시아 48만 명(6.5%) 순으로 나타났다(외교부, 2021년 기준). 이는 세계 여덟 번째로 큰 이산 민족 집단이다.

재외한인들은 거주 국가에서 매우 적극적으로 한인 단체를 결성하여 민족적 정체성을 유지할 수 있도록 다방면에서 노력하고 있다. 재외한인의 단체로는 한인회, 상공인 등 직능단체, 문화예술단체, 종교단체, 연고 단체(종친회, 향우회, 동문회 등), 시민봉사단체, 전문가단체, 친목 및 체육 동호회 단체 등이 있다. 이러한 단체들은 전 세계적으로 2004년까지 2,467개, 2006년 2,616개, 그리고 2010년에는 3,200여 개가 결성되어 활동하고 있는 것으로 나타났다. 지역별 현황을 보면, 북미지역에 1,235개로 가장 많이 있으며, 그중 미국에 993개 단체가 활동하고 있다. 구주지역에 821개 단체가 활동하고 있으며, 아주지역에는 797개 단체 중 일본에 253개, 중국에 208개 단체가 있다. 중남미지역에 205개, 아프리카지역에 57개, 중동지역에 43개의 단체가 결성되어 활동하고 있다.

3. 코리안 네트워크의 형성 및 발전

1) 코리안 네트워크의 형성

앞서 언급한 것과 같이 잠재기 전후로 이주 원인이 달랐기 때문에 해당 지역에서 재외동포의 사회·경제적 지위나 재외동포의 정착 과정에(이혜원, 2003: 19) 있어서도 역시 차이가 있다. 따라서 이 논문에서는 재외동포의 분포율이 가장 높은 미국의 경우를 살펴봄으로써 재외동포의 네트워크 형성 과정을 정리해 보고자 한다(이혜원, 2003: 19). 1902년에서 1905년 사이 사탕수수 노동자 7,226명의 하와이 이주로 시작된 미국이민은 100년의 역사를 가지고 있으며, 재외동포 이주사의 시작인 유출기(1860~1910)에서 현재 안정기까지 재외동포 이주사 전반을 포괄할 수 있는 이주 역사를 가지고 있다(이혜원, 2003: 19). 초기 사탕수수 노동자들은 농부, 공무원, 군인, 학생, 광부 등 다양한 배경을 가진 사람들로 남자가 주가 되었다(이혜원, 2003: 19). 이로 인해 국내

여자와의 혼인을 위해 '사진신부'가 등장하게 되었는데, 1910년에서 1924년 사이에 하와이에 951명 미국 본토에 115명의 사진신부가 도착하였다(이혜원, 2003: 19). 사진신부들이 도착하면서 한인사회에도 변화가 생겼는데, 하나는 남자들만 있을 때 도박과 음주로 소일하던 일이 점차 사라진 것이었고, 하나는 사탕수수밭은 떠나 호놀룰루로 옮기거나 본토의 도시로 진출하게 된 것이었다(이혜원, 2003: 19). 도시로 진출한 사람들은 잡화상, 양복점, 여관, 구둣방, 가구점 등에서 주로 일을 했다. 이들의 사회적 관계는 주로 한인교회를 통해 이루어졌다(이혜원, 2003: 19). 미국행을 주선한 것이 인천의 기독교 교회였기 때문에 하와이에서도 자연스럽게 교회를 통해 교류하게 된 것이다(이혜원, 2003: 19). 또 일제 치하에 있던 한국의 국운을 세우기 위해 1903년 신민회, 1905년 공립협회 등을 통해 모금운동을 벌이고, 친목을 다지기도 했다(이혜원, 2003: 19). 이러한 재미동포의 네트워크 형성은 1960년대부터 시작된 신이민에 있어서도 유사하게 진행되었다(이혜원, 2003: 19). 이민교회라고도 불리는 한인들의 교회는 이민을 온 후 적응하는 과정에서 필요한 집, 직장, 학교, 차, 보험문제 등을 이미 정착한 한인들의 도움으로 해결할 수 있게 해주는 장소이며, 심리적인 안정을 얻을 수 있는 곳으로 역할 했다(이혜원, 2003: 19). 또 1903년 신민회, 1905년 공립협회 등으로 출발한 한인회 역시 1941년 해외한인 연합회를 거쳐 1980년 미주한인회 총연합회로 성장했으며, 전미에 흩어져 있는 한인회들을 통합하는 역할을 담당하고 있다(이혜원, 2003: 19).

2) 코리안 네트워크의 글로벌화

코리안 네트워크의 세계화 추세는 1980년대 초부터 시작되었다고 볼 수 있으며, 세계화 추세에 맞춰 등장한 단체로는 세계해외한인무역협회, 세계한인상공인총연합회, 한민족 글로벌 벤처 네트워크 등을 꼽을 수 있다(이혜원, 2003: 20). 세계해외한인무역협회는 1981년 결성되어 모국과의 무역증진에 기여하고 모국상품의 해외시장진출에 공헌하며 회원 상호간의 정보교류를 통한 이익 증진을 위해 노력해 오고 있으며, 68개국 79개 지역에 약 6,000여 명의 회원들이 있다(이혜원, 2003: 20). 세계한인상공인총엽합회는 1993년 범세계적인 한인상공인 연합단체로 출범하여 현재 68개국 146개 지부를 두고 있으며, 각국 간 또는 국내 상공인들과의 협력 체제를 통한 글로벌 한인 상공인 네트워크를 구축하기 위해 활동하고 있다(이혜원, 2003: 20).

또한, 한민족 글로벌 벤처 네트워크는 전 세계 한민족벤처 기업인들의 상호교류와 협력을 통한 한국 벤처산업의 세계화 및 국가 경쟁력 강화를 위해 2001년 10월에 결성되었으며 2004년까지 뉴욕, 샌프란시스코, 워싱턴, 브라질, 영국, 인도네시아 등에 50여 개의 지부를 설립하기로 한 바 있다(이혜원, 2003: 20). 코리안 네트워크의 국제화 추세에 있어서 가장 눈에 띄는 행사는 세계한상대회이다(이혜원, 2003: 20). 1998년 2월 재외동포재단이 주최한 국내외동포기업인 초청 간담회에서 "코리안경제네트워크" 구축을 결의한 후 2002년 1월부터 본격적으로 추진된 이 대회는 "한상네트워크 기본계획"의 일환으로 진행되었다(이혜원, 2003: 20). 2002년 10월 8~10일까지 개최된 제1차 세계한상대회는 역대 최대의 네트워크 행사로 전 세계 각지에서 성공한 40인의 Leading CEO와 재외동포 경제인 852명, 국내경제인 116명 등 총 28개국 968명이 참석하였으며, 내외 동포기업간의 교류를 촉진하고 대회를 상설화할 수 있는 기반을 마련하는 등 나름의 성과를 거둔 것으로 평가 받고 있다(이혜원, 2003: 20). 다만 요식행사가 지나치게 길고, 실질적인 비즈니스 기회를 얻기가 어려웠다는 점이 단점으로 지적되기도 했다(재외동포재단, 2002; 2).

〈표9-1〉 제1차 세계한상대회 참가자 현황

대륙별	1차 대회 참석 동포 경제인		동포단체 수
	참석자수 (명)	비중 (%)	
미국	475	55.8	1015
중국	124	14.6	91
일본	136	16.0	276
CIS	34	4.1	171
캐나다	13	1.5	185
중남미	5	0.5	159
동남아	14	1.6	106
유럽	21	2.5	372
대양주	21	2.5	124
아프리카/중동	8	0.9	63
합계	852	100	2562

* 자료: 재외동포재단, 『제1차 세계한상대회 결과보고서』, 2002; 이혜원, 2003: 20.

3) 인터넷으로의 네트워크 확장

세계 최강의 인터넷 강국으로 평가 받고 있는 한국은 코리안 네트워크 구축에 있어서도 인터넷의 활용도가 높은 것이 특징이다(이혜원, 2003: 21). 대부분의 네트워크 사업이 웹사이트 구축을 기본적인 사업 내역으로 하고 있으며, 해외의 한인회 및 한인 단체 역시 웹사이트를 통해 단체의 활동을 안내하고 홍보하고 있다(이혜원, 2003: 21). 가장 대표적인 사이버 코리안 네트워크로는 재외동포재단에서 운영하고 있는 한민족 네트워크와 언론사, MBC의 글로벌넷, KBS의 월드넷에서 운영하고 있는 통신원 네트워크, 비즈니스 중심의 두레21 등이 있다(이혜원, 2003: 21).

〈그림9-1〉 재외동포재단의 한민족 네트워크

* 자료: 한민족네트워크 (www.hanminjok.net)

〈그림9-2〉 KBS의 월드넷

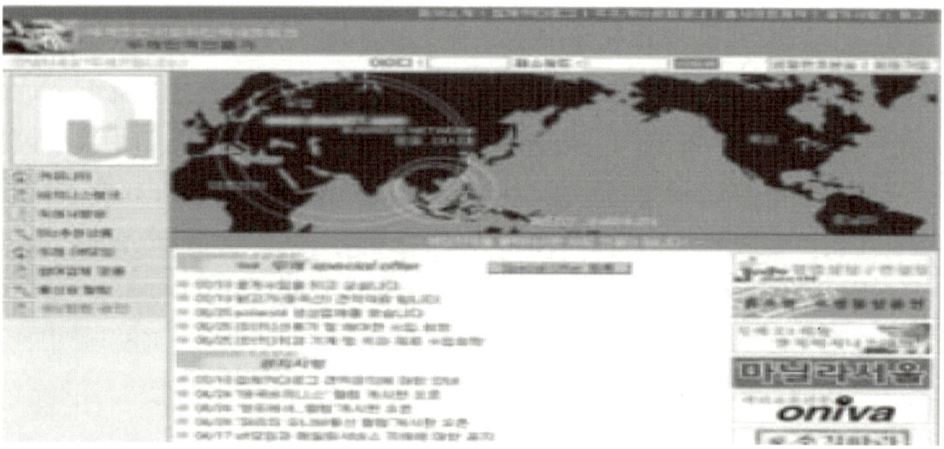

* 자료: 월드넷 (http://worldnet.kbs.co.kr/)

재외동포재단의 한민족네트워크(www.hanminjok.net)는 재외동포재단이 정보화 사업의 일환으로 운영하고 있는 민족 네트워크로 재외동포간, 국내외동포간 정보교류와 재외동포 사회에 대한 각종 정보 제공을 위한 사이트로 기획, 운영되고 있다(이혜원, 2003: 22). 현재 제공되고 있는 내용은 이민, 유학 등과 관련된 커뮤니티 서비스와 해외 한인들의 소식을 전해주는 OK(Overseas Korean) News 등으로, 여타 코리안 네트워크 사이트와 비교할 때에는 다소 빈약한 면이 있다(이혜원, 2003: 22). MBC, KBS 의 경우 자체 통신원 네트워크를 통해 세계 각지 한국인들의 소식을 담아내고 있다(이혜원, 2003: 22). 각 통신원들이 운영하는 칼럼을 통해 현지에서 생활하면서 느끼게 되는 애환이나 현지에서 이슈가 되고 있는 소식 등을 알리고 있으며, 다양한 소재들로 TV 프로그램을 구성하여 공중파를 통해 방송하고 있다(이혜원, 2003: 22). KBS의 월드넷은 명실상부한 국내 최대 통신원 네트워크로, 전 세계 60개국의 소식을 현지에 거주하는 한국인을 통해 전하고 있다(이혜원, 2003: 22). 통신원은 현지 유학생, 이민자 등으로 구성되어 있어, 보다 실제적인 정보 교환이 가능한 장점도 있다(이혜원, 2003: 22). 특히 최근에는 전세계 한인을 대상으로 하는 방송 사업을 기획하고 시작하는 시점에 있기도 하다(이혜원, 2003: 22). 재외동포재단의 한민족 네트워크와 KBS, MBC의 통신원 네트워크가 비영리를 추구하는 코리안 네트워크라면 두레21(www.dure21.com)은 비즈니스를 목적으로 하는 국내외 한인 사업자의 네트워크이다(이혜원, 2003: 22). 한인사업자 간의 정보 교류뿐 아니라 실질적인 비즈니스 기회를 제공하고 있는 두레 21은 한국 기업의 해외 진출 시 현지 비즈니스를 대행하거나 온라인을 통해 한인 사업자간의 거래를 주선하며, 회원업체의 전자 카탈로그를 통해 기업 홍보가 가능한 공간도 제공하고 있다.

〈그림9-3〉 코리안 네트워크 구축 과정

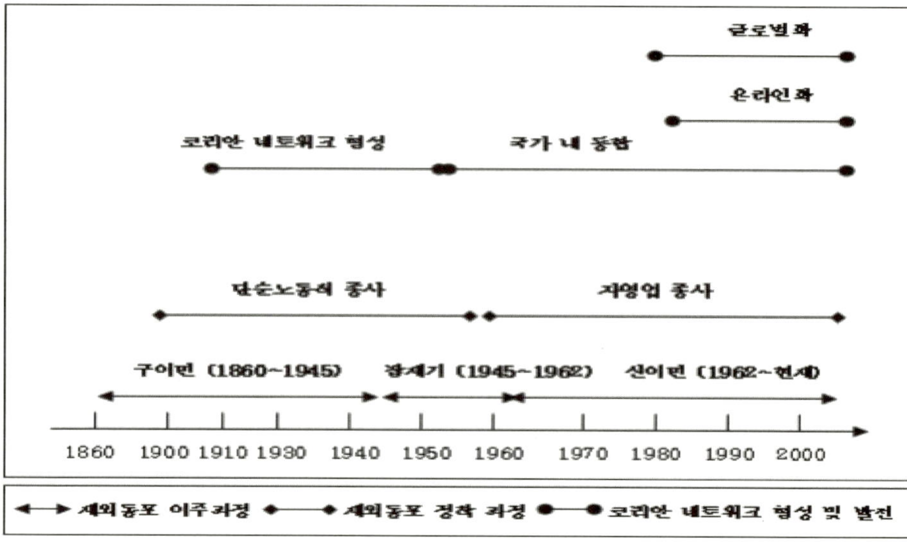

* 자료: 두레 21 (www.dure21.com)

코리안 네트워크는 이민 초기부터 한인교회와 한인 단체를 중심으로 형성되기 시작하였으며, 국가 내 한인회의 통합 움직임과 함께 국제화와 온라인화가 동시에 일어나는 형태를 띠고 있다(이혜원, 2003: 23). 재외동포의 정착 과정에서는 자영업을 영위하는 단계에 있는 것으로 나타나고 있다(이혜원, 2003: 23). 그럼에도 불구하고 코리안 네트워크는 빠른 발전을 이루어 이미 네트워크의 국제화 및 정보화 단계에 있음이 나타나고 있는데 그 원인으로는 정부의 주도적인 역할과 발전 단계의 축약 및 중첩을 들 수 있겠다(이혜원, 2003: 23). 화교 네트워크의 경우 자생적이고 자발적인 노력에 의해 화교 네트워크가 구성되고, 네트워크 구성 초반기에 중국 정부는 화교에 대해 조정역할만을 담당하는 형태로 진행되었지만, 코리안 네트워크의 경우 온라인화, 글로벌화 등에서 외교통상부 산하기관인 재외동포재단의 역할이 매우 컸다고 할 수 있다(이혜원, 2003: 23). 재외동포재단은 재외동포의 거주국 내 안정된 생활 영위, 한민족으로서의 정체성 유지와 모국과의 유대강화, 그리고 국가발전에의 재외 동포 역량 활용을 목적으로 1997년 설립되었으며, 작년에 개최되었던 제1차 세계한상대회도 재외동포재단이 주도적으로 치른 행사이다(이혜원, 2003: 23). 뿐만 아니라 앞으로 재외동포 사업에 있어서 재외동포재단의 역할은 앞으로 더욱 더 커질 것으로 보여 재외동포재단의 사업 내역이 민간의 요구를 어느 정도 반영해내는가가 코리안 네트워크의 성공에 영향을 미칠 수 있는 요인으로 꼽히고 있다(이혜원, 2003: 23). 또 코리안 네트워크의 빠른 발전을 가져온 다른 요소는 발전 단계의 축약 및 중첩이다(이혜원, 2003: 23). 코리안 네트워크가 150년 만에 화교 네트워크와 유사한 성장 단계에 도달할 수 있었던 것은 화교 네트워크가 거친 지역적 네트워크 통합을 건너뛰고 글로벌화로 넘어갔다는 점, 대규모 자본 단계까지 도달하지 못한 상황에서 정부의 주도로 글로벌화가 이루어졌다는 점 등에서 그 원인을 찾을 수 있다(이혜원, 2003: 23). 지금까지 살펴본 내용에 따라 코리안 네트워크의 특성을 정리해 보면 다음과 같다. 재외한인은 화교와는 달리 정치적 요인보다 경제적 요인에 의해 해외로 이주하게 되었으며, 비교적 전 세계에 고르게 분포하고 있다(이혜원, 2003: 23). 이러한 재외한인의 분포 현황은 결과적으로 코리안 네트워크의 온라인화를 촉진시키는 원인으로 작용했다고 보여진다(이혜원, 2003: 23). 규모에 있어서는 화교가 재외한인의 6배에 달하고 있지만, 전체 국민에서 해외거주자가 차지하는 비중이나 본국 국적 보유자가 차지하는 비율은 재외한인이 더 높아 재외한인이 갖는 중요성 역시 더 큰 것으로 나타나고 있다(이혜원, 2003: 23). 본국 국적을 보유한 해외거주자가 재외한인이 더 높은 이유로는 동남아의 화교 통제 및 규제로 인한 화교의 현지화와 함께 정착 단계 상 양자의 위치가 다르다는 점을 들 수 있으며, 특히 양자의 비교에서 나타나는 발전 단계의 축약 및 중첩과 정부의 주도적인 역할 역시 코리안 네트워크의 특성이라고 할 수 있겠다(이혜원, 2003: 23).

4. 코리안 네트워크의 특성

네트워크의 발전 과정을 보면 해외로 이주한 국민이 생존이나 생활의 영위에 필요한 정보 습득 등을 위해 이주민 간에 나름의 사회적 관계들을 형성하고, 이러한 관계가 네트워크로 공식화하게 되며, 시일이 지남에 따라 네트워크는 또 다른 네트워크와 통합되면서 성장하게 된다(이혜원, 2003: 23). 이러한 네트워크의 확장은 국제화되는 추세에 있으며, 인터넷이라는 수단이 네트워크의 통합을 가속화시키는 수단으로 작용하고 있다(이혜원, 2003: 23). 이러한 측면에서 볼 때 화교 네트워크와 코리안 네트워크는 동일한 발전 과정을 밟아가고 있다는 점에서 상당한 유사점을 지니고 있다(이혜원, 2003: 23). 그러나 현재의 상태를 기점으로 볼 때 코리안 네트워크는 화교 네트워크와 비교해서 다음과 같은 특성을 지닌다(이혜원, 2003: 23).

1) 이주 원인

대한민국 재외동포는 이주 원인에 있어서 화교와 차이를 보이고 있다. 화교의 이주 배경은 크게 여섯 가지로 정리할 수 있다. 첫째, 중국의 내란이나 왕조교체기에 대거 해외로 이주하게 된다. 과거 송이 원조에 멸망한 후송의 유민들이 남양으로 피난했으며, 만주족이 베이징 지역에 진입한 이후 명의 유신들이 피난했다(이혜원, 2003: 23). 또 태평천국과 민국 초년 내전 시기에 발생한 이민과 대륙에서 공산주의 신중국이 성립되면서 국민당인들이 해외로 이주한 것 역시 모두 피난의 성격을 지니고 있다(이혜원, 2003: 23). 둘째, 토지 겸병과 가혹한 세금, 각종 착취와 인구 과잉으로 인해 해외로 나가는 경우다(이혜원, 2003: 23). 1661년에서 1812년 사이에 복건의 인구가 5배 증가한 데 비해 경작 면적은 단지 32%만 증가했고, 광동의 인구는 20배나 증가한 데 비해 경작 면적은 27% 증가에 그쳤다(이혜원, 2003: 23). 이로 인해 많은 유민이 발생했고, 그 중 상당수가 대만과 남양 등지로 이주했다. 셋째, 서구열강의 침략과 식민지 확장으로 인해 해외로 이주하게 되는 경우다(이혜원, 2003: 23). 아편전쟁 이후 서구의 식민지경영과 중국의 자급자족 경제 붕괴로 상당수의 농민과 노동자, 수공업자들이 이민 또는 인신매매의 형태로 해외에 이주하게 된 것이다(이혜원, 2003: 23). 넷째, 이민대상국의 이민 정책 변화에 따라 이민대상국의 입국 제한이 완화됨에 따라 이주자가 늘어나게 된 경우로 1862년 미국이 서부 개척을 위해 대규모 중국인 노동자를 수용한 것이나 호주, 캐나다 등이 입국 제한을 완화하는 방향으로 이민 정책을 수정한 것 등이 모두 이에 해당한다(이혜원, 2003: 23). 다섯째, 보다 나은 삶을 위해 보다 살기 좋은 나라로 이주한 경우이다. 여섯째, 최근에 나타난 현상으로 유능한 중국인을 유치하려는 상대국의 인재확보전략에 따라 이주하는 경우가 생겨나고 있다(한중경제포럼, 2002: 7). 이처럼 화교의 해외 이주는 정치적 요인, 경제적 요인, 개인의 선택 등 다양한 배경으로 인해 이루어졌으나, 전반적으로 볼 때 흡인 요인 (Pull factor)보다는 압출 요인 (Push factor)의 영향이 컸다고 볼 수 있다(이혜원, 2003: 23). 재외동포의 해외이주 역시 화교의 해외 이주와 마찬가지로 다양한 배경을 가지고 있다(이혜원, 2003: 23). 유출기(1860～1910)에는 경제난으로 인해 간도나 연해주 지역으로의 이주가 활발했고, 한일합방 이후에는 일제의 토지 수탈로 인해 만주나 연해주 일대로 이주하는 사람이 많았다(이혜원, 2003: 23). 또 1920년대 이후에는 일본의 경기 호황에 따라 일본 이주가 확대되기도 했고, 1931년부터 1945년까지인 강제 이동기에는 만주사변, 중·일 전쟁 등 일제의 침략전쟁이(이혜원, 2003: 23) 본격화되면서 강제 이주를 경험하기도 했다. 이 외에 1962년 해외이주법이 제정되고 한국 정부의 이민장려정책 시행, 미국의 이민문호확대 등이 원인이 되어 1962년부터 1975년 사이에는 미주지역을 중심으로 해외이민이 폭발적으로 증가하기도 했다(이혜원, 2003: 23). 그러나 화교의 해외 이주 배경과 비교하여 살펴볼 때 재외동포의 이주 원인은 경제적인 원인에 상당 부분 치우쳐 있음을 알 수 있다(이혜원, 2003: 23). 일제의 침략전쟁으로 인한 강제 이주의 경우에는 정치적 요인으로 인한 것이라 볼 수 있겠지만, 그 외의 해외 이주는 흡인요인인가, 압출 요인인가에 차이가 있을 뿐 근본적으로는 경제적인 문제에 기인하고 있기 때문이다(이혜원, 2003: 23).

2) 정착 단계상의 현 위치

재외한인의 경우에도 현지에서 태어나고 자라는 재외동포 2세나 3세의 비율이 높아지면서 현지 국적을 가진 재외동포의 비율도 자연스럽게 늘어나게(이혜원, 2003: 24) 될 것이다. 이러한 점에서 볼 때, 한국 국적 보유자가 많은 것은 현지화를 촉진시키는 동남아 각국의 화교 정책 외에 정착 단계(이혜원, 2003: 24) 이는 앞서 설명한 코리안 네트워크의 발전과정을 살펴보면 알 수 있다. 그럼에도 불구하고 코리안 네트워크는 빠른 발전을 이루어 이미 네트워크의 국제화 및 정보화 단계에 있음이 나타나고 있는데 그 원인으로는 정부의 주도적인 역할과 발전 단계의 축약 및 중첩을 들 수 있겠다(이혜원, 2003: 24). 화교 네트워크의 경우 자생적이고 자발적인 노력에 의해 화교 네트워크가 구성되고, 네트워크 구성 초반기에 중국 정부는 화교에 대해 조정역할만을 담당하는 형태로 진행되었지만, 코리안 네트워크의 경우 온라인화, 글로벌화 등에서 외교통상부 산하기관인 재외동포재단의 역할이 매우 컸다고 할 수 있다(이혜원, 2003: 24). 재외동포재단은 재외동포의 거주국 내 안정된 생활 영위, 한민족으로서의 정체성 유지와 모국과의 유대강화, 그리고 국가발전에의 재외동포 역량 활용을 목적으로 1997년 설립되었으며, 작년에 개최되었던 제1차 세계한상대회도 재외동포재단이 주도적으로 치른 행사이다(이혜원, 2003: 24). 뿐만 아니라 앞으로 재외동포 사업에 있어서 재외동포재단의 역할은 앞으로 더욱 더 커질 것으로 보여 재외동포재단의 사업 내역이 민간의 요구를 어느 정도 반영해 내는가가 코리안 네트워크의 성공에 영향을 미칠 수 있는 요인으로 꼽히고 있다(이혜원, 2003: 24). 또 코리안 네트워크의 빠른 발전을 가져온 다른 요소는 발전단계의 축약 및 중첩이다(이혜원, 2003: 24). 코리안 네트워크가 150년 만에 화교 네트워크와 유사한 성장 단계에 도달할 수 있었던 것은 화교 네트워크가 거친 지역적 네트워크 통합을 건너뛰고 글로벌화로 넘어갔다는 점, 대규모 자본 단계까지 도달하지 못한 상황에서 정부의 주도로 글로벌화가 이루어졌다는 점 등에서 그 원인을 찾을 수 있다(이혜원, 2003: 24). 지금까지 살펴본 내용에 따라 코리안 네트워크의 특성을 정리해보면 다음과 같다. 재외한인은 화교와는 달리 정치적 요인보다 경제적 요인에 의해 해외로 이주하게 되었으며, 비교적 전 세계에 고르게 분포하고 있다(이혜원, 2003: 24). 이러한 재외한인의 분포 현황은 결과적으로 코리안 네트워크의 온라인화를 촉진시키는 원인으로 작용했다고 보여진다(이혜원, 2003: 24). 규모에 있어서는 화교가 재외한인의 6배에 달하고 있지만, 전체 국민에서 해외거주자가 차지하는 비중이나 본국 국적 보유자가 차지하는 비율은 재외한인이 더 높아 재외한인이 갖는 중요성 역시 더 큰 것으로 나타나고 있다(이혜원, 2003: 24). 본국 국적을 보유한 해외거주자가 재외한인이 더 높은 이유로는 동남아의 화교 통제 및 규제로 인한 화교의 현지화와 함께 정착 단계 상 양자의 위치가 다르다는 점을 들 수 있으며, 특히 양자의 비교에서 나타나는 발전 단계의 축약 및 중첩과 정부의 주도적인 역할 역시 코리안 네트워크의 특성이라고 할 수 있겠다(이혜원, 2003: 24).

5. 한국의 재외동포 정책

한국 정부의 재미동포 정책은 대체적으로 단기적이었다. 재외동포 정책이 있더라도 미주동포를 민족역량 구축이란 차원에서 활용 대상으로 보지 않고 현실 권력의 정치세력화 목적으로 관리, 통제의 대상으로 여겼을 따름이다(김범준, 2003: 25). 재미동포는 화교나 유태인들처럼 미국 내 정치세력화를 도모할 수 있는 주요한 정치집단으로 성장할 여지가 충분하기 때문에 재미동포와 관련된 정책들을 통해 미래적 정책시사점을 추출할 수 있다고 본다(김범준, 2003: 25).

정부 최초의 재외동포 정책은 1962년 제정된 '해외이주법'이라고 할 수 있다. 해외이주법은 국민의 해외 진출 장려를 통한 인구 수준의 적정화와 국민경제의 안정 및 국위 선양을 목적으로 하여 탄생하였으며, 정부는 이 법을 통해 한국인의 해외 이민을 적극적으로 추진하기 시작했다(이혜원, 2003: 26). 이에 따라 광부와 간호사들이 독일 등 유럽으로 이주하였고, 70년대까지 이주지역은 브라질, 아르헨티나 등 남미국가로 확대되었다(이혜원, 2003: 26). 기간 중 정부의 정책은 해외동포의 외화획득을 위한 이주자 송출에 집중되었으며, 재외동포들이 거주국에서 겪는 정치 · 경제 · 사회 · 문화적 적응 문제나 모국과의 경제적 · 문화적 교류 차원의 관련 정책은 미흡했다(정순영, 2002: 12). 그 후 1980년대 들어 국가경제가 성장함에 따라 해외이주자 수가 절반 정도 감소했으며, 90년대에는 미국, 캐나다, 호주, 뉴질랜드 등 선진국 선호 경향이 두드러진 가운데 역이민 현상도 나타났다(정순영, 2002: 12). 또한 1990년대 초 사회주의권의 개방화와 북방정책의 결과 소련 및 중국과의 외교관계가 정상화됨에 따라 중국과 구소련 거주 재외동포들이 재외동포 정책의 대상에 새로이 포함되어 재외동포 수가 폭발적으로 증가하는 등 여러 가지 여건 변화에 직면하여 정부의 재외동포 정책에 변화를 가져오게 되었다(정순영, 2002: 12). 이에 따라 1993년 문민정부의 출범과 함께 추진된 '신교포 정책'은 기존의 정책과는 달리 전향적 측면을 보여주었다(정순영, 2002: 12). 이 정책은 1995년 수립되어 한국의 국제위상 제고와 탈냉전 추세에 부응한 보다 포용적이고 적극적인 정책으로 전개되었다(정순영, 2002: 12). 신교포 정책은 교포들이 본국에 정신적 뿌리를 두면서도 거주국 사회의 모범적인 구성원으로 성장시킬 수 있는, 이른바 "교포의 세계 시민화"를 추구하는 한편, 본국과 거주국간 교류 증진을 위한 가교 역할을 하도록 지원한다는 데 기본목표를 두고 있다(정순영, 2002: 12). 이에 따른 하위 목표로 동포의 거주국에서의 경제·사회적 지위 향상 지원, 민족의 동질성 유지와 모국과의 유대 강화를 위한 민족교육 지원, 동포사회가 지유민주적 기치하에서 대동단결할 수 있도록 지원, 동포들의 자립 촉진을 위해 자조 노력 지원, 해외동포의 본국 관련 경제활동을 장려·촉진하기 위해 국내의 법적·제도적 정비작업을 지속적으로 추진한다는 것이다(정순영, 2002: 12; 국가안전기획부, 1998; 5-6). 문민정부는 교민청 설치, 이중국적 허용, 재외동포의 국내 재산권 행사, 재외동포재단의 설립 등 전향적 자세를 갖고 있었지만, 이 중 교민청 신설은 이견으로 중단되었다(정순영, 방혜영, 김영혜, 2002: 12). 1999년에는 재외동포법('재외동포의 출입국과 법적지위에 관한 법률')을 제정, 외국국적 소지 재외동포들에게 내국인과 동등한 법적 지위를 부여하여 출입국과 체류, 국내 정치·경제활동에 차별이 없게끔 하는 전향적동포정책을 추진하고 있다. 재외동포법은 '지구촌 시대, 세계 경제체제에 부응하여 재외동포에게 국경의 문턱을 낮추어 출입국과 체류 및 모국에서의 경제활동상의 제약을 완화하는 것을 목적으로 하는 법률'이라고 할 수 있다(이혜원, 2003: 27). 입법취지는 첫째, 지구촌 시대, 세계경제체제에 부응하여 재외동포에게 모국의 문턱을 낮춤으로써 재외동포의 생활권을 광역화·국제화, 둘째, 재외동포의 경제회상동참 유도, 셋째, 재외동포의 이중국적 요구에 담긴 애로 사항의 수용, 넷째, 재외동포의 거주국 정착을 유도하는 것이다(정연수, 1999, 179). 그러나, 재외동포법은 재외동포의 범위를 '대한민국의 국적을 보유했던 자 또는 그 직계비속으로서 외국 국적을 취득한 자 중 대통령령이 정하는 자'로 제한함으로써, 1948년 정부수립 이전에 이주한 조선족 동포 2백만 명, 옛 소련 동포 50만 명, 일제 때 징용으로 끌려간 무국적 재인 동포 5만 명 등 약 265만 명은 적용대상에서 제외되어 많은 논쟁을 불러 일으켰다(정순영, 2002: 13). 재외동포법은 좋은 취지에도 불구하고 혈통주의가 국제관례에 어긋날 뿐만 아니라 외교 분쟁의 소지가 있다는 외교통상부의 입장에 따라 재외동포의 범위를 제한하게 된 것이다(이혜원, 2003: 27). 이에 따라 법의 수혜대상자가 되지 못하는 재외동포들을 위하여 국적취득을 용이하게 하고 출입국 기회를 확대하는 등 보완대책을 발표하였으나 이러한 문제점들에 대한 대안마련을 위한 논의는 계속되고 있다(박상순, 2000, 21). 현재 정부의 재외동포 정책 기본목표는 거주국 내의 안정된 생활 영위와 존경받는 구성원으로의 성장을 지원, 한민족으로서 정체성 유지와 모국에 대한 유대 강화 지원, 국가발전에 재외동포 역량 활용 등으로 요약된다(이혜원, 2003: 28). 이러한 재외동포 정책의 기본 방침에 따라 재외동포재단의(이혜원, 2003: 28) 연구보고서는 재외동포 지원사업의 방향을 다음과 같이 설정했다(이혜원, 2003: 28). 첫째, 재외동포의 자조 노력 장려 및 지원, 재외동포사회의 자조 노력에 기여할 수 있는 사업과 개인 우선 지원 둘째, 재외동포가 거주지역 발전에 기여하고 거주지역사회 내에서 융화를 이룰 수 있도록 지원, 한인사회와 현지사회의 유대 강화, 주류사회 진출지원 셋째, 재외동포의 요구에 부응하는 언어, 전통문화, 예술 차원의 지원 넷째, 자유 · 민주 · 인권의 편적 가치에 입각한 재외동포사회의 발전 지원 다섯째, 재외동포의 거주국 내 법적 · 사회적 지위 향상 지원 여섯째, 조국 통일에 대한 기여 유도 등이다(이혜원, 2003: 29).

정책 추진과 관련한 기본 원칙으로는 다음 사항이 제시되고 있다. 첫째, 형평성의 유지: 개인별, 집단별, 지역별 편차와 편향성 지양, 한국 국적 소지 동포와 외국 국적 소지 동포간 균형 모색 둘째, 이익의 상호주의: 일방적인 이익편중 지양 셋째, 합의주의: 모국과 재외동포의 합의 하에 제반 정책과 사업 추진 넷째, 협력주의: 일방적인 시혜보다는 상호협력 지향, 각종 사업 관련 재원 조달 시 matching-fund 관례화 다섯째, 특수주의: 지역별 특수성 고려(여성부, 2002, 23) 등이다. 현재 정부의 재외동포 정책 기본목표는 거주국 내의 안정된 생활 영위와 존경받는 구성원으로의 성장을 지원, 한민족으로서 정체성 유지와 모국에 대한 유대 강화 지원, 국가발전에 재외동포역량 활용 등으로 요약된다(이혜원, 2003: 30).

1) 재외동포 정책 수립 및 집행 기구

외교통상부 (재외국민 영사국 재외국민과)가 해외동포 정책의 주무부서 역할을 맡고 있으나 해외동포 관련 업무는 교육부, 법무부, 통일부 등 여러 부처에 분산되어 있다(이혜원, 2003: 30). 재외동포 단체 지원 및 재외국민 보호 업무는 외교통상부, 무역 · 투자 등 경제분야의 유대 강화는 산업자원부, 해외이주자의 이주비와 국내 재산 처분 대금의 반출 등은 재정경제부, 민족교육은 교육부, 문화 · 체육은 문화관광부, 해외 취업 근로자 관리는 노동부, 외국 시민권자의 국내 부동산 처분의무 관리는 건설교통부, 병역 관계는 병무청, 국적 재취득과 출입국 문제는 법무부, 교포의 국내 거류 관리는 행정자치부, 재외동포 북한방문 관계는 통일부가 각각 맡고 있다(국가안전기획부, 1998;7). 이러한 업무 분산이 해외동포 정책의 종합적이고 체계적인 수행을 가로막는다는 지적이 제기되어 1996년 국무총리 산하에 재외동포 업무를 총괄 조정하는 재외동포 정책위원회를 설치하였고, 또한 1997년 10월에 설립된 외교통상부 산하의 재외동포재단을 통해 재외동포 사회의 각종 사업과 동포단체 활성화를 지원하고 있다(정순영, 2002: 13).

제10장
중국 조선족 네트워크의 형성과 발전

1. 중국 조선족의 정의
2. 중국 조선족의 이주사 및 정착 과정
3. 중국 조선족 네트워크의 형성 및 발전
4. 중국 조선족 네트워크의 특성
5. 중국의 중국 조선족 정책

제10장 중국 조선족 네트워크의 형성과 발전

1. 중국 조선족의 정의

중국은 56개의 민족으로 구성된 다민족국가이다. 2010년 제6차 인구조사에 의하면, 한족이 91.5%(12억 2,259만 2,641명)로 대다수를 차지하고 있으며, 소수민족은 8.5%(1억 1,379만 2,211명)에 불과하다. 중국의 소수민족은 토착 민족과 이주 민족으로 구분할 수 있다. 중국 거주 한민족(韓民族)을 이르는 명칭은 다양하다. 주로 중국의 한인, 중국의 한국 교민, 중국의 조선족, 재중 한인, 연변 조선족, 중국 동북의 조선족(김일권, 2004: 23) 등이다. 조선족은 1951년 발표된 '소수민족에 대한 기시(岐視)·모욕의 성질을 띤 명칭·지명·비갈(碑碣)·편액(遍額)을 처리하는 데 대한 지시'에 의해 각 민족 자신의 요구를 존중하는 원칙에 따라 통일적으로 명명·정명·개칭한 다음 발표·사용한 명칭이다(김일권, 2004: 23). 조선족은 그 민족이 선택한 역사적인 명칭이자 객관적인 소수민족 명칭이다(조흥윤 외, 1995: 107). 중국의 조선족은 역사상 한반도에서 중국으로 들어온 한인들이 중국 땅에 정착하면서 중국의 한 개 소수민족으로 된 것이다(김일권, 2004: 23). 재외동포재단의 집계에 의하면 1999년 1월 1일 전 세계 142개국에 분포된 한민족이 5,644,558명이고, 그 중 중국에 거주하는 동포가 2,043,578명이다(김일권, 2004: 23). 이것은 2,057,546명의 동포가 거주하는 미국보다 13,968명이 적은 수이고, 따라서 중국 조선족은 세계에 분산된 재외동포 중 두 번째로 많은 교포가 된다. 현재의 인구집계는 중국동포가 2위이지만 2년 전까지만 해도 중국에 가장 많은 동포가 거주하고 있었다(김일권, 2004: 23). 중국 조선족이라 불리는 중국 동포는 수가 많아서 중요한 것이 아니라 역사적으로 한인 이민사 초기에 이주했다는 것과 농업이민이 주를 이루고 있었다는 특성도 있으나, 무엇보다 중국 조선족은 우리가 국권을 상실한 시기 항일투쟁을 한 동포이기 때문에 우리 민족의 자존심을 지켜 준 동포로서 중요한 의미를 갖는다(김일권, 2004: 23). 중국 조선족은 한민족 이민사 초기에 해당하는 이민이고 민족운동을 담당했을 뿐만 아니라 현재도 한반도 밖에 있는 유일한 민족 자치주를 갖고 있는 동포이다(김일권, 2004: 23). 중국 조선족이 자치주를 가질 수 있었던 것은 일제 시대 항일운동에 큰공을 세웠고, 중국의 내전인 해방전쟁에 크게 공헌하였기 때문에 말하자면 중국 조선족의 피와 땀으로 획득한 것이기에 중요한 것이다(김일권, 2004: 23). 특히 중국 조선족은 우리 민족의 통일에 중요한 역할을 할 동포이다. 중국 조선족은 한국만이 아니라 북한을 자유로이 왕래할 수 있는 유일한 동포이며 실제 남한과 북한의 교량역할을 하느라 노력하는 동포이다. 따라서 중국 조선족은 과거만 중요한 것이 아니라 미래에도 가장 중요한 우리의 동포인 것이다(김일권, 2004: 23).

2. 중국 조선족의 이주사 및 정착 과정

한인들이 최초로 중국 땅에 입주한 것은 1861년이다(정영국, 2014: 18). 당시 청나라 사람들이 혼강(渾江) 유역의 벌목을 하는 사업에 한인들을 고용하여 벌목하는 한인들이 비옥한 혼강 유역을 개간하였다고 한다(정영국, 2014: 18). 그러나 두만강을 건너간 대부분 한인들은 '봉금령(封禁令)'으로 인하여 추방을 당하게 되자 이에 한인들은 아침에 들어가 일을 하고 저녁에 나오는 조경귀가(朝耕歸家)를 하거나 봄에 씨를 뿌리고 가을에 가서 거두어 오는 춘경추수(春耕秋收)를(정영국, 2014: 18) 하였다고 한다. 특히 1869년 기사년(己巳年)에는 한반도에 흉년이 들어'봉금령'을 무시한 채 월경(越境)하는 사람들이 나날이 증가하게 되었고, 불과 3년 사이에 평안도에서 월경한 사람이 6만 명, 함경도에서 월경한 사람이 2만 6천여 명이나 되었다고 한다(이광규, 1994: 17).

한편, 손춘일 연변대학 교수는 재중동포의 첫 번째 이주 시기는 1627년 '정묘호란' 과 1636년 '병자호란' 때에 전쟁포로로 잡혀온 한인들의 이주이고, 두 번째 이주 시기는 19세기 후반인 1860년대와 1870년대 수재(水災)에 의해 함경도 관북 일대 이재민들의 중국 동북지역으로의 이주를 말한다(정영국, 2014: 19). 세 번째 이주 시기는 1910년 '한일병합 이후'로 일제 조선총독부가 1918년까지 진행한 '토지정리사업'에 의한 강제이주, 네 번째는 반일지사들의 항일독립운동을 위한 이주가, 다섯 번째는 1931년 만주사변후의 자유이민이다(정영국, 2014: 19). 마지막 여섯 번째는 1937년부터 조선총독부와 관동군의 계획 이민 또는 집단이민이라고 이주 300년 설을 주장하고 있다(손춘일, 2011: 31).' 이종미는 중국 조선족 동포의 이주경위가 정묘호란(丁卯胡亂 1627년)과 병자호란(丙子胡亂 1636년) 때 포로가 되어 끌려가 중국의 한족과 거의 동화되어 버린 전쟁이민자들, 국내의 세도정치, 당파정치, 그리고 삼정문란과 같은 민생경제파탄과 악화 등으로 생명을 부지해 나가기 위해 월경하여 농업에 종사한 자유이민자, 일제에 국권을 상실하고 항일독립운동 전선에 나선 망명이민자, 일제가 중국침략을 위해 강제로 조선인을 징집 또는 동원함으로써 이주하게 된 이민의 경우 등이라고 기술한다(정영국, 2014: 20). 2012년은 중국'조선족자치주성립 60주년'이 되는 해이다. 그리고 한-중 수교 20주년이 되는 해이기도 하다(정영국, 2014: 20). 재중동포사회는 조선 후기부터 1945년 민족해방 전까지(정영국, 2014: 20) 중국 동북3성[17)]으로 이주한 200여만 명의 소위 '조선족(朝鮮族[18)]'동포와 1992년 한-중 수교로 새롭게 중국으로(정영국, 2014: 20) 진출하게 된 7-80여만 명의 '신선족(新鮮族[19)]'동포들로 구성되어 있다. 재중동포인 김병호 중앙민족대학 교수는 중국의 조선족은 19세기 중엽이후의 몇 십년간 조선 반도로부터 중국 내륙 동부지구에 이주하여 정착·번성하면서 중국 땅에 뿌리를 내리고 중국 소수민족의 일원으로 지금 약 200만 명이 거주하고 있다고 하였다(정영국, 2014: 20). 이들은 주로 1910년 이전과 1910년-1931년 사이, 그리고 1931년-1945년에 중국으로 들어와 중국의 동북 3성 범위 내에서 유동하였다고 했다(김병호, 1997: 198).

---

17) 동북3성이란 옛 만주(滿洲)에 해당하는 지역으로 요녕성(遼寧省), 길림성(吉林省), 흑룡강성 黑龍江省)을 말한다.

18) 중국의 중앙민족대학 김병호 교수는, 중국이'조선족'을 승인하고 명칭을 부여하게 된 배경으로'1928년7월9일, 중국공산당 제6차 전국대표대회'민족에 관한 결의'에서 만주의 고려인, 즉 조선족이 중국 국경내의 소수민족임을 명확히 하였고, 또한 1934년6월10일, 중공 만주성위원회는 동북인민혁명정부 준비과정에서 중국중앙공산당에 보낸 서신에서'조선인과 대만인을 포함하는 동북의 민중은 모두 평등하며, 모두 인민혁명정부 산하의 공민이다'라고 함으로써 조선족의 소수민족신분과 중국 공민으로서의 지위 등이 규정되었다고 한다.

19) '신선족'이란 1992년 한-중 수교 후 새롭게 중국으로 진출한 지·상사 직원, 자영업자 등을 통칭하는 표현이다. '조선족''신선족'이 아닌'중국동포'가 맞는 표현이다.

<표10-1> 재중동포 현황

지역별 \ 연도별	2005	2007	2009	2011	백분율(%)
총 계	2,439,395	2,762,160	2,336,771	2,704,994	100
주 중 국(대)	224,000	283,750	(1,923,329)*	290,600	10.74
주 광 저 우(총)	89,698	106,803	198,681	119,135	4.40
주 칭 다 오(총)	222,700	348,000	53,558	288,800	10.68
주 상 하 이(총)	92,454	162,620	140,125	134,505	4.97
주 선 양(총)	1,801,066	1,836,643	91,335	1,827,232	67.55
주 청 뚜(총)	3,500	12,663	1,825,230	11,777	0.44
주 시 안(총)	-	-	10,782	5,216	0.19
주 홍 콩(총)	5,977	11,681	4,927	13,607	0.50
주 우 한(총)	-	-	12,133 -	14,122	0.52

* 출처: 이종미, "조선족 동포사회의 현황과 발전 방향,"재외동포재단 (2010), p.1.;

2000년도 중국 전국인구조사상의 조선족(중국 국적) 총수, ※ 총계= 조선족+ 수교 후 이후 미(美)-소(蘇)를 중심으로 한 동서 양진영의 냉전이 계속되었던 1980년대 후반까지 한국은 재중동포와 단절된 채 살아왔다(정영국, 2014: 21). 사회주의 체제하의 조선족 동포를 접촉할 수 없었기 때문이다. 그런데 재중동포 사회만의 독특한 특성은 타 국가의 재외동포 사회에서는 찾아보기 어려운 '한민족 집거지' 중심의 생활을 하고 있다는 점이다(정영국, 2014: 21). 재중동포들은 '연변조선족자치주'등 동북 3성에'집거지'를 이루고 집단적으로 살아왔다(정영국, 2014: 21). 그런데 지난 1992년 한-중 수교를 통해 200여만 명의 조선족 동포가 재외동포정책의 범위에 편입되었고, 한중수교 후 20년 사이에 새롭게 중국으로 진출한 한국인이 약 7-80여만 명에 이른다(정영국, 2014: 21). 새롭게 중국에 진출한 사람들을 '신선족(新鮮族)'이라고 부르는 것은 기존 조선족에 비해 새로운 동포라는 의미가 담긴 말이다(정영국, 2014: 21). 한편, 재중동포 사회에도 변화의 바람이 불어왔는데, 등소평의 개혁개방 정책과 세계화의 물결이 거세어진 1990년 이후 약 100여만 명 이상의 조선족동포가 한국 및 중국의 연안 도시 등으로 이주하게 된 것이다(정영국, 2014: 21). 중국 개혁개방정책의 초기 수혜지역인 연안 도시에 동남아 중국 화교들의 해외투자가 증가하면서 약 50여만 명의 조선족 동포가 중국 연안 지역으로 이주하게 되었는가 하면, 한-중 수교는 한국으로의 진출을 꿈꾸며 경제적 도약을 이루는 계기로 작용하였다(정영국, 2014: 21). 2010년 말 기준, 약 50여만 명의 재중동포들이 취업 등으로 한국으로 이주, 체류하고 있으며, 전국에서 활동하고 있다. 조선족의 이주 역사는 명말·청초를 시점으로 대략 5개 시기로 나눌 수 있다. 제1기는 명말·청초의 노략과 망명에 의한 이주 시기이고, 제2기는 1670년부터 1860년 사이의 월강(越江)죄를 무릅쓴 잠입(潛入)을 통한 이주 시기이며, 제3기는 '암묵적 동의'하의 이주 시기이며, 제4기는 1910년부터 1931년 사이 자유이주 시기이고, 제5기는 1931년부터 1945년 일제가 패망하기까지의 강제 이주 시기이다(박정군, 2011: 12).

조선족 이주 역사의 첫 번째 시기는 약 1620년대부터 1670년대라고 볼 수 있다. 이 시기의 이주 원인을 살펴보면 첫째, 이조 통치자들의 가혹한 '3정'의 수탈, 과중한 부역 등에 견딜 수 없었던 조선 북부의 빈민들이 살길을 찾아 중국 동북으로 이주하여 왔으며 둘째, 이조 통치계급 내부의 당쟁과 사화로 인하여 청조로 망명한 자들, 셋째, 후금(後金)의 누르하치군이 조선 변경을 빈번하게 침습하는 과정에서 노략하여 온 백성들, 그리고 1619년 명청전쟁(明淸戰爭) 시에 명나라를 도와 출정한 13,000여 명의 조선군 중 패배당하여 후금군에 투항한 장병들, 그 후 1627년과 1636년(즉 정묘·병자호란)의 침략전쟁에서 노략당하여 온 수만 명의 조선 백성들이었다(박정군, 2011: 12). 그러므로 이 시기 이주민들의 원 거주지는 주로 서부 조선이고 이주 형태는 '강제적인 연행'이 절대다수를 차지하였고 이주지대는 주로 요동(遼東)일대였다(박정군, 2011: 12). 조선족 이주의 특성은 '범금잠입'(犯禁潛入)이고 절대다수가 조선 북부의 빈민이었으며 이주지점은 두만강, 압록강의 북안(北岸) 변경지구였다(박정군, 2011: 12). 이 시기의 이주 양상은 조선과 청조의 사회 및 봉건통치계급의 봉금(封禁)이나 쇄국정책(鎖國政策)과 밀접히 관계된다(박정군, 2011: 12). 즉 1677년 청나라 강희황제(康熙皇帝)는 중국을 통일한 후 만족(滿族)의 발원지인 백두산 일대를 보존하며 동북지구 만족들의 생계를 유지하고 나아가서는 백두산에서 산출하는 인삼, 녹용 등 특산물을 청정(淸庭)에서 독점하기 위해 백두산 이북 1,000여리 즉 압록강 하류인 구련성(九

連城) 부근으로부터 서란현(舒蘭縣)의 법특합(法特哈)문에 이르는 일선을 봉금지구(封禁地區)로 결정하고 그곳에 성경위장(盛京圍場), 길림위장(吉林圍場)과 남황위장(南荒圍場) 등 수십 곳의 금산위장(禁山圍場)[20]을 설치하고 그 어떤 자들도 함부로 들어가 인삼 등을 채집할 수 없게 하였으며 개간, 거주도 엄금하였다(박정군, 2011: 12). 특히 압록강 연안의 동변도변외(東邊道邊外)[21]와 두만강 북안의 남황위장은 비단 만족의 발원지일 뿐만 아니라 조선과 국경을 사이 두고 있는 곳으로서 이른바 완충지대이기에 일체 내왕과 거주, 개간을 엄금하였다(박정군, 2011: 12). 조선에서도 국경을 보위하기 위해 압록강 남안에 4군을 설치(때로는 4군을 폐지하고 무인지대로 만드는 것으로 변경을 방수했다.)하고 두만강 남안에도 6진을 설치하고 행성(行城)을 구축하여 변경을 엄격히 방수했다(박정군, 2011: 12). 이리하여 오늘날의 통화(通化)와 연변지구는 200여 년 동안 원시림이 울창하고 인적이 끊긴 황량한 지대로 남게 되었다(박정군, 2011: 12).

그러나 엄격한 봉금정책에도 불구하고 빈궁에 허덕이던 중국의 산동(山東), 하북(河北) 지역의 파산 농민들은 요동지구를 경과하여 동변도 일대에로 부단히 잠입하여 왔다(박정군, 2011: 12). 조선 북부의 빈민들도 살길을 찾아 봉금을 위반하고 압록강 이북의 변외지구와 두만강 이북으로 부단히 잠입하여 들어왔다(박정군, 2011: 12). 이조의 『숙종실록』,『영조실록』에는 조선 북부의 빈민들이 범월하여 양강(兩江)(두만강, 압록강) 이북으로 움직인 사실이 수다히 기록되어 있으며 이조정부는 이로 하여 양강 이북은 '범월토비의 소굴'로 되어 중조 양국 간의 관계를 악화한다고 크게 우려하였다(박정군, 2011: 12). 그래서 이조는 범월행위를 특별히 엄하게 다스렸는데, 무릇 범월하는 자는 '월강죄'로 극형에 처하였다(박정군, 2011: 12). 그럼에도 불구하고 기아선상에서 허덕이던 빈민들은 강 건너 비옥한 토지를 두고 앉아서 굶어 죽을 수는 없으므로 차라리 범월하여 월편으로 가

20) '금산'이란 특산물 채집을 금지하고 산을 보호하기 위해 산을 봉하는 것이고, '위장'이란 청정부 기인(旗人)과 왕공귀족들이 기마, 사격 등을 수련하거나 수렵을 하기 위해 설치한 곳이다.

21) '변외'란 압록강 하류의 란반으로부터 봉황성문, 애양문, 함창문, 왕청문을 일선으로 그 동남지 군인 장백, 림강, 집안, 환인, 관전, 안동일대를 가리킨다.

는 것을 살길을 개척하는 것으로 간주하고 부단히 범금잠입하여 왔다(박정군, 2011: 12). 범월잠입은 처음에는 이른 새벽에 남몰래 강을 건너가서 산간벽지에서 화전(火田)이나 포지(刨地)를 하여 곡식을 심거나 김을 매고는 밤에 도로 돌아가는 즉 조경막귀(朝耕幕歸)의 방법을 취하였고 그 다음에는 이른 봄에 쟁기를 메고 건너가서 깊숙한 산골에 막을 쳐놓고 화전을 부치고 가을에 수확물을 거두어 가는 '춘경추귀'(春耕秋歸)의 방법을 취하다가 점차 정착하게 되었다(박정군, 2011: 12). 1840년과 1860년의 1 · 2차 아편전쟁은 비단 중국 관내(명 · 청 시기 만리장성 산해관(山海關) 서부지역)뿐만 아니라 동북 지역의 형세도 크게 개변시켰다(박정군, 2011: 12). 우선, 북으로는 제정러시아가 침략하여 100만 평방 킬로미터의 북방 영토를 할양하여 가졌고, 또 부단히 동북 내지로 침범하였으며, 남으로는 영국에 의하여 영구(營口)가 개방된 후 구미 자본주의 세력들이 부단히 침략하여 들어오자 동북의 변강방수를 강화하는 것이 의사일정에 올랐다(박정군, 2011: 13). 다음으로 동북에 주둔하고 있던 팔기군(八旗軍)의 대다수 병력이 관내의 태평천국혁명을 진압하는 데 투입됨에 따라 동북의 만주 기인(旗人)의 인구가 감소되었고, 그들이 경작하던 기지(旗地)가 황폐해 짐에 따라 기인들의 생활도 곤궁에 빠지게 되었다(박정군, 2011: 13). 또한 청정부에서 외국에 줄 배상금으로 해마다 재물과 양식을 공급하다보니 동북의 재정도 고갈되었다(박정군, 2011: 13). 마지막으로, 해마다 관내의 파산농민들이 물밀듯이 흘러나왔기에 사회가 불안정 하였다(박정군, 2011: 13). 이러한 상황에서 청정부는 동북의 변경을 수호하고 사회질서를 온정시키며 재정수입을 증가하기 위하여 종래로 실시하던 봉금정책을 개변하지 않을 수 없었다(박정군, 2011: 13) 따라서 청정부는 기왕의 봉금정책으로부터 개황사업의 용인, 나아가서는 이민실변(移民實邊)정책을 실시하게 되었다(박정군, 2011: 13).

이 시기에 자연재해로 인해 기아에 허덕이던 많은 조선 북부의 빈민들도 이조정부의 쇄국정책을 박차고 단체로 월강하여 양강 북안으로 이주하였다(박정군, 2011: 13). 청정부는 종래의 실례에 근거하여 그들이 점차 청조에 귀화될 것임을 감안하여 양강 북안에서의 조선 간민들의 거주를 묵인하였다(박정군, 2011: 13).

또한 청정부는 연변 훈춘지역에 '초간국'을 설치하여 조선 이민의 거주를 승인하였을 뿐만 아니라 관내와 요동에 사람을 파견하여 이주민을 초모하여 변강을 개발하기에 힘썼다(박정군, 2011: 13). 그러나 교통이 불편한데다 길림이나 흑룡강 지구에 개활할 비옥한 황지가 얼마든지 있는 상황에서 한족 유민들이 연변으로 이주하는 경우는 그리 많지 않았다(박정군, 2011: 13). 이와는 반대로 강을 사이에 두고 있는 조선 북부의 빈민들은 살길을 찾아 줄지어 이주하였다(박정군, 2011: 14). 이렇게 설치된 조선 간민구는 금후 조선족의 집거구가 연변에 형성될 수 있는 조건을 지어 놓았다(박정군, 2011: 14). 조선족 이주의 제4시기는 1910년 이후부터 1931년 '9.18사변'(만주사변)전 까지다. 1910년 일제의 조선 병합은 조선인의 만주 지역의 정착에 새로운 전기를 가져오게 된다(박정군, 2011: 14). 일제의 침략으로 인해 조선이 강제병합 됨에 따라 일제의 악랄한 헌병통치와 '토지조사'의 명의하에 토지를 약탈당하였거나 경작권을 박탈당한 빈민들이 중국으로 대거 이주하였다(박정군, 2011: 14). 이 시기에는 비단 북부 조선인 뿐만 아니라 남부조선 농민들의 이주도 증가되었다. 또한 항일투쟁을 위한 애국지사들의 이주도 대거 진행되었다(박정군, 2011: 14). 그들은 중국 동북지역에 학교를 설립하여 교육을 통하여 젊은이들의 애국심을 고양하고 항일투사들을 배양하였다(박정군, 2011: 14). 그리하여 동북 각 지역에는 창동학교, 명동학교, 정동학교 등 민족교육시설이 창립되었으며 이는 중국 조선족 민족교육의 기초를 마련하였다(박정군, 2011: 14).

1931년 '9.18사변'(만주사변) 이후 조선은 일제의 만주 침략의 배후지가 되었다. 조선총독부는 1931년 만주 침략과 조선의 파산 농민의 처리를 위해 조선 농민을 만주에 이주시키기로 계획하고, '집단이민' 정책을 추진하였다(박정군, 2011: 14). 집단이민이 시작되면서 동북의 조선인 인구는 급증하였는바, 1930년 60만 좌우의 조선족 인구는 1940년에 이르러 145만 명으로 두 배 이상 늘어났다(박정군, 2011: 14). 동북을 강점한 후 일제는 조선인의 항일투쟁을 탄압하기 위하여 1932년 8월에 '재만조선인이민대책강요'(在滿朝鮮人移民對策綱要)를 제정하고, 남만과 북만의 조선인 난민들을 지역별로 집중 수용하여 '안전농촌'(安全農

村)을 건설하였다(박정군, 2011: 14). 1933년부터 일제는 조선인과 항일부대의 연계를 차단하기 위하여 연변의 항일유격 근거지 주변지역과 오지에 분산 거주해 있는 농민들을 대상으로 '집단부락'(集團部落)정책을 실시하여 연변 5개 현과 동변도 18개 현을 조선인 집거구로 정하였다(박정군, 2011: 14). 그러나 조선 이주민에 대한 일제의 집단적 격리수용정책은 산간오지에 분산적으로 거주하고 있던 조선인들을 일정한 주거 구역에 집중시킴으로써 조선인 이주민이 민족을 단위로 집거생활을 하는데 일조하였다(박정군, 2011: 14).

3. 중국 조선족 네트워크의 형성 및 발전

앞에서 논의한 바와 같이 조선인의 중국에로의 이주는 노략에 의한 이주 시기, 월강죄를 무릅쓴 이주 시기, 암묵적인 동의를 전제로 한 이주 시기, 자유 이주 시기 및 일제에 의한 강제 이주 시기 등 5개 단계를 거쳐 광복을 맞이하기 직전인 1944년 중국 동북의 조선인 수는 165만 명에 달했다(박정군, 2011: 14). 1945년 광복을 맞아 많은 사람들이 귀국함으로써 1949년에는 111만여 명의 수준에서 중화인민공화국의 건립을 맞이하게 되었다(정신철, 2000: 23).

광복 후 조선으로 귀환하지 않은 조선인들은 중국 공산당에 의한 대륙 통일과 더불어 하나의 소수민족으로 인정받아 중국에 정착하게 되었으며 이들이 바로 1세대에 속하는 중국 조선족인 것이다(박정군, 2011: 14). 정착 이후 중국 조선족은 점차 동북 3성을 중심으로 민족공동체를 형성하게 되었는데, 여기에는 다음과 같은 요인들이 작용하였다(박정군, 2011: 15). 우선, 생계적 요인을 살펴보면, 월강죄를 무릅쓰고 이주하던 시기, 그들의 주요한 농업 생산활동은 벼농사였다(박정군, 2011: 15). 벼농사에서 가장 중요한 것은 바로 물이었는바, 조선인 이주민들은 자연스럽게 물줄기를 따라 정착하게 되었고, 따라서 한전(旱田)농사를 위주로 하는 한족 이주민들과는 별개로 집단마을을 이루고 생활할 수 있게 되었다(박정군, 2011: 15).

다음으로, 앞에서 서술했던 바와 같이 일제는 항일투쟁을 탄압하고 항일무장과 지역 농민들의 연계를 단절시키기 위하여 남만과 북만의 조선인 난민들을 지역별로 집중 수용하여 '안전농촌'(安全農村)을 건설하고, 연변의 항일유격 근거지 주변 지역과 오지에 분산 거주해 있는 농민들을 대상으로 '집단부락'(集團部落)을 건설하였는데 이는 산간 오지에 분산적으로 거주하고 있던 조선인들을 일정한 주거구역에 집중시킴으로써 조선인 이주민이 민족을 단위로 집거 생활을 하는데 일조하였다(박정군, 2011: 15).

마지막으로, 제도적 요인으로서 중국 공산당의 민족 구역자치제도를 들 수 있다. 민족 구역자치제도는 중국 공산당이 마르크스주의 민족문제에 관한 기본원리에 근거하고, 중국의 실정을 감안하여 확립한 중국의 민족 관계를 처리하고, 민족문제를 해결하는 기본 정치제도이며, 기본정책이다(박정군, 2011: 16). 1949년 북경에서 소집된 전국 제1기 정치협상회의에서는 '중화인민공화국은 여러 민족이 함께 창건한 다민족국가'이며, '중화인민공화국 경내의 각 민족은 일률로 평등'하며, '각 소수민족이 집거하고 있는 지방에서는 마땅히 민족 구역 자치를 실시해야 하고 민족 집거구의 인구의 다소와 지역에 따라 분별있게 각종 민족자치기관을 건립해야 한다.'고 선포하였다. 따라서 1952년 8월에 발표된 '중화인민공화국 민족 구역 자치요강'에 근거하여 1952년 9월 3일 중국 길림성 연변조선족자치주가 성립되었으며, 1958년 9월에 길림성 장백조선족자치현이 건립되었고, 뒤이어 길림 · 흑룡강 · 요녕 · 내몽골 등지에 42개 조선족 자치향이 설립되었다(박정군, 2011: 16). 이로써 중국 조선족은 민족 평등의 권리를 갖게 되었고, 주 · 현 · 향에 이르는 민족구역자치를 실현함으로써 민족공동체를 형성하게 되었으며, 현지의 기타 민족과 구별되는 한민족만의 독특한 문화를 보존하고 유지할 수 있는 여건을 마련할 수 있게 되었다(박정군, 2011: 16). 또한 조선족 집단의 독특한 문화의 보존과 유지는 타민족과의 교류에서 항상 독특성을 의식할 수 있게 하였고, 민족적 동질성을 확인하게 하였으며, 민족정체성을 유지할 수 있게 하였다(박정군, 2011: 16).

1) 조선족 정체성의 형성

다민족국가에서 민족 집단 혹은 인종 집단의 정체성은 구성원들이 민족적 · 국민적 상징과 자신들을 동일시하고 동시에 타집단(혹은 국민)에 의해 인정받게 될 때 형성된다(박정군, 2011: 17). 즉 중국 조선족의 정체성은 조선족이라는 민족정체성과 중국국민이라는 국민정체성을 자각함과 동시에 한족과 기타 소수민족을 포함한 타 민족 집단으로부터 이를 인정받게 되는 과정을 거쳐 형성되었다(박정군, 2011: 17). 조선인 이주민들은 중국 동북으로 이주하는 과정에서 민족 집단을 형성하였지만 중화인민공화국 창립 이전까지 줄곧 중국 국민으로 인정받지 못하였다(박정군, 2011: 17). 조선족은 중국의 토착주민이 아닌 근대에 조선으로부터 이주한 과계민족에 속한다(박정군, 2011: 17). 청정부는 비록 '이민실변' 정책을 추진하였지만, 조선인 이주민들은 중국 국민으로 인정하지 않았다(박정군, 2011: 17). 그들은 조선인 이주자들에 대해 강압적인 민족동화 정책을 추진하여 귀화입적을 강요하였다(박정군, 2011: 17). 청정부는 '치발역복'(薙髮易服)을 입적(入籍)의 상징으로 삼고 '치발역복'한 이주민만을 중국 국민으로 인정하고 토지 소유권을 허락하였다(박정군, 2011: 17). 그렇지 않으면 개간한 토지를 몰수하거나 심지어 축출하였다. 조선인 이주자들은 귀화입적이 민족성의 상실을 전제로 하였기에 대부분이 이를 거부하였다(박정군, 2011: 17). 국민당정부도 동북의 조선인 이주민을 중국 국민으로 인정하지 않았다. 국민당 정부는 그들의 통치구 내의 조선인을 이방인으로 취급하고(박정군, 2011: 17) "무릇 13세 이상의 모든 사람들은 국민당정부로부터 '거류증'(居留證), '신분증'(身分證)을 발급받아야 한다."고 규정하였다. 국민당정부는 '동북행원' 내에 '한교사무처'를 설치하고, '민주자유군' 등 각종 조직을 통하여 조선인을 강제로 축출하거나 억압 · 살해하였을 뿐만 아니라 조선인을 계획적으로 조선에 송환시켰다(조윤덕, 2000: 34). 다민족국가에서 소수민족 혹은 인종집단의 정체성은 민족적 · 국민적 정체성과 자신들을 동일시함과 동시에 타민족 혹은 타 집단으로부터 이를 인정받을 때 완전히 형성된다(박정군, 2011: 17). 그런데 조선인 이주민집단은 국민정체성과 자신들을 동일시 할 수 없었고 또 타 집단도 이를 인정하지 않았으며, 민족적 정체성과 자신들을 동일시함으로써 타 집단으로부터 억압과 차별을 받게 되었다(박정군, 2011: 18). 이런 상황에서 조선인 이주민들은 중화인민공화국 성립 이전까지 국가 없는 민족으로, 민족 억압과 차별 속에서 주변인 지위에 처해 있게 되면서 명확한 정체성이 확립되지 못했다(박정군, 2011: 18).

중국 조선족이 명확한 정체성을 확립하게 된 것은 중국 공산당의 민족정책과 밀접한 연관을 갖고 있다(박정군, 2011: 18). 중국 공산당은 일찍부터 중국 내의 모든 민족을 중화민족의 범주에 포함시키고 민족자결을 주장하였다(박정군, 2011: 18). 1920년대 후반기로부터 중국공산당은 동북 경내에 거주하고 있는 조선족을 중국의 소수민족으로 인정하였다(박정군, 2011: 18). 1927년 10월 중국공산당 만주성 위원회 제1차 당원대표대회에서 통과한 '결의'에서는 동북 경내의 '중 · 한(韓) · 일 · 노 인민을 동등하게 대우'하며, '산동(山東), 하남(河南), 하북(河北) 및 조선에서 온 난민은 현지의 소작농, 고농, 자경농(自耕農)과 같이 일율로 토지 소유권을 가질 수 있다.'고 지적하면서, 조선인은 그 어느 민족보다 일본 제국주의와 중국 봉건군벌, 지주의 압박과 착취를 받은 민족으로서 만주의 혁명적 농민의 한 부분이며, 전투력이 있는 농민이며, 반일의 우군(友軍)이라고 하였다(조윤덕, 2000: 35). 1945년 동북이 해방된 후, 중국공산당은 '화북항전에 참가한 조선의용군을 제외한 동북의 조선 거주민은 일반적으로 중국 경내의 소수민족으로 인정한다.'고 명확히 규정함과 동시에 타민족과 일체 평등한 권리를 보장하였다(박정군, 2011: 19). 민족평등 원칙의 가장 두드러진 점은 바로 토지개혁 과정에서 조선인 이주민의 생존에서 가장 절박한 수요로 했던 토지를 타민족과 평등하게 분배한 점이다(박정군, 2011: 19). 다민족국가에서 하나의 민족 집단을 소수민족으로 인정하는 것은 국민적 지위의 인정을 전제로 한다(박정군, 2011: 19). 따라서 조선족을 중국의 소수민족으로 인정하고 타민족과 동등한 권리를 부여한 것은 조선족이 중국 국민임을 인정한 것이다(박정군, 2011: 19). 토지개혁과 민족 평등정책은 조선족의 적극적인 참여와 충성심을 유발하였으며, 스스로를 중국 국민과 동일시하고 동시에 타민족으로부터 중국국민의 자격을 인정받음으로써 점차 중국 국민이라는 국민정체성을 형성하게 되었다(박정군, 2011: 19). 또한 중국의 기타 민족과 평등한 소수민족으로 인정받음으로써 중국 국민으로 평등함과 동시에 자신들만의 독특한 한민족이라는 민족정체성을 확고히 하고 유지할 수 있게 되었다(박정군, 2011: 19). 이로써 중국 조선족은 조선족이라는 민족정체성과 중국국민이라는 국민정체성을 동일시함과 동시에 타민족 집단으로부터 이를 인정받게 됨으로써 중국 조선족이라는 정체성을 형성하게 되었다(박정군, 2011: 19).

2) 조선족 이중정체성

조선족 정체성에 관한 기존 연구들을 살펴보면 대다수의 한국 학자들은 중국 조선족 정체성에 관하여 중국 조선족의 정체성은 조선족 사회의 변화에 따라 변하며 20세기 초 중국에로의 이주로부터 시기별로 변화를 가져왔으며 현재의 중국 조선족의 정체성은 중국 국민이라는 국민 정체성과 조선 민족이라는 민족정체성 복합적 요소를 지니고 있는 이중정체성이라는 관점에 동의한다(최우길, 2000; 이현정, 2001; 김강일, 2001; 윤인진, 2002; 권태환, 2005; 김정하, 2006). 중국 조선족의 대표적인 지식인 정판룡(1996) 역시 조선족을 '중국에 시집온 며느리'로 비유한다(박정군, 2011: 20). 즉 조선족은 정서적으로 친가인 모국에 끌리지만 일단 중국에 시집온 이상 시가인 중국에 충성하며 중국의 발전을 위해 노력해야 한다는 주장이다(박정군, 2011: 20). 그러나 중국 조선족 정체성에 관한 기존의 연구들에 대한 고찰을 통하여 다음과 같은 문제점들을 발견할 수 있다(박정군, 2011: 20).

첫째, 조선족의 정체성은 흔히 중국 국민이라는 국민 정체성과 한민족이라는 민족정체성이 병존하는 이중정체성이며 이 두 가지 정체성이 항상 균형 있게 공존하는 것이 아니라 경우에 따라서 서로 대립되어 어느 하나를 선택해야 하는 딜레마가 되는 것으로 인식되고 있다(박정군, 2011: 20). 그러나 중국 조선족의 정체성을 중국공민(公民)이라는 국민정체성과 한민족이라는 민족정체성이 병존하는 이중정체성으로 인식(유인진. 2004: 81)해야 할 것인가? 우선, 한민족 정체성은 생득적인 것이고 중국 국민이라는 국민정체성은 새로이 획득한 것이라는 관점을 볼 때, 중국인 즉 중국 국민으로서의 국민 정체성은 조선인 이주민 1, 1.5세대에만 국한되고, 1949년 중국 조선족이 정식으로 중국 소수민족의 지위를 부여받은 이후에 출생한 조선족들에게는 중국인이라는 국민 정체성 역시 민족정체성과 마찬가지로 생득적인 것이 아닌가 생각해볼 수 있다(박정군, 2011: 21). 그것이 아니라면, 한국인의 한국 국민으로서의 국민 정체성은 과연 생득적인 것인지, 아니면 새로이 획득하는 것인지에 대해서도 고민해볼 여지가 있는 것이다(박정군, 2011: 21). 다음으로, 중국 조선족은 해외 한인들 중 유일하게 국가적으로 기타 55개 민족(한족 포함)과 동등한 지위를 인정받으며, 중국 국민으로서의 법적·정치적 및 민족자치의 권리를 향유할 수 있음을 간과해서는 안 된다(박정군, 2011: 21). 이는 중국 조선족이 중국 사회에서 주변인(이주자)으로서가 아닌 당당한 중국국민으로서의 국민 정체성을 가질 수 있음을 시사한다(박정군, 2011: 21).

마지막으로, 중국 조선족은 100년이 넘는 동안 중국사회에서 한족(漢族)을 포함한 다양한 민족들과 공동으로 생활해 왔다(박정군, 2011: 21). 이 과정에서 자기 민족만의 문화를 고수한다는 것은 불가능한 일이다. 따라서 현재 중국 조선족의 문화는 한민족의 문화와 중국의 문화가 상호 융합된 중국 조선족만의 독특한 문화라고 볼 수 있는 것이다(박정군, 2011: 21). 따라서 여기에서는 중국 조선족의 정체성을 이중정체성이 아닌 남한 및 북한과 구별되는, 한민족문화와 중국문화가 융합되어 이루어진 중국 조선족이라는 민족의식과 중국 국민이라는 확고한 국민 의식이 결합된 독특한 정체성이라고 조심스럽게 가정해 본다(박정군, 2011: 21).

둘째, 기존의 연구들을 살펴보면 연구 방법에 있어서 문헌연구가 실증적 연구에 비해 압도적으로 많은 상황이다(박정군, 2011: 21). 동시에 실증적 연구 과정에서도 중국 조선족의 범위를 대학생, 유학생, 이주노동자, 국제결혼 이주여성 등으로 지나치게 축소시켜 전반 조선족을 아우르는 정체성을 발견하기 어렵게 한다(박정군, 2011: 21).

셋째, 연구 과정에서 중국 조선족의 거주지역, 사회계층, 세대 등 요인들이 포함되지 않고 있다(박정군, 2011: 21). 우선, 연변지역 조선족을 중국 조선족으로 포괄 해석하는 우를 범하는 경우가 많다. 비록 연변조선족자치주가 조선족이 가장 많이 거주하고 있는 지역이긴 하지만 동북3성을 포함한 다른 지역에서도 중화인민공화국 성립 초기부터 조선족 집거구역이 형성되어 있었으며, 각 지역의 이주민들의 한반도에서의 생활지역도 부동한 것이다(박정군, 2011: 21). 즉 부동한 집거구역 거주민들의 조상의 고향이 부동함에 따라 그들의 고국관과 민족의식도 차이가 있을 수 있는 것이다(박정군, 2011: 21). 다음으로, 부동한 사회계층에 처한 사람들은 그들의 생활 양상에 따라 조선족 정체성을 확고히 주장하거나 기피할 수도 있는 것이다(박정군, 2011: 21). 마지막으로 세대가 교체됨에 따라 중국 문화와의 접촉이 더욱 빈번해 짐으로 정체성에서의 세대차이를 간과해서는 안 된다(박정군, 2011: 21).

4. 중국 조선족 네트워크의 특성

1) 집거지 과계민족으로서의 조선족의 역할

(1) 연변'조선족자치주(朝鮮族自治州)'[22]

2012년은 연변조선족자치주 성립 60주년이 되는 해이다(정영국, 2014: 21). 정부(재외동포재단)와 지방자치단체, 학계, NGO 등 재외동포 관련 단체들이 연변조선족 동포들을 위한 각종사업을 지원하고 60주년 기념행사에도 참가하여 조선족 동포들을 격려, 위로하며 한민족의 동질감을 형성하였다(정영국, 2014: 21). 1990년, 중국정부의 제4차 인구통계에 의하면 중국 조선족 인구는 전 중국 55개 소수민족 가운데서 인구수가 12번째로 많은 소수민족으로써 192여만 명이다(정영국, 2014: 21). 그 가운데서 62.54%가 길림성, 24.45%가 흑룡강성, 11.23% 요녕성, 그리고 2%가 내몽고 · 하북성 · 북경시 등지에 거주하고 있다(정영

22) 연변조선족자치주는 옌지(延吉)와 투먼(圖們), 둔화(敦化), 허룽(和龍), 룽징(龍井), 훈춘(琿春) 등 6개시와 왕칭(汪淸), 안투(安圖) 등 2개縣으로 이뤄졌고, 1952년 9월3일 自治區로 設立되었다가 1955년 12월 自治洲로 변경되었다.

국, 2014: 21). 중국 조선족은 그간 중국 56개 민족 중의 한 성원으로서 자치의 권리를 행사하여 왔으며, 조선족 자치행정구역은 1952년에 설립된 2급 행정구역인'연변조선족자치주'와 3급 행정구역인 '장백조선족자치현'그리고 4급 행정구역인 45개의'자치향'으로 구성되어 있다(정영국, 2014: 21). 이 외에 동북 3성에는 3,000~4,000개의 조선족'자치촌'이 있으며, 조선족 자치촌 역시 조선족이 주권을 행사하는 최하층의 행정 단위로, 자치촌은 자치주 · 자치현 · 자치향에 비하여 민족 자치권 행사가 보다 용이한 행정 단위이다(정영국, 2014: 21). 그리고 1952년 9월에 창립된'연변조선민족자치구'는 1954년 중화인민공화국 헌법에 의해'연변조선족자치주'로 개칭되었다(정영국, 2014: 21). 자치주 창립 당시 산하에는 연길시, 화룡현, 왕청현, 훈춘현, 안도현이 포함되었고 인구는 85만 4,000명이었다. 그 중 조선족이 53만 명으로 62%정도를 점하였다(정인갑, 2007: 25).

2) 과계민족(跨界民族) 으로서의 역할

'과계민족'[23]이란 두 나라의 경계에 걸쳐서 살고 있는 민족을 말한다(정영국, 2014: 22). 등소평의 중국 대외 개방 선언 이후 접경지역에서 발생하는 민족 관계를 설명하는 개념으로 이는'양축(Two Polar)'현상과는 다른 개념이다(정영국, 2014: 22). 양축 현상이란'두 다리를 중심축으로 뿌리를 내렸다.'는 의미로, 재외동포들이 한민족의 민족적 정체성을 유지하며 현지에서 거주국의 일원으로 법률과 사회, 문화에 적응하며 모범적 시민으로서 주류사회에 진출해 나가는 현상을 의미한다고 하겠다(정영국, 2014: 22). 이에 반해 중국 조선족 동포를'과계민족(Cross-border Ethnicity)'이라고 하는 것은 우선 한반도와는 지리적으로 경계를 하고 있는 인접에 거주하고, 혈연적으로도 남북한과 밀접한

23) '과계민족(跨界民族)'이란 두 나라의 경계에 걸쳐서 살고 있는 민족으로 주변국가로부터 국경을 넘어 들어온 소수민족을 말하는 것인데, 과거 소련과 중국의 국경에는 한 민족이 양쪽 국경에 걸쳐서 사는 이른바 과계민족이 많이 거주하였다고 했다. 과계민족이란 장기간의 역사발전과정에서 형성된 것이며, 각각 서로 인접한 두 개 혹은 다수 국가에 거주하는 동일민족을 말한다고 했다(김춘자,1994: 18).

관계에 있다는 특성을 지니고 있기 때문이다(정영국, 2014: 22). 특히 남북한 문제와 관련, 북한과는 탈북자 문제, 변경 무역과 투자, 인도적 지원, 종교적 선교 활동 등을 통해 관계를 유지하고 있으며, 남한과는 한국기업 진출과정에서 매개체적 역할, 한국에 노동력의 제공으로 한국경제발전에 기여하고 있으며, 밀입국 및 불법체류로 인한 사회문제화, 농촌총각 결혼문제 해결 등에 이르기까지 관계되고 있다(김재기, 2006: 188). 한편 중국정부의 '동북공정(東北工程)'정책추진과 관련, 동북 3성에 주로 집거하고 있는 조선족동포들에 대하여 중국정부가'동북공정'을 통해 이들을 통제, 장악해 나가고자 하는 의도가 아닌가, 하는 의구심을 갖게 한다(정영국, 2014: 23). 중국정부의 의도를 더 주의해 보아야 하는 것은, 우선 조선족동포들의 남북한으로부터의 영향력축소 내지는 차단을 위한 정치적 목적에서 추진되고 있다고 예상되기 때문이다(정영국, 2014: 21). 이는 북한의 3대 세습과 정치 · 경제적 불안정 등 예상되는 정세변화에 미리 대응하는 조치의 일단이라고 할 수 있다(정영국, 2014: 21). 특히 소수민족정책에 민감한 중국정부가 내일의 불안정을 초래할 수도 있는 조선족 문제, 국경문제를 사전에 불식하기 위한 정책적 조치를 취한 것이라고 볼 수 있다(정영국, 2014: 21). 그런데 이런 상황에도 불구하고 우리가 조선족 동포들을 지원하며 그들의 역할을 기대하는 것은 바로 이들이 거주하고 있는 지역적 특성, 정치, 경제적 중요성 때문이다(정영국, 2014: 21). 즉 동북 3성은 향후 정치적 상황에 따라 '한반도횡단철도(TKR)'의 운행은 물론 '중국횡단철도(TCR)' 및 '시베리아횡단철도(TSR)'가 운행될 수 있는 교통의 요충지이다(김재기, 2006; 191). 또한 남북한을 비교적 자유롭게 왕래하며 남북 간의 긴장을 완화하고 통일기반 조성에 기여할 수 있다고 하는 점 또한'과계민족으로서의 조선족의 특성'이다(정영국, 2014: 22).

3) 집거지 해체 위기

중국정부의 개혁 개방정책과 특히 1992년의 한-중 수교이후, 중국 조선족 동포 사회의 인구는 지속적으로 감소되어 왔다. 이는 조선족 동포사회 집거지의 해체를 위협하고 있는 것이다. 지난 '20년에 걸친 대량이주로 연변 자치주가 해체될 수 있다는 위기감이 고조(최홍, 2011: 2)'되고 있다. 현재 연변 조선족 자치주의 동포 주민 비율은 27%로 하락해, 자치주 구성요건인 30%를 하회하는 상황이다(정영국, 2014: 23). 그러나 이러한 견해에 대해 김병호 중앙민족대학 교수는 조선족 인구비율이 낮아지더라도 '연변조선족자치주'는 계속해서 존속할 것이라고(정영국, 2014: 23) 주장하고 있다. 조선족 동포들의 단신 이주가 장기화 되면서 또 다른 문제점들이 부각되기 시작하였다(정영국, 2014: 23). 가정불화와 가족해체의 확산이 그것이다. 연변지역 중국 동포 이혼 건수는 매년 약 2,000여건에 이른다(정영국, 2014: 23). 한-중 수교 이후 재중 조선족 동포들의 한국 내 취업 등 한국방문 열기가 높아지자 한국방문 비자발급을 위한 브로커(Brokers) 등 각종 사기행각의 부작용이 나타나기 시작했다(정영국, 2014: 23). 연변, 하얼빈, 목단강 등 재중 동포 밀집거주 지역 각지에서 자행된 사기 행각으로 인한 가정파탄, 빚, 가족이별 등의 극심한 부작용이 발생하였다. 당시 한국 법무부에서 담당 수사 검사를 지정하여 문제 해결에 나서기도 하였지만 많은 문제들이 해결되지 못하였고 많은 조선족 동포들이 비참한 상황에 처하고 말았다. 지난2004년도에 법무부장관 앞으로'중국동북조선족사기피해자협회'및'연변조선족사기피해구제대책위원회'명의의 탄원서'중국 연변 조선족 사기피해자 취업구제건'이 제출되기도 하였다.

4) 재중국한국인회(在中國韓國人會)

한국은'하나의 중국 정책'에 의해 오랜 기간 외교관계를 맺어왔던 우방 대만과 단교하고 중화인민공화국과 새롭게 한 · 중 수교(1992년 8월 24일)를 맺었다(정영국, 2014: 24). 수교이후 한국의 대기업을 비롯한 지 · 상사 직원, 유학생, 자영업자 등 많은 한인들이 중국이라는 새로운 사회와 시장을 향하여 앞다투어 진출해 나갔고, 수교 20여 년에 100여만 명에 가까운 숫자로 늘어가고 있다(정영국, 2014: 24). '재중한국인회'는 1999년 한-중 수교 이후 중국에 진출한 여러 분야의 사람들에 의해 결성되었다. 재중한국인회의 구체적인 활동 내역은 재중한국인회 홈페이지(http://www.koreanc.org)에 나타난다.

5) 중국 조선족의 의미

우리에게 중국 조선족의 의미는 크게 5가지로 요약할 수 있다. 첫째, 조선족은 항일투쟁에 중요한 역할을 하였다. 둘째, 조선족이 우리 기업의 중국 진출에 일정부분 공헌을 하였다. 셋째, 조선족의 값싼 노동력이 한국 산업 발전에 도움을 주었다. 넷째, 조선족은 남북통일을 위한 가교역할을 감당할 수 있다. 다섯째, 국가와 민족의 시대를 넘어 새로운 동북아 시대의 교량 역할을 할 수 있다.

따라서 중국 조선족이 중국 사회에서 모범적인 구성원으로 성장하여 중국의 발전에 기여하는 동시에 그들의 운신의 폭을 넓혀 주어야 한다. 또한 중국 정부가 화교나 화인을 대하는 정책과 대우를 조선족에게도 대우하도록 존재감을 높여야 할 것이다.

5. 중국의 중국 조선족 정책

중국은 냉전이라는 국제환경 속에서 한국과 마찬가지로 국가 안보와 사회안정을 중시했다. 특히 지정학적으로 여러 국가들과 인접해있어 이들 국가들과 마찰을 줄이기 위해서 국가 안보가 중시되었다. 제2차 세계대전 이후 중국 주변국가의 독립은 중국의 위협 요소가 되었다. 독립한 주변 국가에서 화교를 배척하는 움직임이 시작되었고, 이로 인해 중국은 주변 국가와 외교적 마찰이 생기게 되었다. 이에 중국은 이중 국적제를 단일국적제로 바꾸고, 화교들이 거주국 정치활동의 참여를 금지시켰다. 중국은 이러한 정책변화를 통해 주변 국가와의 외교적 마찰을 줄이고, 국가 안보를 강화하였다. 한국과 중국의 현지화 정책을 비교하면 양국 모두 국제환경의 영향을 받았다. 이들은 재외동포의 요구에는 관심이 없었고, 국가의 이익에 치중하였다. 이에 재외동포들은 모국에 강한 실망감을 내비쳤다.

1) 한국 정부의 재중 동포사회 지원정책

한국은 냉전이라는 국제환경 속에서 국가 안보와 사회 안정을 최우선으로 간주하였다. 재외동포는 거주국에서 법적 · 사회적으로 차별화를 받았으나, 국가는 그들에게 관심을 가질 여력이 없었다. 당시 한국은 북한의 전쟁 도발과 실업률의 증가로 사회적으로 불안정한 상황이었다. 이에 한국의 현지화 정책은 해외이주 정책을 중심으로 진행되었다. 재일동포들에 대해 적극적 지원이 있었으나 북한의 재외동포 정책에 대응한 결과로 보인다.

정부(재외동포재단)의 재중 동포사회 지원현황을 살펴보면, 조선족동포 단체 및 재중 한국인회, 그리고 각 지역한국인회는 주로 3.1절, 8.15, 한가위 등 명절 행사와 차세대 교육사업, 권익신장, 교류 활성화를 위한 사업들을 펼치고 있으며, 이를 지원한다(정영국, 2014: 25). 2009년도 '동포단체 활성화'를 위해 재단이 지원한 각 지역 한인 단체는 주광저우 총영사관 관할의 광동성 조선민족연합회의 '제3회 광동성 조선민족민속축제', 주상하이 총영사관 관할의 상해 한국인회의'제5회 한민족 큰잔치', 주선양 총영사관 관할의 흑룡강성 영안시 발해진 강서촌민위원회의 '제4회 유두절 행사', 주 칭다오 총영사관 관할의 청도 조선족기업협회의'2009 조선족민속축제' 지원 등이다(정영국, 2014: 25). 또한 권익신장활동 지원으로 주중국대사관 관할, 북경한국인회의 '교민안전콜센터 및 교민고충상담센터 운영', '열린 대화방'지원 등이 있으며, 한상네트워크 활성화지원으로 북경투자기업협의회의 재중한인, 조선족동포를 위한 '취업박람회'지원 등이 있다(정영국, 2014: 25). 재중동포청년직업연수(IT부분, 자동차 정비 등)를 상 · 하반기 각 16주씩 연변과학기술대학에 의뢰 · 실시하여 재중조선족동포 후손들의 직업능력 제고를 통해 거주국 내에서 안정적인 취업기반을 마련해주고 경제적 지위향상을 도모하고 있다. 그 외에도 재단은 교육과 전통문화 관련 지원을(정영국, 2014: 25) 계속하고 있다.

한편, 한국의 네트워크 정책을 보면 한국은 세계화에 적극 동참하면서 경제발전을 최우선 과제로 간주하고, 냉전이 종식된 후 사회주의 국가들과도 수교를 하였다. 이로 인해 사회주의 국가에 거주하는 잊혀졌던 재외동포들을 재인식하였다. 이후 한국은 경제발전에 있어서 재외동포의 중요성을 인식하고, 재외동포에 관심을 갖기 시작하였다. 이에 한국은 재외동포 네트워크 정책을 실시하였다.

중국은 문화대혁명 이후 정치 · 경제 · 사회적으로 불안한 상황이었다. 특히 경제는 거의 몰락 위기였다. 덩샤우핑(邓小平)은 경제발전을 국가의 근본으로 보고, 개혁개방을 실시하였다. 그는 특히 개혁개방에서 화교의 역할의 중요성을 강조하고, 화교의 자본을 잘 활용해야 한다고 언급하였다. 이처럼 중국은 화교에 관심을 가지면서 그들과의 유대를 강화하기 위한 네트워크 정책을 실시하였다. 중국은 오프라인에서 뿐만 아니라 온라인네트워크 구축에 힘쓰고 있다. 특히 네트워크 정책에서 화교에 대한 경제적인 우대 법률을 제정하여 화교들의 환영을 받았으며, 화교는 오늘날 중국경제의 급속한 발전의 주역이 되었고, 세계인들의 주목을 끌고 있다.

이와 같이 한국은 국제환경의 영향 하에 재외동포에 관심을 갖고, 이전과 달리 재외동포의 요구를 수용하면서 네트워크 정책을 펼치고 있다. 이러한 정책은 재외동포들의 지지를 받고 있다. 중국의 네트워크 정책은 국제환경의 영향보다 자국 경제 몰락의 영향을 받았다. 중국은 문화대혁명으로 인한 경제 위기로 재외동포들의 중요성을 재인식하고 그들에게 특혜를 줌으로써 그들과의 관계를 강화시켰다. 화교에 대한 법적 특혜는 화교 자본을 유치하는 계기가 되었고, 나아가 중국 경제발전의 중요한 작용을 하였다.

양국의 현지화 정책은 모두 국가 이익만을 강조하였다. 냉전 이후 글로벌 시기를 맞이하면서 국가 이익만을 강조하는 정책은 국가발전에 도움이 되지 않을 것이다. 이제는 국가와 재외동포 양자가 모두 이익을 얻을 수 있는 윈-윈 전략으로 인식을 바꾸어야 할 것이다. 이러한 맥락에서 한국과 중국의 네트워크 정책은 모두 성공적이라고 하겠다. 즉 양국의 네트워크 정책은 국가 이익만 강조하던 데서 재외동포 이익을 수용하는 데로 발전했기 때문이다. 특히 여기에서는 중국의 네트워크 정책을 주시할 필요가 있는데 화교에 대한 특혜법이다. 한국은 중국의 이러한 정책을 벤치마킹할 필요가 있다. 반면에 한국은 재외동포의 출입국관리에 편의를 제공하고 있다. 중국은 한국의 재외동포에 대한 출입국관리정책을 벤치마킹할 필요가 있다. 또한 온라인 정책 측면에서 양국은 각자 장점을 갖고 있으며 상호간 벤치마킹할 필요가 있다.

재중동포들을 중국 내 우수한 소수민족이다. 문화혁명 이전만 해도 전국 우수 과학자로 선정된 50명 중 16명이 재중동포였고, 전체 수는 200여 명이 있었으나 지금은 50여 명 수준이다(이종미, 2012: 253-273). 지금도 항공우주 분야에서 이상영, 강경산, 광학 분야에서 우병희 등이 매우 두각을 나타내고 있다(이종미, 2012: 253-273). 정치적으로도 조남기 장군이 정치협상회의 부주석을 지냈으며, 소수민족 정책을 다루는 민족 사무위 장관을 지낸 이덕수 주임 등 고위직이 있다(이종미, 2012: 253-273). 그러나 개혁개방 및 한중수교를 계기로 중국 내 대도시 진출 및 한국 이주 등으로 인해 공동화 현상이 나타나 정치적 위상이 다소 낮아지고 특히 우리 재중동포들의 전통집거지역인 동북3성 지역에서 주도권을 상실할지도 모른다는 걱정을 해야 할 정도이다(이종미, 2012: 253-273).[24].

동북3성은 동북아지역의 중심에 위치한 지정학적 주요 지역일 뿐 아니라 개발의 여지가 많은 전략적 지역이며, 북한과 인접해 있어 미래 남북통일 시대에는 문화적 경제적 완충지역으로 소수민족 우대 정책을 시행하는 중국 땅에서 재중동포의 위상을 높이기 위해서 뿐 아니라, 한국으로서도 중요한 지역인 만큼 그 지역에서의 주도권을 잃지 말아야 한다(이종미, 2012: 253-273). 이를 위해서는 동북3성 지역으로 우수한 인재가 모여야 하는데, 쉽지 않은 일이겠지만,

24) 연변자치주 인구가 줄고 있고, 주요 간부직이 한족으로 임명되었으며 최근에는 공식행사를 중국어로 진행할 정도로 민족자치지역으로서의 성격을 상실해 가고 있는 형편 이덕수(전 민족사무위 주임), 조남기(전 정치협상회 부주석), 이영태(전 공군부사령) 퇴직 후로는 고위층이 없음. 현재 전철수 공상연합회 당조서기가 가장 높은 직위 연변자치주 주장은 재중동포이나, 당위 서기는 한족임.

재중동포 청년들이 중앙이든 지방이든 공무원이 많이 되어야 한다(이종미, 2012: 253-273). 재중동포사회 지도자들은 미래 동포사회 지도자들을 재정적으로 지원하고 멘토 역할을 자청하여 동북3성 지역에서 재중동포의 행정적 정치적 역량을 강화할 필요가(이종미, 2012: 253-273). 있다. 실제로 귀향하는 사례도 있었다. 북경의 명문 대학 교수인 젊은 동포 학자는 자신을 필요로 하는 연변대학으로 가기 위해 그 자리를 포기하였고, 길림시 유화현에서는 한 조선족중학교 교장 선생님의 아들이 북경에서 대학을 마치고 일본에서 석사를 받은 재원임에도 귀국해서 유화현 공무원이 되어 어머니의 민족교육사업을 돕는 것을 본 적이 있다(이종미, 2012: 253-273). 아주 불가능한 일도 아니라고 본다. 재중 동포사회 지도자들의 의지가 중요하다고 생각한다. 또한, 눈에 띄는 활동은 연변대학 동문회이다. 연변대학 동문회는 연변지역 뿐만 아니라, 북경, 상해 등 중국 지역을 넘어 일본, 한국에서도 활동하고 있다(이종미, 2012: 253-273). 도시지역에 진출하여 성공한 동문들이 모교와 고향의 발전을 위해 자신의 재산이나 재능을 다시 환원하는 모습에서 재중동포 사회의 희망을 볼 수 있다(이종미, 2012: 253-273). 지방의 소학교, 중학교에서도 동문들이 후원회를 만들어 모교를 돕는 경우가 있는데, 좀 더 활성화 시킬 필요가 있다(이종미, 2012: 253-273).[25].

25) 재외동포재단이 2003년부터 연변과학기술대학에 위탁하여 시행하고 있는 '재중동포 IT 직업훈련' 과정을 통해 매년 70~80명의 졸업생이 배출되고 있는데, 지역마다 동문회를 만들어 후배들의 진로를 돕고 있다.

우리 정부의 재중동포와 관련된 초기 정책들이 너무 자주 바뀌는 과정에서 재중동포들의 혼란을 야기했고26) 또한 시행과정에서 예상치 못한 문제가 발생하기도(이종미, 2012: 253-273) 하였다. 이러한 재중동포의 출입국 및 국내 체류에 관한 우리의 정책은 재중동포들이 한국 사회의 일원일 뿐 아니라 미래 한·중 관계 및 한반도 통일에 있어 중요한 역할을 할 인적 자산으로서의 역할이 있음을 주목하여 지금처럼 몇몇 관련 부처가 이해관계를 따지면서 결정하지 말고, 범부처 자원에서 장기적 안목으로 세밀하게 검토되어야 한다. 한편, 재중동포에 대한 국민들의 인식 전환도 시급하다고 본다. 재중동포에 대한 일부 한국인들의 편견은 이해 부족이 근본적인 원인으로 소통을 위한 좀 더 적극적인 전략이 필요한데, 국민 대상으로 재중 동포사회의 잘 보존되어 있는 우리 전통문화 예술을 소개한다든지, 다양한 분야의 교류를 늘려서 서로를 알 수 있는 기회를 많이 만들 필요가 있다(이종미, 2012: 253-273). 또한, 중국과 한국에서 활동하는 우수한 조선족 동포의 스토리를 방송 혹은 언론매체를 통해 소개하는 것도 좋은 방법이며, 재중동포사회 오피니언리더와의 잦은 소통이 매우 중요하다고 본다(이종미, 2012: 253-273).

또한, 재중동포 사회의 가장 현안인 민족교육 문제에 대한 우리의 관심과 지원이 필요하다(이종미, 2012: 253-273). 동북3성 지역의 조선족학교는 숫자적

26) 수교 직후 친척초청제도 시작(1992) - 산업연수생제도(1993.11) - 친척초청 확대(1994) - 외국인노동자보호 및 관리지침(1995) - 연변지역 중국동포 사기피해(1996) - 연수취업제도 도입(1997.9) - IMF 외국인력 귀국조치(1997) - 재외동포법 제정(1999.8), 친척초청 확대(1999.12) - 연수취업제도 재시행(2000) - 불법체류 자진신고(2002) - 고용허가제 입법, 산업연수제도 병행실시(2003) - 재외동포법 개정(2004, 친청초청 허용연령 25세로 하향) - 동포귀국지원 프로그램 실시(2005 불법체류자 5만 8,000명 및 형사처벌대상자 2만 6,000명 자진귀국) - 산업연수생제도 폐지 및 방문취업제 시행(2007.3) - 재한외국인처우기본법(2007.5) - 다문화가족법 제정(2008.9) - 국제금융위기에 따른 방문취업제 개선 시행, 친척초청 범위 축소(2008.10) - 재외국민참정권 통과(2009.2) - 이중국적 시행처 사기등) 및 불편사례 등이 발생되어 오히려 한국정부 및 국민들에 대한 불신을 초래해 온 것은 사실이다. 방문취업제 시행 및 재외동포비자(F4)의 전면 확대등과 같은 정책은 재중동포들도 반기는 획기적 정책임에도 인터넷 사용 불편, 브로커 불법 사기 극성 및 시험 문제 유출 소문 등이 문제가 되고 있고 실제로 시행하는 과정에서 세심하지 못해 발생되는 문제들로 인해 오히려 불만을 자초하고 있어 매우 안타깝다

감소 문제도 있지만 전체적으로 경쟁력 상실이라는 더 큰 문제가 있는데, 도시지역 청소년들을 위한 민족교육기관이 부족하며, 중국 내 도시 혹은 한국으로 떠난 부모들과 떨어져 지내는 청소년들의 인성 문제는 매우 심각하다(이종미, 2012: 253-273). 전체적으로 50% 이상으로 추정되는데, 시골학교 경우는 이보다 심해서 80% 이르는 곳도 있다(이종미, 2012: 253-273). 결손가정 청소년들을 위한 상담 교육 지원, 유치원 운영 지원, 국내 초청 방문 프로그램 시행 등을 적극 검토할 필요 있다(이종미, 2012: 253-273). 도시지역 민족교육을 위해서 재중 동포사회 내에서는 대도시 지역에 정식 공립학교를 설립하는 방안을 다각도로 노력 중이지만, 중국의 호구제도와 소수 민족을 위한 자치주 운영 등 소수민족정책이 있어 쉽지 않다고 한다(이종미, 2012: 253-273). 대안으로 사립학교 운영 혹은 다른 지역의 동포사회처럼 주말 한글학교를 운영할 수 있겠는데, 이에 대한 운영 및 교재지원 및 한글학교 운영 노하우 전수 등 관심과 지원이(이종미, 2012: 253-273) 필요하다.

재중동포 지원정책은 중국의 소수민족 정책에 부합하면서 중국, 조선족 사회 및 한국이 공동 발전하도록 지원하는 것이 기본 방침이 되어야 한다(이종미, 2012: 253-273). 중국 정부와의 공동 프로젝트를 추진한다든지, 재중동포 외에 한족 등 타민족 중국인도 참여시킴으로서 중국에도 도움이 되는 방향으로 추진하는 것이 바람직하다(이종미, 2012: 253-273). 한편, 중국 정부에 대해서는 글로벌 네트워크 사회로 이동하는 국제사회의 흐름에 편승하고, 중국의 화교 정책의 우수성, 동북아 및 한반도지역의 평화 유지를 위한 조선족 사회의 역할론 등을 논리화하여 중심을 가지고 일관성 있게 대응해야 한다(이종미, 2012: 253-273).

제11장
재일 코리안 네트워크의 형성과 발전

1. 재일 코리안의 정의
2. 재일 코리안의 이주사 및 정착 과정
3. 재일 코리안 네트워크의 형성과 발전
4. 재일 코리안 네트워크의 특성
5. 일본의 재일 코리안 정책

제11장 재일 코리안 네트워크의 형성과 발전

1. 재일 코리안의 정의

일반적으로 1980년대 이전에 도일한 '재일 코리안'은 '재일 조선 · 한국인'으로 올드커머라고 불리고 있다(지경영, 2011: 77-89). 반대로 1980년대 이후에 유학생, 상사 주재원, 기업가, 취업, 파견사원, 결혼비자 등으로 도일한 사람들이 정착하기 시작하면서 그들을 '뉴커머'로 지칭한다(지경영, 2011: 77-89). 그러나 최근 재일코리안 사회의 추세는 올드커머와 뉴커머로 구분하기보다는 화합을 강조하는 용어로서 '재일 한인'이 포괄적으로 사용되고 있다(지경영, 2011: 77-89). 따라서 '재일 한인'은 국적, 출생, 귀화 여부를 불문하고 '한국 · 조선'의 구분을 초월하여 같은 피를 나눈 민족개념으로 연결된 '재일 한인' 사회 전체를 지칭하는 용어로 정착되고 있다(임채완 등, 2007: 31). 따라서 '재일 한인'과 동일한 개념으로 '재일 코리안'이라는 용어를 사용하고자 한다. 전 세계적으로 재외한인은 732만 명으로 집계되고 있지만, 그중 현재 일본에 거주하는 재일 코리안은 약 60만 명이다. 일본의 국제화와 더불어 일본에 체류하는 외국인 수가 증가하면서 재일 코리안의 전체비율은 점점 감소 추세이지만 일본 국적 취득자나 1980년대 전후 도일한 뉴커머를 합하면 실제로 재일 한인은 약 90만 명으로 추산된다(지경영, 2011: 77-89).

'재일 동포는 재외동포로서의 속성과 대한민국 국민으로서의 속성, 그리고 재외국민으로서의 속성을 동시에 함유하는 존재이며, 또한 일제강점과 남북분단이라는 우리 근현대사를 통해서만 설명해 낼 수 있는 복잡하고도 특수한 존재'라고 하였다(정영국, 2014: 26). 한편 재일 동포사회를 대표하는 조직인 '민단(民團)'은 한국 정부의 '국정목표'와 주요 정책방향을 늘 같이해 왔다는 점 또한 간과할 수 없는 특성이다(정영국, 2014: 26). 이곳에서는'식민지형 이주에서 뉴커머'로 라고 하는 재일 동포 사회의 형성과정과'차별적 경험, 그리고 재일 동포 사회의 분화'라고 하는 재일 동포 사회의 특성을 중심으로 살펴나가고자 한다.

2. 재일 코리안의 이주사 및 정착 과정

2019년 6월 말 일본의 체류 외국인은 282만 명으로, 2018년에 비해 9만 8,323명이 증가해 사상 최고치를 기록했다(정성희, 2021: 27). 일본 법무상이 발표한 자료에 따르면 일본의 체류 외국인은 총 2,829,416명으로, 일본 인구의 약 2.24%를 차지한다(정성희, 2021: 27). 일본의 체류외국인 인구의 대부분은 아시아 특히 중국 786,241명, 한국 451,543명, 베트남 371,755명의 순으로(정성희, 2021: 27) 나타났다(法務省, 2019. 10. 25일자). 1910년 8월 국권을 빼앗긴 후부터 1945년 8월까지의 일제강점기에 많은 조선인들이 일본으로 건너갔다(정성희, 2021: 27). 일본에 거주하는 조선인의 수는 1939년도에 96만 명이었다가 1945년에는 230만 명 이상으로 기록되어 있다(정성희, 2021: 27). 급속도로 증가한 이유는 일본 내의 부족한 노동력을 보충하기 위해 '전시총동원법'을 내세워 조선인들을 일본으로 '강제동원'했기 때문이다(서경식, 2012, 79). 1945년 해방 이후, 일본에 거주하고 있었던 조선인들은 고국으로 귀국하게 되었으나, 여러 사정으로 귀국하지 못한 채 일본에 남을 수밖에 없었던 사람들이 바로 재일코리안 1세들이다(정성희, 2021: 27). 이때 동서냉전으로 인한 남북분단은 일본에서 거주하고 있던 재일코리안 사회에도 커다란 영향을 주게 된다(정성희, 2021: 27). 1945년도에 재일본조선연맹(在日本朝鮮人連盟)이 만들어지고, 1946년에는 재일본조선거류민단(在日本朝鮮居留民団)이 만들어지는 등 일본 내의 재일 코리안들도 둘로 나눠게 된 것이다(정성희, 2021: 27).

1947년 5월 2일에는 '외국인등록령(外国人登録令)'을 내려, 재일 코리안을 '당분간 외국인으로 간주한다(当分の間､外国人とみなす)'는 발표가 공포되었다(정성희, 2021: 28). 당시 재일 코리안은 일본 국적을 가지고 있었는데, 외국인으로 인정을 할 테니 외국인 등록을 하도록 지시한 것이다(정성희, 2021: 28). 당시에는 아직 대한민국과 조선민주주의인민공화국이 없었으니[27] 재일 코리안은 외국인 등록을 할 때에 국적란에 '조선'이라고 기재하였다. 그러나 이것은 국적을 나타낸 것이 아닌, 단순히 조선 출신자라는 뜻으로 기재한 것이었다(서경식, 2012,

27) 1948년 8월15일 대한민국, 1948년 9월 9일에 조선민주주의인민공화국이 성립되었다.

122). 일본에 살게 된 재일 코리안들이 가장 우선적으로 생각했던 것은 자녀에 대한 교육이었다고 할 수 있다(정성희, 2021: 29). '돈이 있는 사람은 돈을, 힘이 있는 사람은 힘을, 지식이 있는 사람은 지식을'이라는 모토를 가지고 창고 및 공장의 일부, 또는 일본 학교의 교실을 빌려 전국 각지에 약 600개의 학교를 열었다(정성희, 2021: 29). 그러나 1948년 1월 일본 정부는 미군의 지도하에 민족학교에 강제 폐쇄를 명령하였다(정성희, 2021: 30). 그 이유는 민족학교가 일본의 학교 기본법 등을 따르지 않았으므로 재일 코리안의 자녀들을 일본인 학교에 보내도록 조치한 것이다. 이에 대한 반대 운동이 야마구치현(山口県)과 한신(阪神) 지역에서 일어나 그 결과 약 1,700명이 체포되고, 그중 136명이 군사재판소에 회부되었는데, 그 가운데 한 소년이 총에 맞아 사망하는 비극이 일어났다(정성희, 2021: 30). 이 사건을 '4·24 한신교육투쟁'이라 한다(民族教育ネットワーク, 1999: 7). 그 후 1952년에 샌프란시스코 강화조약의 발효에 따라 재일 코리안의 일본 국적은 박탈되고, 그로 인해 일본 사회보장제도의 대상에서 배제되어 다수의 권리를 잃게 되었다. 그와 동시에 지문날인이 강제되는 '외국인 등록법(外国人登録法)'이 공포되어, 취업이나 공영주택의 입주 자격에서 국적 조항이 문제가 되는 등, 일본에 거주하는 재일 코리안들은 인권과 기본권을 박탈당한 채, 무수한 삶의 제약 속에서 살아가게 된다(정성희, 2021: 30). 이에 저항하기 위해 1980년대 이후 '외국인 등록법'의 지문날인제도 폐지, 국민건강보험법의 국적조항 철폐, 취업차별 폐지 등의 여러 사회운동을 벌여 가면서 차츰 자신들의 권리를 회복해나가기 시작하였다(『在日コリアンの人権白書』制作委員会, 2018: 141). 이처럼 일본 사회과 재일 코리안의 관계는 역사적으로 많은 문제들을 안고 있었고, 그 갈등은 재일 코리안에 대한 차별과 혐오로 나타나게 되었다(정성희, 2021: 31). 1990년대에는 조선학교 학생의 치마저고리를 찢는 사건이 발생하였고, 2013년에는 재일 코리안의 집단 거주 지역인 오사카와 뉴커머들의 집단 거주 지역인 도쿄의 신오쿠보(新大久保)에서 혐한 시위인 헤이트 스피치가 발생하였다(정성희, 2021: 31). 이는 문화다양성을 인정하자는 시대의 흐름과 다른 방향을 향해 가고 있는 배타적인 행동으로서 이것으로 인해 일본은 세계로부터 주목을 받았다(정성희, 2021: 31). 그 결과 2016년에는 일본국가 · 지자체의 방지책을

요구하는 '본국 외의 출신자에 대한 부당한 차별적 언동 해소를 위한 노력 추진에 관한 법률(本邦外出身者に対する不当な差別的言動の解消に向けた取組の推進に関する法律)'이 시행되었다. 그러나 이 법에는 처벌에 관한 규정이 없다는 점이 문제였다. 헤이트 스피치에 대한 경고 또는 금지의 권고 정도에 그칠 뿐이었다(정성희, 2021: 31). 그런데 2019년에 이르러 가나가와현(神奈川県) 가와사키시의회(川崎市議会)에서 처음으로 헤이트 스피치에 대해 형사 처벌을 부과할 것을 규정한 '가와사키시 차별 없는 인권 존중의 마을 만들기 조례(川崎市差別のない人権尊重のまちづくり条例)가 가결되어 시행되었다(정성희, 2021: 32).

3. 재일 코리안 네트워크의 형성과 발전

1910년 일제의 강제 병합 이후 1938년까지의 한인의 이주는 당시의 역사적, 사회적 배경에 의한 이주였다. 즉, 흡입요인으로서 일본 자본주의의 성장에 따른 저임금 노동자의 필요요인과 배출요인으로서 식민지 조선 농촌사회의 몰락에 따른 노동 이주가 대부분이었다. 이 시기 조선인의 일본에로의 도항은 대부분 자발적인 성격이 강했다. 그러나 1937년 7월 7일에 시작된 중일전쟁과 전선의 확대, 그리고 1941년 12월 8일 태평양전쟁의 발발은 조선인의 일본 이주의 성격을 전혀 다르게 변화시켰다.

일본은 1937년 중일전쟁 이후 산업의 군수 체제화에 필요한 노동력이 부족하자 식민지 조선인에 대한 강제징용을 본격적으로 추진하였다. 이후 일제는 1939년 7월 후생성, 내무성, 조선총독부 3자 합의로 '조선인 내무자 내지 이주에 관한 건'을 발표했다. 이로써 조선인은 이전의 도일 정책과는 완전히 다른 형태로 실시된 '노무동원계획'에 의해 강제로, 그리고 집단적으로 도일하게 되었다.

일본의 조선인에 대한 '강제동원'은 1938년 4월 국가총동원법의 제정 · 공포에서부터 1945년 8월 종전까지 노동력 동원, 병력동원, 준병력동원, 여성동원, 조선농업보국청년대 등의 다양한 유형으로 이루어졌다. 국가총동원법은 일제 말기 전시 동원체제를 총괄하는 기본 골격이자 각종 동원의 법적 근거가 되었다. 이

법에 근거하여 일제는 '국민징용령', '가격통제령', '조선징병령', '식량관리령', '농지관리령' 등을 잇따라 공포하였다.

이 시기 조선인에 대한 강제 동원은 모집(1939년 9월~1942년 1월), 관 알선(1942년 2월~1944년 8월), 강제징용(1944년 9월~1945년 8월) 등 전쟁 상황에 따라 단계별로 실시되었다. 시기적으로 노무자 동원의 방법은 다르지만, 본인의 의사를 무시한 채 반강제적 혹은 강제력을 통해 노동력을 수탈했다는 점에서 큰 차이는 존재하지 않는다(김남일 외, 2007: 42).

뉴커머(new comer)는 1965년 한·일 국교 정상화 이후 일본에 건너가 정착한 한국 주민등록 소지자를 말한다. 특히 1985년 일본 나카소네 정권의 유학생 10만 명 유치 정책과 1988년 한국의 해외여행 자유화 조치 이후에 일본으로 건너가 정착한 사람들이 대부분이다. 이들은 총 18만 명에 이른다. 뉴커머라는 용어는 제2차 세계대전 이전에 정치 경제적 사정으로 도일한 조선인과 그 자손, 즉 올드커머(old comer)와 구별하기 위한 개념으로 사용되고 있다. 그래서 현재 재일코리안 사회는 전쟁 전부터 거주하는 조선인을 중심으로 한 올드커머와 1980년대 이후 새롭게 유입된 뉴커머라는 역사적 배경을 달리하는 두 계층으로 구성되어 있다(마츠다 토시히코, 2012: 101). 특히 뉴커머들은 올드커머가 가지고 있는 강제 징용, 민족차별 등 과거사로부터 비교적 자유롭고 역동적이고 당당하여 재일코리안 사회 및 일본 사회의 의식변화에 큰 영향을 주고 있다(선봉규. 2011: 184).

지금까지 수행된 재일코리안 기업의 네트워크에 관한 연구는 매우 적은 실정이다. 2000년 이전에는 민단과 총련에서 각각 조사를 수행한 바 있으며, 2000년 이후에는 통합적이고 거시적인 관점에서 재일 한인 기업가(한상) 네트워크 분석이 주로 수행되었다 (재일동경청년상공회의소, 1989; 오규상, 1996; 재일본조선인상공연합회, 2001; 박삼석, 2002; 임채완 등, 2007; 한재향, 2010). 이를 구체적으로 살펴보면 다음과 같다. 1989년 일본 전국 23개 지역의 청년회의소를 통해 조사대상자 4,000명에게 우편조사를 실시하였다(지경영, 2011: 78). 조사

결과 재일동경청년상공회의소, 재일한국상공인연합회, 민족 금융기관 등의 협력으로 총 3,199통의 설문지가 회수되었다(지경영, 2011: 78). 이 조사는 민단 단원을 중심으로 이루어졌으며, 기업가의 한국어 구사력, 자녀의 통명사용, 민단 참가 여부 등과 기업의 종업원 구성, 후계자 선택 문제, 일본금융기관 이용실태, 모국투자, 해외투자(본국 제외), 민족금융기관 이용실태, 기업가 활동에(지경영, 2011: 78) 대한 기대 등을 조사하였다. 다음으로 재일본조선인상공인연합회(총련)에서는 1999년 재일한인 기업의 경영실태에 관한 조사를 실시하였다(지경영, 2011: 78). 구체적으로, 일본 전국 33개 지역의 재일한인 기업 8,023개사를 대상으로 우편조사를 실시하여 총 7,965개사로부터 설문지를 회수하였다.(지경영, 2011: 79) 이 조사에서는 재일한인 기업의 네트워크 실태와 관련하여 제도권 금융이용 실태, 거래금융기관, 외국인 고용실태(재일한인, 일본인 제외), '조선상공신문 구독 여부', '희망하는 기사 및 내용' 등을 조사하였다.(지경영, 2011: 79)

오규상(1996)은 일본에서 기업을 경영하고 있는 조선인, 재일 조선 상공인의 관점에서 중화경제권의 실태와 상황을 파악하고 거시적인 관점에서 비교분석을 수행하였다(지경영, 2011: 80). 그리고 이를 통해 화교·화상의 동향으로부터 재일 한인 기업가(한상)의 경영활동에 참고할 수 있는 주요 요인을 도출하였다(지경영, 2011: 80).

박삼석(2002)도 유대인, 화상 등의 특징과 경제적인 성공요인을 분석하고, 재외한인(재일한인 포함)과의 비교분석을 수행하였다(지경영, 2011: 80).

임채완 외(2007)은 도쿄, 오사카, 후쿠오카 지역의 재일코리안 기업가들을 대상으로 한 설문조사 및 면접조사, 관찰조사를 통해 기존(지경영, 2011: 80) 연구결과의 비교분석을 수행한 바 있다. 이들은 Granovetter(1973)의 네트워크 이론에 근거하여 기존 선행연구를 정리한 후 재일코리안 기업의 네트워크 현황을 제시하였다.

4. 재일 코리안 네트워크의 특성

재일코리안 네트워크의 특성은 크게 두 가지로 요약할 수 있다. 첫째. 식민지형 이주에서 뉴커머 이주로의 변화이다. 앞에서 살펴보았듯이 올드커머는 일본의 강제로 체결된'조일수호조약(朝日修好條約, 일명: 江華島條約)'이후 1910년(정영국, 2014, 32) 한일병합 때부터 본격화되었다. 1910년 이전에는 조선 말기인 1881년 도일한 일부 유학생과 1904년 급증한 유학생, 망명 정치가 그룹이 있었지만, 이들은 일시 체류 성격을 띠었고 돈을 벌기 위해 건너간 한인 이주는 1910년 이후라고 한다(정영국, 2014: 33). 한인들의 일본으로의 이주는 일본의 한국 식민통치와 함께 시작된 것이다. 한인들의 일본 이주 배경은 일제에 토지를 빼앗긴 뒤 생존을 위한 일자리를 찾아 주로 도일하였다고 한다(정영국, 2014: 33). 오늘날 재일동포사회는 민단과 조총련, 조선적 동포 등으로 분화되어 각 단체는 상호 독립적으로 활동하고 있다(정영국, 2014: 33). 특히 1980년 중반 이후 유학 및 해외여행 자유화로 도일한 한인과 1997년 IMF 사태 등으로 인해 도일한 뉴커머 한인들로 약 18만여 명의 '뉴커머'그룹을 형성하고 있다(정영국, 2014: 33). 그런데 일본사회 내의 각종 제도적 차별을 피하기 위해 해마다 1만여 명의 재일동포들이 일본으로(정영국, 2014: 33) '귀화(歸化[28])'하고 있는 추세이다.

둘째. 차별적 경험과 재일동포 사회의 분화라는 점이다. 재일동포 사회의 특성은'차별(差別)'과'분화(分化)'로 정리할 수 있다(정영국, 2014: 33). 재일 한인들이 받고 있는 일본정부와 일본인들로부터 받고 있는 국적차별, 취업차별, 교육차별, 결혼차별 등은 오늘날까지 잔존하고 있는 심각한 문제이다(정영국, 2014: 33). 남·북한의 이념과 노선에 따른 민단과 조총련의 '분화'로 인한 민족 내부의 지속적인 갈등 역시 해결되지 못하고 있다(정영국, 2014: 33). 이하에서는 재일 한인들

28) '歸化(naturalization)'는 사람이 특정국가의 國籍을 취득하는 것으로 출생에 의한 先天的 방법과 法律行爲에 의한 後天的 방법이 있다. 후천적 방법으로는 본인의 申請과 被申請國의 許可에 依하여 새롭게 조국을 취득하게 되는 방법을 말한다. 후천적 국적취득에는 인지에 의한 새 국적 취득 등이 있을 수 있다. 재일동포의 경우, 일본사회 내의 각종 제도적 차별을 피하기 위해 귀화하는 것이 보통이다. 그러나 끝까지 귀화하지 않고 조국 대한민국의 국적을 유지하며 '특별영주'자격으로 거주하고 있는 60여만 명의 민단단원, 재일동포(해방되기 전부터 일본에서 생활했던 1세와 그 후손) 들이 있다.

이 겪어온 '차별'사례를 먼저 고찰해 보도록 하겠다. '차별'의 비극적인 사례는 관동대지진 당시 '한인참살(韓人慘殺)' 사건이다(정영국, 2014: 33). 1923년 9월 1일 11시 58분 일본 동경지방에서 발생한 대지진의 혼란 중에 일본의 군대와 경찰, 자경단이 일반 민중들과 함께 일본도와 죽창 등으로 6,600여 명의 조선인들을 무참히 학살하고, 6,000여 명을(정영국, 2014: 34) 예비검속으로 경찰서에 강제적으로 구금하였다. 일본정부가'불령선인(不逞鮮人)[29]'들과 '무정부주의자들이 폭동을 일으킨다.' '조선인이 우물에 독약을 넣었다'는 유언비어를 날조하여 선동함으로써 당시 대지진의 공포와 집단 흥분상태에 있던 일반 일본인들까지 가세하여 저지른 무차별적인 조선인 참살 사건이다(정영국, 2014: 33). 한편 관동대지진 조선인 학살 사건 와중에'박열(朴烈)[30]'과'가네코 후미코(金子文子)'의 '일왕폭살계획'사건이 터졌는데 당시 일본 정부는 이 사건을 '대역사건(大逆事件)' 또는 '불령사사건(不逞社事件)'이라 했다(정영국, 2014: 34). '대역사건'이란 일본 정부가'불온한 조선인들이 천황을 위해하려 한다'는 의미로, 해당 사건을 조작 · 과장하여 관동대지진을 계기로 조선인들을 무차별 살상하였던 사실을 정당화하고자 하였다(정영국, 2014: 34). 1920년대 초반, 한국과 일본에서 유행한 반천황제 투쟁 및 아나키스트 사상운동의 확산을 차단하면서 조선의 독립투쟁과 일본의 저항 세력을 발본색원하려는 의도에서'불령선인(不逞鮮人)들의 짓'이라고 날조한 것이다(정영국, 2014: 34).' 다음은 '서용달(徐龍達) 교수의'재일교포에 대한 차별 실태와 과제'를 인용한다(정영국, 2014: 34). 서교수는 '너는 한국 · 조선인이므로 공립중학교에의 진학은 무리다(戰前 소학교 6년)', '일본 육영회의 장학금은 일본인 밖에 받을 수 없다(대학1년)', '성적에 관계없이 일류회사에서의 취직은 포기 하시오(대

29) '불온하고 불량한 조선사람'을 뜻한다. 일본 경찰범처벌령(警察犯處罰令) 1조3항에 명시된 내용에 따르면'일정한 거주 또는 생업(生業)없이 배회하는 자'를 의미하는데, 이는 조선인을 지적하는 것이다.

30) 朴烈(1902.3.12-1974.1.17)과 그의 일본인 아내 가네코 후미코(金子文子)는 1923년 9월 1일관동대지진 당시 조선인 학살의 와중에 일본천황폭살기도 사건으로 구속되어 1926년 3월 26일사형선고를 받았다. 일본당국은 동년 4월 3일 두 사람을 무기형으로 특별 감형시켰으며, 이후박열은 1945년 10월 27일 아키타(秋田) 감옥에서 석방될 때까지 22년 2개월간 투옥되었다. 일제 패망 후에는 재일거류민단 초대단장을 역임하였고, 6.25사변 와중에 북으로 피랍되어 재북평화통일협회 회장을 역임한 후 사망, 평양 열사능에 묻혔다(김명섭 2003).

학 4년)', '귀화하면 국공립 대학 강사로 취직할 수 있다(대학원)', '일본학술회의 선거권은 일본 국적이 없으면 안 됩니다(강사)', '생명보험, 주택 자금 대부도 일본인에게만 해당됩니다(조교수)', '소학교에 입학시키려면 법률준수서약서를 제출하시오(자녀취학)' 등으로 그는'정주외국인을 죽이는 데는 칼 따위가 필요 없고 국적을 구실로 한 차별과 편견만으로도 충분하다'고 했다(정영국, 2014: 35). 그는 '한일법적지위협정'에서 인정된 영주허가자 약 39만 명과 「출입국 관리령」의 법률 제126호 해당자들의 재류 자격은 극히 복잡하고 불안정한 상황에 처해 있다고 한다(정영국, 2014: 35). 특히'부모가 법률 제126호 해당자의 경우, 그 자녀는 '특정재류자' 손자는'특별재류자'로 되며 모두 3년마다 법무대신의 허가를 얻어야 계속 정주할 수 있어 늘 불안한 신분임을 지적하고 있다(서용달, 1983; 27)'

다음은 김경득 변호사의 사례이다. '일본 국적으로 귀화하여야만 사법연수소 입소를 허용하겠다.'는 일본 최고 재판소를 상대로 자신의 인생을 걸고 싸워 결국 이김으로서 재일한국인을 비롯한 외국인의 일본 사법연수소 입소의 길을 연 사건이다(정영국, 2014: 35). '김경득(1947-2005)'은 1976년 일본 사법시험에 최종 합격하고, 사법연수생 채용선발 신청서류 제출과정에서 선발 결격사유 제1호(일본 국적을 보유하고 있지 않은 자)에 해당됨을 통보받고 최고재판소장 앞으로 사법연수생 임용 청원서를 제출하였다(정영국, 2014: 35). 위와 같은 차별사례들에서 '재일동포란 존재의 단서부터가 일제의 정책적 소산이었음에도 불구하고 전후 일본은 책임을 회피하고 재일교포 중 필요한 자에 대하여는 동화정책을 통하여 일본인화 시키고, 불필요한 자는 추방을 위협하며 억압과 차별을 끊임없이 자행하고 있다(정영국, 2014: 35). 이것은 일본이 과거의 군국주의적 침략정책과 식민지 지배를 진정으로 반성하지 않고 있음을 단적으로 보여주는 것'이다(정인섭, 2006: 3-4). 앞서 재일동포사회의 특성으로 재일 한인들에 대한 일본인들의 '차별(差別)'과 남·북한의 이념과 노선에 따른 민족내부의 '분화(分化)'를 들었다. 한반도가 남북으로 갈린 60여 년 동안 갈등과 대립으로 민족의 에너지를 소진하고 있는 것과 마찬가지로, 재일동포사회에도 남북정권을 지지하는 민단과 조총련으로 세력이 양분되어 갈등을 지속해 왔다(정영국, 2014: 36). 민단과 조총련 이라는 '재일동포 사회 내의 한민족 분화 현상'을 살피고자 한다(정영국, 2014: 36).

1) 재일본대한민국민단(在日本大韓民國民團)

2011년은 민단 창립 65주년이 되는 해이다(정영국, 2014: 36). 지난 65년 동안 민단은 대한민국의 이념과 정치적 노선을 함께해 왔다. 민단은 조직 또한 입법 · 사법 · 행정의 삼권분립 체제로 본국 정부의 조직 형태를 따라 운영 · 집행되고 있다. 민단은 여타 국가의 재외동포 단체들과는 다르게 한국 정부와 정책 방향을 같이 해온 조직으로서의 특성[31)]을 갖는다. 민단은 1946년 10월 30일 '재일본조선거류민단(在日本朝鮮居留民團)'으로 결성되었고 이후 1948년 9월 28일, '재일본대한민국거류민단'으로 개칭되었다(정영국, 2014: 36). 중앙본부와 49개 지방본부, 354개 지부로 구성되어 있으며 중앙본부 산하에는 부인회, 학도 의용군회, 체육회, 상공회의소, 청년회, 학생회, 과학기술자협회, 기타 관련단체 가 존재한다(정영국, 2014: 36). 지난 1994년 4월 20일, 제44회 정기 중앙대회에서 '거류'를 삭제하고'재일본대한민국민단'으로 개칭, 오늘에(정영국, 2014: 36) 이르고 있다. 민단의 홈페이지
(http://www.mindan.org) 활용하면 민단의(정영국, 2014: 36) 강령(綱領), 민단 선언(宣言), 재일동포 통계 등을 참고할 수 있다.

2) 조총련(朝總聯)

'조총련'또는'총련(總聯)'은'재일본조선인총연합회(在日本朝鮮人總聯合會)'를 말한다. 조총련과 민단은 오늘날까지 이념을 달리하면서 재일동포 사회를 유지해 온 양축이다(정영국, 2014: 37). 한국 정부와 노선을 같이 한'민단'과 북한의 노선을 추종한'조총련'이다. 조총련은 1955년 한덕수(韓德銖)의 주도로 조직되어 일본 동경에 본부를 두고 지방에 지역본부, 지부, 그리고 분회를 두고 있는 조직이다(정영국, 2014: 37). 본부산하에는 청년동맹, 여성 동맹, 교직원 동맹, 과학자협회, 상공연합회를 두고 있다. 2001년 한덕수의 사망으로 서만술(徐萬述)이 의장을 맡아 재일조선인들의 구심적 역할을 수행하고 있다(정영국,

31) '재일본대한민국민단'선언 제8: 우리는 항상 조국 대한민국과 일체가 되어, 조국의 발전에 동참하고 공헌한다. 또한 우리는 본국의 국민들과 700만 해외동포와의 유대를 굳건히 하여, 민족적 대동단결에 기여한다.

2014: 37). 조총련의 전신은 '재일본조선인연맹(在日本朝鮮人聯盟(朝聯)'이며, 제2차 세계대전의 종전직후인 1945년 8월 20일, 동경에서 이해삼(李海三)(정영국, 2014: 37), 권혁주(權赫周), 권일(權逸) 등을 중심으로'재류조선인대책위원회(在留朝鮮人對策委員會)'가(정영국, 2014: 37) 결성되었다. 당시에는'재일조선동포귀국지도위원회', '재일본조선인대책위원회', '재일본조선인민거류연맹' 등 단체가 조직되고 있었다. '조련(朝聯)의 당초 결성목적은 정치적 색채를 배제하고 재일한국인들의 권익을 위함(김상현, 1987: 150)'이었으나, 일본공산당 중앙위원 겸 정치국원이었던 김천해(金天海)를 최고 고문으로 추대하면서부터 조총련은 급격하게 좌경화되었다고 한다. 이에 민족계의 젊은이들이 조총련에서 탈퇴하여 '조선건국촉진연맹(朝鮮建國促進同盟)'과'신조선건설동맹(新朝鮮建設同盟)'을 결성했으며 이 단체들이 훗날'거류민단'의 모체가 된다(정영국, 2014: 38). 한편 2006년 5월, 하병옥 민단 중앙본부단장과 조총련 지도부의 만남으로 민단과 조총련이 갈등과 분열을 극복하고 재일동포 사회가 하나 되는 시간도 있었다(정영국, 2014: 38). 그러나 하병옥 단장에 대한 민단의 불신으로 하단장이 조기퇴진하자 민단과 조총련은 다시 과거의 갈등관계로 되돌아가고(정영국, 2014: 38) 말았다. 특히 북한의 김정일이 사망하기 전 드러난 북한의 일본인 납북사실 시인 및 핵문제 등으로 일본 내 조총련 사회는 과거에 비해 현저하게 위축되어가고 있다(정영국, 2014: 38). 현재 조총련 단원의 수는 5만 명 정도로 알려져 있다. 조총련계 동포들의 한국 국적 취득을 위한 신청건수 또한 늘어가고 있는 추세이다(정영국, 2014: 38).

3) 조선적(朝鮮籍) 동포

재일동포 사회에는'민단', '조총련', '한통련', 그리고 '뉴커머'에도 소속되지 않은 이른바 '조선적(朝鮮籍)' 동포가 있다(정영국, 2014: 38). '조선적'이란 1945년 해방 이후 일본에 거주하는 한민족 가운데 '대한민국'과 '조선민주주의인민공화국'의 국적을 갖지 않은 이들이다(정영국, 2014: 38). '1965년 한일협정 때 체결된 재일 한국인에 대한 특별영주권 부여 이전까지는 모든 재일동포들이 조선적에 해당되었다.' 1965년 한일협정 후 재일동포들에겐 한국인으로서 등록할 수 있는 기회가 주어졌다(정영국, 2014: 38). 재일동포 사회에선 캠페인도 벌어졌는데 '영주권 취득 운동'이란 이름으로 익히 알려져 있다(정영국, 2014: 38). 이때부터 최근까지 한국 국적을 취득한 재일동포는 '재일한국인'이 되었고, 가장 많을 때에는 70만 명에 육박하였으나 오늘날 일본 국적으로의 변경(귀화)이 많아지면서 현재는 50만 명 남짓이다(정영국, 2014: 38). 조선적의 유래는 일본의 외국인등록제도에서 재일동포들을 '조선적'이라고 명기한 데서 비롯된 것으로 전해지고 있다[32]. 현재의 조선적은 한국국적을 택하지 않는 재일동포들이라고 보면 된다(정영국, 2014: 38). 제3국인으로 불리는 아나키스트(anarchists: 무정부주의자)들, 북한정권을 지지하는 조총련들이 이에 해당되는데, 전자는 1950년 6.25동란을 전후해 상당수 사라졌다고 한다(정영국, 2014: 38).

4) 뉴커머(New Comer)

'뉴커머(New Comer)'또는'신정주자'라고 불리는 재일한국인들은 1965년 한일협정 이후 일본에 새롭게 정착하게 된 세대를 말한다(정영국, 2014: 39). 특히 1980년대 후반에 와서 한국 정부의 여행 자유화 정책이 실시된 이후 유학·취업·개인사업 등 여러 이유로 많은 한국의 젊은이들이 일본에 진출하였다(정영국, 2014: 39). '뉴커머'들은 대략 18만 여명 정도로 추산되고 있으며, 이들은 '재일본한국인연합회(在日本韓國人連合會)'를 조직하여 민단 등 다른 단체들과 별도로 운영되고 있다(정영국, 2014: 39). 이외에도 2010년 9월 창립된 '재관서한국인연합회'가 있다. '신정주자'들은 과거 일본사회의 갖가지 차별과 제약으로 인해 야끼니쿠, 파친코, 건설업 등의 제한된 업종에 종사해온 기존의 재일동포들과는 달리 경영 투자, 정보통신, 무역, 화장품, 건강식품, 의료기구, 자동차 부품 등 다양한 직종에 진출하며 일본 사회에서 비교적 활발히 활동하고 있다(정영국, 2014: 39).

32) 일본정부가 1947년(남북정부 수립 전) 외국인 등록령 제정 시 조선 출신자 모두를'조선적'(朝鮮籍)으로 규정했다. 따라서 당시부터 현재까지 조선적은 국적이 아니다.

셋째, 재일 코리안의 모국 기여 특성이다. 우선 재일동포들의 모국에 대한 기여는 지대하다고 해야 할 것이다(정영국, 2014: 39). 재일동포들은 6.25 동란 당시 641명의 유학생으로 의용군을 조직해 조국 전선을 지켰고, 한국 최초의 산업공단인'구로공단'은 재일동포의 제안으로 세워졌으며, 70% 이상의 기업들이 바로 재일동포 투자기업이었다(정영국, 2014: 39). 1970년대 새마을 운동 때에는 도로포장, 마을회관 건립, 전화-전기 수도개설 등으로 고향 땅 일구는데 헌신하였고, 제주 출신은 감귤묘목 400만 그루를 보급하여 빈곤의 섬 제주도를 풍요의 땅으로 변모시켰다(정영국, 2014: 39). 88서울올림픽 당시에는 541억 원의 성금을 모국정부에 지원하여 88서울올림픽을 성공리에 마칠 수 있도록 했다(정영국, 2014: 39). 특히 독립기념관 건립 기금, 평화의 댐 건설기금, 5.18광주시민의연금, 주일한국대사관을 비롯한 9개공관(도쿄, 오사카, 요코하마, 후쿠오카, 나고야, 고베, 삿포로, 센다이, 히로시마)건물을 국가재산으로 헌납하였다(정영국, 2014: 40). 재일동포들의 모국기여를 정리한 내용은 '재외동포재단'과 '재일동포모국공적조사위원회'가 발간(2008)한' 모국을 향한 재일동포의 100년 족적'에서 구체적으로 살필 수 있다(정영국, 2014: 40).

1) 재일학도의용군(在日學徒義勇軍)

'재일학도의용군' 용사들의 애국 · 애족의 산 역사는 재일동포들의 대표적인 모국기여의 하나이다(정영국, 2014: 40). 1950년 6월 25일 새벽 4시 15분, 북한 김일성은 3.8선 11개 지역에서 동시 기습 남침하였다. 북한 공산군의 남침 소식과 수도서울이 위급하다는 소식을 들은 재일동포 청년 및 학생들은 즉각 '우리의 힘을 다하여 공산 침략자들을 쳐부수어야 한다'는 의견과 함께 구체적인 행동에 들어갔다(정영국, 2014: 40). 당시' 한 목숨 바쳐서라도 내 조국은 내가 지키겠다는 피 끓는 충정으로 의용군에 자원한 이들이 1,000여 명'에 달하였다고 한다. 전국에서 몰려든 이들은 17세부터 42세에 이르렀으며 대부분 20-30대 청년들이 주를 이루고 있었다(정영국, 2014: 40). 이들 중 신체검사 등 소정의 테스트를 거쳐 의용군으로 확정된 인원은 653명이었고, 이중 학생은 130여 명, 520여 명은 애국청년들이었다(정영국, 2014: 40). 재일학도의

용군은 총 641명이 참전하였는데, 이후 일본으로의 귀환자 271명, 한국 잔류자 226명, 전사 · 실종자 144명(정영국, 2014: 40)(전사자 61명 중 52명은 국립묘지 안장, 9명은 일본 大行寺 봉안), 실종자 83명[33]이다. 이들은 '조국 대한민국을 지키고자 유학생의 신분을 포기하고 자원하여 조국 전선에 섰다가 꽃다운 나이에 산화해 간(정영국, 2014: 40) 청년 학도들이다. 현재 민단중앙본부 회관 전면에는 재일 청년학도 의용군의 '한국동란참전 기념비'가 건립되어 이들의 조국을 향한 '충정(忠精)'을 기리고 있다(정영국, 2014: 41).

5. 일본의 재일 코리안 정책

1947년 5월 2일에는 '외국인등록령(外国人登録令)'을 내려, 재일 코리안을 '당분간 외국인으로 간주한다(当分の間、外国人とみなす)'는 발표가 공포되었다(정영국, 2014: 41). 당시 재일 코리안은 일본 국적을 가지고 있었는데, 외국인으로 인정을 할 테니 외국인 등록을 하도록 지시한 것이다. '돈이 있는 사람은 돈을, 힘이 있는 사람은 힘을, 지식이 있는 사람은 지식을'이라는 모토를 가지고 창고 및 공장의 일부, 또는 일본 학교의 교실을 빌려 전국 각지에 약 600개의 학교를 열었다(정영국, 2014: 41). 그러나 1948년 1월 일본 정부는 미군의 지도하에 민족학교에 강제 폐쇄를 명령하였다(정영국, 2014: 41). 그 이유는 민족학교가 일본의 학교 기본법 등을 따르지 않았으므로 재일 코리안의 자녀들을 일본인 학교에 보내도록 조치한 것이다(정영국, 2014: 41). 이에 대한 반대 운동이 야마구치현(山口県)과 한신(阪神) 지역에서 일어나 그 결과 약 1,700명이 체포되고, 그중 136명이 군사재판소에 회부되었는데, 그 가운데 한 소년이 총에 맞아 사망하는 비극이 일어났다(정영국, 2014: 41). 이 사건을 '4 · 24 한신교육투쟁'이라 한다. 그 후 1952년에 샌프란시스코 강화조약의 발효에 따라 재일 코리안의 일본 국적은 박탈되고, 그로 인해 일본 사회보장제도의 대상에서 배제되어 다수의 권리를 잃게 되었다(정영국, 2014: 41). 그와 동시에 지문날인이 강제되는 '외국인등록법(外国人登録法)'이 공포되어, 취업이나 공영주택의 입주자격에서 국적 조항이

33) 실종자는 미군부대에 배속 받아 군번 없이 전투에 참가하여 싸우다 적의 포탄에 의거 산화, 시신을 찾지 못한 경우이므로 미확인 전사로 본다.

문제가 되는 등, 일본에 거주하는 재일 코리안들은 인권과 기본권을 박탈당한 채, 무수한 삶의 제약 속에서 살아가게 된다(정영국, 2014: 41). 이에 저항하기 위해 1980년대 이후 '외국인 등록법'의 지문날인제도 폐지, 국민건강보험법의 국적 조항 철폐, 취업차별 폐지 등의 여러 사회운동을 벌여 가면서 차츰 자신들의 권리를 회복해나가기 시작하였다(정영국, 2014: 41). 이처럼 일본 사회과 재일 코리안의 관계는 역사적으로 많은 문제들을 안고 있었고, 그 갈등은 재일 코리안에 대한(정영국, 2014: 41) 차별과 혐오로 나타나게 되었다. 1990년대에는 조선학교 학생의 치마저고리를 찢는 사건이 발생하였고, 2013년에는 재일 코리안의 집단 거주 지역인 오사카와 뉴커머들의 집단 거주 지역인 도쿄의 신오쿠보(新大久保)에서 혐한 시위인 헤이트 스피치가 발생하였다(정영국, 2014: 42). 이는 문화다양성을 인정하자는 시대의 흐름과 다른 방향을 향해 가고 있는 배타적인 행동으로서 이것으로 인해 일본은 세계로부터 주목을 받았다(정영국, 2014: 42). 그 결과, 2016년에는 일본국가 · 지자체의 방지책을 요구하는 '본국 외의 출신자에 대한 부당한 차별적 언동 해소를 위한 노력 추진에 관한 법률(정영국, 2014: 42)(本邦外出身者に対する不当な差別的言動の解消に向けた取組の推進に関する法律)'이 시행되었다. 그러나 이 법에는 처벌에 관한 규정이 없다는 점이 문제였다. 헤이트 스피치에 대한 경고 또는 금지의 권고 정도에 그칠 뿐이었다(정영국, 2014: 42). 그런데, 2019년에 이르러 가나가와현(神奈川県) 가와사키시의회(川崎市議会)에서 처음으로 헤이트 스피치에 대해 형사 처벌을 부과할 것을 규정한 가와사키시 차별 없는 인권 존중의 마을 만들기 조례(川崎市差別のない人権尊重のまちづくり条例)가 가결되어 시행되었다(정영국, 2014: 42).

한편, 한국 정부의 재일동포 사회 지원정책은 다음과 같다. 아래 <표11-2>는 정부의 '연도별 재일민단 지원현황'이다. 표에서 나타나고 있는 바와 같이 지원 초기 78년부터 97년까지는 10억 엔(일화)을 지원해 오다가 2005년부터 한화 80억원, 이후부터 민단지원금이 지속 삭감되고 있는 추세이다(정영국, 2014: 42). 정부의 민단지원금 집행과 관련, 2004년 국회 통일외교통상위원회는'형평성 제고를 위해 지원금의 재조정 필요성에 대해 심도 있게 검토하고 지원효과를 극대화할 수 있는 방안을 강구할 것'을 지적한 바 있다(정영국, 2014: 42). 당시 국무총리 또한 2006년 '민단지원금의 운영비 사용에 대해 지적하였는데, 지원금은 민단의 사업비로만 사용토록하고, 지방민단 지원금도 해당 사업에 대한 심사와 평가를 거쳐 지원토록 해야 할 것'임을 언급한 것이다. 2006년도 국회 국정감사에서 '타 지역에 대한 형평성 고려, 일본지역에 편중된 예산을 적절히 분배할 수 있는 대책마련 요구'라는 지적도 있었다(정영국, 2014: 42). 이와 같이 시대변화에도 불구하고 여타 재외동포사회와의 형평성에 맞지 않게 여전히 민단을 지원하는 것이 잘못이라고 지적하기도 한다(정영국, 2014: 43). 정부의 보조금은 민단의 '외국인지문날인제도'폐지, 각종문서에 '국적조항폐지', '국민연금수령범위확대' 등 일본사회 내에서 일어나고 있는 각종 제도적 차별을 개선하기 위한 활동비로 주로 지출하고 있다(정영국, 2014: 43). '재일동포들이 일본사회에서 살아가기 위해서는 차별문제의 개선을 위한 노력이 지속되어야 한다. 또한 민단의 일본사회의 세대교체, 조총련 세력약화, 북·일간의 관계 변화 등 여건변화에 따른 유연한 조직운영이 필요하다(정영국, 2014: 43). 특히 북한의 일본인 납북사실 시인 및 핵문제 등으로 일본 내 조총련의 입지가 어려워짐에 따라 조총련계 재일동포들의 우리국적 회복신청이 늘어가고 있는 문제에도 능동적이고 유연한 민단의 대응이 요구된다(정영국, 2014: 43). 향후 북·일수교 등 정치적 상황변화로 인한 조총련의 와해가 있을 수 있기 때문에 이러한 상황에도 대처해 나가야 할 것이다(정영국, 2014: 43).

<표11-1> 한국 정부의 재일민단 연도별 지원현황(단위: 억원)

년 도	'78 ~ '97	'98	'99	'00	'01	'02	'03	'04	'05	'06	'07	'08	'09	'10	'11	'12
재 단	-	10	7.1	84.8	84.8	84.8	84.8	40	37	37	70.6	73	73	73	73	78
외교부	-	72	72.9	-	-	-	-	40	40	35	-	-	-	-	-	-
계	연간 10억엔	82	80	84.8	84.8	84.8	84.8	80	77	72	70.6	73	73	73	73	78

* 출처: 재외동포재단 홍보조사팀, 2012; 정영국, 2014: 43 재인용

첫째, 재일 코리안은 민족교육·법적 지위 요구·정주화를 위한 권리 획득, 지방 지자체 시책의 개선 등을 요구하는 사회운동을 통해 그 권리를 획득해왔다는 점이다(정성희, 2021: 23). 이러한 재일 코리안 사회의 전개 흐름을 살펴보는 것은 재일 코리안의 역사뿐만 아니라 전후 일본의 외국인에 대한 정책의 변화를 살펴보는 것이 되며, 그 문제점에 주목하는 것이 된다(정성희, 2021: 23).

둘째, 재일 코리안은 남북분단에 의해 많은 영향을 받았다는 것이다. 분단은 한반도의 남한과 북한에 영향을 끼쳤겠지만, 한반도 밖의 일본의 재일코리안 사회에서도 남과 북으로 서로 분쟁하는 상황을 촉발시켰고, 언어나 예술 등의 문화 측면에서도 남과 북의 문화를 각각 계승하도록 한 것이다(정성희, 2021: 23). 그렇다면 이렇게 남북분단의 영향을 받은 재일 코리안들의 모국과의 관계에 대해 살펴보자(정성희, 2021: 23). 재일 코리안의 정체성은 민족적으로 한국에 속해 있지만, 언어·생활양식 등의 정체성 형성에 관한 문화적인 측면에서는 충분히 충족되지 않는다는 배경이 있다(정성희, 2021: 23). 1991년에는 '샌프란시스코 강화 조약'에 따라 '일본국과의 평화조약에 의거한 일본의 국적을 이탈한 자들의 출입국관리에 관한 특례법'에 의하여, '특별 영주자'라는 체류 자격으로 일본에서의 영주가 인정되었다(정성희, 2021: 23). 그러나 일본 국적이 아니기 때문에 일본의 정치에 참여할 수 없다는 등 여러 측면에서 일본 사회 내에 모호한 위치에

있다(정성희, 2021: 23). 그럼 이러한 상황에도 불구하고, 재일 코리안은 어떤 이유로 모국의 국적을 유지한 채 살아가고 있는 것인가? 재일 코리안의 국적과 관련해서는 모국으로 언제 돌아갈 수 있을지 모르는 불확실한 상황과 그들의 문화적 정체성으로 인해 국적을 유지하였다는 것이 일반적인 설명이다(정성희, 2021: 24). 그러나 과거를 청산하지 않은 일본에 대한 저항으로 일본 국적취득을 거부한다는 이유도 있다(정성희, 2021: 24). 김웅기는 재일 코리안이 모국의 국적을 유지한 채 사는 이유로 재외동포 중 재일 코리안은 비자발적 이민자라는 점을 지적하였다(김웅기, 2016, 106). 재일코리안은 중국 조선족이나 CIS동포처럼 일제의 강제 점령과 관련성이 있는 비자발적인 이주 경위를 가지고 있으나, 일본이 혈통주의를 채택함에 따라 한국 국적을 계승해 나가고 있다고 주장한다(정성희, 2021: 24). 즉 재일 코리안이 한국 국적을 유지하는 것은 일본의 혈통주의에 따른 국적법을 가지고 있다는 점, 또한 재일 코리안이 비자발적인 이민자였기에 일본이라는 해외에서 거주하면서도 한국이라는 국적을 유지하는 특수성을 갖게 되었다는 것이다(정성희, 2021: 24). 한편 오가타 요시히로(緒方義広)는 재일 코리안이 한국 국적으로 남게 된 이유에 대해 이승만 정부가 재일 코리안이 대한민국 국적을 선택할 수(정성희, 2021: 24) 있도록 적극적으로 행사했다는 점을 지적하였다. 1965년에 '대한민국과 일본국 간의 기본 관계에 관한 조약'이 체결되면서, 재일 코리안의 법적 지위에 대한 합의를 이루게 된다(정성희, 2021: 24). 재일코리안의 법적 지위 문제는 1951년부터 시작된 한일 국교 정상화 교섭 과정에서 논의되기 시작했으며, 1961년에 '일본에 거주하는 대한민국 국민의 법적 지위 및 대우에 관한 일본과 대한민국의 협정'이 규정되었다(정성희, 2021: 24). 이 협정에서 주목해야 할 점은 바로 그 대상이 한국 국적자로 한정되어 있었다는 점이다(정성희, 2021: 24). 즉 재일 코리안 중 조선으로 그대로 유지한 사람들은 그 대상에 포함되지 않았다는 것이다. 이 점에 대한 한국 정부의 입장은 다음과 같이 정리할 수 있다(정성희, 2021: 24).

첫째, 국적 제한을 규정함으로써 조선민주주의인민공화국이 아닌 한국을 지지하는 재일 코리안이 증가하도록 한다는 점이다(정성희, 2021: 24). 조선민주주의

인민공화국은 1950년대부터 1984년에 걸쳐 일본의 재일 코리안들이 모국으로 돌아올 수 있도록 귀국 운동을 실시하고 있었다(정성희, 2021: 24). 이에 따라 한국 정부에서도 북에 대한 경계심이 높아지는 시점이었기에, 한국 정부를 지지하는 사람들이 필요했던 상황이었다고 할 수 있다(정성희, 2021: 24).

둘째, 경제적으로 힘들었던 대한민국이 재일 코리안들의 민족단체인 민단을 통해 경제적인 이득과 원조를 받았다는 점이다(정성희, 2021: 24). 특히 1965년 이후 일본에 있는 주 일본국 대한민국대사관 등 대부분의 공공시설 건설에 지원을 한 측면과, 새마을 운동 등 한국의 발전을 위해 모국에 지원을 해 주었다는 배경이 있다(정성희, 2021: 24). 이러한 흐름으로 1965년에 재일 코리안의 법적지위 문제가 협의되어, 일본외국인등록제도상 국적을 '조선'으로 가지고 있는 이들이 점점 '한국'으로 변경하는 사람들이 많아졌다(정성희, 2021: 24). 그 이유는 1965년부터 1990년까지 일본의 외국인등록제도에서는 '한국'을 선택하지 않으면 일본에서 영주자격으로 살아갈 수가 없었기 때문이다. 주목해야 할 점은 앞에서 살펴본 바와 같이 '조선'이라는 표기는 원래 '조선출신자'를 나타내는 일본의 외국인등록제도상의 표기 구분임에도 불구하고, 그것이 1965년 이후 국적 구분으로 변화했다는 점이고, 이러한 다양한 배경 아래에서 재일코리안 중에는 '한국국적' '조선국적'을 가진 사람들로 나뉘게 되었다는 것이다(정성희, 2021: 24).

이상에서 재일 코리안의 국적 유지에 대한 흐름을 살펴봤다. 재일코리안들 이 국적을 유지하는데 있어서 재일 코리안에 의해 자발적으로 이루어졌다고 평가하는 측면도 있고, 또한 모국인 한국이 한일 국교정상화교섭에서 적극적으로 국적유지를 주장했다는 측면도 있다(정성희, 2021: 25). 한국 정부가 적극적으로 국적 유지에 대해 움직였다는 것은 국가통합 등 여러 이유를 들 수 있을 것이다(정성희, 2021: 25). 그러나 어떤 면에서는 모국을 떠나 타국인 일본에서 살아가는 재일 코리안에게 의존할 수 있는 국가가 필요했던 측면도 있었을 것이다(정성희, 2021: 25). 그러나 한국은 2015년 1월 주민등록법이 개정되기 전에 대한민국 국적을 보유하면서 영주권 혹은 특별 영주권을 소지한 재일 코리안에게 한국 내의 행정적 불이익을 강요하고 있다(리경숙, 2017, 18) 이는 2020년에 코로나 바이러스 감염증-19(COVID-19)로 인한 서울시의 재난긴급생활비 지급 과정에서 확인할 수 있다(정성희, 2021: 25). 정책 집행 초기에는 재일 코리안이 지급 대상에서 제외되었으며 이에 대한 민원이 제기된 이후 방침이 변경되었다는 점을 보았을 때 한국인과 재일 코리안 간에 명확한 차별이 존재한다는 것을 확인할 수 있다. 앞에서 언급했듯이, 재일 코리안이 한국 혹은 조선의 뿌리를 가지면서 살아왔다는 점은 외국 국적을 가지고 있는 재외동포인 중국 조선족이나 CIS동포와는 다르다고 할 수 있다(정성희, 2021: 25). 또한 재일 코리안은 지금까지 세대교체가 이루어졌음에도 불구하고, 2004년부터 2016년까지의 통계를 살펴보면 일본으로 귀화(帰化)한 사람의 수가 매년 1만 명이 넘은 적이 없다는 점에서, 많은 재일코리안들이 여전히 모국의 국적을 유지하고 있음을 알 수 있다(정성희, 2021: 25). 외국 국적을 가지고 일본이라는 나라에서 살아간다는 것은 '배제'의 대상이 될 수 있고, 또한 정체성이 혼란을 느끼며 살아가야 하므로 어려운 선택일 것이다(정성희, 2021: 25). 그러나 재일 코리안들이 이국에서 살아가기 위해서는 모국, 즉 국가라는 존재가 필요했다고 할 수 있다(정성희, 2021: 25).

첫째, 재일 코리안은 민족교육 · 법적 지위 요구 · 정주화를 위한 권리 획득, 지방 지자체 시책의 개선 등을 요구하는 사회운동을 통해 그 권리를 획득해왔다는 점이다(정성희, 2021: 25). 이러한 재일코리안 사회의 전개 흐름을 살펴보는 것은 재일 코리안의 역사뿐만 아니라 전후 일본의 외국인에 대한 정책의 변화를 살펴보는 것이 되며, 그 문제점에 주목하는 것이 된다(정성희, 2021: 25).

둘째, 재일 코리안은 남북분단에 의해 많은 영향을 받았다는 것이다. 분단은 한반도의 남한과 북한에 영향을 끼쳤겠지만, 한반도 밖의 일본의 재일 코리안 사회에서도 남과 북으로 서로 분쟁하는 상황을 촉발시켰고, 언어나 예술 등의 문화 측면에서도 남과 북의 문화를 각각 계승하도록 한 것이다(정성희, 2021: 25). 그렇다면 이렇게 남북분단의 영향을 받은 재일 코리안들의 모국과의 관계에 대해 살펴보자(정성희, 2021: 25). 재일 코리안의 정체성은 민족적으로 한국에 속해 있지만, 언어 · 생활양식 등의 정체성 형성에 관한 문화적인 측면에서는 충분히 충족되지 않는다는 배경이 있다(정성희, 2021: 25).

제12장
재미 한인 네트워크의 형성과 발전

1. 재미 한인의 정의
2. 재미 한인의 이주사 및 정착 과정
3. 재미 한인 네트워크의 형성 및 발전
4. 재미 한인 네트워크의 특성
5. 미국의 재미 한인 정책

제12장 재미 한인 네트워크의 형성과 발전

1. 재미 한인의 정의

재미 한인은 누구인가? 이 질문은 재미 한인의 정체성과도 연결되어 있다. 연구자들에 따라 어떤 이들은 '재미 동포', '재미 교포', '코리안 아메리칸' 등으로 부르고, 어떤 이들은 '재미 한인', '한국계 미국인', '미국거주 한국인', '아세안 아메리칸' 등 다양한 용어들을 사용하고 있다. 이러한 정체성들을 유형화 한다면, 혼합형, 인종형, 시민형, 다원형 등으로 구분할 수 있다. 이들 네 유형은 인종적 요소와 시민적 요소의 결합에서 파생된다. 혼합형은 강한 인종적 요소와 강한 시민적 요소를 내재한(김범준, 2014: 25) 유형이다. 다원형은 강한 인종적 요소와 약한 시민적 요소의 결합 유형이다(김범준, 2014: 25). 마지막으로 시민형은 강한 시민적 요소와 약한 인종적 요소의 결합으로 이루어진다. 재미 한인들은 자신들 나름의 정체성을 구축하며 정착해 왔으며 집단 및 개인의 정체성과 정치적 태도는 고착화된(김범준, 2014: 25) 산물은 아니었다. 재미 한인들의 삶의 터전인 미국의 범세계적 정치 경제적 위상 그리고 한미 관계의 변화 등에 따라 영향을 받을 것이다(김범준, 2014: 25). 아울러 미국 내 다양한 상황적 변수들에 의해서도 구속받게 될 것이다.(김범준, 2014: 25) 재미 한인들의 정체성은 변화하는 환경에 조응하면서 꾸준한 진화를 수행해 왔으며 향후에도 변화에 반응하며 재구성의 과정을 밟아갈 것이다(김범준, 2014: 25). 이와 같은 것들을 종합해서 여기에서는 '재미 한인'이라는 용어로 정의하고자 한다.

재미 한인들은 1903년 101명의 한인 이민자들이 하와이 지역에 처음 정착한 이래 1세기가 넘는 세월을 거치면서(김범준, 2014: 25) 그 수가 209만 명을 넘고 있다(외교부, 2013. 10. 07일자 통계). 이는 해외동포가 거주하는 중국에 이어 두 번째를 기록하고 있다. 재미 한인 중 113만 명은 미국 시민권을 보유하고 있으며(김범준, 2014: 25), 46만 명에 영주권자를 포함한 나머지 96만여 명은 한국 국적의 재외국민 자격을 유지하고 있다(김범준, 2014: 25). 한국 국적을 보유한 채 외국에 체류하는 재외동포 수는 미국이 최대이다(김범준, 2014: 25). 이는 58만 명의 일본이나 37만 명의 중국을 압도적으로 상회한다(김범준, 2014: 25; 외교부, 2013. 10. 07일자 통계). 재미 한인들은 타민족들에 비해 비교적 짧은 이민의 역사를 보유함에도 불구하고 양적으로나 질적으로 미국 사회 내에서 빠른 속도의 성장세를 보이며 정착하는 소수민족으로 평가받고 있다(김범준, 2014: 25). 높은 교육열과 사회적 성공의 동기부여가 강한 가정환경 속에서 자란 한인 2세대와 3세대들도 미국 사회의 다양한 분야에서 두각을 나타내며 재미동포 사회의 위상을 높이고 있다(김범준, 2014: 25). 반면, 이민자의 대다수가 미국으로의 자발적 이민을 선택했음에도 불구하고 무려 46만 여 명의 영주권자들이 여전히 한국 국적을 유지하고 있으며, 이는 미국 내 여타 소수민족들과도 차별화되는 특이성을 나타내고 있다(김범준, 2014: 25). 이들 한국 국적을 지닌 재외동포들은 재외동포에게 참정권을 부여하는 국내법에 의거하여 2012년부터는 한국의 대통령 및 국회의원 선거 시 투표권이 허용되고 있다(김범준, 2014: 26)[34].

최근 들어 재미동포들의 미국 내 정계 진출은 현저한 증가세를 보이고 있으며, 이는 한인교포사회의 정치적 위상 증대와도 맥을 같이 한다(김범준, 2014: 26). 경제, 사회, 문화 등 여타 영역에서도 한인 1.5세대, 2세 및 3세대들이 두각을 나타내는 사례들은 과거에 비해 눈에 띄게 증가하고 있다(김범준, 2014: 26). 이들 한인 후세들은 한미관계와 북미 관계 등 한반도에 영향력을 미치는 대외결정 분야에서도 참여를 확대해가고 있다. 이들 한인 엘리트들과 이들이 속한 재미 교포사회의 역량이 신장됨에 따라 이들에 대한 우리의 관심도 함께 증대하고 있다. 2012년 이래 영주권자를 비롯하여 한국 국적을 유지하는 재미동포에게 국내 선거의 참정권이 허용됨에 따라 이들의 정체성이나 정치적 태도에 대한 우리의 관심은 고조되었다(김범준, 2014: 26).

34) 대한민국 국회는 2009년 2월 5일,19세 이상 유학생, 지상사 직원 등 단기 해외 체류자는 물론, 대한민국 국적이 있는 해외 영주권자에게까지 전면적으로 참정권을 부여하는 내용을 골자로 한 공직선거법과 국민투표법, 주민투표법 개정안 등을 일괄 가결하였다.

2. 재미 한인의 이주사 및 정착 과정

재미동포 사회는 이주 110여 년에 220만에 가까운 양적팽창과 질적 향상을 더해 가고 있다(정영국, 2014: 26). 〈표12-1〉의 재외동포 단체 현황자료에 의하면 미주 전역의 재미동포 수는 2,176,998명이다(정영국, 2014: 26). 이는 주미대사관, 주뉴욕, 주LA총 영사관 등 각 지역별 관할 영사관과 주 앵커리지 출장소 등 출장소 관할의 전체 재미동포를 합한 숫자이다(김범준, 2014: 26). 매년 1월 13일은 '재미한인의 날'이다. 이날은 미국 정부가 200여만 명의 재미동포들을 위해 마련한 미국 정부의'공식기념일'이다. 110년 전 1903년 하와이에 첫발을 디딘 '한인 이민자들을 기념'하는 의미이다. 일찍이 대한제국의 고종황제는 한인들의 미국이민을 허락하여 1902년 12월 22일 하와이 사탕수수밭의 계약노동자로 인천 제물포항을(정영국, 2014: 26) 떠나게 되었는데, 당시 출국 인원은 총 102명으로 남자가 56명, 여자가 21명, 어린이가 13명, 유아가 12명이었다(정영국, 2014: 26). 이들은 주로 인천, 수원, 부평 출신들로서 이들이 고국을 떠나며 처음 승선한 배는 일본선적의 '겐카이마루(玄海丸)'로 먼저 일본으로 향하였다(정영국, 2014: 26). 일본 나가사키항에서 미국상선 '겔릭호(S.S.Gaelic)'를 갈아타고 하와이로 향했던 것이다(정영국, 2014: 26). 당시 고종황제가 미국이민을 허락한 것은 미국공사 알렌(Horace N. Allen)의 설득에 의한 것이라고 한다(정영국, 2014: 27). 알렌이 1901년 미국에서 한국으로 돌아오던 중에 하와이를 둘러보고 그곳의 부족한 노동력을 한국인으로 충당할 것을 농장주들에게 제의하였고, 한국에 와서는 고종황제에게 이민 보낼 것을 권유하자 고종황제가 이를 수용하여 하와이 이민이 시작되었다고 한다(정영국, 2014: 27).

<표12-1> 북미지역 재외동포 현황

연도별 / 지역별	2005	2007	2009	2011	백분율(%)
총 계	2,285,666	2,233,539	2,325,605	2,408,490	100
미 주 전 역	2,087,496	2,016,911	2,102,283	2,176,998	90.39
주 미 국(대)	143,200	153,868	177,803	186,174	7.73
주 로스앤젤레스(총)	699,400	482,006	518,300	594,276	24.67
주 뉴 욕(총)	356,250	426,255	380,100	345,900	14.36
주 시 카 고(총)	225,800	235,820	239,600	252,169	10.47
주 샌프란시스코(총)	166,153	177,450	178,560	179,933	7.47
주 시 애 틀(총)	154,157	158,405	172,167	171,757	7.13
주 휴 스 턴(총)	121,300	142,590	159,400	164,800	6.84
주 애 틀 란 타(총)	148,900	156,400	189,000	192,057	7.97
주 보 스 턴(총)	30,857	33,834	29,252	30,456	1.26
주 호 놀 룰 루(총)	35,700	43,718	44,589	45,542	1.89
주 하 갓 냐(출)	5,780	6,565	7,116	7,299	0.30
주 앵 커 리 지(출)	-	-	6,396	6,635	0.28
캐 나 다 전 역	198,170	216,628	223,322	231,492	9.61
주 캐 나 다(대)	2,580	2,773	3,035	2,624	0.11
주 토 론 토(총)	98,784	107,069	111,379	113,877	4.73
주 밴 쿠 버(청)	89,172	98,246	99,439	105,319	4.37
주 몬 트 리 올(총)	7,634	8,540	9,469	9,672	0.40

* 출처: 외교통상부, 2010년 말 기준, 정영국, 2014: 26 재인용.

이에 따라 대한제국 궁내부에서는 '수민원(綏民院)'을 설치하고 이민 사무를 전담하게 하였다(정영국, 2014: 27). 그런데 당시 하와이로의 초기 이민을 모집하였으나 모집에 응하는 사람이 몇 사람 정도라 이민을 성사시키기가 어려웠다고 한다(정영국, 2014: 27). 이러한 상황을 해결하고 첫 이민을 성사 시킨 사람은 인천에서 초기 기독교복음을 전파하며 목회를 하던 인천 '감리성공회의 존스(George Heber Jones) 목사'였는데, 그가 자신의 교회 교인들에게 하와이로 이민 갈 것을 권하였기 때문이라고 한다(정영국, 2014: 27). 여기서 주목할 점은 과거에 경험해보지 않은 미지의 나라 하와이에 처음으로 이민한 한인들이 한국기독교의 초기 교인들이었다(정영국, 2014: 27). 기독교가 한국인의 하와이 이민사에 큰 영향을 미쳤다고 할 수 있다(미주한인 이민 100년사, 2003). 한편, 재미한인 이민사 제1기 또는 그 이전에 미국에 건너와 활동한 인물들이 있다. 이들은 서재필(1885), 안창호(1902), 이승만(1904)과 박용만(1905)으로 모두 한국에서 태어나 당시 기울어 가는 나라의 운명을 제도개혁과 민중의 교육을 통해 구출하려 노력했으나 실패하였다(정영국, 2014: 28). 그 후 이들은 미국으로 건너가 한국인 이민자들과 미국인들을 동원해 한국독립운동을 전개하였다(정영국, 2014: 27; 미주한인 이민100주년 남가주기념사업회, 2003: 51 재인용). 특히 공장노동의 높은 임금과 노동환경 그리고 도시 생활이라는 점은 하와이 한인 노동자들의 눈길을 끌며 이들을 캘리포니아로 이주하게 만드는 요인으로 작용하였다(정대화, 2002: 162).

3. 재미 한인 네트워크의 형성 및 발전

재미 한인의 네트워크는 이들이 미국 사회에 적응하기 위한 도구로 나타났다. 서구문화와 동양 문화의 차이를 극복하고 미국 사회에 적응해 나가는 것은 쉬운 일이 아니었다. 특히 미국 사회의 한국인에 대한 편견과 차별에 대한 도전도 극복할 과제였다. 미국 사회의 한국인에 대한 편견과 차별이 존재하는지 여부를 묻는 질문에 시민권자의 경우 편견과 차별이 '매우 심각하다' 혹은 '심각하다'에 응답한 이들이 적은 반면, 일반체류자의 경우 10% 정도는 편견과 차별이 심각하다는 평가를 한 것으로 조사되었다(김범준, 2013: 52). 이에 따라 네트워크 형성의 필요성이 대두되게 되었다.

재미 한인 디아스포라들은 60-70년대 재미동포 사회의 한인 업자와 국내 가발업자 간의 소위 '에스닉 비즈니스(ethnic business)' 네트워크의 사례에서(정영국, 2014: 28) 경제적 효과가 나타나게 되고 이것이 네트워크 형성의 시초가 되었다.

미국으로 이주해 간 한인들의 대부분은 이주 초기에는 경제적 자립을 위해 하루에 두 직장에 나가 일을 하는 등 각고의 노력 끝에 경제적으로 안정된 지위와 생활을 영위할 수 있게 되고 나서야 비로소 '한인 커뮤니티'를 위해 봉사, 헌신하며 활동하는 것이 보통이다(정영국, 2014: 28). 때문에 현지의 코리안 커뮤니티를 먼저 네트워크화 하고 이주해 간 국가 내의 한인전체를 네트워크(예: 미주한인회총연합회 등)한 다음 전 세계 타국 거주 한인들과의 '글로벌네트워크' 체제를 구축해 나가는 것이(정영국, 2014: 28) 수순이었다. 비교적 초기과정에서는 자금과 사회적 신용, 리더십을 갖고 집단을 통솔하는 능력 있는 중심인물이 영향력을 행사하면서 종적인 집단네트워크를 구축하였다. 따라서 '한민족 네트워크'는 '방계형(leteral) 네트워크'개념에 속한다. '한민족 네트워크'는 정부의 의지와 전 세계 재외동포들의 염원이 결합되어 '초국가적, 지구적 네트워크'로 발전해 가고(정영국, 2014: 28) 있다.

글로벌 민족 네트워크의 출현은 국제사회가 글로벌화 되는 환경변화에 기인한다. 글로벌 무한경쟁체제가 민족 단위의 '디아스포라 네트워크' 구축을 촉진(정영국, 2014: 28), 강화시킨 셈이다. 이처럼 경제영토를 극대화해가는 세계화 시대에 '디아스포라 네트워크'의 출현과 활용은 당연한 것이며(정영국, 2014: 28), 재미 한인 또한 생존과 번영을 위한 네트워크에 참여하고 있는 것이다.

이에 편승하여 한국 정부에서도 '글로벌 재외동포정책의 제도화'를 추진하고 세계 각국의 경제상공인들로 구성된 글로벌 한인 경제 네트워크를 구축하기 이전에 이미 '세계한인무역인협회(world-OKTA)'와 '세계한인상공인총연합회' 등 경제단체들이 자체적으로 생성되어 한인 디아스포라 경제력의 기초를 이루었다(정영국, 2014: 29). 이와 같이 디아스포라 네트워크는 일찍이 이들 디아스포라 민족들의 생존 수단으로 네트워크화를(정영국, 2014: 29) 이루며 성장해왔다.

'글로벌민족네트워크' 구축 및 운영의 정치 경제적 실익은 엄청나다. 우선 재미한인과 한인동포 기업인들의 '에스닉 비즈니스'의 성공사례가 그것이다. 60-70년대 교통 및 통신의 발달이 미흡하던 시절, 도·소매 등 미주시장을 휩쓸었던 재미동포 사회의 뷰티 서플라이 사업에서 '한인네트워크'의 실익을 확인할 수 있다(정영국, 2014: 29). 당시 한국의 가발 생산 업자들은 미국 내의 가발 유행정보를 미주 한인 가발 수입업자에게 전적으로 의지해 왔다(정영국, 2014: 29). 그 당시 수출업자들은 새로운 가발 스타일을 만들 독자적 능력이 부족했음에도 불구하고 한인 수입업자를 통해서 미국 내 유행에 맞는 스타일의 가발을 수출할 수 있었던 것이다(정영국, 2014: 29). 즉 한인들로 맺어진 '글로벌 네트워크'의 경제적 효과가 확인된 셈이다(이광규, 2002; 185).

이주한 한인은 주로 서울, 수원, 인천 등(이하희, 2016; 28) 도시 출신으로 구성되어 있었다. 이 지역은 동서개발회사가 설립된 곳이기도 하였다. 이주한 한인의 직군은 대다수가 일반 노동자거나 날품팔이였고, 전직 군인, 지방 공무원, 정치적 망명자, 학생, 경찰관, 광부, 벌목공, 가정부, 승려 등으로 구성되어 있었다(이하희, 2016; 28). 그러나 도시 출신 이민자들도 대부분 농민이었다가 농촌의 강압적인 세수와 질병, 재해 등으로 도시로 떠나온 사람들로 상당수 실직자였을 가능성이 높다(정대화, 2002; 162). 따라서 한인은 굳이 고된 농업 노동에(이하희, 2016; 28) 미련이 없어 도시진출에 주저함이 없었을 것이다.

한인의 미국이민 요인으로는 도시노동 중 철도노동도 큰 부분을 차지하였다. 1905년부터 시작된 대륙횡단철도 공사의 대규모 노동력 모집은 한인의(이하희, 2016; 28) 정착기반을 마련해 주기도 하였다. 미국 서부 끝 시애틀과 중부 오대호 옆의 미니애폴리스를 잇는 철도 건설은 5천 명의 노동자를 필요로 하였다(이하희, 2016; 28). 이들이 제시한 임금은 최대 일당 1.5달러로 하와이 일당 70센트의 두 배 이상 되는 값으로 캘리포니아 과수원 주인들도 하와이 농장을 방문하여 이민을 독려하였다(정대화, 2002; 182).

한인은 일본 제국주의가 조선의 토지, 주거, 경제권, 외교권 등을 잠식해 오는(이하희, 2016; 28) 국내 상황에서 스스로 해결할 수 없다고 판단하였다. 국내 한인은 일제에 자유를 억압당한 상태였고, 자유행동을(이하희, 2016; 28) 실현할 수 있는 곳에서 구국운동을 준비하고 실천하려 했던 것이다.

국권이 침탈되어가는 상황 속에서도 한인은 자신들의 처지를 비관하며 현실에 순응하지 않고 더 넓은 세계로 시야를 넓혀 해결방안을 모색하였다(이하희, 2016; 29). 미국으로의 노동 이민은 가진 것 없이 새롭게 시작하는 한인에게 큰 기회이자 좀 더 나은 대우와 지위, 그리고 그들이 원하던 삶에 다가가는 단계였을 것이다(이하희, 2016; 28). 소위 아메리칸드림을 꾸며 새로운 삶을 위해 도전하였던 것이다.

4. 재미 한인 네트워크의 특성

재미동포 사회의 특성은 다민족 속에서 모범적인 중간 소수민족으로(정영국, 2014: 30) 살아가고 있다는 점이다. 또한 재미동포들의 직업 현황과 에스닉 비즈니스(Ethnic Business)에서도 찾을 수 있는데, 재미동포 1세대는 전문직과 기술직, 사무직과 판매직, 소규모 자영사업, 그리고 단순 노무 직종의 직업 계층에 이르기까지 다양한 직종에 종사하고 있는 것으로 나타난다. 이민 1세대 취업 동포의 15% 내지 20%가 전문직 · 기술직에 종사하고 있다(정영국, 2014: 30). 즉, 대학교수, 변호사, 계리사, 의사, 약사, 간호사, 엔지니어 등이 이에 해당되는데 이들은 대체로 주류경제에 속하고 있으며, 현지동포 사회에서도 상류층에 해당한다(정영국, 2014: 30). 재미동포들이 가장 많이 종사하는 분야는 소규모 자영사업(Self-employed Small Business)이다(미주 한인 이민 100주년 남가주기념사업회, 2003: 367). 반면 2-3세 차세대들은 과거 1세대들이 진출하기 어려웠던 정치인 · 공무원 · 군인 · 학자 · 법조인 · 언론인 · 문화예술인 등 미 주류사회에 진출하는 등 세대변화가 현실이 되고 있다(정영국, 2014: 30).

재미동포들의 많은 직업 가운데서도 한인들이 특히 잘 운영하는 사업이나 능력을 보이는 직업이 있는데, 예를 들면 '뷰티 서플라이, 세탁소, 그로서리, 식품, 주류업' 등이다(정영국, 2014: 30). 그런데 에스닉 비즈니스는 주로 재미동포 사회와 재일동포 사회에서 볼 수 있으나 중국이나 러시아 · CIS지역 등 사회주의 국가에서 살아가고 있는 한인동포 사회에서는 찾아보기 어려운 것이 특징이다(정영국, 2014: 30). 필드 리서치를 통해 이 분야를 개척한'이광규 교수[35]'는 재미동포의 뷰티서플라이 산업 연구보고서를 발표한바 있다(재외한인연구, 2002: 34). 그는 뷰티서플라이 사업은 재미동포들의 성공적인 업종인 동시에 국내와 재미동포사이에 '글로벌한인네트워크' 및 '네트워크 효과(Network Effect)'를(정영국, 2014: 30) 제고하고 있다고 했다. 그에 따르면 6-70년대 한국의 가발생산 업자들은 미국 내의 가발 유행정보를 미주 한인 가발 수입업자에게 전적으로 의지해 왔는데 '한국의 업자들은 새로운 가발 스타일을 만들 독자적 능력이 부족했음에도 미주 수입업자를 통해서 미국 내 가발 유행과 스타일에 맞는 가발을 수출할 수 있었다'는 것이다. 한편 '최인범'은 디아스포라에 의해 형성되는 각종 비즈니스와 사회적 네트워크가 국경 간 거래를 용이하게 하고, 국제계약 이행상의 문제점과 상대방의 불완전 정보 등으로 인해 발생하는 '비전형적 교역장벽(Trade Barrier)'들을 극복하는데 일조하고 있다고 지적한다(정영국, 2014: 31). 그는 디아스포라를 통해 구축된'네트워크'는 국제교역과 투자에서 무엇이 이윤으로 남길 수 있는지에 대한 정보를 유통시키는 역할을 하며, 특정 수입국의 소비자 성향 등 수출 대상국 국민의 기호를 판단하는 데 일조한다고 했다. 이를 토대로 수출자는 수출용(정영국, 2014: 31) 적정상품을 재선정하는데, 한국산 가발의 대미 수출이 좋은 사례라는 것이다. 그리고 디아스포라는 '기호효과(Taste effect)'를 통해서 교역을 창출하는 역할도 하고 있는데, 그에 따르면 '기호효과'란 이민자가 가지고 있는 본국 상품에 대한 특별한 기호(Taste) 때문에 새로운 물품이 그들이 거주하고 있는 국가로 유입되는 현상을 말한다(정영국, 2014: 31).

재미동포 1세대들은 생업을 위해 청소업, 수산업, 청과상, 세탁소, 미용 재료상 등 궂은 일 마다하지 않고, 숫한 직업에 종사하며 살아왔다(정영국, 2014: 31). 1세대들이 마련한 생활 터전을 바탕으로 이제 재미동포 사회는 양적팽창과 질적 향상을 도모하고 있다. 모국지향의 1세대에서 2-4세대로 현저히 현지화하고 있

35) 이광규는 비엔나대학교에서 문화인류학 박사 학위를 취득했다. 서울대 고고인류학과 교수 및 재외한인학회회장, 우리민족 서로 돕기 운동, 동북아평화연대 이사장, 그리고 제3대 재외동포재단이사장을 역임했다. 주요 저서로는 「한국가족의 구조분석」(1975) 등 가족관계 10권, 「재일한국인」(1983) 등 재외동포관계 15권, 「민족과 국가」(1997) 등 이론서 5권, 그 외에도 많은 저서가 있다. 현재 재외동포포럼이사장으로 활동하고 있다.

는 변화의 시기이기도 하다. 부모 세대가 영어를 잘 하지 못하고 현지에서 생존을 위해 닥치는 대로 일을 했던 소위 '극복의 시대'와는 다르게 이제 자식들의 세대는 다양한 직업군에 종사하고 있다(정영국, 2014: 32). 정치인, 의사, 교수, 법조인, 공무원, 과학자, 선물, 금융 등 전문분야에(정영국, 2014: 32) 거침없이 진출하고 있는 것이다. '재외동포재단'이 매년 시행하고 있는 '세계한인차세대대회'에 참여하고 있는 차세대들의 직업군과 사회적 위치 등에서 파악할 수 있듯, 한인차세대들은 미국의 주류사회에 진출하고 있다(정영국, 2014: 32). 판사, 검사, 변호사, 의사, 교육공무원, 교수, 경찰, 회계사 등 전문직종과 선출직 정치인, 임용직, 고위 정책결정자에 이르기까지 다양하다(정영국, 2014: 32). 재미동포 사회가 1세대 중심에서 차세대로의 변화와 함께 미 주류사회에 진출하고 있는 현상이다(정영국, 2014: 32).

1992년 4.29-5.2. 사이에 미국 로스앤젤리스에서 흑인폭동 사건이 발생하였는데, 이는 흑인 로드니 킹이 백인경찰들로부터 억울하게 집단 구타당한 사실이 뒤늦게 알려지면서 흥분한 흑인들이 폭동을 일으킨 사건이다(정영국, 2014: 32). 당시 이 사건으로 인한 피해는 사망 58명, 부상 2,382명, 8000건 이상의 방화와 16,000여 개의 상점이 파괴됨으로써 7억6천만 불 상당의 재산피해가 발생했다고 발표하였다(정영국, 2014: 32). 그런데 그중 30% 이상의 피해를 재미동포들이 입었다. 이는 한인들의 상점이 밀집되어 있는 사우스센트럴 지역이 흑인폭동의 중심지였기 때문이다(정영국, 2014: 32). LA 흑인폭동사건은 이 지역 한국계 한인 경제력의 약 80% 이상의 손실을 초래하였으며, 피해액은 4억 달러에 육박하며 2,280개 이상의 한국계 상점이 파괴되었다(정영국, 2014: 32). USC의 장태한 교수는 그동안 한인사회의 대표기관이라고 자처하던 한인회는 제대로 된 항의 한마디 못하는 무기력함을 보였으며, 소수의 영어에 능숙한 1.5세와 2세들만이 한인사회의 입장을 대변할 수 있었다고 전한다(정영국, 2014: 32). 이러한 현실에 한인들은 자신들의 목소리를 대변해 줄 수 있는 정치가 또는 압력단체의 필요성을 절감하게 되었으며, 이 사건은 그간 '이민1세 중심의 한인사회가 미국의 정치보다는 한국의 정치에 관심을 가져 4.29같은 위기에 처했을 때 미국 내 정책

결정과정에 한인의 목소리를 낼 수 없었던 뼈저린 고통을 경험하는 계기가 되었다'고 했다(정영국, 2014: 32; 장태한, 2003: 269재인용)

일찍이 하와이 동포들은 '대한인국민회' 등의 모금 운동에 어렵게 번돈을 조국의 독립운동자금을 송금한 역사적 사실이 있듯이 재미동포들은 정부수립 후에는 대한민국의 발전을 위해, 군사정부 시절에는 '민주화'를 위해 그리고 오늘날에는 선진 지식과 기술을 통해 조국 대한민국의 발전에 헌신하고 있다(정영국, 2014: 33). 지난 1960년대 이후 재미동포들은 대한민국이 '저개발국가'에서'과학 입국'으로 변모하고 경제적으로 발전하는 과정에 많은 기여를 하였다(정영국, 2014: 33). 재미동포들의 모국 기여는 선진 지식과 첨단 기술을 모국에 전수하여 단기간 내에 대한민국의 경제발전을 이룩하게 한데 있다(정영국, 2014: 33). '한국과학기술원(KAIST)'과 대덕과학단지의 우수한 연구원, 교수진들이 그 예이다. 한국정부는 이 같은 연구소에 대규모의 지원과 혜택을 제공했으며, 결과적으로 미국 등 선진국에 근무하고 있던 많은 한인 과학자들을 한국으로 '두뇌유인'하는 데 성공했다(정영국, 2014: 33). 한국 과학도의 산실이 되고 있는 포항공대나 포항제철 등에서 알 수 있듯이 한국이 첨단 산업화하는데 제공된 탄탄한 지식과 기술은 재미동포 과학기술자들로부터 나온 것이 분명하다(정영국, 2014: 33; 미주한인회총연합회 홈페이지, 2013. 01 .18일자).

5. 미국의 재미 한인 정책

미국의 한인 이민정책은 하와이 노동이민을 시작으로 아메리카 대륙까지 이어진(이하희, 2016: 33) 노동자 유입으로 인해 미국 노동시장에 변화를 가져오자 미국 내 문제를 해결하기 위해 수차례 이민정책을 개정하였다. 1700년대에서 1800년대 초까지는 주로 유럽인을 대상으로 이전 국가와는 관계를 끊는 자에게 시민권을 부여하고 있음을 알 수 있다(이하희, 2016: 33). 그러나 1800년대에 들어서면서 시민권 및 이민제도는 '정신이상자', '무능자', '음란하고 비도덕적인 목적을 가진 자' 등 대상의 성격을 모호하게 정하여 이민자의 입국 거부 의사를 표현하였다(이하희, 2016: 33). 1800년대 중반부터 이민자 중 동양계 이민자에 대한 법령이 생겨나기 시작하는데 이는 미국 서부 산업화와 관련이 있다. 당시 산업화로 인한 일자리가 중국인들에게 점령당하며 백인 노동시장을 잠식하자 이들에 대한 반감이 법적인 조치로까지 이어진 것이다(이하희, 2016: 33). 백인은 중국인에게 폭력을 휘둘러도 처벌받지 않았고, 1854년 캘리포니아 대법원에서는 '중국인은 백인에 대항해서 법정에서 증언을 할 수 없다.'라는 판결을 내린 사례도 있었다(민경희, 2008: 33). 1870년대 말 찾아온 경제 불황은 백인들에게 더욱 치명적이었다. 백인 노동력은 중국인의 값싼 노동력에 밀리게 되었고 생존의 문제까지 생각하지 않을 수 없었다(이하희, 2016: 33). 1881년 노동조직의 성격을 띤 시민단체들은 의회에 25개의 중국인 배척 청원서를 제출하였고, 캘리포니아 주의회는 중국인 배척 시위를 촉진하기 위해 법적 휴일을 선포하기도 하였다(이하희, 2016: 33).

이때 한인 이민자의 수는 7,697명으로 중국 · 일본과 비교하여 매우 적은 수로 기록되고 있다(이하희, 2016: 33). 표에서도 나타나듯이 한인의 비중은 매우 적어 백인들에게 인식되기조차 어려운 상황이었다(이하희, 2016: 33; 김지원, 2010: 29재인용). 그중 1905~1910년에 걸쳐 미국으로 이주한 한인을 좀 더 세밀히 나타내면 다음의 표와 같다(이하희, 2016: 33).

〈표12-2〉 하와이에서 미국으로 이주한 한인 수(1905-1910)

년도	남성	여성	아동	합계
1905	373	16	10	399
1906	428	17	13	458
1907	130	12	6	148
1908	1	0	0	1
1909	2	0	0	2
1910	7	0	0	7
합계	941	45	29	1,015

* 출처: U.S. Immigration Commission, Abstracts ofReports of the Immigration Commission Vol. I,1911, pp.710-711.

〈이민규제법〉이 제정되어 중국인 노동자 이민이 제한되었으며, 1888년에 법을 강화하여 중국인의 재입국을 금지하였다. 이후 중국인 노동자를 대신한 일본인 노동자 이민도 1900년대 10만 명 이상이 넘어가면서 백인 노동시장을 위협하였다(이하희, 2016: 34). 이 역시 중국인 노동자 배척과 동일한 현상을 가져왔고, 미국인의 일본인 배척 운동이 본격화되었다(이하희, 2016: 34). 이러한 현상의 결과로 1907년에 루즈벨트 대통령은 아시아인 입국 불허 행정명령을 발표하기도 했으며, 샌프란시스코에서는 〈외국인 토지법〉을 제정하여 일본인 이민자에게 토지 소유를 금하도록 하였다(이하희, 2016: 34). 또한 노동자만이 아니라 학생을 대상으로 하는 규제도 있었는데 캘리포니아주에서는 일본인 학생을 백인 학생들과 분리시키기도 하였다(이하희, 2016: 34). 이러한 조치는 사실 급격하게 늘어난 일본인 노동자를 규제하여 백인 노동시장 문제를 해결하려 한 것이었다(이하희, 2016: 34). 그렇지만 일본인만을 규제하게 되면 문제가 커질 것이라 예상하여 일본에게 외교권을 빼앗긴 한인에게도 해당 사항을 부여한 것이라 할 수 있다(이하희, 2016: 34). 즉 미국의 이민제도는 일본인 배척이 주목적이었지만 일본의 "신민"인 한인에게도 적용되었으며 이에 따라 한인 이민자 수도 급격히 감소하였다(이하희, 2016: 34). 위와 같은 미국 시민권 및 이민제도는 동양인 이민과 직접적 관련이 있으며 시기별 이민자 수에 변화를 가져왔다(이하희, 2016: 34). 다음은 미국으로 본격적 이민이 시작된 1800년대 중반부터 1910년대까지의 동양인 이민자 수를 비교한 표이다(이하희, 2016: 34).

〈표12-3〉 미국 시민권 제도와 이민제도의 변화

년도	미국 체류기간	법령	세부사항
1790	2년 이상		자유로운 백인(free white person)과 그의 21세 미만의 자녀, 자질이 좋은 사람 (aperson of good character)에게 시민권 부여.
1795	5년 이상		이전 국가에서 부여된 세습적 귀족 칭호를 공개적으로 부정해야 함.
1798	14년 이상		
1802	5년 이상		이전 국가에 대한 충성 포기.
1819			입국 시 선장에게 성, 연령, 직업, 국적, 거주국가 등 보고 · 제출.
1847			매사추세츠(Massachusetts) · 뉴욕(New York)-정신이상자, 거지, 장애자, 노약자, 무능자 입국 거부.
1855			성판매 여성 추방, 외국인 배척운동 고조.
1870			백인과 아프리카인의 후예들(흑인)에게 시민권 부여.
1875			캘리포니아-동양의 "음란하고 비도덕적인 목적을 가지고 오는 여성" 입국 거부.
1879			캘리포니아-캘리포니아 주 헌법 수정, 중국이민 법적 금지.
1882.5		중국인 배척법 (Chinese Exclusion Act)	숙련, 비숙련 노동자와 광산에 고용된 중국인 노동자를 10년간 입국하지 못하도록 배제.
1882.8		이민규제법 (Regulation of Immigration Act)	중국인 노동자의 이민 배제에 대한 법적 규제 강화.
1906		기본적 귀화법 (Basic Naturalization)	영어 능력 시험에 통과하는 자에게 시민권 부여.
1907		행정명령589 (Executive Order589)	루즈벨트(Theodore Roosevelt, 1858~1919) 대통령령의 아시아인 입국 불허 명령.

년도	미국 체류기간	법령	세부사항
1908		신사협정 (The Gentleman's Agreement, 1907-1908)	
1913		외국인 토지법 (Alien Land Laws)	일본인은 3년 이상 토지를 소유 또는 임대할 수 없음.
1917.5		문맹테스트 이민법 (Literacy Law)	문자해독능력검사(literacy test)에서 통과된 자 입국 허용. 광인, 저능자, 죄수, 전염병에 걸린 자, 범죄자, 미국 영토가 아닌 아시아지역에서 오는 모든 사람 입국 금지. 아시아 이민금지지역(Asia Barred Zone Act) 설정.

* 출처: 이하희, 2016: 35; 민경희, 미국 이민의 역사: 이론과 실제, 2008, pp.21-49에서 재구성

1) 한국 정부의 재미동포 사회단체 지원

재외동포재단은'3.1절'과'8.15', '한가위' 등의 명절과 여성 보호 · 취업 교육 · 정치력 신장 · 한인회 창립기념 행사 등 재미동포 사회 특성에 맞게 동포들의 결속과 단합, 법적 지위 향상 등을 위한 각종 사업추진을 지원한다(정영국, 2014: 33). 가령 주뉴욕 총영사관 관할, 뉴욕한인회의 제50주년 뉴욕한인의 밤 및 미주한인의 날, 뉴욕퀸즈한인회의 2010 우리 설 대축제, 뉴욕 뉴저지 한인유권자센터의 미국 내 한인 권익신장 및 보호사업, 서재필 기념재단의 미주 한인 동포를 위한 시민권취득사업 및 법률상담, 한미시민연대(KALCA)의 한인 정치력 신장을 위한 인턴십 프로그램 운영, 2010 뉴욕 인구조사 한인추진위원회의 2010(정영국, 2014: 33) 뉴욕한인인구조사 캠페인 등과 주LA총영사관 관할, LA한인회의 초기이민자 정착프로그램 지원, 미주동포후원재단의 자랑스러운 한국인상(賞)등이며, 주시애틀 총영사관 관할, 워싱턴-타코마한인회의 제3회 워싱턴주 한인의 날 기념행사 등 지원, 주샌프란시스코 총영사관 관할, 실리콘밸리 한미봉사회의 한미봉사회 대 교민봉사사업 지원 등과(정영국, 2014: 33) 주미국대사관 관할의 한미여성재단의 희망의 집(폭력피해 여성을 위한 쉼터)지원, 미주한인재단의 제4회 미주한인재단 전국대회 및 차세대지도자 컨퍼런스 등(2009년도 기준)이다(정영국, 2014: 33).

제13장
중앙아시아 고려인 네트워크의 형성과 발전

1. 고려인의 정의
2. 고려인의 이주사 및 정착 과정
3. 고려인 네트워크의 형성 및 발전
4. 고려인 네트워크의 특성
5. 중앙아시아의 고려인 정책

제13장 중앙아시아 고려인 네트워크의 형성과 발전

1. 고려인의 정의

'고려인'이란 러시아를 비롯한 구소련 국가에 주로 거주하면서 러시아어를 사용하는 한민족 동포를 말한다(윤빅토리아, 2014: 33). 2000년대 중반부터 한국으로 귀환하는 고려인이 많아졌고, 2010년대 중반부터는 해마다 그 수가 대폭 증가하였다(윤빅토리아, 2014: 33). 출입국 통계에 의하면 국내 거주 고려인은 2020년 4월 기준 85,072명이며, 국가별 비중은 우즈베키스탄 46%, 러시아 33%, 카자흐스탄 15%이다(윤빅토리아, 2014: 33). 안산을 비롯하여 아산·인천·경주·광주(광역시) 등에 많이 거주하며, 안산 땟골마을과 광주 고려인마을 등이 집단 거주지로 유명하다(윤빅토리아, 2014: 33). 2010년 11월에는〈고려인 동포 합법적 체류자격 취득 및 정착 지원을 위한 특별법〉이 제정되었다. 외교부가 발표한 2019년 기준 재외동포 현황에 따르면 총 750여만 명의 재외동포 중 러시아와 중앙아시아에 사는 고려인은 약 50만 명(우즈베키스탄 약 18만 명, 러시아 약 17만 명, 카자흐스탄 약 11만 명 등)에 달하는 것으로 나타났다(윤빅토리아, 2014: 33). 고려인은 주로 고려인과 혼인하는 경우가 많아 생김새는 한국인과 흡사하지만 2세부터는 거의 한국말을 이해하거나 구사하지 못한다(윤빅토리아, 2014: 33). 특히 고려인 3~5세는 한민족이라는 정체성은 있어도 러시아의 사고방식과 문화에 동화되어 있다(윤빅토리아, 2014: 33). 하지만 당근 김치, 국시(잔치국수) 등 한식과 유사한 음식과 돌잡이 문화나 설날·추석과 같은 한국의 명절 문화도 남아 있다(윤빅토리아, 2014: 33).

러시아를 비롯한 CIS지역 국가에 거주하고 있는 한인들이 '집단적으로' 동 지역에 이주하게 된 것은'1937년 강제 이주'에 의한 것이다(정영국, 2014: 38). 그러나 그 이전부터 국내의 정치 사정과 생활고에 시달리던 백성들이'개별적으로' 생존을 위해 월경하게 되었는데, 이것이 사실상 이 지역 이주의 시작이라 할 수 있다(정영국, 2014: 38). 러시아가 극동의 연해주와 아무르주 등 중국과의 접경 지역을(정영국, 2014: 38) 차지한 것은 19세기 후반의 일이다. 당시 청국이 태평천국의 난으로 혼란스러웠던 시기를 틈타 아무르 지방을 점령하여'아이훈조약'을 체결하고, 이어 1860년 11월 2일'북경조약'을 체결하여 오늘의 연해 주지역이 소련령이 되었으며, 이때부터 조선과 러시아가 국경을 접하게 되었다(정영국, 2014: 39). 한인들이 러시아에 이주하기 시작한 것은 1863년부터의 일이라고 하고 당시 노보고로드 지역 경비대의 책임자이던 레자노프 중위가 연해주 군무지사 카자케비치에게 보낸 보고서에서 '티진헤(Tizinkhe)'강 근처에 한인 20가구가 이미 정착하여 집을 짓고 밀 등을 경작하며 가축을 기르며 살고 있었다고 한다(정영국, 2014: 39). 여기서 말하는 '티진헤'는 1863년경 함경도 농민 13세대가 목숨을 걸고 두만강을 건너가 이룩한 최초의 한인 정착마을로 러시아 지역 항일독립운동의 근거지가 되었던 곳이다(정영국, 2014: 39). 티진헤(Tizinkhe) 마을은 연해주 남부의 바라바노브카강(Barabanovka River)과 비노그라드나야강(Vinogradnaya River) 사이에 위치하고 있으며, 1937년 한인들이 중앙아시아로 강제이주 되면서 폐허가 된 곳이다(정영국, 2014: 39). 이후 1864년 여름에 티진헤 유역에는 30가구 140여명의 한인들이 새로이 이주하였다. 1869년에는 북한지역에 대기근이 발생하여 한인들이 대거 연해주로 향하게 되었다(정영국, 2014: 39). 그해 여름의 긴 장마로 인해 농사를 지을 수 없자 생존을 위해 월경하게 된 것이다. 이 일반 백성들로 하여금 생존을 위해 조상 대대로 살아오던 고향을 등지게 하였다는 사실을 확인할 수 있는데, 19세기로 접어들었던 조선 사회는 안동김씨를 중심으로 세도정권이 수립되고 민중에 대한 탄압과 수탈은 한층 강화되어 삼정문란(三政紊亂)이 절정에 다다른 때였으며, 백성들의 생존을 위한 저항 또한 거세게 일어났다(정영국, 2014: 39). '홍경래난(洪景來亂)'이라고 불린 '관서농민전쟁'이 발생하였는가 하면 19세기 중엽에 와서는'임술민란(壬戌民亂)'이 터지는 데, 임술년(壬戌年)은 안동김씨의 세도정권이 무너지는 해이기도 하다(정영국, 2014: 39). 당시의 세도정권은 농민들의 생활을 강도 높게 억압하였고, 정치적으로도 극도로 기강이 문란해짐에 따라 농민들에 대한 수탈이 강화되자 생존을 위해 월경하게 된 것이다(정영국, 2014: 39).

2. 고려인의 이주사 및 정착 과정

고려인들의 이주 역사는 1860년부터 비롯하여 오늘까지 160여 년간 이어져 오고 있다. 카자흐스탄 고려인들의 이주 역사를 세 가지 이주로 구분할 수 있다(윤빅토리아, 2014: 34).

첫 번째 이주는 생존을 위한 자발적 이주, 곧 실존적 이주라고 할 수 있다. 다시 말해서 구한말 고려인의 이주는 본래 경제적인 이유로 인하여 자발적으로 이루어진 이주였다(윤빅토리아, 2014: 34). 자발적 이주란 새로운 땅에서 외국인처럼 살기 위해 그들의 본향을 떠나는 것으로 Madison(2006)에 따르면 경제적 이주라든가, 단순한 여행, 추방 혹은 강요된 이주의 양상들과는 다르다고 하였다(고광신, 2010; 34).

두 번째 이주는 1937년에 스탈린의 지시에 따라 러시아에 거주한 고려인 대상으로 카자흐스탄과 중앙아시아 지역에 강제 이주였다(비추이노바 지벡, 2017). 고려인에 대한 강제 이주는 옛 소련 연방의 서기장 스탈린의 지휘 하에 이루어졌다. 강제 이주의 공식적 이유는 '극동지방 연해주 일대에 일본 정보원들이 침투하는 것을 차단하기 위한 목적'이라는 것이었다(전신욱, 2007; 비추이노바 지벡, 2017재인용). 급속도로 팽창하는 고려인들에 대해 우려한 나머지 소련 연방은 1926년 12월 전 연방 소비에트 집행위원회 간부회의에서 결정한 고려인의 이주 계획을 1936년 독·일간의 공동방위조약이 체결되면서 본격적으로 실행에 옮기게 되었다(윤빅토리아, 2014: 34). 당시 독일과 일본을 상대로 전쟁을 벌여야 했던 소련 연방은 극동 지역에서 일본의 세력이 점차 강해지면서 위협을 느낀 나머지 고려인들이 일본인의 간첩행위를 할 우려가 있다고 판단하였다(윤빅토리아, 2014: 34). 따라서 1937년 8월 21일 소련인민위원회의 및 전소연방(볼셰비키) 공산당 중앙위원회는 극동 변강에 일본 간첩행위가 침투하지 못하도록 저지하기 위한 총 12개의 항목으로 된 고려인을 추방하기 위한 강제 이주 대책문서(윤빅토리아, 2014: 34) 스탈린의 이름으로 하달하였다. 이에 고려인들은 1937년 9월 9일부터 10월 25일까지 약 45여 일간에 걸쳐 총 124대 수송열차에 36,442가구

171,781명이 중앙아시아의 우즈베키스탄(16,272가구 76,525명)과 카자흐스탄(20,170가구 95,256명)으로 강제이주 되었다(고광신, 2010, 33).

고려인의 세 번째 이주는 강요된 이주이다. 강요된 이주란 원치 않는 이주로써 1991년 구소련연방의 해체와 더불어 발생된 중앙아시아 국가들의 체제 전환으로 인하여 비롯되었다(윤빅토리아, 2014: 35). 카자흐스탄을 비롯한 중앙아시아 국가로 강제 이주된 고려인들은 연해주에 이어 중앙아시아에서 온갖 어려움을 극복하며 안정을 찾게 되었으나 구소련연방이 해체되면서 외국 국적을 가지고 있고, 러시아어만 사용하던 고려인들로서는 자국민 우선 정책을 펴며 자국어를 공용어로 사용하도록 하는 중앙아시아 국가들의 정치, 경제, 사회적 상황에 따라 또 다시 이주를 결심해야만 하였다(고광신, 2010: 9). 카자흐스탄으로 강제 이주한 고려인들은 새로운 곳에서 정착했으며 콜호즈와 소브호즈(집단 농장)를 만들었다(비추이노바 지벡, 2017: 35) 현지인들은 고려인들을 까레이찌(Корейцы)라고 불리기 시작했고 요즘 한국과 해외 학계에서 고려인 또는 고려사람 등 공식명칭이 많이 사용한다(윤빅토리아, 2014: 35). 고려인들은 다민족국가인 구소련 내에서 소수민족의 하나로서 콜호즈와 소브호즈에서 다른 소수민족들과 가까이 생활하면서 자신의 생활 방식을 보여주는 동시에 다른 민족 문화의 영향을 받을 수밖에 없었다(윤빅토리아, 2014: 35). 즉, 한편으로는 고려인들이 자신의 전통 및 문화를 상대적으로 유지했으며, 다른 한편으로는 문화적 다양성이 있는 환경에서 형성된 서로 다른 생활 방식들의 영향을 받았다(비추이노바 지벡, 2017; 35).

고려인들의 사회적 조직은 주로 다문화적 노동 단체의 형태로써 고려인들의 물질적 문화가 평준화되며 건축, 가구 및 가정용품들이 주로 소련 사회 내에서 이용한 것들과 통합되었다(윤빅토리아, 2014: 35). 전통과 문화적 요소들은 주로 농촌 지역의 온돌 시설, 여성 명절 복, 음식 및 가족관계 형태로 유지되었다(지벡 비추이노바, 2017; 35). 고려인들이 극동에서 중앙아시아로 강제 이주한 후, 모국어 사용 상황이 급속히 달라졌다(윤빅토리아, 2014: 36). 1938년 러시아어 교육을 의무화 되고 민족학교 개편에 대한 법령이 발표됨으로써 민족 공화국 내의 모든 학교에서 러시아어를 필수 과목으로 지정하였고 소수 민족 기관들이 폐지되었다(윤빅토리아, 2014: 36). 1950년 후반대 소련 내에 고려인들의 급속한 도시화는 고려인들의 언어와 민족 정체성에 많은 영향을 끼쳤다(윤빅토리아, 2014: 36). 이것은 바로 1956년 7월'특별이주민들의 거주 제한조치 해제법'이 발표됨으로써 카자흐스탄 민족 공화국의 고려인들에게 거주 이전의 자유를 주었다(비추이노바 지벡, 2017; 35). 고려인들은 이동의 자유를 얻고 집단거주 농촌에서 도시로 이주하기 시작하였다. 이동 제한이 해제되자 젊은 고려인들은 전국에서 모든 학교 및 대학교를 다닐 수 있게 되었다(윤빅토리아, 2014: 36). 그러므로 소련 정부의 러시아어 중심 정책으로 인해 고려인들이 성공적인 사회적 진출을 위해 러시아어를 배워야 하였고 이동 제한이 해제된 이후 급속히 활발한 고려인들의 도시화는 재소 고려인들에게 모국어로 소통할 필요성을 감소시켰다(윤빅토리아, 2014: 36). 현재 카자흐스탄의 3-5세대 고려인 대부분은 모국어(한국어)를 모른다(비추이노바 지벡, 2017: 35). 1990년 3월 17일에 알마티에서 카자흐민족공화국의 고려인들의 의회 개최 시에 카자흐스탄 고려인 협회를 처음 창설하였다(윤빅토리아, 2014: 36). 현재, 카자흐스탄 고려인들은 다른 구소련 국가의 고려인들보다 현저히 통합되어 있다(윤빅토리아, 2014: 36). 즉, 구소련 국가 중에 고려인이 제일 많이 거주하는 우즈베키스탄과 러시아에서 고려인 디아스포라는 여러 개 서로 경쟁하는 조직으로 나누어져 있다(윤빅토리아, 2014: 36). 그 당시, 카자흐스탄 고려인 협회는 카자흐스탄 고려인 디아스포라의 유일한 공식 대표 조직으로써 전국의 전부 고려인들을 통합할 수 있었다(비추이노바 지벡, 2017: 36).

소련이 해체 이후는 전체 구소련 지역에 새로운 사회정치적 개혁이 시작한 결과에 사화적인 유동이 극히 중요해졌다(윤빅토리아, 2014: 36). 경제적인 위기로 인한 실업과 생산 감소는 카자흐스탄에서 개인사업 분야를 발달시켰다(윤빅토리아, 2014: 36). 카자흐스탄 정부의 새로 단행한 시장 중심의 경제 개혁들이 사회적인 구조를 변경시킴으로써 카자흐스탄 사회에서 대개 재산가와 개인 사업자들로 구성되는 새로운 중산층을 형성시켰다(Yem, 2012: 22). 고려인들도 새로운 환경에 적응하면서 카자흐스탄 사회에 역동적으로 관여하기 시작하였다(윤빅토리아, 2014: 37). 이와 같이, 현재는 많은 고려인들은 사업적으로 성공적이며 카자흐스탄 경제의 민간 부분 특히 중소기업 부문에서 튼튼한 자리를 차지하고 있다(윤빅토리아, 2014: 37; 김게르만, 2009; 비추이노바 지벡, 2017; 36재인용). 그 외에, 한국과 카자흐스탄 국교의 설립과 더불어 고려인 디아스포라와 한국 간 공동 사업에 유리하는 여건을 만들었다(윤빅토리아, 2014: 37). 이에 따라서 카자흐스탄 고려인들은 80년 동안 다문화 국가에서 성공적으로 통합되면서 한국, 러시아, 중앙아시아와 유럽 등 여러 민족의 문화적 특성을 갖추는 새로운 특수한 정체성을 갖게 되었다(윤빅토리아, 2014: 37). 또한 카자흐스탄 고려인들은 소수민족이어도 다수민족과 동일한 사회경제적 지위를 가지며 사회적으로 존경을 받고 있는 '긍정적인 소수민족'라고 할 수 있다(윤빅토리아, 2014: 37).

1937년 8월 21일, 소련정부는 연해주 한인들을 중앙아시아로의 강제 이주를 결정한다(정영국, 2014: 40). 국경지역에 거주하는 한인들을 모두 카자흐스탄과 우즈베키스탄으로 집단 이주시킨다는 것이다(정영국, 2014: 40). 이는 한인들의 의지와 전혀 상관없는 결정이었다. 당시 채택된 문건은 '극동지방 국경지역으로부터의 한인 이주에 대한 결의안 제1428-326(1급 비밀).'이다(정영국, 2014: 40). 소련의 최고지도자인 소련공산당 서기장 스탈린(Joseph Stalin)과 소련인민위원회 의장인 몰로토프가 서명한 이 결의안의 내용은 이러하다(정영국, 2014: 40). 극동지방의 한인 스파이 활동의 침투를 차단하기 위해 포시예트(Posyet) 지역을 비롯한 극동지역의 모든 한인들을 남부 카자흐스탄주의 아랄해 지역, 발하샤 지구, 그리고 우즈베키스탄으로 이주시킬 것, 이주 작업은 즉각 개시하여 1938년 1월 1일까지 종료할 것, 이주 진행 상황을 10일 단위로 보고할 것 등이다(정영국, 2014: 40). 스탈린은 소수민족 분산 이주 정책을 결정하고, 1937.9.9.부터 12.25까지 한인가구 36,442호, 171,781명을 중앙아시아로 이주시켰다(정영국, 2014: 40). 한인 강제이주는 소련 내 소수민족 강제이주의 효시가 되었다.' 강제이주에 앞서 한인 지도급 인사 2500여명을 재판 없이 반역죄로 처단하였는데, 작가 조명희를 비롯한 지식인, 장교, 공산당 간부 등이 포함되었다(강만길, 1994: 20-21).

한인들을 태운 강제 이주 열차는 1개월여를 달려 중앙아시아의 카자흐스탄 '우슈토베', '크질오르다' 우즈베키스탄의 '타쉬켄트' 등의 시르다리아강, 아무다리아강, 일리강 지역의 강이 있는 곳에 내려졌다(정영국, 2014: 41). 한인들은 생존을 위해 '제물란카' 라고 하는 땅굴을 파고 그 속에서 폭염과 독거미 등을 피하면서 야생 열매와 나무뿌리로 연명하고 불모지를 관개(灌漑)해서 농사를 지으며 살아왔다(정영국, 2014: 41). 한인들이 내려진 곳은 반사막 지대로, 시야를 가리는 모래바람과 갈대뿐인 허허벌판이었으며 최소한의 기본적인 식료품 배급이 도착한 것은 강제이주 후 5개월여가 지난 뒤였다(정영국, 2014: 41). 한인들은 특유의 개척정신과 영농법으로 '포리토젤 콜호즈' 노력영웅을 탄생시켰다(정영국, 2014: 41). 오늘날 김병화, 황만금, 북극성, 제3인터내셔널 콜호즈 등이 그것이다. 스탈린은 소수민족 문화 말살정책으로 우리의 한국학교를 폐쇄하였다(정영국, 2014: 41). 스탈린이 집권한 1937부터 사망한 1953까지 16년간의 고려인의 생활상은 사실상 집단수용소 생활에 가깝다(정영국, 2014: 41). 한편 러시아는 1993년에 와서(1993. 04. 01), 1937년 강제 이주에 대한'러시아 고려인 명예 회복에 대한 결정'을 정부 차원에서 발표하였다(정영국, 2014: 41). 이는 고려인들의 최소한의 명예를 회복시켰다. 한국은 2007년에 와서 러시아를 제외한 고위급'한-중앙아 5개국 협력포럼'을 마련하고 해마다 의제를 설정하여 협력방안을 논의하고 있다. 2011년, 5회째 포럼이 5개국 외교부 등 차관급 정부 인사가 참여하는 회의체로 구성되어 상호 발전방안을 모색하며 우의를 증진하고 있다(정영국, 2014: 41). 2007년은 한인들이 독립국가연합지역으로 강제이주 당한지 70주년이 되는 해였다. 우즈베키스탄 · 카자흐스탄 · 키르키즈스탄 등 고려인 동포사회에서 다양한 기념행사가 펼쳐지고 한국 정부에서도 고위사절단이 현지를 방문하여 현지정부와 합동으로 기념행사를 개최했다(정영국, 2014: 41). 재외동포재단은'고려인 정주 70주년' 기념행사에 대한 정부차원의 재정지원을 통해 고려인(정영국, 2014: 42) 동포사회를 격려하고 위로했다. '강제이주'라는 용어는 과거의 불행한 역사를 부각하는 측면이 있다고 하여'고려인 강제이주 70주년'이라는 표현 대신, 미래지향적 의미로'고려인 정주 70주년'으로 통일하여 부르게 되었다(정영국, 2014: 42).

3. 고려인 네트워크의 형성 및 발전

1999년 재외동포법 제정과 2007년 방문 취업제 도입 이후 '조국'을 찾아 국내로 '귀환'하는 고려인 수는 2000년대 들어 급격히 증가하고 있다(윤빅토리아, 2014: 37). 한국으로 이주하는 고려인의 증가 원인을 한국정부의 특정 정책 시행에서만 찾는 것은 단편적인 해석이다(윤빅토리아, 2014: 37). 한국정부 정책이 고려인을 한국으로 끌어들이는 작용을 했지만, CIS의 고려인 거주국 상황이 고려인을 외국으로 떠나게 만들었다(오정은, 2015: 23) 고려인들은 카자흐스탄에서 한국으로 이주하고 장기 체류하는 가장 중요한 이유는 한국에서 돈을 많이 벌 수 있다는 기대 때문이며, 힘든 육체노동을 하면서도 높은 임금에 매료되어 국내에 장기 체류하는 경우가 많다(오정은, 강희영, 성동기, 2014; 17) 통계적 자료에 따르면, 카자흐스탄의 1인당 국내총생산은 2019년에 9812.500 USD로 보고되었다(윤빅토리아, 2014: 37). 한국에서 단순노무직 업종에 종사하면서 월 2백만-3백만 원 정도 받는 카자흐스탄 고려인들은 본국에서의 임금보다 훨씬 많다(윤빅토리아, 2014: 37). 이렇듯, 현재의 카자흐스탄 불안정한 경제적 상황이 카자흐스탄 고려인들의 한국에 이주하는 수가 서서히 증가하는 것의 주요 추진 요인으로 보인다(윤빅토리아, 2014: 37). 고려인들의 한국으로의 이주 증가의 흡인요인이 한국의 재외동포에 대한 입국 요건 간소화로 보인다(윤빅토리아, 2014: 37). 한국과 카자흐스탄이 1992년에 처음 국교를 맺은 시점부터 한국정부와 여러 민간단체 협력을 통해서 카자흐스탄 고려인들이 1990년 전반부터 대거 한국을 방문하게 되었다(윤빅토리아, 2014: 37; 고광신, 김형태, 2011; 지벡 비추이노바, 2017, 재인용). 하지만, 10년 후에만 카자흐스탄 고려인들은 한국에서 장기 체류가(윤빅토리아, 2014: 37) 가능하였다[36)]

36) 고려인 동포들이 한국에 체류하기 위해 받을 수 있는 비자는 단기방문(C3), 유학 (D2), 고용허가제(E9), 재외동포(F4), 방문취업(H2), 결혼이민(F5)비자 6가지이다. 이중 고려인 동포에게만 발급하는 비자가 재외동포(F4), 방문취업(H2)이고 중앙아시아 고려인 대부분이 이 비자로 한국에 입국한다(지벡 비추이노바, 2017).

〈그림-13-1〉 카자흐스탄의 1인당 국내총생산(1993-2019)

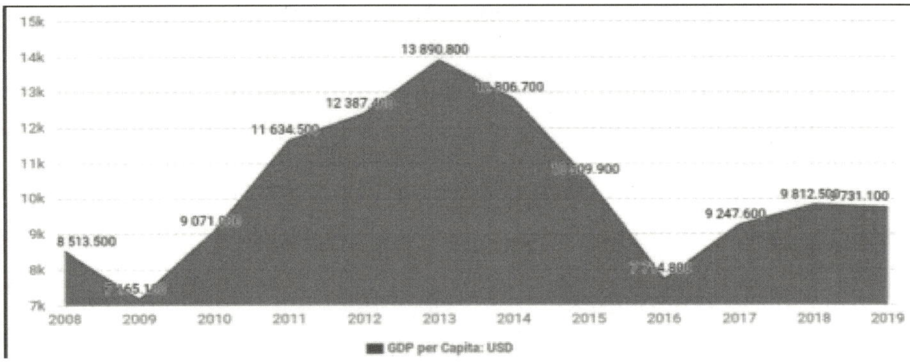

* 출처: The Agency of Statistics of the Republic of Kazakhstan. https: //www.ceicdata.com/ko/indicator/kazakhstan/gdp-per-capita (검색일: 2023년 1월 27일).

1999년에 한국정부는 '재외동포의 출입국 및 법적 지위에 관한 법률'을 제정함으로써 재외동포는 국민에 준하는 법적 지위를 부여받게 되었다(윤빅토리아, 2014: 38). 하지만, 중국과 CIS국가 동포는 출입국관리법시행령 제23조에 의해 동법의 적용에서 배제되었다. 이것은 중국과 CIS지역 동포들은 한국 정부가 수립되기 전에 국외이주를 했기 때문에 동 법의 대상에서 제외한 것이고 이들에게 재외동포 자격(F-4)을 부여할 경우 국내 노동시장에 대체 우려가 있어 동법 대상으로 포함시키지 않았다(지벡 비추이노바, 2017).

합법적으로는 고려인동포법이 2010년 5월 20일에 제정되었고 "고려인동포 합법적 체류자격 취득 및 정착 지원을 위한 특별법"으로 정의하였다. 동법의 제2조에 따르면 고려인 동포들은 "1860년 무렵부터 1945년 8월 15일까지의 시기에 농업이민, 항일독립운동, 강제동원 등으로 러시아 및 구소련 지역으로 이주한 자 및 민법의 제777조에 따른 그 친족으로 현재 해당 지역에 거주하고 있는 자"로 정의되고 있다. 이 법은 고려인동포의 합법적인 체류자격 취득을 지원하고 고려인 동포의 권익증진과 생활안정을 도모함을 목적으로 한다(제1조). 동법의 제3조에 따르면 정부는 고려인 동포의 합법적인 거주 국 체류자격 취득 및 생활안정 지원을 위한 정책을 수립과 시행 관련 국가와의 협력 등 외교적 노력을 다하여야 한다고 제정되어 있지만, 국내거주 고려인 동포들에 대한 사회통합에 관한 명확한 법적 규정을 갖고 있지 않다(오정은, 2015; 22)) 즉, 법적으로는 국내거주 고려인들에 대한 정부의 지원이 부족한 상황이며, 한국 정부의 적극적인 참가의 필요성이 있다(지벡 비추이노바, 2017).

1) 한국 체류 고려인

최근 한국 체류 카자흐스탄 고려인은 2-3년 사이에 세 배 이상 급격히 증가하였다. 2019.5 법무부체류관리과에 의하면 국내 카자흐스탄 고려인 인구 11.941명으로 나타났다. 이는 카자흐스탄의 경제적 사회적 불안 요소로 인해 이주 노동과 유학 등을 통해서 인근 국가 혹은 국내로의 입국의 추세가 증가의 요인이었으나 최근에는 이주 노동의 형태를 띤 가족 이주가 급증하여 국내 체류 고려인 동포의 증가 원인 중 하나이다.

〈표13-1〉 한국 체류 고려인의 국가별, 연도별 증가 현황(2019.5 법무부체류관리과)

연도	우즈벡	러시아	카자흐	키르기즈	우크라이나	총
2016.3	23.234	11.992	3.941	1.582	1.024	41.743
2019.3	30.773	24.778	11.941	2.241	1.928	71.391

* 출처: 김영숙 (2019), "국내 체류 고려인 현황", 고려인의 이주배경과 문화 적응 경험 연구회.

〈표13-1〉에 의하면 2016년에 국내 체류 고려인은 41.743명이었으나 3년이 지난 2019년에는 71.391명으로 증가하였다(윤빅토리아, 2014: 38). 이처럼 카자흐스탄(×3배)의 급격한 증가 추세는 국내 체류 고려인 증가율이 향후 지속될 가능성을 예측할 수 있다(윤빅토리아, 2014: 38). 특히 카자흐스탄과 러시아 국적의 고려인 동포들의 입국형태는 초기 우즈베키스탄 고려인 동포들의 단독 입국 형태와 유사하다(윤빅토리아, 2014: 38). 단독 입국의 형태에서 국내에서 안정적 적응기간 지나 가족 동반으로의 형태를 띤다는 전제하에 향후 고려인 동포들의 증가는 진행형일 가능성이 높다고 추측한다(윤빅토리아, 2014: 38).

2) 전국 지역별 고려인

법무부 체류 관리과(2019)에 의하면 국내에 체류하는 고려인은 71,391명으로 고려인이 가장 많이 체류하는 지역이 경기도의 안산, 화성, 안성(28,748명)으로 나타났다(윤빅토리아, 2014: 39). 충남, 아산(10,856명), 인천(7,031명) 순으로 나타났다(윤빅토리아, 2014: 39). 이밖에도 김해, 경주, 광주, 청주 등의 지역에는 4,000여 명이 넘게 집중 거주하는 것으로 나타났다. 고려인들이 이처럼 증가하는 원인으로 첫째, 일반적인 국가별 경제적 상황으로 인한 요인을 꼽을 수 있다(윤빅토리아, 2014: 39). 둘째, 한국 내 체류 문제 해결되었기 때문이다(윤빅토리아, 2014: 39). 그간 미성년은 부모 체류 시에 동반 체류 가능하였다. 그러나 18세 이상부터 H2 비자로 체류가 가능하게 되었고, 60세 이상은 F4로 변경하여 계속 체류 가능하며, 재외동포법 시행령 개정으로 동포 4세도 동포로서 적용받을 예정이다(윤빅토리아, 2014: 39). 최근 법무부 자료 통계에는 지역별 분류가 명확하지 않아 F4비자 거주자 중심으로 자료화하여 H2 비자는 비율별로 분류 추측할 수밖에 없다(윤빅토리아, 2014: 39).

4. 고려인 네트워크의 특성

고려인은 카자흐스탄, 우즈베키스탄, 키르기스스탄 같은 중앙아시아 국가와 러시아 등 소위 구소련 국가에 약 50만 명 넘게 거주하고 있다. 19세기부터 러시아의 극동지역에 살았던 고려인은 1937년 강제 이주를 당했으며 중앙아시아에 정착하게 된 것이다. 그래서 비자발적 강제 이주라는 특성이 있다. 네트워크 차원에서 볼 때 네트워크의 분화가 된 셈이다. 고려인들은 새로운 이주지에서 서로를 도와주고 협력하여 관개 시설을 설치하였고, 벼농사를 시작하였다. 이주된 지 3년이 되자 그들만의 삶의 방식을 회복하였다. 하지만 수십 년간 소련에서 소수민족인 고려인의 자국어 사용이 금지되었기 때문에 그다음 세대부터는 한국어를 거의 사용하지 않게 되었다. 따라서 네트워크의 분절 상태가 된 것이다. 1991년 소비에트 사회주의 공화국 연방이 붕괴되자 고려인들은 다시 새로운 체제에 적응해야 했다. 카자흐스탄, 우즈베키스탄, 키르기스스탄 같은 새로운 공화국들에서 새로운 정치 노선과 상황에 적응해야 했다. 반면에 대한민국에 거주하는 고려인의 수는 꾸준히 증가했다. 애국심을 가지고 조상의 나라에 돌아오고 싶어 하기 때문이 아니라 훨씬 더 높은 대한민국의 임금과 중앙아시아에서 취업할 기회가 부족했기 때문이다. 새로운 경제 강국인 한국에서 더 편한 삶을 살 기회를 발견하고 교포로서 정부로부터 지원까지 받을 수 있다는 사실을 알게 되자 한국으로 이주하는 것이 유행되었다. 그러나 대다수는 아직도 중앙아시아 국가들과 러시아에 살고 있지만, 현재 한국에서 거주하는 구소련에서 온 고려인 디아스포라는 오늘날 대한민국의 소수 민족 집단이 되었다. 통계에 의하면 2019년 한국의 고려인들은 8만 명을 돌파했다. 이중에서는 대다수가 노동자들이지만, 유학하거나 국제결혼이라는 이유로 오는 사람들도 많다. 오늘날 한국으로 이주하는 고려인들의 대다수는 우즈베키스탄에서 온 노동자들이라고 본다. 구소련 국가에서 오는 고려인들은 대부분 임금이 낮은 '3D' 직종에 종사하거나 중소기업에서 일한다. 안산시와 광주광역시에서 다른 도시에 비해 더 많은 고려인들의 공동체를 찾을 수 있다. 과거에는 사람들이 단독으로 이주하는 추세였지만, 요즘은 아이들을 돌볼 수 있는 조부모를 포함해 온 가족과 함께 이주하는 추세이다. 일부 고려인들은 연해주 지역으로 회귀하기도 하였다. 따라서 고려인 네트워크의 특성은 회귀네트워크 성격을 띠고 있다.

5. 중앙아시아의 고려인 정책

1) 고려인의 현지동화 정책

러시아 · CIS 지역의 고려인사회는 러시아 연방정부의 동화정책 등 소수민족 정책에 의한 '현지동화'와 소연방 해체 이후 독립한 공화국의 자민족중심주의 대두로 인한 생존의 위협에 따라 고려인들이 연해주로 재이주하는 소위'귀한이주'를 그 특징으로 정리할 수 있다(정영국, 2014: 43). 특히 고려인에 가해지는 생존의 위협이 큰 문제이다. 1990년대 초 소련의 해체로 인해 카자흐스탄, 우즈베키스탄 등 연방구성국들이 독립을 하게 되었다(정영국, 2014: 43). 이 과정에서 '회교원리주의'와 자국어 사용 등 자민족중심주의가 심화되는 현상을 보이는데, 이것이 고려인에게는'생존의 위협'으로 다가온 것이다(정영국, 2014: 43). 이로 인해 고려인들이 연해주로 재이주하는 현상이 나타나고 있다. 소련에 앞서 과거 제정러시아의 소수민족정책은 '러시아화 정책' 및 러시아 민족주의, 그리고 '범슬라브주의'였다(정영국, 2014: 43). 이러한 영향으로 소연방의 소수민족정책은 '러시아화 정책' 및 '세력팽창정책'을 통해 인접 지역의 여러 인종들을 결합하고자 하였다(정영국, 2014: 43). 타민족을 러시아 민족으로 편입시키려했던 제정러시아의 정책을 답습한 것이라 할 수 있다(정영국, 2014: 43).

제정러시아의 소수민족 정책에는 2가지 특성이 나타난다. 첫 번째는'중앙집권주의'이다(정영국, 2014: 43). 즉, 중앙정부로부터 멀리 떨어져 있는 변방 지역의 영토에서는 중앙에서 파견한 감독에게 강력한 권한을 부여함으로써 질서를 유지시키고 혁명을 억제하였다(정영국, 2014: 44). 제정러시아는 러시아민족으로 '일민족, 일국가'의 민족 정책 원칙을 고수했다.

두 번째는 '동화정책(同化政策)'으로 비 러시아인을 러시아인의 사회·문화적 생활양식에 따라 살게 하고 러시아의 행정적 통일성을 강요한 조치를 말한다(정영국, 2014: 44). 동화정책은 주로 정복지역의 지배계층에 대해 실시하였다. 그들에게 러시아 귀족사회를 개방하고 경제적 특권을 부여하며 특권적 지위를 누리게 함으로써 급속한 동화를 시도한 것이다(정영국, 2014: 44). 반면 피지배 계층은 그들 고유의 전통적 생활양식과 가치관을 그대로 가지고 살도록 방임하였다(정영국, 2014: 44). 당시 고려인들에게는 오히려 공산주의 이데올로기가 강화되고 소비에트 체제가 굳건해지는 것이 더 나은 상황이었다. 기독교인 러시아인들과 무슬림 중앙아시아인들과의 종교적·문화적 간극과 민족적 차별을 초월할 수 있는 사상, 즉 모든 소비에트 시민을 하나로 보는 사상이 강화되는 것이 차라리 고려인들에겐 이득이었던 것이다(정영국, 2014: 44). 약소 민족집단인 고려인들이 성공하는 길은 강제 이주시킨 소비에트 정권에 충실히 따르는 것뿐 이었다. 무슬림 중앙아시아 민족에 동화되는 일은 있을 수 없었다(최한우, 2002: 153).

2) 연해주(沿海州)로의 재이주

1980년대 후반 '고르바초프(Gorbachev)의 개혁(Perestroika)' 정책은 소연방의 해체와 동구 사회주의의 붕괴를 가져왔다(정영국, 2014: 45). 소연방의 해체에 따라 연방을 구성하고 있던 각공화국들이 독립을 선언하였다. 과거 러시아 민족에 의해 피지배 · 종속 민족이었던 카자흐스탄, 우즈베키스탄 등도 자국어 우선 정책 · 회교원리주의 등 자민족중심주의를 표방하였다(정영국, 2014: 45). 특히 이들은 회교원리주의에 입각하여 연방 시절 사용하던 러시아어 대신 자국어를 사용하도록 법제화하였다(정영국, 2014: 45). 이 때문에 공직 등 취업과 사회적 지위에서 밀려난 고려인과 소수민족들은 독립 국가에 그대로 남느냐, 아니면 연해주, 러시아 등 기타 지역으로 생존을 위해 재이주를 해야 하느냐의 위기상황에 처하였다(정영국, 2014: 45). 한인들의 경우, 교사, 의사, 연구원, 사무직, 관리직 등에 종사하고 있어 사태가 더욱 심하였다(정영국, 2014: 45). 단기간 내에 거주국 언어인 카자흐스탄 언어나 우즈베키스탄의 공식 언어를 익혀 재취업하기도 사실상 어려운 실정이었다(정영국, 2014: 45). 소연방 해체 이후, 중앙아시아로부터 볼고그라드 등 남부 러시아로, 연해주로 재이주한 한인의 수는 9만 명 정도로 추정되고 있다(정영국, 2014: 45).

1) 한국의 고려인 정책

(1) 러시아 · CIS 고려인 재정착지원

제18대 국회에서 이범관 의원은 「고려인 합법적 체류 자격 취득 및 정착 지원을 위한 특별법안」을 대표 발의(2009년 11월 19일) 했다. 동 법안은 2010년 4월 22일, 국회외교통상통일위원회 회의를 통과하고, 이어 2010년 5월 국회본회의를 통과함으로써 「고려인 합법적 체류 자격 취득 및 정착 지원을 위한 특별법」(정영국, 2014: 45)으로 제정 · 공포(법률 제10306호)되었다(정영국, 2014: 45). 동 특별법이 제정됨으로써 러시아 · CIS지역 고려인 동포 지원에 대한 정부의 법적 의무가 발생하게 된 것이다. 우즈베키스탄 고려인의 예를 들어 현지 실정을 살펴보면, 우선 종교적으로는 러시아 정교에서 회교원리주의로, 언어는 러시아어에서 우즈베키스탄어의(정영국, 2014: 45) 공용조차 여전히 불안정한 생활을 영위하며 경제적 · 사회적으로 열악한 상황에 직면해 있는 것으로 상황이 변화는 등 급작스러운 '자민족중심주의' 정책으로 인해 고려인들을 포함한 소수민족의 차별 문제가 매우 심각한 상황에 처한 것이다(정영국, 2014: 45). 차별이 심화됨에 따라 상당수 고려인들이 여타 CIS지역으로의 재이주가 불가피하게 되었다(정영국, 2014: 45) 그런데 재이주 과정에서 신분을 증명할 서류를 분실하거나 국적취득 기회를 상실하는 등 고려인들은 재 이주국 내에서 이다(정영국, 2014: 45).

(2) 사할린 동포 영주귀국

사할린 동포들은 일본의 식민 지배 시기인 1930년대 후반부터 강제징용 등으로 이주하여 제2차 세계대전이 종료된 후에도 모국으로 돌아오지 못하고 사할린에 잔류하게 된 한인들이다(정영국, 2014: 46).

정부는 사할린 동포들의 영주귀국을 위해 1990년대 초반 이래 노력을 기울여 왔으며, 1994년 한국과 일본 정부는 사할린 동포「영주귀국시범사업」을 실시하기로 합의하였다(정영국, 2014: 46). 이에 따라 1997-2001년간 약 1,300명의 사할린 동포들이 영주 귀국하게 되었다. 당시 양 정부를 대신하여 한국 적십자사와 일본 적십자사가 그 일을 수행해 왔는데, 한국 측이 건립 부지를 제공하고 일본 측이 건설경비를 지원하는 형식으로 1999년 인천 '사할린한인복지회관'과 '안산 고향마을 아파트'를 건립하게 됨으로써 1차 100가구 영주귀국 시범사업을 시작하게 된 것이 우크라이나 무국적 고려인을 중심으로"라는 국정감사 정책 자료집을 발간했다(정영국, 2014: 46). 이를 통해 2007년부터 문제가 심각한 것으로 평가되는 우크라이나의 무국적 고려인 지원을 위해 정부가 시행하고 있는'고려인 국적회복위원회' 활동과 '농업지원 사업'의 소극적 시행과 미미한 실적을 비판하면서 정책을 제언했다(정영국, 2014: 46). 그는 무국적고려인에 대한 현지 정밀 실태

조사를 실시하고 KOICA(국제협력단)을 통한 현지 생활개선 사업과 ODA 지원 확대를 병행하는 정부의 정치적·외교적 해결노력과 범정부 차원의 다양한 접근 방법을 사용해서 문제를 풀어야 한다고 주장했다(정영국, 2014: 46).

시범사업 종료 이후에도 사할린 잔류 한인들의 영주귀국 희망을 감안하여 한·일 정부는 2007-2009년 3년간 「영주귀국확대사업」추진하여 2007년 626명, 2008년 647명, 2009년 837명을 영주귀국 시켰다(정영국, 2014: 46). 1999년의 영주귀국 100가구 시범사업을 시작으로 2011년 말 현재까지 1,591세대 2,843명의 사할린동포들이 귀국하여 전국 각지에 산재하고 있다(정영국, 2014: 46). 한편, 재외동포재단은 부모사망 2세 사할린동포들의 모국방문사업을 지원하기 위해 대한적십자사에 매년 1억2천만 원을 예산을 지원하고 있다(정영국, 2014: 46). 또한 추석과 설날에 안산과 인천 등지에 살고 있는 사할린동포들을 위해 생필품 등 위문품을 전하고 있다(정영국, 2014: 46).

이를 통해 우선 이들 재외동포들은 '한국 근·현대사의 역사적 산물'임을 파악할 수 있었다(정영국, 2014: 47). 코리안 디아스포라는 조국 대한민국의 역사와 함께 해왔고 앞으로도 함께 해 갈 것이다(정영국, 2014: 47). 코리안 디아스포라의 지나온 역사적 과정을 통해 '글로벌 한인 네트워크'의 필요성과 미래의 잠재력을 예측해 볼 수 있는 것이다(정영국, 2014: 47). Korean Diaspora는 조국이 국권을 상실했을 때에는 조국의 독립을 위해 목숨을 던졌고, 6.25전쟁 때에는 조국의 전선을 지켰으며, IMF와 국제 경제 위기 때에는 조국의 경제회복을 위해 달러 보내기와 모국 물품 구매 운동에 앞장섰다(정영국, 2014: 47).

제14장
동남아시아 한인 네트워크의 형성과 발전

1. 동남아시아 한인의 정의
2. 동남아시아 한인의 이주사 및 정착 과정
3. 동남아시아 한인 네트워크의 형성 및 발전
4. 동남아시아 한인 네트워크의 특성
5. 동남아시아의 한인 정책

제14장 동남아시아 한인 네트워크의 형성과 발전

1. 동남아시아 한인의 정의

동남아시아는 인도차이나 반도, 말레이 반도와 필리핀군도 및 말레이 제도 전역을 일컫는 곳이다. 소위 ASEAN(동남아시아국가연합)이라 부르는데 현재 여기에 가입국은 베트남, 태국, 미얀마, 캄보디아, 라오스, 인도네시아, 말레이시아, 싱가포르, 필리핀, 부르나이 등 10개국이다. 동남아시아 한인을 정의하기 위해서는 우선 동남아시아의 특징부터 살펴볼 필요가 있다. 동남아시아는 역사적으로 주변 강대국들의 침공을 많이 받으며 지내왔다. 이렇듯 전통적으로 복잡한 민족, 문화, 역사를 갖고 있어 다른 아시아 지역과 달리 이 지역에 지배적으로 나타나는 문화적 동질성이 없다는 점이다. 각국의 언어, 종교, 민족이 매우 달라 유럽의 기독교 문화, 서아시아의 이슬람 문화, 동아시아의 유교 및 한자 문화와 같은 지역을 전반적으로 지배하는 보편적인 문화의 특성을 정의할 수 없다는 것이다. 하지만 태국, 미얀마, 캄보디아, 베트남, 라오스 등 5국은 근 현대 이후 서로 뗄 수 없는 관계를 맺고 있다. 이들 나라의 공통점이 인도차이나반도에 위치한 대륙계 동남아시아 국가들이라는 점이다. 이중 어느 하나라도 정변이나 군사적 움직임이 발생하면 각국은 초긴장 상태로 돌입한다. 그래서 어느 나라 할 것이 없이 군부의 입김이 세다. 역사적으로 인도, 중국, 아라비아 및 페르시아 이슬람 세력이 교차되면서 지금과 같은 복잡한 문화를 형성하게 되었다. 16세기에는 스페인, 포르투갈, 영국, 프랑스, 네덜란드 등 유럽 여러 열강들, 태평양 전쟁 시기에는 일본의 영향까지 받게 되었다. 한민족과 동남아시아의 이주의 대부분은 이 시기에 이루어졌다. 동남아시아는 종교도 매우 복잡하다. 인도, 페르시아, 아라비아, 중국, 일본, 유럽의 영향을 받아 불교, 이슬람, 기독교, 힌두교 등 그야말로 세계 종교의 축소판이라 할 수 있다.

동남아시아는 중국과 가까운 지역이기에 중화권 중국인 혹은 대만인의 영향이 강하다. 실제로 중국계 혈통이 섞인 혼혈이나 실제 중국계가 곧 상류층이라고 해도 과언이 아닐 정도이다. 좋은 예로 중국계 말레이시아인, 중국계 인도네시아인, 중국계 태국인 등이 경제에서 두각을 나타내고 있다. 지금도 화교가 많이 분포해 있는 지역이기도 하다. 동남아시아 국가들의 경제권의 상당부분을 소수인 화교가 쥐고 있어서 이들에 대한 열등감 등으로 인해 화교에 대한 인식이 경계적이다. 인도네시아에서는 이러한 갈등이 격화되어 '인도네시아 화교 학살' 사건도 발생하였다.

2. 동남아시아 한인의 이주사 및 정착 과정

동남아시아 한인의 이주사는 멀게는 12세기까지 거슬러 올라가고, 가까이는 제2차 세계대전 시 일본군에 의해 강제로 투입되어 전선에 가게 된 것이 동남아시아 지역이었다. 1945년 일본이 패망할 당시 하노이에는 한국인이 약 100여 명이 거주하였다고 한다. 이들은 주로 상인, 군인, 군속, 부녀 정신대 들이었다고 한다(유남성, 1986: 118). 한편, 사이공에는 약 2,000명의 한국인이 있었다고 한다. 1968년 당시에 이미 약 40여 세대 160여 명이 베트남에 거주하였다(김영진, 2011: 34). 베트남전 당시 한국은 미국의 지원요청으로 1964년 의료지원단 및 태권도 교관단 270여 명을 베트남에 파견하였다. 그 이후 1973년까지 9년에 걸쳐 약 30만 명의 군인과 4만여 명의 기술자가 베트남에 갔다. 2010년 재베트남 한인은 하노이 및 북부 인근지역에 약 4,500명, 다낭 및 중부지역에 약 500명, 호치민 및 남부지역에 약 8만 명으로 총 8만 5천 명에 이르렀다. 한인의 대만지역 이주는 1900년경부터 시작되어 지속적으로 증가하는 가운데 1930년대 후반 2,000여 명이 대만지역에 거주하였다. 이들 한인들은 청장년층이 주류를 이루었으며 독신이 다수를 차지하였다. 이들은 집단 거주형태를 취하여 호당 인구수가 높았다. 대만 거주 한인들 중에는 어업, 상업, 화류업에 종사하는 이들이 많았다. 그리고 중계무역상 등 단기체류자도 많았다. 중일전쟁이 막바지로 치닫던 1939~1941년, 일제가 민간인을 통제하는 가운데서도 한인은 700여 명에 달했다. 그 가운데는 한인 여성을 비롯, 한반도에서 끌려온 여성도 포함되어 있었다. 그리고 대만의 한인 여성들 가운데는 일본군 '위안부'로 일제 침략 전선인 해남도 및 싱가포르, 보르네오 등으로 끌려간 경우도 있었다. 1941년 태평양 전쟁이 발발하면서 일제의 '전시동원'은 극에 달했다. 동남아시아 전선이 갈수록 혼전 양상으로 치닫는 가운데, 일제의 강제연행은 대만지역으로도 확장되었다. 대만지역에 군인, 군속, 노무자로 강제연행 된 이는 3,000여 명을 넘었다. 대만에 주둔하던 육군 제10방면군으로 강제연행 된 한인도 1,400명에 달했다. 또한 대만은 동남아시아로의 해상관문이라는 지리적 성격으로 전투지가 아님에도 불구하고 수많은 한인들의 희생터가 되었다. 전쟁이후에는 대부분의 한인이 귀환하였으나, 200여 명의 한인은 현지 정착으로 새로운 삶을 찾아 나갔다. 한교협회는 대한민국 정부가 수립되면서 주대만 대한민국 총영사관이 설치될 때까지 현지 한인의 자치적 대표기관으로서 역할을 하였다.

마이크로네시아 지역 한인의 이주는 1910년대부터 시작되었다. 1917년 사이판에는 한인 400여 명이 고용되었다(남경희, 2006: 26). 한인의 초기 이주는 남양군도에 설립된 일본인 기업의 고용인으로 이주하거나 소규모 행상의 형태로 이루어졌다. 마이크로네시아 지역으로 한인 이주가 본격화 된 것은 만주사변과 중일전쟁 이후 일제의 침략 전선이 태평양(남경희, 2006: 26) 및 동남아시아 각지로 확대되던 1939~1940년에 실시된 '노동자 이주'와 '농업이민'을 통해서였다(남경희, 2006: 26). 이들은 태평양전쟁기에 강제연행 된 한인 군속과 함께 전진기지의 구축, 전시물자 수송(남경희, 2006: 26) 등 작업에 역할을 달리하여 이용되기도 하였다. 일제는 모집과 연행 등 여러 가지 방법을(남경희, 2006: 26) 이용하여, 남양군도에 대한 환상과 전쟁결과에 대한 낙관을 심어주고, 많은 돈을 벌게 해주겠다며 한인 노동자의 동원을 꾀하였다(남경희, 2006: 26). 한편 이제까지 일본인 회사에 소속되어 현지의 노동자로 있던 한인들도 전쟁이 종반에 이르자 일본군의 군속으로 넘겨져 전선에 동원되었다(남경희, 2006: 26). 이렇게 강제 연행된 한인 일본군 군속과 노동자들은 일본 본토와의 수송 관계 업무나 전시물자의 생산, 비행장 건설, 진지구축 등 주로 전쟁 후방지원에 동원되었다(남경희, 2006: 26). 한편 한인 여성들은 일본군 '군위안부'로 전락되어 전쟁터로 몰려

나갔다. '위안부'의 강제 연행에는 일본 군부가 깊게 개입하였는데, 육로 수송이 가능했던 중국 본토의 경우와 달리 운송 수단을 선박에 의지했던 태평양전쟁기에는 교통, 수송과 관련한 권한이 육해군의 전권 하에 있었기 때문에 도항을 비롯하여 나아가 위안소 정책까지 일본군부의 관할 하에 놓일 수밖에 없었다(남경희, 2006: 26). '위안부'는 주로 팔라우 등을 중심으로 집중 배치되었으며, 태평양전쟁 말기 마이크로네시아 지역이 격전지였던 만큼 일본군의 전세가 불리해지는 가운데 강제연행 된 많은 한인 '위안부' 여성들도 목숨을 잃었다(남경희, 2006: 26). 태평양 전선에서 일본군의 전세가 악화되는 가운데 태평양 전선에 배치된 많은 한인들이 희생되었다(남경희, 2006: 26). 또한 일본군의 옥쇄와 함께 강제동원된 많은 한인들도 억지 죽음을 당했다. 1945년 일본의 패전과 함께 전쟁은 종료되었지만(남경희, 2006: 26), 동남아시아 지역에 강제로 끌려간 한인들은 돌아오는 것도 쉽지 않았다(남경희, 2006: 26). 많은 수가 전장에서 희생되었고, 점령군인 미군의 포로가 되어 수용소에 집단수용 되기도 하였다(남경희, 2006: 26). 일본 정부는 마땅히 한인의 귀환을 책임질 의무가 있었지만(남경희, 2006: 26), 자국민의 귀환에만 급급하였고, 한인들은 퇴각하는 일본의 방기하에 자력으로 단체를 조직하여 귀환을 모색하거나(남경희, 2006: 26) 연합군의 귀환 정책에 따라 귀환하게 되었다.

3. 동남아시아 한인 네트워크의 형성 및 발전

동아시아 질서는 역사적으로 수직적, 위계적 형태로 존재해 왔다(박성인, 2016: 26). 전통적으로 동아시아에는 중화 질서가 장기적으로 지속되었다. 고대부터 중국은 문명의 중심이자 천하의 중심이라는 인식을 스스로 형성해 왔다(박성인, 2016: 26). 중심부 밖은 야만적이고 문명화되지 못한 오랑캐의 세계로 간주하였다. 중국은 예를 바탕으로 조공과 책봉 제도로서 상대적으로 약소한 사회들을 소중심화 하였고 화이관을 공유하였다(박성인, 2016: 26). 중화사상을 기반으로 위계적 관계를 형성해왔던 동아시아 질서는 서구와의 충돌로 변화를 맞이하게 되었다(박성인, 2016: 26). 서세동점이라는 국제 정세 속에서, 20세기 일본은 스스로를 제국이자 문명이자 질서로서 표상하였다(박성인, 2016: 26). 일본의 제국주의는 침략과 지배, 착취와 폭력으로 나타나 동아시아 역사에 큰 상처를 남겼으며, 지금까지도 시민들의 불신과 적대감은 해소되지 못하고 있다(박성인, 2016: 26).

전후 과거의 상처와 아픔을 극복하는 장치로서 새로운 공동체적 질서를 만들어 낸 유럽과 달리, 동아시아는 역사의 아픔을 간직한 채, 새로운 질서로 나아가지 못하고 있다(박성인, 2016: 26). 최근 동아시아 경제적 상호작용이 심화되고, 지역주의 논의가 등장함에도 불구하고, 사드 배치 갈등, 역사 갈등, 영토 갈등, 국가 간의 이해관계가 충돌하는 문제들 앞에서, 강한 국민 정체성을 가지고는 인식의 공유나 사회적 합의를 기대할 수 없다(박성인, 2016: 26). 집합적 정체성이 구축될 수가 없다. 수직적, 위계적 질서를 극복하고, 평화와 공생의 새로운 지역 질서를 열기 위해서는 구성원들의 시민성의 공유가 필수적이다. 국가 주도의 지역 구상이나 시장 주도의 기능주의적 접근만으로는 불완전하다. 동아시아 국가들의 규모나 힘의 비대칭성을 고려해볼 때, 국가주도형 지역주의 논의는 강대국 중심으로 일방적, 수직적, 억압적 의사결정 구조에 의해 좌우될 수 있다(박성인, 2016: 26) 영토 문제나 역사문제, 북핵 문제 등 동아시아가 당면한 현실 속에서, 자성적 반성과 상호 대화와 소통을 통한 신뢰의 회복 없이는 국가 간의 정치 안보적 입장의 차이를 극복할 수가 없다(박성인, 2016: 26). 보편적 시민성의 공유 없는 국가주도의 제도적 지역주의 논의로는 정치적, 이념적, 체제적 긴장과 간극을 극복하고 미래지향적 관계를 설정하기에 부족하다고 할 수 있다(박성인, 2016: 26).

소위 동아시아에서 지역 내의 사회적 통합이자 의도적으로 조정되지 않은 사회적·경제적 상호작용을 의미하는(박성인, 2016: 26) 지역화(Hurrell, A. 1995: 37)는 이미 상당 수준으로 진행되었다고 평가된다(박성인, 2016: 26). 시장 질서에는 공동의 제도와 기반이 필요하다. 정부 주도의 정치 안보적 지역주의 논의와 마찬가지로, 경제적으로도 개별 국가들의 경제 발전의 심도와 속도, 규모 등에 있어서 차이가 크다는 점을 고려했을 때, 공동의 제도와 기반을 모색할 때 비대칭적이고 왜곡된 질서가 형성될 우려가 있다(박성인, 2016: 27). 또한 국익에 따른 통합의 범위와 심도에 대한 의견차가 좁혀지지 않는다는 현실적 어려움이 있다

(박성인, 2016: 27). 실제로 일본은 중국의 부상을 견제하며 아시아-태평양 지역주의 형태로 지역 질서를 확장시켜 경제적 이익을 추구하고자 한다면, 중국의 경우 미국이 참여하는 것을 원하지 않는다(박성인, 2016: 27). 국가 이익에 부합하지 않을 경우 언제든지 공동체의 결속은 위기를 맞이할 수 있다는 점에서 경제적 접근 역시 한계가 있다고 할 수 있다(박성인, 2016: 27).

동아시아의 집합적 정체성은 보편적 시민성을 공유한 시민들의 연대와 결집을 통해 창출될 수 있다. 강한 국민 정체성을 극복하지 못한 지역주의 논의는, 자국 경제성장에의 도움이나, 정치적 안정에 대한 기대감 등 개별 국가 이익에 봉사하는 하나의 정치적, 경제적 도구가 될 뿐이다. 보편적 시민들의 동의와 대화, 연대와 결집이라는 집합적 정체성 구성의 노력이 없는 지역주의 논의는 지속 불가능하며 생명력이 없다.

제도적 노력, 기능적 접근으로만 지역주의 논의는 불완전하다. 정치적 간극을 극복하고 미래지향적 관계를 설정하기 위해서는, 보편적 시민성의 공유가 절실하다. 비대칭적인 질서나 왜곡된 제도, 국익 최우선의 태도를 견제하고 개선을 요청할 수 있는 것이 결집된 시민의 힘일 것이다. 과거사의 상처에 대해 함께 아파하고 반성하며 비판적 목소리를 낼 수 있는 것도 보편적 시민이다. 공동체 구성원들이 보편적 규범과 평화적 가치를 공유하고, 집합적 정체성을 축조하며 공적 시민으로서 함께 연대할 수 있을 때 동아시아라는 수평적이고 역동적이며 평화적인 공간이 열릴 수 있다(박성인, 2016: 27). 긴장과 갈등이 분출하는 동아시아의 냉혹한 현실에서 평화와 공생의 지역공동체를 가꿔가기 위해서는, 인식이나 판단, 행위의 원칙이 특정 국가 이익이나 상황이 아니라 보편적 정의와 평화적 규범에 따르는 시민, 동료 시민의 아픔과 고통에 공감하고 연대할 수 있는 시민이 존재해야 할 것이다(박성인, 2016: 27). 세계 시민성을 공유하는 시민 주체들이 전제될 때 수평적, 민주적, 평화적 지역 질서를 열어나갈 수 있을 것이다(박성인, 2016: 27)

4. 동남아시아 한인 네트워크의 특성

동남아시아는 한인들의 여행지로 인기를 얻고 있다. 지리적으로도 여타지역보다는 가깝고 저렴하기 때문이기도 하다. 하지만 한·중·일 보다는 다른 정취를 느낄 수 있기 때문이다. 아예 동남아시아로 이민을 가는 노인층도 있다. 일명 '철새이민'을 가는 경우도 있다. 주로 베트남 다낭이나 태국 치앙마이, 푸켓 등이 각광받는다. 특히 다낭은 2010년 이후 '대한민국 다낭시'로 불릴 만큼 한국인이 많다.

한편, 또 다른 특성으로 동남아시아를 평화와 공존의 공간적 범주로서 지역의 의미를 조명해보고, 평화적 지역 질서를 창출하기 위해 동아시아 시민성이 갖는 의미를 탐구하였다(박성인, 2016: 28). 전쟁이 끊이지 않았던 국가들 사이의 평화와 안정을 이룩하고자 염원에서 유럽은 새로운 공동체를 창출해냈으며(박성인, 2016: 28), 지금도 새로운 시민성을 형성해나가며 지역공동체의 미래를 만들어 나가고 있다. 큰 틀에서 유럽시민성은 인간보편성에 기반하고, 공존과 평화를 추구하며, 민주주의의적 원칙을 존중한다는 점에서 세계 시민주의의 토대 위에서 형성되었다(박성인, 2016: 28). 90년대 이후 동아시아 지역 담론이 분출하고 있다. 오리엔탈리즘에 대한 반성과 서구중심체제에 대한 대응기제로서, 동아시아의 정치적, 경제적 성공 현실을 설명하기 위한 발전모델로서, 탈냉전과 글로벌화에 대응하는 지역주의 권역으로서, 대안적 사회적 원리를 모색하는 방법으로서 묘사되는 동아시아는 그 의미와 범주가 다양하게(박성인, 2016: 28) 변용되고 재창조되어 왔다. 동아시아라는 새로운 시공간의 범주를 설정하고, 국민국가 중심의 근대적 관념을 극복하여 성찰의 틀로서 동아시아 공동체를 모색하는 것은 동남아시아의 미래지향적이고 평화적인 관계 형성을 위함이라 할 수 있다(박성인, 2016: 28). 담론 차원뿐만 아니라 실질적으로도 동아시아 의미 있는 교류 협력이 나타나고 있다. 특히 교육 분야에서는 한, 중, 일 3국의 긴밀한 교류 협력이 나타나고 있음을 확인할 수 있었다(박성인, 2016: 28). 정치지도자들과, 정책 결정자들, 연구자들, 시민들 등 다양한 차원과 분야의 실제적인 교류 협력, 연대와 결속의 적극적인 노력이 전개될 때, 수평적이고 평화적인 동아시아의 지역 질서를 열어나갈 수 있다(박성인, 2016: 28). 동아시아의 상호작용이 심화되고, 지역주의 논의가 등장함에도 불구하고, 사드 배치갈등, 역사 갈등, 영토 갈등 등 충돌과 마찰은 오히려 격화되고 있다(박성인, 2016: 28). 동아시아는 여전히 역사의 아픔을 치유하지 못한 채, 동아시아 지역 논의는 표류되고 있다(박성인, 2016: 28). 전통적으로 동아시아 질서는 역사적으로 수직적, 위계적 형태로 존재해 왔다. 과거 동아시아에는 중국 중심의 질서가 장기적으로 지속되었다(박성인, 2016: 28). 서세동점이라는 국제 정세 속에서, 20세기 일본은 스스로를 제국이자 문명이자 질서로서 표상하였다(박성인, 2016: 29). 일본의 제국주의는 침략과 지배, 착취와 폭력으로 나타나 동아시아 역사에 상처를 남겼으며, 지금까지도 시민들의 불신과 적대감은 해소되지 못하고 있다(박성인, 2016: 29). 국가 주도의 지역 구상이나 시장 주도의 기능주의적 접근만으로는 지역 논의는 불완전하다. 동아시아 국가들의 규모나 힘의 비대칭성을 고려해볼 때, 국가주도형 지역주의 논의는 강대국 중심으로 일방적, 수직적, 억압적 의사결정 구조에 의해 좌우될 수 있다(박성인, 2016: 29). 정치적, 이념적, 체제적 긴장과 간극을 극복하고 미래지향적 관계를 설정하기에 부족하다고 할 수 있다(박성인, 2016: 29). 경제적으로도 개별 국가들의 경제발전의 심도와 속도, 규모 등에 있어서 차이가 크다는 점을 고려했을 때, 공동의 제도와 기반을 모색할 때 비대칭적이고 왜곡된 질서가 형성될 우려가 있다(박성인, 2016: 29). 국익에 따른 통합의 범위와 심도에 대한 의견차가 좁혀지지 않는다는 현실적 어려움이 있다. 국가 이익에 부합하지 않을 경우 언제든지 지역공동체의 결속은 위기를 맞이할 수 있다는 점에서 경제적 접근 역시 한계가 분명하다고 할 수 있다(박성인, 2016: 29). 강한 국민 정체성을 극복하지 못한 지역주의 논의는, 자국 경제 성장에의 도움이나, 정치적 안정에 대한 기대감 등 개별 국가 이익에 봉사하는 하나의 정치적, 경제적 도구가 될 뿐이다(박성인, 2016: 29). 정치적 간극을 극복하고 미래지향적 관계를 설정하기 위해서는, 동아시아의 보편적 시민성의 공유가 절실하다. 비대칭적인 질서나 왜곡된 제도, 국익 최우선의 태도를 견제하고 개선을 요청할 수 있는 것이 결집된 시민의 힘일 것이다(박성인, 2016: 29). 과거사의 상처에 대해 함께 아파하고 반성하며 비판적 목소리를 낼 수 있는 것도 보편적 시민이다(박성인, 2016: 29). 공동체 구성원들이 보편적 규범과 평화적 가치를 공유하고, 집합적 정체성을 축조하며 공적 시민으로서 함께 연대할 수 있을 때 동아시아라는 수평적이고 역동적이며 평화적인 공간이 열릴 수 있을 것이다(박성인, 2016: 29).

시민교육은 사회 구성의 초석이 되며 그 영향력이 장기적이고 지속적이다. 전통적인 국가 시민교육은 국가에 대한 의무감이나 사명, 애정과 헌신을 강조하며, 국가 통합의 원천이 되는 국민으로서의 정체성을 배양해 왔다고 할 수 있다(박성인, 2016: 29). 하지만 민족주의에 매몰된 역사관과 영토관에 기초한 일국적 시민교육은 타자와의 관계 설정 방식에 있어서 경계, 대립, 적대와 배타적 인식과 태도를 강화하는 측면도 있었다(박성인, 2016: 29). 특히 동아시아 국가들의 일국 시민교육은 구성원을 유구한 역사와 고유한 문화의 계승자, 민족적 자부심으로 결집시키고, 국민으로서의 자각, 내부자적 시선을 고정시키는 경향이 강함을 확인할 수 있었다(박성인, 2016: 29). 예컨대 한국의 시민교육은 과거 교육과정에서 국가발전 패러다임과 본질주의적 민족관, 반공주의가 접합된 형태로 배타적 성격을 드러내왔다고 할 수 있다(박성인, 2016: 29). 일본의 경우 역시 교육과정의 내용이 철저히 자국중심적이다. 자국의 행위는 합법이고 정당하며, 타국의 행위는 불법이고 부당함으로 간주하는 등 '국민으로서의 자각'만 존재할 뿐, '세계시민으로서의 성찰'은 결락되어 있다(박성인, 2016: 29). 중국 역시 중화 민족의 문화적 자부심과 사회주의 이념을 토대로 조국의 번영과 발전에 기여할 수 있는 국민을 형성하기 위한 애국주의 교육을 실시하고 있음을 확인할 수 있었다(박성인, 2016: 29). 일방적, 배타적, 자국중심적 교육을 받고 자란 미래 세대에게 세계와의 소통과 협력과 연대를 기대하기란 불가능할 것이다(박성인, 2016: 29). 최근 글로벌 다문화 사회의 전개와 함께 국가의 경계가 이완되고 세계적 상호작용이 심화되면서, 일국시민교육의 고립적, 배타적 성격을 반성하고, 보편적 세계시민주의철학을 반영, 실현하고자 하는 적극적인 움직임이 나타나고 있다(박성인, 2016: 29). 국가의 경계를 넘어서 사고하고 행동하며 협력할 수 있는 평화지향적인 시민 주체를 형성하기 위한 세계시민교육은 새로운 교육 철학이자 접근법으로서, 교육정책이나 교육과정에 반영되어 실제적으로 구현되고 있다고 할 수 있다(박성인, 2016: 30). 세계시민교육에 관심이 집중되고 많은 연구와 노력이 진행되고 있음에도 불구하고, 여전히 세계시민교육은 지나치게 이상적, 추상적이라는 비판을 면치 못하고 있다(박성인, 2016: 30). 세계시민교육이 대안적 전망을 제시할 수 있기 위해서는 국가시민교육과 내적 정합성을 이루며 통합되어야 할 것이다(박성인, 2016: 30). 전통적 국가관이나 교육관을 극복하기 가장 어려운 것이 동아시아 갈등 문제를 교육 내용이나 소재로서 다룰 때이다(박성인, 2016: 30). 분쟁과 갈등이 분출하고 있는 동아시아는 우리가 마주한 중요한 세계로서 의미 있는 세계시민교육의 주제가 될 수 있을 것이다(박성인, 2016: 30).

동아시아의 현실은 지금도 냉혹하다. 일본은 평화헌법을 개정하여 전쟁 가능한 국가가 되려하고, 중국은 중화주의를 부활시키고자 의욕을 드러내는 등 동아시아 각국은 지역에서 패권을 추구하고 있다(박성인, 2016: 30). 역사적으로 제국주의를 경험해왔고, 오늘날까지 냉전 질서와 한반도 분단이 극복되지 않았으며, 배타적 국가주의가 득세하는 동아시아의 현실에서, 보편적 시민성을 공유한 동아시아 시민들의 연대는 동아시아 문제를 풀어나갈 수 있는 하나의 방법이 될 수 있다(박성인, 2016: 30). 동아시아 지역의 인식과 의미의 발견은 고정된 일국적 시민성의 인식론적 전환을 가능하게 해준다(박성인, 2016: 30). 세계 시민주의에 기초한 동아시아 시민성의 성찰은 국가성과 민족성의 한계를 극복하고 지역을 하나의 공동체로서 인식할 수 있게 하며, 시민들의 초국가적 결속와 협력을 이끌어내어, 수평적이며 평화적인 지역 질서 구성에 기여할 수 있다(박성인, 2016: 30).

동아시아 정체성은 위로부터 일방적으로 수용하는 것이 아닌 동아시아 시민들이 소통과 연대, 협력을 통한 상호주관성에 기반하여 형성해나가는 미래지향적인 공통된 인식, 가치, 규범, 비전이라 할 수 있다(박성인, 2016: 30). 동아시아 시민성의 형성은 첫째, 기존의 국가성과 민족성에 매몰되어 있는 배타적 정체성을 극복할 수 있는 보편적 시민성의 획득, 둘째, 동아시아를 매핑할 수 있는 집합적 시민성의 축조, 셋째, 동아시아 문제에 책임을 가지고 참여하고 연대할 수 있는 두터운 공적 시민성의 공유를 의미한다(박성인, 2016: 30). 동아시아 시민성의 세계시민교육적 접근은 기존의 분절화 되고 배타적이며 고정된 인식과 의식을 극복하고, 시민성의 성찰, 확장과 소통을 가능하게 한다는 점에서 의미가 있다(박성인, 2016: 30).

동아시아 세계 시민교육을 통해 다음과 같은 효과를 기대할 수 있다. 첫 번째 동아시아 문제의 공통적 이해이다(박성인, 2016: 31). 동아시아 문제를 보편적 견지에서 조망하고 사유수 있는 세계 시민성은 그 출발점이 될 것이다. 두 번째, 동아시아 시민적 상상력을 기를 수 있다. 객관적이고 도덕적으로 판단할 수 있는 개별 주체들이 동아시아라는 맥락과 질서에 공동체적 의미를 부여하고 집합적 시민성을 구성할 수 있다(박성인, 2016: 31). 세 번째, 사회적 연대를 이끌어 낼 수 있다. 공적 영역에 참여함으로써 초국가적 시민적 유대와 연대, 협력을 강화하고 정치적 역량을 발휘할 수 있는 시민성을 함양할 수 있으리라 기대할 수 있다(박성인, 2016: 31). 동아시아 세계 시민교육은 미래 세대들이 동아시아 세계를 공유하고 소통하며 접점을 만드는 과정에 중요한 역할을 할 수 있을 것이다(박성인, 2016: 31).

동아시아 세계 시민교육은 동아시아 문제에 대한 공통적 이해 및 보편적 인식, 협력적 태도를 내면화하고, 공동체의 정의와 평화를 증진시킬 수 있는 지식과 기술, 태도를 습득하기 위한 교육이라 할 수 있다(박성인, 2016: 32). 동아시아 세계 시민교육을 통해 학습자는 동아시아 사회를 보다 입체적으로 이해할 수 있으며, 능동적으로 자신의 문제로 받아들일 수 있다(박성인, 2016: 32). 개개인은 동아시아 현상과 문제에 대해 주체적, 적극적으로 해석하고 탐구하며 의미 있는 지식을 재구성해 나갈 수 있으리라 기대할 수 있다(박성인, 2016: 32). 동아시아 현상과 문제를 단편적, 객관적 지식의 일부로 습득하는 것이 아니라, 우리가 공유하고 만들어 나가는 세계로서 이해하고 의미를 만들어 감으로써 동아시아 시민으로서의 인식과 문제에 대한 공동의 책임감을 갖도록 해야 한다(박성인, 2016: 32).

동아시아 세계 시민교육은 동아시아를 하나의 공동체로 인식하고 동아시아 공동체의 구성원으로서 평화를 만들어갈 수 있는 시민성을 재구성하기 위한 것이라 할 수 있다(박성인, 2016: 32). 국가성을 넘어서는 지역 정체성의 축조는 미래지향적이고 평화로운 지역 질서에 기여할 수 있다(박성인, 2016: 32). 동아시아 지역 구성원들이 동아시아를 하나의 단위로서 인식할 때 지역의 대화와 협력, 공존과 평화, 발전 가능성 또한 높아질 수 있다(박성인, 2016: 32). 동아시아 세계 시민교육은 동아시아의 집합적 시민성을 공유하며 지역에 산재한 각종 갈등과 문제를 평화적 방법으로 해결해 나갈 수 있는 동아시아 시민, 궁극적으로 보편적인 세계시민의 성장에 기여할 수 있을 것이다(박성인, 2016: 32).

이동연(2011)은 동남아시아를 비롯해 남아메리카까지 광범위하게 존재하는 팬덤을 다국적 팬덤이라고 명명하였다(박지현, 2016: 22). 이 경우 초국적성은 대중문화물의 국제적 흐름과 관련된 것으로 국가 단위를 넘어서는 문화 산물과 소비의 흐름이라는 의미로 사용된다. 손승혜(2012)는 한류를 사례로 현재 글로벌 팬덤이 해당 지역 수용자들의 자발적인 팬덤과 팬 문화에 근거해 발생하는 이유를 파악하고 궁극적으로 팬덤은 문화를 수용하는 각각의 사회가 가진 다양한 사회적, 문화적, 경제적 환경에 영향을 받는다는 점을 강조하였다(박지현, 2016: 22).

동남아시아의 한인사회와 팬덤의 긴밀한 상호관계를 맺으며, 팬덤의 경계를 자유롭게 설정하고 있는 특성을 보여주고 있다. 예를 들어 인도네시아 최초의 한류 팬 커뮤니티로 알려져 있는 '한국을 사랑하는 사람들의 모임(이하 한사모)'가 2006년 반둥에서 한국에 대한 관심을 키워가던 15명의 젊은 여성들이 자발적으로 모여 설립하였으며 한류가 대중화되는 과정에서 크게 성장하여 인도네시아 한류 팬들과 한인사회로부터 인도네시아를 대표하는 한류 팬 커뮤니티로 인정받았다(박지현, 2016: 22). 한사모 설립과 성장 과정은 인도네시아 한류의 전개 과정을 잘 보여줄 수 있으며 이들의 활동을 통해 한류 수용자의 특성과 수용의 의미를 처음부터 면밀하게 살펴 볼 수 있다(박지현, 2016: 22). 한사모의 특징은 스스로를 한국의 팬이라고 규정한 인도네시아의 젊은이들이 자발적으로 모여 조직한 최초의 커뮤니티라는 점과 한국과 한국 문화를 배우고 또 그것을 인도네시아 사회에 알리는데 커뮤니티의 목표를 둔 문화 매개자로서의 역할을(박지현, 2016: 22) 자처해왔다. 이러한 자발성과 문화적 사명감은 한사모가 인도네시아의 한인

사회로부터 한류의 상징이자 민간 외교관이라는 지위를 부여받고 상호관계를 형성할 수(박지현, 2016: 22) 있었다.

5. 동남아시아의 한인 정책

2010년대 들어서면서 한국과 동남아시아 국가들 사이 교류도 많아지고 신남방 정책을 펼치는 등 정부차원에서 교류를 확대하고 있다. 2020년대에 들어서면서 정치적 올바름이 유행하여 이런 인식을 공식적인 자리에서 대놓고 표현하는 것은 확실히 줄어든 편이다. 동남아시아 출신 결혼 이민자나 외국인 노동자가 늘어남에 따라 정부와 언론, 정치권에서 동남아시아에 대한 인식 개선을 시도하고 있다. 물론 이러한 인식과는 별개로 아직도 한국인들 중 일부는 그다지 좋은 편은 아니다. 동남아시아를 대체적으로 개척해야 할 시장 정도로 보고 있다. 국가 간에는 친하게 지내는 편이 좋다는 점을 인식하고 있지만 동남아시아 개개인에게는 결혼 이민자나 외국인 노동자, 불법체류자의 이미지가 강하다. 게다가 한국과는 인종적으로도 차이가 크기 때문에 인종차별로도 이어지는 경우도 종종 발생하기도 한다. 동남아시아 인들을 못사는 나라 사람들로 낮추어 보려는 경향이 강하다.

동남아시아 각국에서 한인을 보는 시각도 그다지 좋지 못하다. 인종에서 파생된 것으로 외모에 대한 동남아시아인들의 인식도 열등감이 생기고 동시에 거부감도 커지게 되어 있다. 그 증거로 화이트워싱이나 최근 베트남의 혐한 사건을 들 수 있다. 그리고 와패니즈 성향이 강하고 동아시아의 각진 문자가 필수로 등장하는 사이버 펑크같은 장르에서도 열등감을 느끼는 동남아시아인이 적게나마 존재한다.

이 같은 현실을 감안하여 한국과 동남아시아 각국에서는 세계 평화와 인류 발전 증진을 목적으로 교육, 과학, 문화 등 지적 활동 분야에서 국제협력을 촉진하기 위해 (박성인, 2016: 32) 동남아시아 지역에서도 미래 시민들의 마음속에 평화와 협력의 씨앗을 심기 위해 다양한 지역적 차원의 교류사업과 활동을 펼쳐야 할 것이다. 세계 시민교육 및 평화교육의 일환으로서 동남아시아 지역의 교육 교류 및 협력에 힘써야 할 것이다. 앞으로도 정부와의 협력을 통해 동남아시아 평화와 관련된 교육 및 연수 프로그램의 시행, 교육 및 학습 자료의 개발, 연구 및 정책의 수행 등 많은 역할을 할 수 있으리라 기대된다.

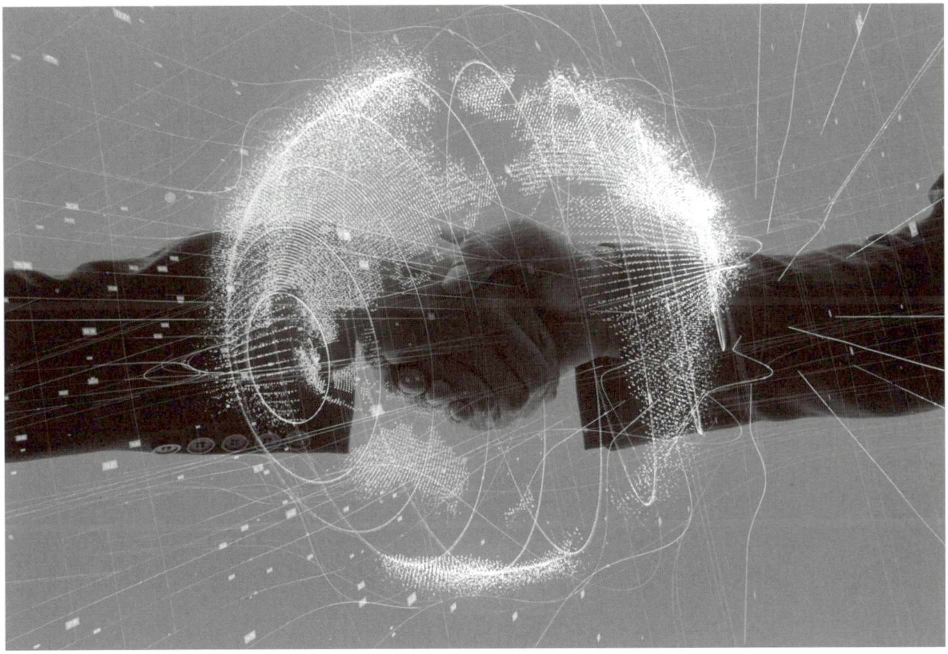

제15장
결 론

1. 요약
2. 정책적 제언

제15장 결 론

1. 요약

세계화라는 명제 하에 재외국민의 역할은 매우 중요하게 평가받고 있다. 중국의 경우 중국식 사회주의 시장경제의 실용주의 노선에 실시해 온 국내 체제의 개혁과 대외 개방이 성과를 이루고, 중국의 경제성장이 이루어질 수 있었던 원인으로, 홍콩, 대만, 동남아 등 중국계 해외 자본의 대 중국투자를 꼽고 있는 실정이다(이혜원, 2003; 34). 실제로 대 중국 해외투자의 75%를 이들 자본이 차지했기 때문이다. 이처럼 재외동포를 포괄한 민족 네트워크의 중요성이 부각되는 가운데, 한국 역시 재외한인 디아스포라의 결속과 상호 연계를 통한 글로벌 코리안 네트워크의 구축을 위해 정부와 민간 차원에서 상당한 노력을 기울여왔다(이혜원, 2003; 34). 그 결과 거주지역 네트워크를 너머 글로벌 네트워크로 성장한 성과도 나타나고 있으나, 화교 네트워크에 비해서 아직도 미흡한 점이 많다. 따라서 코리안 네트워크의 형성과 발전을 살펴보고, 중국 조선족, 재일 코리안, 재미 한인, 고려인, 동남아시아 한인 등 대표적인 한인 디아스포라들의 정의와 이주사 및 정착 과정, 네트워크의 형성 및 발전, 네트워크의 특성, 각국의 한인 정책과 대한민국의 재외동포 정책들을 살펴보았다.

우리는 국제이주 시대에 살고 있다. 더욱이 저출산·고령화로 인하여 외국인 유입 추세는 더욱 가속화될 것으로 보인다. 외국인들이 증가할수록 분쟁과 갈등의 소지는 심화될 것으로 보인다. 따라서 국가는 사회의 위기를 극복하고 건강한 시민사회를 만들기 위해서 시민들의 자질과 태도에 관한 시민성 담론이 점점 중요해지고 있다. 이제는 시민성의 문제가 한 국가의 범주를 넘어서 세계 시민성을 구성해야 하는 문제도 이슈화되고 있다. 이와 같은 문제 제기를 근거로 해서 글로벌 인재 양성을 위한 시민성과 한류에 대한 현황 및 향후 분석을 위한 핵심역량과 직접적인 연계성 확보가 중요하다. 한류 문화에 대한 학생들의 기초적 지식과 흥미를 글로벌 역량을 함양이 필요하다.

코리안 네트워크의 형성 및 발전 과정을 살펴보고, 양자의 비교를 통해 코리안 네트워크의 특성을 도출해냄으로써 궁극적으로는 화교 네트워크가 코리안 네트워크의 바람직한 벤치마킹 모델이 될 수 있는지, 코리안 네트워크의 발전을 위한 바람직한 정책 방향은 무엇인지(이혜원, 2003; 34) 살펴보는 것이 중요하다. 화교 네트워크와 비교할 때 코리안 네트워크는 그 구성원인 재외한인의 이주 원인이 정치적 요인보다 경제적 요인에 있고, 비교적 전 세계에 고르게 분포하고 있으며, 전체 국민에서 해외거주자가 차지하는 비중이나 본국 국적 보유자가 차지하는 비율이 화교보다 높다는 점에서 특성을 가지고 있다(이혜원, 2003; 34). 본국 국적을 보유한 해외거주자가 재외한인이 더 높은 이유로는 동남아의 화교 통제 및 규제로 인한 화교의 현지화와 함께 정착 단계상 양자의 위치가 다르다는 점을 들 수 있으며, 특히 양자의 비교에서 나타나는 발전 단계의 축약 및 중첩과 정부의 주도적인 역할이 코리안 네트워크의 큰 특성이라고 할 수 있겠다(이혜원, 2003; 34).

2. 정책적 제언

화교 네트워크와 코리안 네트워크가 일반적인 민족 네트워크의 특성을 지니고 있다는 유사성에도 불구하고 이러한 특성들로 인해 코리안 네트워크는 화교 네트워크와는 다른 방향성을 갖게 되며, 따라서 코리안 네트워크를 활성화할 수 있는 정책 방향 역시 세부적인 면에서 차이가 있을 수밖에 없다(이혜원, 2003; 34).

첫째, 재외한인은 전 세계에 비교적 고르게 분포되어 있어 전 세계의 한인이 오프라인의 회합을 통해 정보를 공유하고 상호 교류하는 데에는 한계가 있을 수밖에 없다(이혜원, 2003; 34). 따라서 이러한 한계를 극복할 수 있는 수단으로 인터넷이 보다 적극적으로 활용될 수 있도록 정부와 민간 차원의 노력이 필요할 것이다(이혜원, 2003; 34).

둘째, 재외동포가 정착 과정에서 완전한 현지화 단계에 아직 진입하지 않은 현 단계에서 본국의 정부 또는 기업이 재외동포와 어떻게 협력해 나가는가가 현지화 이후에도 코리안 네트워크가 활성화될 수 있는지를 결정짓는 요인으로 작용한다고 하겠다(이혜원, 2003; 34). 이러한 관점에서 볼 때 해결되어야 할 문제는 재외동포가 한국에 접근하고 한국과 교류할 수 있는 통로를(이혜원, 2003; 34) 최대한 개방해야 할 것이다.

셋째, 정부가 주도적인 역할을 해나가면서도 민간의 필요와 욕구를 충족시켜 줄 수 있도록 다양한 방법으로 민간의 의견 수렴이 이루어져야 한다(이혜원, 2003; 34). 또한 정부의 주도적 역할과 관련해서는 재외동포 관련 업무를 담당하는 기관 간의 업무 조율도 원활하게 이루어져야 한다.

넷째, 재외동포의 해외 이주 원인이 경제적인 성공에 있음을 고려할 때 코리안 네트워크 역시 비즈니스와의 연계성을 가지고 구축되어야 할 것이다. 예를 들어 세계한상대회 등 글로벌 네트워크를 구축한다면 경제적 성공도 기여할 것이다.

부록

참고문헌

국내문헌

강정인, “마키아벨리의 정치사상: 〈로마사 논고〉를 중심으로”, 『사상』, 통권 제49호. 사회과학원, 2001.

고광신, 국내거주 고려인의 심리 · 사회적응에 영향을 미치는 요인에 관한 연구, 2010.

곽대중, 우리에게 중국은 무엇인가 1992-2012, 서울: 시대정신, 2012.

권희연, “세계시민교육에 있어 문화예술의 활용방안에 관한 연구,” 추계예술대학교 문화예술경영대학원 박사학위논문, 2017.

군나르 시르베크, 닐스 길리에, 『서양철학사』. 윤형식 역, 서울: 이학사, 2016. 김광억, “문화공동체로서의 동아시아의 필요성과 가능성”, 2004.

김남일 외, 『분단의 경계를 허무는 두 자이니치 망향가: 재일 한인 100년의 사진 기록』, 서울: 현실문화연구, 2007.

김명섭, “朴烈 · 金子文子의 반천황제 투쟁과 아나키즘 인식”, 「한일민족문제연구」2003.

김범준, “재미동포의 정체성과 정치적 태도의 상관관계 연구: 한미관계와 북미관계를 중심으로,” 성균관대학교 일반대학원 박사학외논문, 2014.

김병욱, 『미래 스펙트럼 ‘한류’ 분해』, 서울: 킴스정보전략연구소, 2004.

김병호, 『중국의 민족문제와 조선족』, 서울: 서울학고방, 1997.

김상현, 『재일한국인(재일동포 100년사)』, 서울: 도서출판 한민족, 1987.

김영명, “동아시아 민주주의의 탐색: 문화론적 접근의 문제점)”, 한림일본학』, 2, 2007.

김영수, 『각국의 세계시민교육 관련 현황: 미국』, 서울: 한국교육과정평가원, 2015.

김영숙, “국내 체류 고려인 현황”, 『고려인의 이주 배경과 문화 적응 경험 연구회』,2019.

김왕배, 『감정과 사회』, 파주: 한울, 2019.

김은하, “중국, 비의 매력에 흠뻑 젖다”, 『아주경제』, 2015.

김윤하, “자유주의와 공동체 논쟁의 도덕교육적 의미(1)”, 『외대논총』, 제20호, 2000.

김일곤, 『유교문화권의 질서와 경제』, 서울: 한국경제신문사, 1985.
김일권, "한국체류 중국조선족의 생활실태에 관한 연구: 구로구 가리봉동, 안산시 원곡동을 중심으로," 중앙대학교 대학원 박사학위논문, 2004.
김재기, "중국 조선족의 과계민족적 특성과 북한 및 통일관", 『한국동북아논총』, 제 38집, 2006.
김종순, "시민성 교육과 고등학교 사회 교과서에 나타난 공동체의식 내용에 관한 연구," 서울: 성공회대학교 교육대학원, 2010.
김종엽, 『연대와 열광 :에밀 뒤르켐의 현대성 비판 연구』, 서울: 창작과 비평사, 1998.
김진희, 임미은, "공정여행 수업활동에 나타난 세계 시민교육의 의미 탐색", 『한국교육』, 제41권 제3호, 2014.
나윤주, "세계문화유산을 활용한 중학교 역사 수업 연구: '이스탄불 역사지구'를 중심으로", 서울 중앙대학교 석사학위논문, 2013.
나종석 외, "동아시아공동체의 정체성 형성의 문제", 2009.
남경희, "1930~40년대 마이크로네시아(Micronesia)지역 한인의 이주와 강제연행", 국민대학교 대학원 석사학위논문, 2006.
루소, 『사회계약론』, 최석기 역, 서울: 동서문화사, 2016.
리히 벡, 『세계화 시대의 권력과 대항권력: 새로운 세계정치경제』, 홍찬숙 역, 서울: 길, 2011.
문우식, "동아시아 역내 통화금융협력의 추진 현황과 과제". 2005.
민경희, "미국 이민의 역사: 이론과 실제-미국 이민자들의 적응과 동화," 2008.
민병원, "동아시아 지식 질서와 문화 네트워크의 모색", 2008.
박명림, "기독교, 세계시민, 세계 시민교육: 하나의 소묘", 『기독교세계관으로 조명하는 유아세계시민교육』, (한국기독교유아교육학회 추계학술대회 기조강연문, 2018.
박상순, "재외동포의 법적지위 보장에 관한 연구: 재외동포법을 중심으로", 『법무연구』, 27, 2000.
박성인, "동아시아적 차원의 시민성 교육의 과제", 『글로벌교육연구』, 글로벌 교육연구소, 9집 1호, 2017.

-----, "동아시아 시민성의 세계시민교육적 접근," 연세대학교 일반대학원 박사 학위논문, 2016.

박순용 외, "유네스코가 권장하는 세계시민교육 교수학습 길라잡이", 유네스코 아시아 태평양 국제이해교육원, 2015.

박승우, "동아시아 담론의 현황과 문제", 동아시아 공동체 연구회 편, 『동아시아 공동체와 한국의 미래: 동북아를 넘어 동아시아로』, 서울: 이매진, 2008.

박용헌, 『민주화 세계화와 교육과제』, 서울: 서울대학교 출판부, 1996.

박재창, Seliger, B. J. 공편, 『민주시민교육의 전략과 과제』, 서울: 오름, 2007.

박정군, "중국 조선족 정체성이 한국과 중국에 대한 태도에 미치는 영향,"경희대학교대학원 박사학위논문, 2011.

박지현, "인도네시아 한류 수용의 변화와 특성", 서울대학교 석사학위논문, 2016.

박효종, "민주시민이란 어떤 존재인가", 『서울대 사범대학교 국민윤리교육과 논문집』,2003.

비추이노바 지벡, "국내 고려인 이주자의 사회적 통합 현황: 카자흐스탄 고려인 이주자 중심으로", 서울대학교 대학원 석사학위논문, 2017.

빅터 에렌버그, 『그리스 국가』, 김진경 역, 서울: 민음사, 1991.

서용달, 해외교포문제연구소, 『교포정책자』, 제19집, 1983.

선봉규, "근 · 현대 재일한인 디아스포라의 이주와 재영토화 연구: 오사카와 도쿄를 중심으로", 『한국동북아논총』, 16:3, 2011.

손춘일, "중국 조선족 공동체의 과거와 현재, 미래", 성신여대 동아시아연구소 주최, '재중동포, 조선족, 그리고 한 · 중 관계' 국제학술회의, 2011.

송재룡, 『포스트모던 시대와 공동체주의』, 서울: 철학과 현실사, 2001.

신광일, "고등학교의 민주시민교육에 관한 연구: 사회교과서를 중심으로," 공주대학교 교육대학원, 박사학위논문, 2003.

아리스토텔레스, 『니코마코스 윤리학; 정치학; 시학』, 손명현 역, 서울: 동서문화사, 189-334, 2007.

양 설, "세계의 학교 시민교육: 미국의 시민교육," 2008 국회의원 간담회, 2008.

양승태 외, 『보편주의: 새로운 세계를 위한 정치사상사적 성찰』, 서울: 책세상, 2016.양호승, "월드비전 세계시민교육의 효과성 연구", 『한국 월드비전』, 2015.

왕 근, "시민성의 내용과 형식으로서의 덕목과 합리성의 관계에 관한 연구", 서울대학원 박사학위 논문, 1994.

우맹식, "공동체주의적 자유주의 시민성의 시민 교육적 함의에 관한 연구", 서울대학교 대학원 석사학위논문, 2005.

윤빅토리아, "한국에 귀화한 고려인의 이주배경과 적응과정의 시사점: 20~40대 카자흐스탄 고려인 이주자를 중심으로, 국민대학교 대학원 박사학위 논문, 2014.

원용걸, "동아시아 직접투자의 추이와 향후 역내 투자 협력 추진방안", .2005.

웨인 패터슨, 정대화 옮김, 아메리카로 가는 길: 한인 하와이 이민사 1896~1910 , 162-163, 2002.

위서연, "세계자연유산의 지형경관별 고찰과 지리교육의 활용방안", 전남대학교 석사학위논문, 2015.

위희경, "사회과 교육과정 개정의 쟁점 및 방향 연구", 전남대학교 교육대학원 석사학위논문, 2007.

윤인진, "남북한 사회통합과 재외동포의 역할", 평화문제연구소 · 독일 한스자이델재단 공동주최, 『남북정상회담 이후 재외동포의 역할과 이산가족 문제 세미나』, 발표문, 2002.

-----, 『코리안 디아스포라: 재외한인의 이주, 적응, 정체성』, 서울: 고려대학교 출판부, 2004.

이 경, "마하티르의 리더십과 아시아적 가치의 재조명", 『동양문화연구』 17: 128-161. 2014.

이경호, "일본사회의 국제화와 사회통합을 위한 학교교육의 대응: 일본 고등학교 사회과 교과서에 나타난 외국인 노동자관을 중심으로."서울대학교 대학원 박사학위 논문, 2000.

이광규, 『재중한인』, 서울: 일조각, 1994.

-----, “재미동포의 뷰티 서플라이 산업”, 『재외한인연구』, 제12권 2호: 185-208, 2002.

이남섭, “교육과정 지역화를 통한 지역시민성 함양 프로그램 구안: 인천 지역을 중심으로,” 한국교원대학교 대학원 박사학위논문, 2008.

이미애, “고등학교 사회교과의 민주시민교육에 관한 연구: 10학년 일반사회 영역을 중심으로,” 상명대학교 교육대학원 박사학위논문, 2008.

이승환 외, 『아시아적 가치』, 고양: 전통과 현대, 1999.

이인선, “세계 각국의 세계 시민교육: 프랑스 시민교육.” 2008 시민교육 국제대회, 2008.

이종미, “글로벌 코리안 네트워크의 주요 구성원으로서의 재중동포의 역할에 대한 기대,” 『재외한인연구』, (26) 253-273.

이창재, “동아시아 경제공동체의 전망과 추진방안” 2005.

이하희, “1900~1910년대 샌프란시스코 한인사회의 형성과 성격”, 국민대학교 일반대학원 박사학위논문, 2016.

이혜원, “글로벌 코리안 네트워크 구축 현황과 개선방안: 화교네트워크와의 비교론적관점에서”, 숙명여자대학교 국제관계대학원 박사학위논문, 2003.

이효정, “초등 사회과에서 세계유산교육을 통한 글로벌 시민성 함양,” 서울교육대학교 교육전문대학원 박사학위논문, 2017.

장규수, “한류의 어원과 사용에 관한 연구”, 『한국콘텐츠학회논문지』 제11권 9호,166-173, 2011.

장 자크 루소, “제1편 제8장. 사회상태에 대해서” 『사회계약론』, 최석기 역, 서울: 동서문화사, 2014.

장동진 외, “칸트와 롤즈의 세계시민주의”. 『정치사상연구』, 제9집, 한국정치사상학회, 195-222, 2003.

장태한, “4 · 29 LA 폭동과 한인사회,”『미주한인 이민 100년사』, 2003.

전득주 외, 『정치문화와 민주시민교육:한국, 대만, 독일, 일본, 미국의 비교 분석』, 서울: 유풍출판사, 1999.

전숙자, “한국의 민주시민성교육 변천에 관한 연구”. 성신여자대학교 대학원 박사학위논문, 1990.

전영곤, “자유주의, 공동체주의: 신자유주의의 교육적 함의”, 창원대학교 대학원 박사학위논문, 2002.

전재성, “EU와 동아시아공동체”, 『동아시아공동체: 신화와 현실』, 동아시아연구원, 2009.

정성희, “재일코리안 커뮤니티 전통공연예술의 사회적 연구: 오사카 이쿠노를 중심으로”, 한국이국어대학교 대학원 박사학위논문, 2021.

정세구 외, 『공동체주의 교육』, 서울: 교육과학사. 2014.

정순영, “세계한민족 여성네트워크 활성화 방안에 관한 연구”, 여성부 국제협력담당관실, 2002.

정연수, “「재외동포의 출입국과 법적지위에 관한 법률」의 주요 내용 및 쟁점 검토”, 「법조」 518, 1999.

정영국, “한국의 재외동포정책에 관한 연구” 글로벌재외동포정책의 수립과 전개를 중심으로, 국민대학교 대학원 박사학위논문, 2014.

정인갑, “중국 조선족의 참정의정 상황”, 제1회 세계한인정치인포럼, 2007.

정인섭, 『재일교포의 법적지위』, 서울대학교 출판부, 2006.

조성환, “동아시아 공동체 형성 전략”, 『한국정치외교사논총』 35(2), 215-244, 2014.

조주현, “심의민주주의에 관한 비판적 연구:민주시민교육의 관점을 중심으로.”, 서울 대학교 대학원 교육학석사학위논문, 2007.

존 롤스, 『만민법』, 장동진 외 역, 서울: 아카넷, 2009.

지경연, “글로벌 경쟁력 강화를 위한 재일코리안 네트워크 형성 및 활성화 방안,” 『지식경영연구』, 12(1): 77-89, 2011.

차경수, 『현대의 사회과』, 서울: 학문사, 2004

최한우, “중앙아시아 민족주의운동과 고려인 집단의 정체성 문제”, 전남대학교 개교 50주년 기념 국제학술회의--21세기 해외 한민족공동체 발전방안, 2002.

최 홍, “기로에선 중국동포정책의 현안과 해법”, 「SERI경제포커스」, 제(348)호, 2011.

카를 야스퍼스, 『죄의 문제: 시민의 정치적 책임』, 이재승 역, 서울: 앨피, 2014.
콰메 앤터니 애피아, 『세계시민주의』 실천철학연구회 역, 서울: 바이북스, 2008.
키케로, 『키케로의 의무론: 그의 아들에게 보낸 편지』, 허승일 역, 파주: 서광사, 2006.
토머스 페인, 『상식, 인권』, 박홍규 역. 서울: 필맥, 2004.
플라톤, 『국가』, 박종현 역, 서울: 서광사, 1997.
한나 아렌트, 『공화국의 위기』, 김선욱 역, 파주: 한길사, 129-130, 2011.
한나 아렌트, 『전체주의의 기원1』, 이진우, 박미애 역, 서울: 한길사, 2006.
한경구, "SDGs 시대의 세계시민교육 추진방안", APCEIU, 34-35. 2015.
황혜진, "보아 女아이돌 최초 세종문화회관 입성, 의미 남다른 이유", 『뉴스엔』, 2015.
허 권, "세계유산의 국제이해교육으로의 가치", 『국제이해교육연구』, 7 (1),1-37. 2017.

외국문헌

Anderson. B, Imagined Communities: Reflection on the Origin and Spread of Nationalism, London and New York: Verso, 2006.

APCEIU, 「Global Citizenship Education: Topics and Learning Objectives」, 한국판 해제본. 2015.

Daniele Archibugi(2000). "Cosmopolitical Democracy". New Left Reveiw.4. (2000). p.144-150.

David Held, Models of Democracy, Combridge: Polity, 1996.

Derek Heater, History of Education for Citizenship, New York: Routledge, 2004.

Dobson, A, "Thick Cosmopolitanism". Political Studies. Vol.54 (1), 165-184, 2006.

Derek Heater, History of Education for Citizenship, New York: Routledge, 2004.

James Tully, On Global Citizenship: James Tully in Dialogue, London; New York, 2014.

James A. Banks. "Diversity, Group Identity, and Citizenship Education in an Global Age", Educational Researcher. Vol 37. No3: 130-131, 1996.

John Locke, Two Treatises of Civil Government, London: Dent, 1975.

Martha C. Nussbaum. For Love of Country?, Boston: Beacon Press, 1996.

Manuel Castells. "The New Public Sphere: Global Civil Society, Communication Networks, and Global Governance", The Annals of the American Academy of Political and Social Science. vol. 616: 78-93, 2008.

Marshall & Bottomore, Citizenship · and Social Class, London: Pluto Press, 1996.

Martha C. Nussbaum, Poetic Justice: The Literary Imagination and Public Life, Boston: Beacon Press, 1995.

Maurizio Viroli, Republicanism, New York: Hill and Wang, 2002.

Rawls, J. The Laws of Peoples with "The Idea of Public Reason Revisited", Cambridge: Harvard University Press, 1999.

색 인

ㄴ

ㅁ

ㅅ

ㅇ

ㅈ

ㅋ

ㅌ

ㅍ

ㅎ

기타

〈끝〉

저자소개1(박갑룡)

국제학 박사

<<약력 및 자격>>

육군 포병대대장 전역

송원대학 전문부사관과 지도교수

송원대학교 국방공무원과 학과장

송원대학교 군사학과 대학원 주임교수

송원대학교 국방경찰학과 학과장

송원대학교 학생입학처장(현)

광주. 전남 제대군인지원센터 자문위원(현)

행정안전부 민방위교육, 나라사랑 전문강사(현)

민주평화통일자문회의 광주남구 기획조정위원장(현)

통일부 광주통일교육위원(현)

국가보훈처 광주지방보훈청 보훈혁신자문위원(현)

한국보훈학회 전남지회장(현)

한국동북아학회 이사(현)

재외한인학회 호남지회장(현)

인문사회지학회 편집위원(현)

「통일시대 보훈정책과 보훈복지」학술대히(한국보훈학회 공동)

「광복. 분단 70년: 통일대비 한국전쟁 호국영웅과 보훈외교의 방향」 국제보훈학술대회(전남대세계한상문화연구단 공동)

「광복. 분단 70년: 통일대비 한국전쟁 호국영웅과 보훈외교의 방향」

<<논문 및 저서>>

〈논문〉

"재일청년학도의용군 6.25전쟁 참전과정 분석과 보훈선양 방안"

"다문화가정 결혼이주여성의 안보의식에 대한 실증적 연구"(한국컴퓨터정보학회 20권)

"한국다문화가정 청소년의 자아정체성 연구: 광주. 전남지역을 중심으로"(한국평화학연구 16권)

"다문화가정 자녀들의 자아정체성이 학교생활적응에 미치는 영향"(한국컴퓨터정보학회 16권)

"청소년의 군 다문화에 대한 인식에 관한 연구"(한국보훈논총 15권)

"연해주 항일독립운동가 김경천 장군 리더십 연구"(한국보훈논총 16권)

"대학의 호국보훈과 나라사랑정신 함양을 위한 교육방안 연구"(아시아문화학술원 8권)

〈저서〉

「한권으로 읽는 6.25전쟁사」, (공저)

「군리더십 길라잡이」, (공저)

〈〈연락처〉〉 010-5181-3315, 062-360-5880,
pgl113@hanmail.net

저자소개2(양명호)

국제학박사

<<약력 및 자격>>

전남 광양 출생

전남대학교 행정대학원 석사과정 졸업(행정학 석사)

전남대학교 디아스포라학 박사과정 졸업(국제학 박사)

조선이공대학 연구교수 및 교양강사

전주기전대학 끼찾기 상담센터 상담교수

송원대학교 휴먼산업대학원 외래교수

국방전직교육원 외부강사

전남대학교 일반대학원 디아스포라학 협동과정 원우회 부회장

전남대학교 행정대학원 총원우회 수석부회장

전남대학교 정책대학원 논문연구회 고문

(사)재외한인학회 회원

심리상담사 1급, 자살방지교육사, 웃음치료사 1급, 창업지도사 2급, 경비지도사, 위험물처리사, 방화관리자, 정보처리기능사 2급, 다문화사회전문가 2급, 행정사, 미술심리상담사 1, 2급

<<논문 및 저서>>

<논문>

"예비군조직에서 거래적 · 변혁적 리더십이 조직효과성에 미치는 영향"(석사학위논문)

"한국군 장병의 문화적 역량이 군 생활 적응에 미치는 영향"(박사학위논문)

"소련지역 고려인 한글학교 설립과 운영-광주한글학교를 중심으로"(KCI급, 한국민족문화)

"한국군 장병의 문화적 역량이 군 생활 적응에 미치는 영향"(KCI급, 화랑대연구소)

"연해주 항일독립운동가 김경천 장군 리더십 연구"(KCI급, 정신전력연구 제47호)

"베트남 라이따이한에 관한 소고"(국제학술지, 베트남 제17차 세계한민족포럼)

"중국연변조선족의 축제 콘텐츠와 정체성"(국제학술지, 중국국제공동학술대회)

<저서>

「땅끝에서」, 서울문예사조, 2000.

「어찌하오리」, 아이올리브사, 2002.

「나의 가는 길목에」, 아이올리브사, 2004.

「웃음학」, 도서출판 시온, 2007.

「웃음치료사과정」, 도서출판 시온, 2007.

「유머토피아」, 애학사, 2007.

「참신앙의 길」, 도서출판 천지, 1999.

「심리상담요령과 실제」, 애학사, 2017.

「한국직업리스트」, 애학사, 2017.

「신바람그릿인생」, 애학사, 2018.

〈〈연락처〉〉 010-2889-2217,

yerangymh111@hanmail.net